面向21世纪课程教材
Textbook Series for 21st Century

"十二五"普通高等教育本科国家级规划教材

税法原理

Theories of Taxation Law

（第九版）

张守文 著

北京大学出版社
PEKING UNIVERSITY PRESS

图书在版编目(CIP)数据

税法原理/张守文著. —9版. —北京:北京大学出版社,2019.9
面向21世纪课程教材
ISBN 978-7-301-30739-7

Ⅰ. ①税… Ⅱ. ①张… Ⅲ. ①税法—法的理论—中国—高等学校—教材
Ⅳ. ①D922.220.1

中国版本图书馆CIP数据核字(2019)第190580号

书　　名	税法原理(第九版) SHUIFA YUANLI (DI-JIU BAN)
著作责任者	张守文　著
责任编辑	王　晶
标准书号	ISBN 978-7-301-30739-7
出版发行	北京大学出版社
地　　址	北京市海淀区成府路205号　100871
网　　址	http://www.pup.cn
电子信箱	law@pup.pku.edu.cn
新浪微博	@北京大学出版社　@北大出版社法律图书
电　　话	邮购部010-62752015　发行部010-62750672　编辑部010-62752027
印 刷 者	北京大学印刷厂
经 销 者	新华书店
	730毫米×980毫米　16开本　26.75印张　505千字
	1999年8月第1版　2001年5月第2版
	2004年1月第3版　2007年5月第4版
	2009年3月第5版　2012年7月第6版
	2016年8月第7版　2018年8月第8版
	2019年9月第9版　2019年9月第1次印刷
定　　价	69.00元

第九版前言

自《税法原理》(第八版)出版以来，随着“税收法定原则”的逐步落实，以及“减税降费”的推进，我国的税法制度又发生了巨大变化，迫切需要修订出版《税法原理》(第九版)。

本次修订，主要结合我国《个人所得税法》的大幅度修改、《车辆购置税法》和《耕地占用税法》的出台，以及增值税法、关税法、企业所得税法、车船税法、环境保护税法、船舶吨税法等税收实体法制度的局部修改，对相关内容作出了调整；同时，还将税务登记制度、发票管理制度、涉税专业服务监管制度、税务复议制度等税收征纳法、税收争讼法制度的最新变化体现其中。

此外，本次修订还对基础理论部分的相关内容进行了优化，对全书的文字表述进行了相应校订。由于近几年税法制度变化剧烈且频繁，因而本书的修订频率亦相应提高，以体现税法理论和制度的最新发展。

感谢北京大学出版社的王晶编辑细致的编辑工作。对于本书可能存在的诸多不足，诚望读者方家多予匡正。

作　者

2019年5月25日

于北京大学法学院科研楼

第八版前言

《税法原理》（第七版）自2016年出版以来，曾于2017年重印时增加了环境税制度的相关内容，随着近期我国税收体制改革的深入和税收立法的提速，有必要结合相关制度的较大调整，修订出版《税法原理》（第八版）。

本次修订主要涉及增值税法、营业税法、烟叶税法、船舶吨税法等相关内容的调整。结合"营改增"的全面推进以及营业税制度的被废止，调整和增加了增值税制度的相关内容；此外，依据新出台的《烟叶税法》和《船舶吨税法》，还补充了这两类制度的相关内容。

基于近年来我国税法制度的较大变化，本书相应调整了税收的分类，并依据相关性原则和适宜性原则，对章节设置作出了重新安排。其中，在商品税制度的部分，取消了营业税制度的内容，增加了烟叶税和车辆购置税制度；在财产税制度的部分，将原来车船税制度的内容改为车船税与船舶吨税制度，同时，将传统的财产税税种制度前置，并相应将资源税与环境税制度置于其后。另外，本次修改还结合多个领域较小的制度变化相应作出修改，以体现税收立法的最新变化。

非常感谢北京大学出版社的王晶编辑和邹记东主任多年来所做的大量深入细致的编辑工作。随着税收法定原则的不断落实，我国的税法制度正处于"转型升级"的重要历史时期，税收法治建设还有待于学界同仁和社会各界共同推动。对于本书可能存在的诸多不足，诚望读者方家匡谬雅正。

作　者

2018年5月16日

于北京大学法学院科研楼

第七版重印说明

自《税法原理》(第七版) 出版以来，我国的税法制度又发生了一些新变化，有关增值税、消费税、关税、企业所得税等制度，都不同程度地被修改。为此，本书重印时在相关章节对上述制度变革作出了相应体现。

此外，2016 年 12 月 25 日由全国人大常委会通过的《中华人民共和国环境保护税法》，是我国"落实税收法定原则"后制定的第一部税收法律，由此会带来我国的税法理论和税法体系的重要变化。有鉴于此，本书在第十一章"财产税法律制度"的部分专设一节，介绍"环境税法律制度"的相关内容，同时，对该章的内部结构作出相应调整，即把传统的财产税制度予以前置，而把资源税、环境税等广义的财产税制度放在该章的后面，这样更能体现相关税种制度之间的内在紧密联系。

感谢北大出版社王晶责任编辑所做的大量深入细致的编辑工作；对于本书可能存在的诸多不足，诚望读者方家多予匡正。

作　者

2017 年 5 月 15 日

于北大法学院科研楼

第七版前言

自2012年本书出版第六版以来，国家大力推进全面深化改革和全面依法治国，并将财税体制改革和财税法治建设提升到事关国家整体治理的新高度，由此不仅带来了税法制度的巨大变革，也推动了税法理论的新发展。在这种形势下，非常有必要出版《税法原理》(第七版)。

2014年，我国在实质上启动了新一轮财税体制改革。由于"全面落实税收法定原则"已体现在我国《立法法》的相关规定中，它不再只是学界的共识，而是国家税收法治建设必须遵循的基本原则，因此，税收立法受到了空前重视，税法的制度变迁几乎体现在税法的各个领域。无论是"营改增"导致的营业税和增值税制度的此消彼长、消费税征税范围的调整、资源税的改革试点以及其他财产税制度的变革，还是"税基侵蚀与利润转移"(BEPS)问题所带来的诸多挑战以及由此形成的广泛国际税收合作；无论是在简政放权、互利共治思想下进行的税收征管方面的诸多改进，还是在司法体制改革背景下所形成的诉讼制度的不断完善，都需要在《税法原理》(第七版)中加以体现。

因此，本书的此次修订，不仅要在相关理论和文字表述上力求简明畅达，还要及时反映各类税法制度的重要变化。通过观察这些变化，读者可以更好地理解中国税收法治现代化的方向。与此同时，考虑到在新的历史时期，税收征纳实体法的制度变化巨大，是理解未来税收征纳程序法变革的基础，因此，在本次修订过程中，在第二编"征纳制度"部分，将实体法制度置于程序法制度之前，以期有助于读者理解中国税法制度未来发展的内在逻辑，并更全面地把握整体税法的基本原理。

非常感谢北大出版社王晶编辑和邹记东主任多年来所做的大量深入细致的编辑工作。目前，我国的税法制度仍然处于剧变之中，许多方面的问题还有待于深入挖掘。对于本书可能存在的诸多不足，诚望读者方家多予补正。

作　者

2016年7月12日于北大法学院科研楼

第六版前言

当前，我国正在运用各种手段，努力调整经济结构，缓解收入分配差距，改善资源、能源、环境状况，不断提升经济建设、社会建设和法治建设的质量。为了实现上述目标，迫切需要进行全方位的税法变革，全面推进税法的理论研究和制度建设。正是在这样的背景下，《税法原理》（第六版）出版了。

近几年来，我国不仅积极推动增值税、营业税等商品税的制度改进，还多次修改《个人所得税法》，并在资源税、车船税等领域作出较大变革，推出了新的《资源税暂行条例》和《车船税法》；同时，在税收征管领域，进一步完善了涉税发票管理制度、税务稽查制度等。税法制度的上述新发展，都需要在《税法原理》（第六版）中加以体现。

此外，为了更加简明、畅达地表述税法的基本原理和基本制度，需要对全书文字进行全面审校。在此特别感谢北京大学出版社的编辑们所作出的辛勤努力。

我国税法的制度建设已经发展到一个新的重要历史时期，需要进一步创新税法理论，提炼税法原理，以更好地指导税法的制度实践。对于本书可能存在的各种不足，敬请读者方家多予指正。

作　者

2012年3月18日于北大法学院科研楼

第五版前言

面对全球性的金融危机，各国必须采取各种手段，促进经济的稳定增长。基于税收政策、税收制度在化解危机、确保稳定、促进增长方面的重要作用，我国积极实施增值税转型、成品油税费改革，并采取多种税收措施，促进证券、房地产等市场的发展，鼓励投资，拉动内需，激励消费，以推动经济与社会的协调发展。而采行上述举措的重要依据，则是2008年以来我国制定或实施的相关税法规定。

自2008年1月1日起，我国的《企业所得税法》及其《实施条例》《耕地占用税暂行条例》等税收法律、法规开始实施；在2008年年底，我国进一步推进了增值税、消费税、营业税三大商品税的立法，新修订的《增值税暂行条例》《消费税暂行条例》《营业税暂行条例》及其《实施细则》，均自2009年1月1日起施行。上述商品税制度的变革，不仅是为了应对金融危机，而且也是为了使整个商品税制度更加协调和完善，从而为提升商品税立法的级次和质量奠定基础。与商品税制度的变革同步，我国还废止了《城市房地产税暂行条例》，实行统一的房产税制度。上述法律制度上的巨变，都是《税法原理》（第四版）出版后发生的，为了体现这些新的变化，需要出版《税法原理》（第五版）。

《税法原理》（第五版）在体现上述商品税、所得税、耕地占用税、房产税等制度变化的同时，还提炼了这些领域新生的税法原理，并修订了全书中与上述变化相关的内容。此外，本书还结合海关复议制度的调整，更新了税收复议制度的内容，以确保各个部分的新颖性与严谨性。

感谢北大出版社法律部邹记东副主任的辛勤工作，感谢学界、实务界同仁、专家的长期支持。对于本书可能存在的各类不足，尚希读者方家多予指正。

作　者

2009年2月9日元宵节于北大法学院科研楼

第四版前言

自2004年1月拙著《税法原理》（第三版）出版以来，我国的税法制度又发生了很多变化，如取消农业税，开征烟叶税，对消费税、关税、车船税、城镇土地使用税等制度做较大调整等，特别是统一的《企业所得税法》的制定，更是引人注目。虽然在《税法原理》（第三版）的历次重印过程中有些新内容亦被不断补进，但仍不足以充分反映税法制度的新变革，为此，有必要再出《税法原理》（第四版）。

《税法原理》（第四版）不仅要反映上述税收实体法制度的最新变化，而且还要体现近年来税收程序法制度的最新调整，这对于全面理解税法原理和正确适用税法制度同样是非常重要的。为此，本书不仅对税收征纳实体法的有关内容做了较大更新，而且还改写了税收征纳程序法的有关部分，以力求确保相关内容的新颖性和准确性。

此外，本书已被教育部确定为“十一五”国家级规划教材，这体现了国家对税法和税法原理的重视，体现了税法在经济和社会生活中的地位的提高，以及各界人士税法意识的增强。事实上，随着人们对税法原理认识的日益深化，税收法治的水平也会得到进一步提升，这对于解决我国经济和社会发展中的诸多问题是大有裨益的。

再次感谢北大出版社邹记东先生的辛勤工作，感谢法学、经济学等领域的学界同仁以及财税实践部门的相关专家的长期支持。对于本书可能存在的各类问题，诚望读者方家不吝雅正。

作　者

2007年3月28日于北大法学院科研楼

第三版前言

拙著《税法原理》于2001年5月再版后，承蒙读者厚爱，已多次重印。随着我国经济、社会的迅速发展和成功“入世”，相关的税法制度亦变化频仍。为了体现上述领域的最新发展和变化，需要对第二版的相关内容做出相应修改，并对既存的少许印刷讹误再予校正。

税法制度变动不居，而税法原理则相对稳定。此次修改，仍然保持第二版的基本框架，对原理部分不做实质改动，以体现“税法原理”的相对恒久性。税法原理的发展是渐进的，《税法原理》当在历次修改中关注并及时反映其变化，以不负读者的厚望。

税法制度之频繁变易，其他法律制度大概无出其右，这既会给读者、编者平添诸多不便，也会增加税法研习的难度和魅力。感谢北大出版社的一贯支持，特别是责任编辑邹记东先生的有效工作。对于书中存在的诸多问题，尚希硕彦方家不吝匡谬。

作　者

2003年7月14日于北大法学楼

再版前言

拙著《税法原理》于 1999 年 8 月首版首印后，已应需重印。此次再版，除对原版既存的少许印刷讹误再行校正外，又对原版的体系和内容做了较大的调整。主要是将全书内容分为基础理论、征纳制度、争讼制度三编，同时，增列了若干章节，添加了原版因该套丛书宗旨局限所不便融入的内容，特别是其他学者在税法研究领域的前沿成果以及本人的研习偶得。对于多数读者而言，本书的结构和内容安排当比原版有更大的新颖性和合理性。

一如在原版后记中所言，本书的再版同样要感谢北大出版社的支持，特别是本书责任编辑邹记东先生的辛勤劳动；同时，由于税法学研究发展迅速，问题层出不穷，难以洞悉无漏，因而尚希读者方家多予匡正。

作　者

2000 年 11 月 30 日于北大

目　录

第一编　基础理论

第二编 征纳制度

第一编　基础理论

在现代“税收国家”，税收和税法直接关乎国计与民生，影响国家与国民的各类活动和日常生活。要深入学习和研究税法，提高国家的税收法治水平，就必须掌握税收和税法的基础理论。为此，本编主要分为八章，内容涵盖有关税收的基础知识和税法共通的基本法理，其中包括课税要素、税权分配、重复征税和税收逃避等方面的基本原理。这些知识是学习具体的税法制度的重要基础。

第一章 税收初阶

税收原理是税法研究的重要理论基础，也是在深入学习税法之前应掌握的基础知识。为此，本书先介绍与税法密切相关的税收基础知识。

在当代税收学领域，研究税收的基本原理一般都是从研究税收存在的必要性开始的，在此基础上再研究税收的概念、特征、职能、体系、原则等问题。为此，本书亦依循这一路径，对税收的一些基本原理予以简要介绍。

第一节 税收存在的必要性

国家为什么要征税？税收存在的必要性究竟是什么？对于税收学上的这一基本问题，曾长期存在着认识上的分歧，但随着市场经济体制的普遍实行，人们的认识业已日渐趋同，即普遍认为税收存在的必要性在于它能够有效地提供公共物品，从而能够满足公共欲望，缓解市场失灵，实现国家职能。可见，税收的存在与公共欲望的满足和公共物品的提供是密不可分的。

一、公共欲望

人类的欲望永无止境，而用以满足这些欲望的资源却相对有限，如何解决这对矛盾，如何有效地配置资源以满足人类的欲望，始终是人类不容回避的经济问题。

人类的诸多欲望，大致可以分为两类，即私人欲望（private wants）和公共欲望（public wants）。私人欲望或称个人欲望，是指个人能够独自享有的需求，具有排他性；而公共欲望或称集体欲望，是指公众可以共同享有的需求，不具有排他性。

一般认为，公共欲望与私人欲望是不可分割的，并且前者是以后者为前提的。从本质上说，公共欲望是存在于众多私人欲望中的共同欲望，满足这类共同欲望是公众的共同需求，因而它具有社会公益性。

上述两类欲望的实现途径是各不相同的。众所周知，整个社会经济可以分为两大部分，即私人经济和公共经济，这两种经济的资源配置方式各不相同，从而使上述两种欲望的实现途径也迥然不同。其中，私人经济以市场对资源的配置为主要特征，受制于厂商的逐利行为和消费者的选择行为；而公共经济则以政府对资源的配置为主要特征，受制于政府的财政收支活动和市场主体相应的博弈活动。与此相联系，私人欲望的满足因其纯属独立个体自身享有某种效用的问题，具有排他性，因而可以通过市场途径来得到满足；而公共欲望因其是公众可共同享有的需求，每个个体的享有并不影响其他个体的享有，即不具有排他性，因而它不可能通过市场的途径来满足，而只能通过政府途径或公共经济部门来得到满足。

由此可见，公共欲望不能通过市场主体的活动来实现，即市场机制不能满足公共欲望，只有政府才能担当此任。事实上，满足公共欲望正是现今各国政府的重要任务。

此外，在公共欲望的分类方面，美国学者马斯格雷夫（R. A. Musgrave）将公共欲望分为社会欲望和价值欲望两类，这种分类影响甚大。其中，社会欲望是指那些依靠市场机制不能得到满足的、公众可以同时均等地享受的、不具有排他性的欲望，如对公共安全的需求即属之；价值欲望是指那些经由市场机制不能充分得到满足的、具有排他性和特殊价值的欲望，如对教育的需求即属之。

二、公共物品

人们总是希望自己的各种欲望能够不断地得到满足，而满足这些欲望则需要资财（其中包括可用资财交换的商品和劳务）。与前述的私人欲望和公共欲望相对应，用来满足人类欲望的资财也可分为两类，即私人物品（private goods）和公共物品（public goods）。凡用以满足人类的私人欲望的资财即为私人物品，凡用以满足人类公共欲望的资财即为公共物品。

公共物品或称公共商品、公共物、公共财，是由公共经济部门提供的、用以满足人类公共欲望的资财。公共物品的存在，是社会的客观需求，反映了社会公众的公共需要。为了更好地理解公共物品的概念及其存在的意义，有必要将其与私人物品相比较，以总结出公共物品的特征。

一般认为，私人物品的产权是明确的，它具有独占性、排他性和可转让性等特点，从而使私人物品的消费也具有排他性和可分割性，即两个主体不能同时对同一私人物品进行相同的消费，不同的主体对私人物品的消费是能够分开的。

而公共物品则与私人物品不同。由于不论是否付费和付费多少，各类主体对公共物品均可获得等量的、相同的消费，因而各类市场主体对公共物品既都需要，又都不愿独自投资，由此形成了公共物品消费方面普遍存在的“搭便车”或“免费乘车”的心理，从而酿成了所谓的“公共物的悲剧”，导致在公共物品领域出现市场失灵问题。中国民间流传的“三个和尚没水吃”的故事也可在一定意义上说明这个问题。

可见，公共物品不同于私人物品的特征主要表现为公共物品的消费具有非排他性和不可分割性，即一个主体对公共物品的消费不能排除其他主体的同样消费，各个主体的消费是不能明确区分界线的。这种具有消费的非排他性和不可分割性的公共物品因其无法形成市场价格，因而很难像私人物品那样通过市场来供给，而只能由公共经济部门来提供，从而使提供公共物品成为国家或政府的一项重要职能。

三、税收存在的必要性

一般认为，税收存在的必要性在于它是满足公共欲望、提供公共物品的最有效、最重要的手段，它能够在一定程度上缓解在公共物品领域存在的市场失灵问题，对社会收入进行分配和再分配，进而可以成为宏观调控和保障经济与社会稳定的政策工具。

国家享有的课税权同国家的公共职能是直接相关的。众所周知，国家或政府要提供公共物品、满足公共欲望，以实现其公共职能，就必须有足够的财力。而国家或政府作为非营利性的组织，其本身是不创造利润的。因此，为了维持国家或政府的存续及其有效运作，实现其提供公共物品的职能，国家或政府就必须依据政治权力和经济权力来获取财政收入。而在当代各国的财政收入中，税收始终是最主要的部分。并且，各国征税的直接目的就是用于提供公共物品。

税收之所以会在各国的财政收入中占有较大比重，并成为提供公共物品的主要资金来源，是因为税收具有其自身的优点，可以弥补其他财政收入取得形式的缺陷。比较税收与其他财政收入取得形式的优劣得失，对于理解税收存在的必要性及相关税收原理是甚有裨益的，但由于在实践中各国获取财政收入的形式不尽相同，因而学者往往提出以下几种获取财政收入的形式来与税收相比较：

（1）增发货币。政府享有货币发行权，因而在理论上可以通过增发货币来取得财政收入。但由于无经济根据地凭空增发货币会导致通货膨胀，往往不利于经济的稳定增长，甚至可能会酿成金融恐慌和社会动荡，因而各国政府一般都不以增发货币作为现实中获取财政收入的主要手段，从而使增发货币难以成为提供公共物品的主要途径。

（2）发行国债。政府可以以国家信用作担保，通过向国内外发行债券来取得相应的财政资金。但举债是有偿的，政府要向债权人还本付息，并且，举债规模越大，偿债的规模也越大。因此，发行国债作为取得财政收入的一种手段虽然是可行的，但其规模必须适度。因而国债收入不可能在财政收入中占有较大比重，即国债收入也不能成为提供公共物品的主要资金来源。

（3）收取费用。政府可以依据“谁受益，谁付费”的原则，向公共物品的使用者和受益者收取费用，以满足财政之需。但这在具体操作上存在许多困难，而且收取的金额也不可能很大。因此，收费的形式不能成为财政收入的主要形式，它同罚没收入等辅助形式一样，都不能作为提供公共物品的主要资金来源。

可见，上述几种获取财政收入的形式因各有其缺陷，因而都不能成为提供公共物品的主要资金来源。而税收则不同，它可以弥补上述几种形式的缺陷。因为政府通过税收形式取得财政收入，只是一种购买力的转移，它不会引发无度的通货膨胀；同时，政府取得税收收入是无偿的，无须像发行国债那样承担还本付息的压力，不会增加远期的财政负担。此外，依法强制、无偿征收的税收收入数额巨大且相对稳定，因而可以为财政支出提供稳定、充足的资金来源，从而也使其成为提供公共物品的最主要的资金来源。

总之，税收的存在是十分必要的，它是国家或政府提供公共物品的最主要的资金来源，对于满足公共欲望、实现国家的公共职能、保障公共物品（政府的宏观调控和对经济、社会稳定的保障等亦属之）的有效提供，具有十分重要的作用。

第二节 税收的概念和特征

一、关于税收的多种定义

税收或称租税、赋税、捐税、税金等，简称税，因其历史悠久，演变复杂，形式纷繁，故而形成人们认识上的诸多分歧。由此也导致在税收原理和税法原理的许多问题上众说纷纭，难求尽同。

在税收的定义上，学者历来各推其说，莫衷一是，现择其有代表性者列举如下：

美国学者塞利格曼（R. A. Seligman）认为，税收是政府为满足公共利益的需要而向人民强制征收的费用，它与被征收者能否因其而得到特殊利益无关。

英国学者道尔顿（John Dalton）认为，税收是公共团体强制课征的捐输，不论是否对纳税人予以报偿，都无关紧要。[①]

日本学者金子宏认为，税收是国家为了取得用以满足公共需求的资金，基

① 参见高培勇：《西方税收——理论与政策》，中国财政经济出版社1993年版，第10页。

于法律的规定，无偿地向私人课征的金钱给付。[①]

日本学者汐见三郎认为，税收是国家及公共团体为了支付其一般经费，依财政权向纳税人强制征收之资财。[②]

上述各位学者所处时代和国家以及研究领域都不尽相同，对于税收概念的认识也不尽一致，因此，对他们及以往其他学者的研究加以总结是甚为必要的，这样可以概括出一般性的认识。一些工具书实际上已经对税收的概念进行了总结和概括，例如《美国经济学辞典》认为，税收是居民个人、公共机构和团体被强制向政府转让的货币（偶尔也采取实物或劳务的形式）。此外，日本的《现代经济学辞典》则认为，税收是国家或地方公共团体为筹集用以满足社会公共需要的资金，而按照法律的规定，以货币形式对私人进行的一种强制性课征。

总之，税收的定义历来是众说纷纭、不尽相同的，但国内外学者也正在形成许多共识。经济学家们一般都认为，税收是国家或公共团体为实现其公共职能，而按照预定的标准，强制地、无偿地从私人部门向公共部门转移的资源，它是国家参与社会产品分配和再分配的重要手段，是财政收入的主要形式。这是经济学界对税收概念的较为普遍的认识。[③]

二、税收的特征

与税收的多种定义相联系，人们对税收的特征也有多种不同的概括。由于税收的特征反映税收与其他事物相区别的本质特点，是对税收概念的解析和深化，并能使人们更好地理解和概括税收的定义，因而学术界非常重视对税收特征的研究，并取得了一些共识。

例如，日本的《现代经济学辞典》认为，税收具有如下特征：(1) 税收依据课税权征收，具有强制性；(2) 税收是一种不存在直接返还性的特殊课征；(3) 税收以取得财政收入为主要目的，以经济调节为次要目的；(4) 税收的负担应与国民的承受能力相适应；(5) 税收一般以货币形式课征。

中国学者一般将税收的特征概括为“三性”，即强制性、固定性和无偿性。但这“三性”必须同时具备才能在一定程度上反映税收的特征，并且，这种“三性”的概括也并非绝对，因为其中的某些特征并非税收所独有，且有时体现得并非十分明显。

---

① 参见〔日〕金子宏：《日本税法原理》，刘多田等译，中国财政经济出版社 1989 年版，第 5 页。

② 参见国家税务总局税收科学研究所编著：《西方税收理论》，中国财政经济出版社 1997 年版，第 60 页。

③ 参见张守文、于雷：《市场经济与新经济法》，北京大学出版社 1993 年版，第 202 页。

税收是国家取得财政收入的主要形式，探寻税收的特征主要应研究税收与其他社会收入尤其是财政收入的其他形式相区别的本质特点。对此，美国学者塞利格曼曾作过具体分析。塞利格曼将社会收入分为奉献性收入、契约性收入和强制性收入三类。其中，奉献性收入是依据单方的自愿奉献取得的收入，如捐赠收入；契约性收入是依据某种契约取得的收入，如公共财产及事业收入；强制性收入是依据征税权、处罚权而取得的收入，如税收收入、罚没收入等。上述几类收入均可成为财政收入的形式，但从中亦可看出税收收入与其他收入的不同，从而反映了税收的某些特征。

基于前述对税收概念的一般理解，比较税收与其他财政收入形式的差异，可以将税收的特征概括为以下几个方面：

（1）国家主体性。在税收的主体方面，国家是税收的主体，征税权只属于国家并由中央政府和地方政府来具体行使。国家或政府在税收活动中居于绝对的主导地位。税收的国家主体性特征非常重要，它使税收具有自己的性质、目的、手段、权力依据、征收依据等，从而形成了税收的其他特征。

（2）公共目的性。在税收的目的方面，税收作为提供公共物品的最主要的资金来源，着重以满足公共欲望、实现国家的公共职能为直接目的。为此，税收必须根据纳税主体的负担能力依法普遍课征，并不具有惩罚性，从而可以使税收同因处罚违法行为所获得的罚没收入区别开来。

（3）政权依托性。在权力依据方面，税收须以政权为依托，它所依据的是政治权力而不是财产权利或称所有者权利，这也是与国家主体性密切相关的。征税权是国家主权的一部分，税收作为把私人部门的部分收入转为国有的一种手段，只能以政权为依托才能有效行使。税收的政权依托性使其与各类非强制性收入具有明显的不同。

（4）单方强制性。在主体意志方面，税收并不取决于纳税主体的主观意愿或征纳双方的意思表示，而只取决于征税主体的认识和意愿，因而具有单方强制性。这一特征是与前述的国家主体性、政权依托性密切相关的，也是与国有资产收入等非强制性财政收入形式的重要区别之一。由于税收的单方强制性可能会使纳税人的利益受到损害，因而征税必须依法进行，实行税收法定原则。

（5）无偿征收性。在征收代价方面，税收是无偿征收的，即国家征税既不需要事先支付对价，也不需要事后直接偿还或给各个具体的纳税人以相应的资金回报。在国家与纳税人之间不存在等价有偿的交换关系，同时，纳税人缴纳税款的多少与其可能消费的公共物品数量亦无直接关系。因此，税收并不具有对特别给付的反给付性质，就具体的时空而言，税款的征收是无偿的。税收的这一特征使其与因国家机关提供特殊服务而收取相关费用的规费收入等可以区别开来。

(6)标准确定性。在征收标准或限度方面，税收的征收标准是相对明确、稳定的，并体现在税法有关课税要素的规定之中，从而使税收具有标准确定性（也有学者称之为固定性）的特征。这一特征是与现代税收与税法的一一对应关系、税收法定原则的普遍采用、防止征税权的滥用和保护纳税人的合法权利等密切相关的。

以上从不同方面分析了税收的特征，这些特征是税收区别于其他财政收入形式的重要标志，综合反映了税收的本质特点，有助于更好地理解税收的概念和其他相关的理论问题。事实上，前面关于税收概念的普遍认识已经包含了税收的上述特征，只不过这种认识更侧重于经济学角度而已。为此，有必要结合上述对税收特征的认识，给税收下一个定义。

三、本书对税收概念的认识

综合上述税收的特征，可以对税收定义如下：税收是国家为实现其公共职能而凭借其政治权力，依法强制、无偿地取得财政收入的一种活动或手段。

这一定义说明，税收的征收主体是国家；征税的目的是提供公共物品、实现公共职能；税收的权力依据是国家的政治权力；税收的实现必须依法进行，而依法征税必须有确定的征收标准，同时又必然带有强制性；税收活动是国家取得财政收入的一种活动或手段，税收收入是财政收入的一种形式，国家取得税收收入是无偿的。

可见，在上述定义中实际上已经包括了税收的各个方面的特征，并且，这一定义不仅注意到了税收与经济、政治、社会的密切关系，而且也注意到了税收与法律的内在联系，从而为税收与税法的综合研究提供了前提和基础。

第三节 税收的依据和职能

一、税收的依据

所谓税收的依据，又称课税的依据，是指纳税人必须据以缴纳税款的原因和国家可以据以征收税款的理由。若国家征税无据，则构成侵权行为，应承担相应的法律责任。因此，税收依据问题是税收理论中的一个重要问题。

税收依据问题与税收存在的必要性、税收的职能以及其他税收和税法理论中的相关问题均密切相关，因而引起了学者的广泛兴趣，形成了一系列重要的学说，现择要略述如下：

（一）公需说

公需说也称公共福利说，流行于 17 世纪，其代表人物是法国的博丹(Bodin)。该学说认为，国家的职能是满足公共需要，增进公共福利，为此需要通过征税来取得用以实现国家职能的费用。该学说在由封建主义向资本主义过渡的当时，具有一定的进步意义。

（二）交换说

交换说也称利益说、代价说等，发端于 18 世纪初，始由卢梭（Rousseau）力倡，后为法国重农学派所接受，并经亚当·斯密（A. Smith）发展成英国古典学派的主张。该学说以社会契约论和自由主义的国家观为基础，认为国家和个人是各自独立平等的实体，国民因国家的活动而得到利益，理应向国家纳税以作为报偿，因而税收体现的是国家与国民之间的一种交换关系。该学说在资本主义的发展初期曾起到了一定的积极作用。

（三）保险说

保险说是交换说的变形，两者实际上属同一个理论体系。该学说认为国家保护了人民财产和社会公共秩序，人民因此就应向国家支付报酬；国家与国民之间的关系如同保险公司与投保者的关系，税收便是国民向国家交纳的保险费。由梯埃尔首创的保险说因其特殊的保险观念而在税收学说史上占有一定的地位。

（四）义务说

义务说也称牺牲说，起源于 19 世纪英国的税收牺牲说，后由德国的阿道夫·瓦格纳（A. Wagner）对其加以完善。该学说以黑格尔（Hegel）的国家有机体说为基础，认为个人生活必须依赖于国家的生存，为了维持国家生存而纳税，是每个公民当然的义务。纳税不是对接受国家利益的一种返还，而完全是无偿的、牺牲性的支付。该学说明确提出了税收的强制性和无偿性，具有一定的积极意义。

（五）新利益说

新利益说也称税收价格论，与上述的利益说或交换说不同，该说认为国家可以分解为构成国家的个人，国家满足公共需要就是满足每个人共同的私人欲望，因此，个人纳税就像为满足私人欲望而购物时所支付的价款。此学说的代表人物是维克塞尔（Wicksell）、格伦采尔（Glanzel）和林达尔（Lindahl）。

（六）经济调节说

经济调节说也称市场失灵说，是资本主义发展到垄断阶段以后出现的凯恩斯（Keynes）理论的重要观点。该学说认为，由于存在市场失灵，市场机制不能进行资源的有效配置和公平分配社会财富，因而需要社会经济政策予以调节和矫正。而税收正是完善市场机制、调节国民经济运行和社会分配的重要手段，这便是国家税收的依据。

在上述有关税收依据的各种学说中，义务说是较为重要的，新利益说和经济调节说也越来越显示出其重要性。[①] 由于它们都是较为晚近的学说，因而与当今人们的普遍认识也比较接近。这些学说不仅在一定程度上影响国家的课税努力、国民的纳税意识和国家的税制建设，而且也在一定程度上影响国家税法的基本理念。

在现代市场经济国家，学者较为普遍地认为，国家税收的依据主要是市场失灵的存在和对公共物品的需要，这实际上是对美国学者马斯格雷夫的观点的普遍认同。对于这方面的问题，在前述有关税收存在的必要性部分已有介绍，此不赘述。同时，也不难看出，在马斯格雷夫的观点中融合着上述经济调节说、新利益说和公需说的一些合理成分，在这几种学说之间存在着一定的内在联系。

二、税收的职能

税收的依据同税收的职能联系甚为密切，正由于税收存在着特有的职能，国家才需要征税，人民才需要纳税，国家课税才有依据。在上述有关税收依据的学说中，实际上已在一定程度上揭示了税收的职能。

与财政的职能类似，税收的职能主要有三种，即分配收入、配置资源和保障稳定。

（一）分配收入的职能

税收是国家参与社会收入分配的重要手段，它与各类主体的利益攸关，直接影响到公共经济部门与私人经济主体之间的收入分配。税收分配收入的职能包括两个方面，即获取财政收入和收入的再分配。

税收是财政收入的主要形式，是国家获取财政收入的主要手段。当代各国主要是通过征税来筹集财政资金，以提供公共物品，满足公共需求。自近代以来，各国通过税收形式从社会收入中分得的财政收入在整个财政收入中所占的比重日渐提高，许多国家高达90%左右，因而有学者将近代国家称为“税收国家”或“租税国家”。

获取财政收入是税收最原始、最基本的职能，但税收不仅是参与国民收入初次分配的手段，它同样可以用于社会收入的再分配。由于存在市场失灵、社会分配不公等问题，国家适度介入经济生活，对社会收入进行再分配是甚为必

---

① 参见〔日〕井手文雄：《日本现代财政学》，陈秉良译，中国财政经济出版社1990年版，第263页；国家税务总局税收科学研究所编著：《西方税收理论》，中国财政经济出版社1997年版，第67页。

要的。再分配的方法有很多，如最低工资制度、农产品价格维持制度等，但税收被公认为是最好的方法。因为税收通过各种课税要素的调节，不仅可以对市场经济进行有效调控，而且也能使再分配的效果及于全体社会成员。由于再分配的职能同经济、社会政策联系密切，因而它不仅在税收分配收入的职能中占有重要地位，而且与税收宏观调控的职能亦有内在联系。

（二）配置资源的职能

税收配置资源的职能，也称宏观调控的职能。税收作为调节经济运行的重要经济杠杆，在宏观调控方面具有十分重要的作用，已成为影响当代经济生活的经常性因素。国家通过征税，参与社会收入的再分配，可以对各类主体的实际收入及其运用发生重大影响，从而会影响投资与储蓄，影响资产结构和产业结构的调整，影响各类资源的配置。

国家运用税收进行宏观调控的过程也就是资源配置的过程。税收本身具有“内在稳定器”的功能，可以降低国民收入增减对经济波动反应的灵敏程度。与此相联系，国家还可以通过采取增税和减税措施来防止经济过热或过冷，从而有助于熨平经济周期，平衡经济波动。此外，国家还可以通过税种的设置、征税范围和税率的调节、税收优惠政策的调整等进行宏观调控，从而实现税收配置资源的职能。

（三）保障稳定的职能

税收因其具有分配收入和宏观调控的职能，从而能够在一定程度上解决公共物品的提供、市场失灵及社会分配不公等问题，因而它不仅有助于提高经济运行的效率，而且也有助于促进经济公平和社会公平，进而有助于保障经济和社会的稳定。

在保障经济稳定方面，由于税收具有“内在稳定器”的功能，加之各种税收手段可以综合运用，因而税收具有明显的“反周期”的作用，这会在很大程度上促进经济的稳定。此外，由于税收是调节各类主体收入再分配的重要工具，加之累进税制的实行和所得税、社会保障税、遗产税与赠与税的综合开征，以及税收收入主要被用作转移支付和其他公共物品支出，因此，税收亦有助于促进社会分配公平，从而有助于保障社会稳定。

在税收的上述三类职能中，分配收入的职能是最为基本的，配置资源的职能次之，保障稳定的职能是以前两项职能为基础的。三项职能密切相关，每一项排位在前的职能都是排位在后的职能的基础；而排位在后的职能则能够体现税收的更高层次的价值目标。认识税收的职能，不仅有助于更好地理解课税的依据，而且也有助于更好地认识税法的宗旨或调整目标。

三、税收对经济的影响

税收对经济的影响是税收理论中的一个重要问题，因其与税收的职能联系密切，对其进行深入研究有助于更好地理解税收的职能问题，也有助于不断完善税制，故在此对该问题亦予以简略介绍。

税收对经济的影响主要体现在对生产、消费、分配以及经济稳定的影响，其影响既可能是积极的鼓励和刺激，也可能是消极的限制或压抑。

（一）税收对生产的影响

税收对生产的影响主要体现为对劳动力、储蓄、投资和资源配置的影响。

1. 税收对劳动力的影响

税收对劳动力的影响是指税收对人们工作努力程度的影响。这种影响表现为两种效应，即收入效应和替代效应。所谓收入效应是指由于开征新税或增加税额而使纳税人的收入发生的变化。这种变化通常是纳税人可支配收入的减少，从而减少纳税人的消费和储蓄额度。一种税对纳税人的收入效应的大小与平均税率成正相关。所谓替代效应也称税收的替代效应，是指由于征税而使相关商品或服务的相对价格发生变化，致使人们对相关商品或服务的选择也发生变化。这种变化表现为人们乐于用税负低的商品和服务替代税负高的商品和服务，从而会影响到税负高的商品的生产和供给，致使生产者可能会用闲暇来代替工作。

一般认为，收入效应不会妨碍人们的工作努力程度，因为人们为了弥补由于征税而减少的收入，必然要多干工作。而替代效应则相反，它促使纳税人减少工作，增加闲暇。这些影响在税制设计时都是应予考虑的因素。

2. 税收对储蓄的影响

储蓄是投资的源泉，它在一定程度上影响着生产。由于征税是对私人经济资源的转移，必然会对储蓄发生影响。这种影响因税种的不同而不同，主要表现在对储蓄愿望的影响和对储蓄报酬的影响两个方面。

由于征税会减少纳税人的收入，因而会妨碍其储蓄愿望的实现，尤其是所得税、遗产税等直接税，对储蓄愿望的影响更大。同时，在对存款利息征税的情况下，也会对储蓄报酬发生影响。为了减轻或避免税收对储蓄的消极影响，应注意税率设计，或者对储蓄利息实行减免税等优惠政策。

3. 税收对投资和资源配置的影响

由于税收会影响到收入和储蓄，因而亦会对投资和资源配置产生影响。对投资收入的税收处理方式不同会引起资本流向的不同。例如，对投资损失是否可以在计税时作为费用扣除，会影响投资者是进行风险性投资抑或进行安全性投资。同时，税收优惠政策的实行和其他课税要素的调整也会影响到投资流向的地域、行业和部门以及投资的水平和规模。此外，税收对消费的影响也会波及投资规模。

不同的税种对投资和资源配置的影响是不同的。所得税等直接税会直接影响投资报酬率，从而会影响资本的流向或投资的倾向；商品税等间接税会直接影响消费水平的变化，从而会影响到投资倾向和投资规模。

（二）税收对消费的影响

由于征税会使纳税人收入减少并使商品价格发生变化，因而必然会对消费产生一定的影响，并且，对于各类课税要素的不同调整，对消费产生的影响亦不相同。

例如，各类纳税主体的收入不尽相同，纳税能力自然有别，对其分别征税后，其消费能力的变化亦不尽相同。在征税客体方面，对需求弹性大小不同的商品征税，会使商品的消费量呈现出大小不同的相应变化。在征税范围方面，对商品征税范围的大小会影响到替代消费量的大小。在税率方面，适用税率的高低不同可能会影响到商品的消费量的多少。

由于消费是社会再生产过程的一个重要环节，税收对消费的影响必然会间接影响到储蓄、投资等，因而国家可以利用税收对消费的调节作用来调控宏观经济的变动。

除了上述对生产和消费的影响以外，税收还可以对分配和经济稳定产生影响。税收对分配的影响主要体现在通过相关税种的设置和累进税率的推行来促进社会财富分配的公平合理。税收对经济稳定的影响主要体现在通过税收可以影响投资和消费，进而影响就业；通过税收可以使购买力在相关主体间发生转移，从而影响物价；通过税收对就业和物价的积极影响，有助于促进充分就业、稳定物价的目标的实现，从而有助于促进经济的稳定。鉴于上述内容在本书的其他部分还会提及以及篇幅所限，关于税收对分配和经济稳定的影响问题在此不再展开说明。

由于税收会对生产、消费、分配和经济稳定等多方面产生影响，并且这些影响在实质上涉及经济、政治、社会等诸多领域，因此，国家应充分利用税收杠杆，发挥税收职能，综合运用各种经济政策，有效地实施宏观调控。

第四节 税收的分类和结构

税收体系，是由各个税种所构成的统一整体。要研究一国的税收制度，就必须关注其税收的分类和结构。

对于税收制度（简称税制），人们往往从经济和法律两个角度来认识。从经济角度看，税收制度是指由各个税种构成的税收调节体系，它说明一国税制主要由哪些税种构成，哪些税种是主要税种和辅助税种及其调节方向和构成情况，因而也被称为税制结构。[①] 这种在经济意义上理解的税制同对税收体系的认识是一致的。

一国现行的税收体系是由该国现行的税种构成的。从理论上说，税收体系应当是由各个税种构成的内在和谐、统一的整体，其内在结构和税种的分类应是科学、合理的。因此，研究税收的分类和税制的结构是非常重要的。

一、税收的分类

税收的分类，又称税种的分类，自亚当·斯密创立古典经济学派以来一直深受经济学家重视，并形成了“税系理论”。学者依据不同的标准对税种作了多种分类，对后世的税收和税法研究产生了较大影响。现对各种分类简介如下：

（一）直接税与间接税

依据税负能否转嫁，税收可以分为直接税与间接税。凡税负不能转嫁于他人，需由纳税人直接承担税负的税种，即为直接税，如各类所得税和一般财产税。凡税负可以转嫁于他人，纳税人只是间接承担税负的税种，即为间接税，如各类商品税。这种分类方法最早由法国重农学派的代表人物魁奈（F. Quensnay）提出，后由英国著名学者穆勒（J. S. Mill）加以完善。

上述分类对于研究税收归宿、税法实效等问题具有重要意义，在税种分类中占有重要地位。但税负转嫁是复杂的、有条件的，对此，美国学者塞利格曼有专门研究，奠定了税负转嫁理论的基础。

（二）从量税与从价税

依据税收计征标准的不同，税收可分为从量税与从价税。凡以征税对象的数量、重量、容量等为标准从量计征的税种，为从量税，也称单位税或“从量计征”；凡以征税对象的价格为标准从价计征的税种，为从价税，也称“从价计征”。

从量税不受征税对象价格变动的影响，计算简便，税负水平较为固定。从价税直接受价格变动影响，有利于体现国家的经济政策，多数税种为从价税。

（三）商品税、所得税与财产税

依据征税对象的不同，税收可以分为商品税、所得税与财产税，这通常被认为是税收的最重要、最基本的分类。由于征税对象可以分为商品（包括劳务）、所得和财产，因而税收也可以相应作出上述的基本分类。

上述分类之所以重要，是因为征税对象是税制的核心要素，是区分不同税

---

① 参见董庆铮主编：《外国税制》，中国财政经济出版社1993年版，第2页。

种的主要标准，据此便于揭示和把握各税种的特征，同时，也便于发挥各税种的不同作用，完善其征管方法。因此，学者在理论上多重视此种分类，各国和有关国际组织在实践中也主要采用此种分类。本书也以此种分类为基础对相关的税收法律制度加以介绍。

（四）对人税与对物税

依据税收的侧重点或着眼点的不同，税收可以分为对人税与对物税。这是西方国家对税收的最早分类。凡主要着眼于人身因素而课征的税为对人税。早期的对人税一般按人口或按户征收，如人头税、人丁税、户捐等。凡着眼于物的因素而课征的税为对物税，如对商品、财产的征税。

在现代国家，由于人已成为税收主体而非客体，因而人头税等多被废除。一般认为以作为主体的“人”为基础并考虑个人具体情况而征收的税为对人税，如所得税；以作为客体的“物”为基础且不考虑个人具体情况而征收的税为对物税，如商品税。

（五）中央税与地方税

依据税收管理权和税收收入归属的不同，税收可分为中央税与地方税。凡由国家最高权力机关或经其授权的机关进行税收立法，且税收管理权和收入支配权归属于中央政府的税收，为中央税，也称国税；凡税收管理权和收入支配权归属于地方政府的税收，为地方税，简称地税。此外，有时某些税种的税收收入由中央政府和地方政府按分成比例共同享有，这些税种便统称为中央与地方共享税，简称共享税。

（六）价内税与价外税

依据税收与价格的关系，税收可分为价内税与价外税。凡在征税对象的价格之中包含有税款的税，为价内税，如我国现行的消费税；凡税款独立于征税对象的价格之外的税，为价外税，如增值税。

价内税的税款是作为征税对象的商品或劳务的价格的有机组成部分，该税款需随商品交换价值的实现方可收回。并且，随着商品的流转会出现“税上加税”的重复征税问题。而价外税比价内税更容易转嫁，且一般不存在重复征税问题。

（七）经常税与临时税

依据税收的征收期限和连续性，税收可分为经常税与临时税。凡为保证国家经常性的费用支出而依法长期、连续课征的税，为经常税；凡为实现某种特殊目的、或因国家处于非常时期而在一个或几个财政年度内临时特别征收的税，为临时税。各国现行的税种绝大多数为经常税，但经常税一般是由临时税演变而来的。

（八）独立税与附加税

依据课税标准是否具有依附性，税收可分为独立税与附加税。凡不需依附于其他税种而仅依自己的课税标准独立课征的税，为独立税，也称主税。多数税种均为独立税。凡需附加于其他税种之上课征的税为附加税。狭义上的附加税仅指以其他税种的课税额作为自己的课税标准的税；广义上的附加税还包括直接以其他税种的课税标准作为自己的课税标准的税。我国的附加税主要有城市维护建设税、教育费附加等。

（九）实物税与货币税

依据税收收入形态的不同，税收可以分为实物税与货币税。凡以实物形式缴纳的税，为实物税；凡以货币形式缴纳的税，为货币税。实物税主要存在于商品经济不发达的时代和国家；货币税则是今天市场经济国家最普遍、最基本的税收形式。

（十）财政税与调控税

依据课税目的的不同，可以把税收分为财政税与调控税。凡侧重于以取得财政收入为目的而课征的税，为财政税；凡侧重于以实现经济和社会政策、加强宏观调控为目的而课征的税，为调控税。这种分类体现了税收的主要职能。

除上述分类以外，还有其他一些分类，如依据税收用途的不同，税收还可分为一般税和特别税。凡仅用于满足一般财政需要的税收即为一般税，也称普通税；凡用于满足特定经费需要的税收，即为特别税，也称目的税。此外，还有学者将税收分为国内税收与国际税收；工商税收、农业税收与关税税收；配赋税与定率税；期间税与随时税；累进税与累退税等，限于篇幅，不再逐一介绍。

除上述理论上的分类以外，经济合作与发展组织（OECD）还以征税对象为分类标准，将其成员国的税收分为六类：(1) 所得税，包括对所得、利润和资本利得的课税；(2) 社会保险税，包括对雇员、雇主及自营人员的课税；(3) 薪金及人员税；(4) 财产税，包括对不动产、财富、遗产和赠与的课税；(5) 商品与劳务税，包括产品税、增值税、销售税、消费税和进出口关税；(6) 其他税。上述分类亦可进一步概括为所得税、商品税和财产税三个主要的税类，对税收分类的研究产生了较大影响。

二、税制的结构

税制的结构，或称税收的结构，它与税种的分类联系甚为密切。一国的税收体系由哪些税种或税类构成，各税种或税类之间的数量比例关系及协调性、互补性如何等，都是税制结构方面的问题，它们直接影响着整个税收体系内在功能的有效实现。正因如此，对于税制结构问题，学者历来非常重视，并对税制模式与税制的具体结构进行了深入的研讨。

（一）税制模式的选择

依据税收体系构成即税种的数量和地位的不同，税制模式在理论上分为两种类型，即单一税制和复合税制。

1. 单一税制

单一税制是指仅由一个税种构成，或以一个税种为主并辅以其他个别税种的税收制度。在历史上，曾有一些学者积极主张实行单一税制。如英国重商主义学者霍布斯（Hobbes）主张实行单一消费税制；法国重农学派的魁奈主张实行单一土地税制；法国学者博丹主张实行单一所得税制；法国学者日拉丹（Girardin）等主张实行单一资本税制等。

单一税制的优点是一次课征且征收范围小，对生产和流通影响小，有利于减轻人民负担和促进经济发展。同时，由于征收范围明确，手续简便，因而征收费用小，有利于提高税收的经济效率和行政效率。

单一税制的缺点是：（1）从财政角度看，不利于足额获取财政收入，且收入弹性小，不能适应国家经费变动的需要。（2）从经济角度看，易引起某一方面的经济变动，不利于资源的全面有效配置，会影响国民经济的均衡发展。（3）从社会角度看，单一税制不符合税收的普遍课征原则和平等原则，易导致税负不公和社会矛盾激化。

有关单一税制的各种观点仅存在于理论层面，各国并未真正实施过。因此，各国实际实行的均为复合税制，这种税制能够弥补单一税制的不足。

2. 复合税制

复合税制是指由各个不同税种构成的、内在协调互补的税收制度。复合税制之所以被各国普遍采用，是因其具有以下优点：（1）税源充裕，弹性较大，能保证财政需要并适应其变化；（2）各税种互为补充，能全面发挥税制的功能、捕捉各种税源；（3）符合各项税收原则，能够涵养税源，促进经济与社会的协调发展。

但是，复合税制亦有其缺点，主要是税种设置过多、税负分布不均、征收复杂等。为了弥补上述不足，需要对复合税制不断进行改革，以使税种构成更为合理，建立各税种协调互补的税收体系。在建立完善、合理的复合税制方面，尤其需要注意以下几个问题：

第一，合理选择税种。选择税种要符合各项税收原则，即要符合财政原则、经济原则和社会原则，以弥补单一税制的上述缺点。同时，选择税种也要考虑到税负转嫁的因素。此外，还要注意税制构成的数量比例关系，并非税种越多越好。

第二，正确选择税源。税源是税收的源泉，它来自税本所产生的收益，而税本则是产生税源的基础和根本。有税本才有税源，有税源才有税收。课税只能触及税源，但不可侵及税本。税源通常可以是所得、收益和财产，其中所得和收益更便于直接课税。

第三，适当确定税负。课税是有限度的，税负应当适当。为此应注意掌握税收占国民生产总值（GNP）或国内生产总值（GDP）的比例，以及税收收入占国民收入的比例等，以使宏观税负限定在合理的范围之内。

（二）税制的具体结构

由于各国均选择复合税制，因而学者亦很重视复合税制的具体结构，并提出了两大税系论和三大税系论的主张。其中，两大税系论强调税制主要由直接税和间接税构成；三大税系论的观点则不尽一致。例如，同是主张三大税系论，德国学者施泰因（Stein）认为税制应包括直接税、间接税和所得税三个税系；而另一位德国学者瓦格纳则主张包括所得税、所有税和消费税三个税系；日本学者小川乡太郎则认为应包括所得税、消费税、流通税三个税系。

美国学者马斯格雷夫认为，税收体系包含两大部分，即对货币资金运动过程中的课税和对财产的持有及转让的课税。前者主要包括所得课税和商品课税，后者主要是财产课税。马斯格雷夫的三大税系论得到了较为广泛的赞同，产生了深远的影响。

现代税制的发展经历了一个漫长的发展过程，其内在结构和主体税种也几经变化。古代税制主要由人头税、土地税、灶税、户税等构成，以简单、原始的直接税为主体税种；近代税制主要由关税等商品税构成，以间接税为主体税种；现代税制由直接税、间接税的各税种构成，以强调直接税的主体地位为重要趋势。

现代各国的税制是不尽相同的。结合上述的税系理论，综合分析各国现行的主要税种及其性质，学者一般认为现代税收体系在具体结构上由三大课税体系构成，即所得税系、商品税系和财产税系，并且，三大税系各自包含一系列的税种。其中，所得税系包括：（1）所得税，如个人所得税、公司所得税、社会保险税；（2）利得税，如资本利得税和其他利得税；（3）收益税，如房地产收益税、土地收益税等。商品税系包括：（1）营业税（销售税）；（2）增值税；（3）消费税；（4）国内产品税；（5）关税。财产税系包括：（1）一般财产税，如财产净值税等；（2）特种财产税，或称个别财产税，如土地税、房产税、不动产税、车船税等；（3）财产转让税，如继承税、遗产税与赠与税等。

除上述三大税系以外，有的学者认为税制中还应包括流通税系，即以经济流通行为为征税对象的一类税。该税系主要包括财产流通税和价格流通税。前者对发生财产转移的行为（如产权的发生、变更、转移、消灭等行为）课征，其中，对发生财产转移效果的行为课征的，也称为行为税或交易税；后者主要对附属于经济流通的权利转移行为课征，如登录税、文书税（印花税）等。由于流通税系的税种及各国可能存在的其他零星税种征税数额较小，影响不大，在财政收入中所占比重和在宏观调控中地位微乎其微，因而对流通税系一般都不单列①，而是把该税系中的税种并入财产税或者其他税类中附带加以研究。

尽管税收体系在结构上一般均包括所得、商品和财产三大税系，但在不同国家的税制结构中，三大税系所占的比重是不尽相同的。由于财产税在现代税制中仅处于辅助地位，因而各国一般仅在所得税和商品税之间选择其主体税种。

通常在进行国际税制比较时，一般按主体税种的不同将税制模式划分为三种类型：（1）盎格鲁-撒克逊型，以英国、美国为代表，以所得税等直接税为主体税种；（2）拉丁欧洲型，以法国、意大利为代表，以间接税为主体税种；（3）中间型，以德国为代表，其税制是直接税与间接税并重。但上述类型划分并不是绝对的。

此外，发达国家因其企业、居民收入较高，故所得税往往占有较大比重；发展中国家因其经济欠发达且又急需大量财政收入，故往往以商品税为主体税种，或者商品税与所得税并重。但这种概括同样也不是绝对的。例如，欧盟国家均较为发达，但以增值税为主体的商品税所占比重也是较大的。因此，上述概括仅在于说明一般的趋势和状况。

第五节 税收的原则和政策

税收原则是在税制的设计和实施方面应遵循的基本准则，也是评价税制优劣和考核税务行政管理状况的基本标准。此外，税收原则在税法的制定和实施过程中应予遵循。正因为如此，税收原则不仅是税收理论中的重要内容，而且对于税收和税法实践亦具有重要意义，它是影响税收政策的重要因素。对于税收原则，历代学者曾有过多种概括。而当代税收原则一般被概括为两大原则，即税收公平原则与税收效率原则。

一、历代学者所概括的税收原则

历代学者曾对税收原则做过不尽相同的概括，对后世产生了程度不同的影响，现择要介绍如下：

---

① 参见董庆铮主编：《外国税制》，中国财政经济出版社 1993 年版，第 18 页。

(一) 威廉·配第的观点

一般认为，英国古典政治经济学的创始人威廉·配第（W. Petty）是税收原则的最早提出者。他认为，税收原则有三项：(1) 公平原则，即税收对各类主体和对象都要一视同仁，且税负不能过重。(2) 简便原则，即征税手续要简便，方法要简明，以尽量方便纳税人。(3) 节省原则，即征税费用不能过多，应尽量做到节约。上述三原则的中心是公平原则。

(二) 攸士第的观点

攸士第（J. H. G. V. Justi）是德国新官房学派的代表人物，他认为税收原则有六项：(1) 自愿纳税原则，即税收应自愿缴纳，在征税方法上应促使纳税人自发纳税。(2) 合理征税原则，即征税要以不危害人民生活和经济发展为限度，不得非正当地限制人民的自由。(3) 平等征税原则，即征税应当公平、公正，一视同仁。(4) 依法征税原则，即征税要有明确的法律依据，税收要确实、准确。(5) 低费征收原则，即要选择征收费用最低的货物来课税。(6) 便捷征税原则，即纳税手续应当简便，税款应合理地分期缴纳。攸士第的税收原则理论反映了新兴资产阶级的利益要求，对后世税收原则理论的发展产生了重要影响。他所提出的六项原则除第一项外，均为亚当·斯密所接受。

(三) 亚当·斯密的观点

亚当·斯密是英国古典经济学的奠基人。他首次对税收原则作出系统阐述，并与德国学者瓦格纳分别成为各自所在历史时期的税收原则理论的集大成者。斯密提出了著名的税收四原则，即平等原则、确实原则、便利原则和节约原则。

所谓平等原则，即国民应根据其纳税能力来承担政府的经费开支，纳税额度需依国民在国家保护下所获收入的多少来确定；国民在纳税上一律平等，不得有免税特权；征税应尽量不使经济发展受到影响。

所谓确实原则，即课税的条件必须确定、翔实，不得随意变更；有关纳税的时间、方法、数额等，都必须让一切纳税人明了。

所谓便利原则，即税收的征纳手续应尽量简便，尤其在纳税的时间、地点、方式等方面都应尽量简便易行，以求最大限度地为纳税人提供便利。

所谓节约原则，也称征收费用最少原则，即征税费用应尽量减少，以使其降至最低，从而使国家能够最大限度地获取有效的税收。为此应提高税收行政效率和税收经济效率，处罚腐败和规避税法的行为。

(四) 萨伊的观点

萨伊（J. B. Say）是法国著名的经济学家，他将税收原则概括为税负适度、节约费用、税负公平、最小妨碍和增进道德五大原则。

所谓税负适度原则，即由于征税是对纳税人用于个人需要或用于再生产的财富的剥夺，因而税负必须适度，征税越少，对经济的破坏作用就越小。

所谓节约费用原则，即由于税收的征收费用是人民的负担，对国家亦无益处，因而必须节约征收费用，以减轻纳税人的负担，增加国库的实际收入。

所谓税负公平原则，即由于全体纳税人公平承担税负时，每个人的税负才最轻，因而税负应力求公平，否则对纳税人和国库均不利。

所谓最小妨碍原则，即由于各类税收均有害于再生产，因此必须把税收对生产的妨碍减到最小，尤其对资本的课税更应最轻。

所谓增进道德原则，即由于税收是影响人民的勤劳与懒惰、节约与奢侈的有力工具，从而会影响社会道德，因此，国家征税应努力增进国民的道德。

（五）瓦格纳的观点

阿道夫·瓦格纳是德国新历史学派的代表人物和西方财政学的创建者。作为财税理论方面的集大成者，瓦格纳结合当时自由资本主义向垄断阶段发展的实际，将税收原则概括为四大项九小点，此即著名的“四项九端原则”。其具体内容为：

(1) 财政政策原则。该原则也称财政收入原则，即税收要以满足财政支出、实现国家公共职能为主要目的。该原则具体包括以下原则：第一，收入充分原则，即在其他非税收入不能充分满足财政需要时，可依靠税收提供充足的财政收入，以避免发生财政赤字。第二，收入弹性原则，即税收必须能随财政需要的变动而相应增减。

(2) 国民经济原则，即国家征税不应妨碍国民经济的发展，不得危及税源，而应尽可能促进资本的形成，从而促进国民经济的发展。该原则具体包括以下原则：第一，慎选税源原则，即要选择有利于保护税本的税源，以更好地发展国民经济。税源以所得为最优，但为实现一定的政策目标，也可选择某些资产或财产作税源。第二，慎选税种原则，即选择税种要慎重，必须考虑税负的转嫁问题，因为它关系到国民收入的分配和税负的公平。

(3) 社会正义原则，即应通过征税来矫正社会财富分配不均、贫富分化的弊端，以实现社会正义，达到用税收政策进行社会改革的目的。该原则具体包括以下原则：第一，普遍原则，即税负应遍及社会上的每个成员，每个国民均负有纳税义务，不得因身份或社会地位特殊而例行免税。第二，平等原则，即应根据纳税能力的大小来征税，以使纳税人的税收负担与其纳税能力相适应。

(4) 税务行政原则。这是从事税务行政管理必须遵循的准则。它具体包括以下原则：第一，确实原则，即税法规定必须明确翔实，税务机关及官吏不得任意妄为；纳税的时间、地点、方式、数量等均须事先规定清楚，以使纳税人有所遵循。第二，便利原则，即在纳税的时间、地点、方式等方面应尽量给纳税人以便利，使之便于纳税。第三，节约原则，即税收的征管费用应尽量节约，以尽量增加国库的实际收入。同时，还应减少纳税人的奉行费用。

（六）马斯格雷夫的观点

马斯格雷夫是美国当代杰出的经济学家，对当代财税理论的发展贡献尤其巨大。他将税收原则概括为以下几点：（1）公平分配税负；（2）税收应尽量不干预有效的市场决策；（3）税收被用于其他目的时，应尽量不影响税收的公平性；（4）税收的结构应有利于财政政策的实现；（5）税收应明确翔实且便于纳税人理解；（6）税收的征收管理费用应在实现其他政策目标的基础上尽量降低。

上述各位学者有关税收原则的观点在其各自的历史时期以及对后世均产生了较大的影响。尽管其认识不尽相同，但仍有很多的共同点。正是在此基础上，人们又进一步总结出了当代税收的基本原则。

二、当代税收的基本原则

一般认为，当代税收的基本原则有两个，即税收公平原则和税收效率原则。

（一）税收公平原则

1. 税收公平原则的含义

税收公平原则是指国家征税应使各个纳税人的税负与其负担能力相适应，并使纳税人之间的负担水平保持平衡。

税收公平包括横向公平和纵向公平两个方面。前者是指经济能力或纳税能力相同的人应当缴纳数额相同的税收，亦即应以同等的课税标准对待经济条件相同的人；后者是指经济能力或纳税能力不同的人应当缴纳数额不同的税收，亦即应以不同的课税标准对待经济条件不同的人。这样，才能实现“量能课税”。

税收公平原则要求税收必须普遍课征和平等课征，唯有如此，才能更好地实现税收的横向公平和纵向公平，解决收入分配不公等社会问题，促进经济与社会的稳定。正因为如此，税收公平原则通常被认为是税制设计和实施的首要原则，并被推为当代税收的基本原则。

2. 衡量税收公平的标准

一般说来，衡量税收公平与否，主要依据两种原则，即受益原则和能力原则。

（1）受益原则。所谓受益原则，即根据纳税人从政府提供的公共物品中受益的多少，判定其应纳税的多少和税负是否公平，受益多者即应多纳税，反之则少纳。由于该原则侧重于把纳税多少、税负是否公平同享受利益多少相结合，因而也有人称之为“利益说”。

受益原则把纳税类同于一般的市场交换，它仅能在某些特定的情况下对税收的公平性予以说明，但并不能在各种情况下都作为衡量税收是否公平的普遍性原则。

(2) 能力原则。所谓能力原则，即根据纳税人的纳税能力来判定其应纳税额的多少和税负是否公平，纳税能力强者即应多纳税，反之则相反。由于该原则侧重于把纳税能力的强弱同纳税多少、税负是否公平相结合，因而也有人称之为“能力说”。

在税收公平与否的衡量方面，能力原则一般被认为较为合理且易于实行。但在如何测度纳税能力上亦存在不同观点。一种观点认为，应以纳税人所拥有的财富的多少作为测度其纳税能力的标准，即应综合运用财产、收入、支出这三种表示财富数量的尺度来衡量纳税能力之强弱，这种观点也称“客观说”。另一种观点认为，应以纳税人因纳税而感受到的牺牲程度的大小作为测度其纳税能力的标准，这种观点也称“主观说”。一般认为，“客观说”是更为可取的，它与人们通常对征税客体的认识也是一致的。

(二) 税收效率原则

所谓税收效率原则，即国家征税必须有利于资源的有效配置和经济机制的有效运行，必须有利于提高税务行政的效率。它具体包括税收经济效率原则和税收行政效率原则两个方面。

1. 税收经济效率原则

税收的经济效率原则，即国家征税应有助于提高经济效率，保障经济的良性、有序运行，实现资源的有效配置。

税收的经济效率原则侧重于考察税收对经济的影响。一般认为，税收既然是从私人经济部门向公共经济部门转移资源，就必然会对经济发生影响。若该影响仅限于征税本身所产生的负担，则属正常；若除此之外又产生了外部效应，则可能会存在额外负担和额外收益两种情况。

税收的额外负担，对于资源配置或经济运行，均会产生降低经济效率的负面影响。为了尽量减少税收的额外负担，许多学者主张税收中性原则。该原则的基本内涵是，国家征税除使人民因纳税而发生负担以外，最好不要再使人民承受其他额外负担或经济上的损失；国家征税应尽量不影响市场对资源的配置，应把税收对经济活动产生的不良影响减到最低限度。

此外，由于通过税收的宏观调控来配置资源，有助于弥补市场调节的不足，保障经济的稳定增长，因而亦会产生税收的额外收益。如果从全社会看，宏观上的所得大于所失，总的额外收益大于额外负担，即可认为税收对经济的影响是良性的、积极的，是符合税收的经济效率原则的。

2. 税收行政效率原则

税收的行政效率原则，是指国家征税应以最小的税收成本去获取最大的税收收入，以使税收的名义收入与实际收入的差额最小。该原则侧重于对税务行政管理方面的效率的考察。

所谓税收成本，是指在税收征纳过程中所发生的各类费用支出。狭义的税收成本专指征税机关为征税而花费的行政管理费用，因而也称税收征收费用，如税务机关的办公费用、税务人员的工薪支出等。广义的税收成本还包括纳税人因纳税所支出的各种费用，如税务代理费，申报纳税的机会成本、交通费用，为逃税、避税而花费的时间、精力、交际费，以及因逃税、避税未遂而受到的惩罚及精神损害等。纳税人因纳税而支出的上述费用也称税收奉行费用。

由于税收征收费用比税收奉行费用更容易确定和计算，因而一般通过税收征收费用占全部税收收入的比例来考察税收的行政效率。

为了提高税收的行政效率，应注意做好以下几个方面的工作：(1) 简化税制，使税收征纳易于执行，从而降低税收的奉行费用或称执行费用；(2) 加强税务行政管理的科学性，防止税务人员腐败，节约征收费用；(3) 增加税务支出的透明度，加大社会公众的监督力度；(4) 加强税收法制建设，切实贯彻税收法定原则。

三、税收政策的概念与分类

税收政策是国家为了实现税收的职能以及相关的经济、社会目标而制定和实施的各类策略和措施。税收政策不仅是经济政策的重要组成部分，而且在整个公共政策中也具有重要的地位。

税收政策与税收原则、税收职能等都密切相关。其中，税收原则更具有理念上的意义，对于税收活动有着根本上的指导作用；税收政策在很大程度上要受到税收原则的影响，并对税收活动有着具体的指导作用；而无论是税收原则还是税收政策，其遵行和实施的目的，都是为了更好地实现税收的职能。

税收政策依据不同的标准，可作出多种分类，其中，以下几种分类较为重要：

1. 税收总体政策与税收具体政策

税收总体政策，也称税收总政策，是覆盖全国的各类税种的宏观税收政策。税收具体政策，是局限于某一个或某几个税种的微观税收政策。

税收总体政策对于税收具体政策的形成具有指导作用，特别是对于一国的整体税制的形成、对于宏观税负以及相关经济政策之间的配合具有重要的作用。而税收具体政策则对于某个税种的课税要素的确定、对于某个领域或某类主体的利益调整，以及税种之间的协调和配合等，具有重要意义。

2. 税收收入政策与税收调控政策

税收收入政策，是旨在有效获取财政收入，以提高国家提供公共物品能力的各类策略和措施的总称。税收调控政策，是旨在调控经济运行和资源配置，以促进经济与社会稳定发展的各类策略和措施的总称。在现代国家，税收政策的目标未必总是单一的，而往往可能是把上述两类政策尽量融为一体。

上述的税收调控政策，还可进一步分为总量调控政策和结构调控政策。税收的总量调控政策，主要是通过调节宏观税负来影响经济总量的各类政策。它包括：(1) 重税政策与轻税政策；(2) 增税政策与减税政策；(3) 扩张性税收政策、紧缩性税收政策和中性税收政策。税收的结构调控政策，主要是通过有条件的税负差别来引导市场主体的行为，从而实现结构调整的各类政策。它主要体现为各个税种中的税收优惠政策和税收重课政策，并以税收优惠政策为主体。

此外，由于税收调控政策存在着上述的不同，因而在政策的制定和实施方面，税收的总量调控政策更具有全局性和统一性；而结构调控政策则更具有局部性和差异性。

3. 对内税收政策和涉外税收政策

对内税收政策，是对本国领域和/或本国居民所制定和实施的税收政策；涉外税收政策，是对具有涉外因素的领域和/或非本国居民所制定和实施的税收政策。尽管随着各国开放的深入，对内税收政策与涉外税收政策会出现一些融合的趋势，但在主权国家存在的情况下，在体现国家主权的税收领域，捍卫本国主权与尊重他国主权的要求同时存在着，因而即使强调国民待遇或最惠国待遇，两类政策也不可能完全相同或迅速统一。

涉外税收政策的制定和实施对于发展中国家尤其重要。通常，涉外税收政策主要包括涉外商品税政策、涉外所得税政策和涉外财产税政策等。其中，涉外商品税政策，也称进出口税收政策，包括关税政策（含反倾销、反补贴、保税区政策等）、出口退税政策等，对进出口贸易乃至整个宏观经济都会发生重要作用。

四、税收政策与其他政策的协调

税收政策是国家经济政策的重要组成部分，其制定和实施都会与其他经济政策发生关联。为了发挥各类经济政策的总体效应，以形成合力，必须注意税收政策与其他政策的协调配合，这样才能更好地实现税收政策的预期目标，才能更好地实现税收的职能。

由于世界各国主要运用财政政策和货币政策来调节经济，因而下面也主要介绍税收政策与财政政策、货币政策的协调配合问题。

（一）税收政策与财政政策的协调

税收与财政联系十分密切。由于税收收入通常是一国获取财政收入最主要的手段，因而税收有时被视为“大财政”的一部分，相应地，税收政策有时也被看作是财政政策的一部分。但是，随着对税收职能认识的深化，人们越来越认为税收具有相对的独立性，由此产生了不同于狭义财政政策的税收政策，同财政收入政策、财政支出政策等具体财政政策如何协调配合的问题。

应当说，税收政策中包含着税收收入政策，因而同财政收入政策存在着一致性；同时，由于在税收政策中还包含着税收调控政策，因而有时可能与纯粹的财政收入政策并不一致，这就需要在近期目标与远期目标、实现收入的手段和收入结构等方面进行协调。

此外，对税收政策与财政支出政策进行协调，通常是最突出、最需要的。财政支出政策主要是通过财政支出和结构的调节来影响经济运行，其对社会总需求的影响，与税收政策的效应正好相反。此外，财政支出政策主要用于短期的、临时性的调节；而税收政策则一般用于中长期的调节。因此，如果两者的方向不一致、作用不协调，就可能产生政策效应相互抵消的效果。

在两者的配合方面，通常，在税收领域实行“减税”政策时，需要有“增支”的扩张性的财政支出政策与之相配合；反之，当税收领域实行“增税”的政策时，则应有“减支”的紧缩性的财政支出政策与之相配合。如果一方面实行扩张性的财政政策，一方面又大量地“增税”，则两类政策的协调就会存在一定的问题。

（二）税收政策与货币政策的协调

税收政策主要是通过税负的调整来引导市场行为和调控经济运行，而货币政策则主要是通过影响货币供应量来调节经济运行，因而两类政策的作用机理是不同的。通常，货币政策主要是对经济总量发生影响，其作用也较为间接，在结构调节方面较为乏力；而税收政策则不仅能够对总量产生影响，而且也能够通过其较为直接的作用，对结构调节发生较大影响。

由于两类政策具有不同的特点，因此，就必须在制定和运用上述政策时，使其能够协调互补。一般说来，当经济过热，出现通货膨胀时，由于采取“增税”或压缩财政支出的手段会受到法律以及心理上的诸多限制，因而各国主要运用货币政策来解决这些问题；当经济过冷，出现通货紧缩时，则主要采取更为直接有效的“减税”和扩大财政支出规模、增发国债等手段。[①] 这也是近几年来许多国家普遍采行的做法。

---

① 参见金人庆主编：《领导干部税收知识读本》，中国财政经济出版社 2000 年版，第 27 页、第 176 页。

五、税收政策与税法的关系

税收政策与税法的关系非常密切。从总体上说，税收政策为税法的制定提供了重要的前提和基础；而税法则是重要的、稳定的税收政策的法律化，并且，它为税收政策制定和实施提供了进一步的保障。

现代税法具有突出的现代性。这种现代性的一个重要表现，就是税法与经济政策、社会政策存在着内在的密切关联，特别是它与税收政策存在着紧密的联系。正是由于这种内在的联系，才使税收职能的实现有了法律的保障，才使税收的原则能够得到更加有力的贯彻。同时，把经过实践检验具有合理性和广义合法性的税收政策上升为法律，不仅为税法制度的形成提供了重要的源泉，而且对于确保税法的稳定，提高税法的遵从度和法律实效，都甚有裨益。

第二章　税法总论

税法总论是整个税法在总体上共通的基本理论，它以税收的基本原理和法学的基本理论为基础，因而也称税法基础理论或税法基本原理。由于税法总论具有一定的法哲学意义，是进一步学习和研究税法的基础，因而它在税法学中居于十分重要的地位。下面分节介绍税法总论的主要内容。

第一节　税法的概念和特征

一、税法的概念

税法是调整在税收活动中发生的社会关系的法律规范的总称，它是经济法的重要部门法，在经济法的宏观调控法中居于重要地位。

税法在现代各国法律体系中的重要地位以及在现实中的重要作用早已尽人皆知。为了更好地理解税法的概念，有必要分析税法与税收的关系、税法的调整对象、税收法律关系及其性质三个问题。

（一）税法与税收的关系

税法与税收既有联系，又有区别。二者之间的联系表现在，税收活动必须严格依税法的有关规定进行，税法是税收的法律依据和法律保障。在现代法治国家，税收与税法是一一对应的，即有税收必有税法，有税法亦必有税收。亦即税收必须以税法为其依据和保障，而税法又必须以保障税收活动为其存在的理由和依据。

此外，税法与税收亦有区别。主要表现在，税收是一种经济活动，属经济基础范畴；而税法则是一种法律制度，属上层建筑范畴。国家和社会对税收收入与税收活动的客观需要，决定了与税收相对应的税法的存在；而税法则对税收活动的有序进行和税收目的的有效实现发挥着极为重要的保障作用。

（二）税法的调整对象

由前述税法的概念可知，税法的调整对象是在税收活动中发生的社会关系，这种社会关系简称税收关系。正是由于税法与税收存在着上述的联系和区别，才使得税收关系成为税法的调整对象。

税收关系可以分为两大类，即税收体制关系和税收征纳关系。前者是指各相关国家机关因税收方面的权限划分而发生的社会关系，实质上是一种权力分配关系；后者是指在税收征纳过程中发生的社会关系，主要体现为税收征纳双方之间的关系。此外，税收征纳关系还可进一步分为税收征纳实体关系和税收征纳程序关系。上述税收关系的具体划分直接影响着税法体系的结构，也影响着对税法概念的认识。

（三）税收法律关系及其性质

上述的税收关系需经税法调整，方能成为税收法律关系。税收法律关系，包括税法主体依税法规定形成的税收体制关系与税收征纳关系，虽然同样包括主体、客体和内容三个方面的构成要素，但具体构成较为复杂。对此后面的有关部分还将作具体介绍。

税收法律关系是与税法紧密相关的。没有税法，就没有税收法律关系。对于税收法律关系的性质，曾长期存在“权力关系说”与“债务关系说”的争论，这场争论对税法理论的发展产生了深远的影响。

权力关系说以德国著名学者奥托·梅耶（O. Mayer）为代表，认为税收法律关系是国民对国家的一种权力服从关系，国家是权力意志的主体，纳税义务需经过“查定处分”这一行政行为才能创设。因此，整个税收法律关系就是以课税处分为中心的权力服从关系。

债务关系说以另一位德国学者阿尔伯特·亨泽尔（A. Hensel）为代表，认为税收法律关系是国家请求纳税人履行税收债务的一种公法上的债务关系，纳税义务只需满足税法规定的课税要素即可成立，而并非依行政机关的课税处分来创设。这种观点在德国的《税法通则》中亦得到了体现。

上述两种观点分析问题的角度是不同的：权力关系说更侧重于税收的征收权和征收程序；债务关系说更侧重于强调纳税人对国家负有的税收债务。但仅从上述任何一个角度都很难对全部税收法律关系的性质作出全面的概括。因此，对不同的税收法律关系应区别对待。其中，对于税收征纳实体法律关系，可以从公法上的债权债务关系的角度来理解，而在税收体制关系和税收征纳程序关系中，则主要涉及公权力的行使。因此，税法仍应被定位为典型的公法。

二、税法的特征

税法所具有的特征是税法区别于其他部门法的本质特点，深入研究税法的特征有助于加深对税法的概念的理解。一般说来，税法的特征可以分为基本特征和引申特征两大类，现分述如下：

（一）税法的基本特征

税法的基本特征有两个，即经济性与规制性，这与整个经济法的特征都是一致的，只不过税法的这两个特征表现得更为突出。

税法的经济性特征体现在：(1) 税法作用于市场经济，直接调整经济领域的特定经济关系，即税收关系。税法的适度调整有助于弥补市场缺陷，节约交易成本，提高经济效率。（2）税法能反映经济规律，从而能够引导市场主体从事经济合理的市场行为，不断地解决效率与公平的矛盾。（3）税法是对经济政策的法律化，它通过保障税收杠杆的有效利用，能够引导经济主体趋利避害。

税法的规制性特征体现在，税法能够把积极的鼓励、保护与消极的限制、禁止相结合，审时度势，灵活规制，以实现预期的经济、社会和法律目标。

税法的经济性特征与规制性特征是密切相关的，并且，在经济法的各部门法中表现得十分突出。税法的两大基本特征的存在，源于税法调整对象的特殊性。没有税法所调整的特定的税收关系，税法便不可能凸显出经济性与规制性的基本特征。

（二）税法的引申特征

在税法的基本特征的基础上，还有学者概括出了税法的一些引申特征，主要有：

（1）成文性。由于税法是规定国民纳税义务的法，是一种侵权性规范，因而税法必须采取成文法形式，以对课税要素作出明确规定，从而使税法具有成文性的特征。

（2）强制性。由于税收具有单方强制性，税法是公法、强行法，因而税法具有突出的强制性的特征。基于税法的强制性，任何机关和个人均不得无法律根据地擅自减免税，也不得任意排除税法的适用。

（3）技术性。由于税法的规定既要确保税收收入，又要与私法的秩序相协调；既要尽量减少对经济的不良影响，又要体现出适度的调控，因而税法具有较强的技术性。这种技术性的特征在税法的构成要素的设计及税法的实施方面体现得尤为突出。

第二节　税法的地位和体系

一、税法的地位

税法的地位，通常是指税法在法律体系中是否具有不可替代的独立存在的理由和价值。而税法在法律体系中是否具有自己独立的地位，取决于它是否能够成为一个独立的法律部门。

依据一般的法理，一国的法律体系由多层次的部门法组成，而部门法则由具有共同调整对象的、或称调整相同性质的社会关系的法律规范组成。税法因其具有自己独立的调整对象，即税收关系，因而所有的调整税收关系的法律规范就可以组成税法这一独立的法律部门，并且，该法律部门能够与其他法律部门相区别，从而使税法在法律体系中具有独立的、不可替代的地位。

关于税法在法律体系中的具体位阶，过去曾存在一定的争议，但这并不能影响其独立的法律部门的地位。在把经济法分为宏观调控法和市场规制法两大类，并且宏观调控法包括财政法、税法、金融法和计划法的情况下，税法便是经济法的一个部门法，并且是经济法的宏观调控法中的重要组成部分。在这种认识下，税法不能成为行政法或狭义的财政法的部门法。

二、税法的外部关系

税法的外部关系，是指税法作为一个部门法同与其密切相关的其他部门法之间存在的区别和联系。研究税法的外部关系，有助于进一步加深对税法的地位的理解，有助于进一步加深对税法的概念和特征的理解。

事实上，在整个法律体系中，各个部门法都是紧密关联的，这样才能共同发挥法律系统的整体功效。由于税收涉及的领域十分广阔，因而以税收关系为调整对象的税法与几乎所有的部门法均密切相关。现仅对税法与几个主要部门法的关系略做阐述。

（一）与宪法的关系

由于宪法是根本法，是制定法律的依据，因而宪法中有关税权分配、公民纳税义务等方面的规定，是制定税法的重要基础。正因为如此，税法的内容不得与宪法相抵触，税法的执行也不得违宪。此外，现代税法还必须体现宪法中的保障公平和正义、提高经济效率、增进社会福利的基本精神。

（二）与经济法的关系

税法与经济法的联系至为密切。作为经济法体系中的一个重要组成部分，税法在宗旨、本质、调整方式等许多方面与经济法在整体上都是一致的。但同时，税法作为经济法的一个具体部门法，在调整对象、特征、体系等许多方面又有其特殊性。因此，经济法与税法是共性与个性、整体与部分、普遍性与特殊性的关系。

（三）与行政法的关系

税法与行政法的联系亦甚为密切。由于在形式意义上的税法中，特别是有关税收征管程序方面，存在着许多行政法规范，并且，税法的执行主体主要是行政机关，税务诉讼一般也是行政诉讼的一部分，因而过去亦有人认为税法即税收行政法，是行政法的一部分，足见两者联系之密切。尽管如此，两者仍有较大区别，尤其在调整对象、宗旨、职能、法域等方面，税法与行政法还是大不相同的。

(四) 与民商法的关系

税法与民商法的区别是明显的，前者属于公法，后者属于私法。但两者同样存在着密切的联系。税法的调整通常是以民商法的调整为基础的，经由民商法调整所确立的私法秩序，对税法的有效调整起着重要的作用；同时，私法秩序的形成也越来越多地受到了税法中的强行法规范的影响，这与税法对市场经济活动的影响日益深入有关。如果说税法与行政法、经济法存在着交叉关系，甚至是包含与被包含的关系，那么，在税法与民商法之间则存在着法律调整上的互补关系。

(五) 与社会法的关系

税法是与社会法相平列的经济法中的一个部门法，因而税法与社会法有着明显的区别。但由于税法直接关系到社会产品的分配及其公平性，因而税法也具有一定的社会性，与社会法的关系也很密切。税法不仅要保障经济公平，而且要保障社会公平，并通过社会保障税、所得税、遗产税和赠与税等税种来实现这些目标。税法与社会法一样，都是实现社会政策目标的重要工具。

(六) 与刑法的关系

税法与刑法属于不同的法域，其区别是显见的。但两者都是侵权性规范，都属于可以影响国民财产权利的公法，因而两者在法理方面有许多共通之处。此外，由于严重违反税法的行为构成犯罪，因而在形式意义上的税法和刑法中均有关于涉税犯罪的规定。在惩治税收领域的犯罪方面，税法与刑法的联系甚为密切。

(七) 与国际法的关系

税法可分为国内税法与国际税法，国际税法是国际法与税法紧密联系的结合部。随着经济活动的日益国际化，加强税收领域的国际协调甚为必要。正因为如此，当代各国普遍注意尊重相关国家的征税权，在关税减让、避免国际双重征税和偷漏税等领域，展开了卓有成效的国际合作，缔结了大量的税收条约、协定等，促进了税法在国际层面的发展，也丰富了国际法的内容。

三、税法的体系

税法的体系是各类税法规范所构成的协调统一的整体，其具体的结构及构成该体系的诸多税法规范的分类，取决于税法的调整对象。

依据前述对税法调整对象的认识，税法所调整的税收关系可分为两类，即税收体制关系与税收征纳关系。与此相对应，调整上述税收关系的税法规范也可分为两类，即税收体制法与税收征纳法。此外，由于税收征纳关系还可分为税收征纳实体关系与税收征纳程序关系，因此，税收征纳法相应地还可分为税收征纳实体法与税收征纳程序法。

上述的税收征纳实体法依其所涉税种及税种的征税对象的不同，还可进一步分为商品税法、所得税法和财产税法，它们在整个税法体系中居于十分重要的地位，需要适时适度变动，以保障宏观调控的有效实施。因此，税收征纳实体法是税法体系中最具活力的部分。

由上述分析可知，税法体系在结构上包括税收体制法和税收征纳法两大部分，并且，后者还包括税收征纳实体法和税收征纳程序法。其中，税收征纳实体法还包括商品税法、所得税法和财产税法。正是这些不同层次的税法规范的集合，构成了税法体系的整体。

在税法体系的各个组成部分中，税收体制法是规定有关税收权力的分配的法律规范的总称，它在税法体系中居于基础和主导地位，没有税收体制法就不可能有税收征纳法。税收征纳实体法作为规定征纳双方实体权利义务的法律规范的集合，在税法体系中居于主体地位。税收征纳程序法作为规定税收征管程序及相关主体程序权利义务的法律规范的集合，对于保障税法主体的实体权利的实现具有重要意义，在税法体系中居于保障地位。

可见，上述三个方面的法律规范是相互补充、相辅相成的，并且，在数量比例关系和各自的定位上也是合理的，从而使整个税法体系在理论上能够成为一个和谐统一的整体。

此外，税法体系同前述的税收体系也是密切相关的，从某种意义上说，税法体系也就是税收体系在法律上的表现，集中反映了人们在法律上对于税制的理解。有关税法的上述三个组成部分的具体内容，本书在税法分论部分还将做具体介绍。

第三节 税法的宗旨和原则

税法的宗旨与原则是税法理论中的重要问题。对其进行深入研究，有助于更好地理解税法的概念、特征、地位与体系等理论问题，同时，也有助于提高税法的立法质量和执法水平，因而具有重要的理论意义和实践意义。

一、税法的宗旨

税法的宗旨，或称税法的目的，通常是指税法调整所欲达到的目标。它是税法的制定和执行的基点和出发点。

税法作为经济法的部门法，其宗旨与整个经济法的宗旨是一致的。从经济和法律的角度来看，经济法作为直接作用于市场经济的法律，既应促进经济效率的提高，以推动经济主体各自最大化目标的普遍实现，也应保障经济公平和社会公平，以维护社会公共利益。有鉴于此，经济法的宗旨可以概括为：通过协调运用各种调整手段来弥补传统民商法调整的缺陷，以不断解决个体的营利性和社会公益性的矛盾，兼顾效率与公平，从而促进经济的稳定增长，保障社会公共利益和基本人权，调控和促进经济与社会的良性运行和协调发展。

税法的宗旨与上述经济法的宗旨是完全一致的，对此可做如下分析：民商法是与私人经济相对应的，其调整无力解决在提供公共物品等方面存在的市场失灵等问题，而税法的调整则可以弥补民商法调整的上述缺陷。税法的直接目标是保障税收的各项职能的有效实现，即通过获取财政收入和提供公共物品，有助于解决个体营利性和社会公益性的矛盾；通过有效地实施再分配和配置资源，实现宏观调控和增进社会福利与平等的目标，以求兼顾效率与公平；通过保障经济公平与社会公平，来促进经济的稳定增长，增进社会公益，保障基本人权。在实现上述目标的基础上，税法的最高目标是调控和促进经济与社会的良性运行和协调发展。

由上述分析可知，税法的宗旨与整个经济法的宗旨在根本上是完全一致的，它包括税法的直接目标和最高目标两个方面。税法的直接目标通常体现在税法的规定之中，并往往被理解为税法自身的宗旨，主要是保障税收三大职能的有效实现。它具体表现为保障有效获取财政收入、有效实施宏观调控和保障经济与社会的稳定三个目标。税法的最高目标是税法理论或理念上的目标，是在税法的直接目标实现的基础上，税法调整力求达到的更高层次的目标。

税法的宗旨在税收法制建设方面亦非常重要。在立法方面，税法的宗旨应是各种税收法律、法规的首要条款，税法中的其他条款均不得与之相违背。在税法的实施方面，执法者在具体适用税法时，也必须体现税法的宗旨。

二、税法的原则

为了有效地实现上述税法的宗旨，必须认真贯彻税法的原则。税法的原则主要包括基本原则和适用原则两大方面。

（一）税法的基本原则

税法的基本原则是在有关税收的立法、执法、司法等各个环节都必须遵循的基本准则，主要包括税收法定原则、税收公平原则和税收效率原则。

税收法定原则也称税收法定主义，是指税法主体的权利义务必须由法律加以规定，税法的各类构成要素都必须且只能由法律予以明确规定；征纳主体的权利义务只以法律规定为依据，没有法律依据，任何主体不得征税或减免税收。

税收法定原则起始于英国，它与市民阶级反对封建君主恣意征税的运动不可分割，并与“无代表则无税”的思潮和“议会保留原则”密切相关。税收法定原则具体包括以下三个原则，即课税要素法定原则、课税要素明确原则和依法稽征原则。

课税要素法定原则要求税法构成要素中的实体法要素必须由法律加以规

定，税法主体、征税客体、计税依据、税率等课税要素以及与此相关的征纳程序的立法权应由立法机关行使，行政机关未经授权，无权在行政法规中对课税要素作出规定。

课税要素明确原则要求课税要素必须由法律尽量作出明确的规定，以避免出现歧义。为此，有关创设税收权利义务的规范在内容、宗旨、范围等方面必须确定，以使纳税义务人可以预测其负担。

依法稽征原则要求税收行政机关必须严格依据法律的规定征收，不得擅自变动法定课税要素和法定征收程序，因而该原则也称合法性原则。依据该原则，没有法律依据，税收行政机关无权决定开征、停征、减税、免税、退税、补税。

上述的税收法定原则在法理上与刑法上的罪刑法定原则是一致的，它在税法的基本原则中占有至为重要的地位。此外，税收公平原则和税收效率原则是当代税收的两大基本原则，在税收的立法、执法、司法等各个环节必须体现其基本精神，因而这两大原则同样也被确定为税法的基本原则。

税收公平原则要求税收负担必须在依法负有纳税义务的主体之间进行公平分配，在各种税收法律关系中，纳税主体的地位必须平等。依据这一原则，必须普遍征税、平等征税、量能课税。

税收效率原则要求税法的制定和执行必须有利于提高经济运行的效率和税收行政的效率，税法的调整必须有利于减少纳税主体的奉行成本和额外负担，以降低社会成本。在法律的经济分析日渐受到重视的情况下，该原则的地位也在日益提高。

（二）税法的适用原则

税法的适用原则是在税法的解释、税收的征纳等具体适用税法的过程中应遵循的准则。税法的适用原则主要有以下几个：

1. 实质课税原则

实质课税原则是指对于某种情况不能仅根据其外观和形式确定是否应予课税，而应根据实际情况，尤其应当注意根据其经济目的和经济生活的实质，判断是否符合课税要素，以求公平、合理、有效地进行课税。

对于实质课税原则，许多国家的税法均有规定。例如，德国《租税调整法》曾规定，不得借民法上的形式及其形成可能性之滥用而减少纳税义务。如有滥用情形，应依相当于该经济事件、经济事实及经济关系的法律状态，课征相同的税收。此外，日本、韩国等国家的税法也都有关于实质课税原则的规定。

依据实质课税原则，课税的具体对象如果仅在名义上归属于某主体而在事实上实质归属于其他主体时，则应以实质的归属人为纳税人并适用税法；同时，在计税标准上也不应拘于税法上关于所得、财产、收益等各类课税对象名称或形式的规定，而应按其实质内容适用税法。[①]

税法具有一定的外观性和形式性的特征，即着重基于某种事实或法律关系的外观状况是否符合课税要件，来判定是否予以征税，从而形成了广泛适用的形式课税原则，这是税收法定原则的基本表现形式。但若对税收法定原则作广义和深刻的理解，由于税法要体现公平、正义的精神，因而在该原则中同样应包含实质课税原则。实质课税原则的适用有助于弥补僵化地理解税收法定原则所造成的缺失，从而可以防止对法律的固定的、形式上的理解而给量能课税造成的损害。因此，实质课税原则能够在一定程度上对形式课税原则起到补充作用，但这种补充是非常有限的。[②] 在存在税收规避、虚伪行为等情况时，适用实质课税原则对于有效征税具有重要作用。

2. 诚实信用原则

诚实信用原则并非仅是民法或私法上的基本原则，而是公法与私法共通的一般法律原则，因而同样可以适用于税收法律关系。

诚实信用原则要求征纳双方在履行各自的义务时，都应讲信用，诚实地履行义务，而不得违背对方的合理期待和信赖，也不得以许诺错误为由而反悔。因此，这一大陆法系的重要原则在英美法系中也称“禁反言原则”或“禁止反悔原则”。

诚信原则的适用有利于保护当事人的信赖利益，是对税收法定原则的形式上的适用的补充。但是，该原则的适用亦须严格加以限制，且应满足下列条件：(1) 税收行政机关对纳税人提出了构成信赖对象的正式主张；(2) 纳税人的信赖值得保护；(3) 纳税人已信赖税收行政机关的表示并据此已为某种行为。[③]

3. 禁止类推适用原则

凡税法皆有漏洞，是否可以适用类推以弥补漏洞？一般认为，依据税收法定原则，在税法上应禁止类推适用，这同样是税法适用的一项原则。因为税法作为侵权性规范，必须保持其稳定性，因而应依文义解释，或参照税法的宗旨进行解释，而不得作任意的扩张或类推解释；同时，类推也未必合于立法原意，立法的缺陷应由立法机关解决，不应由类推来解决，否则即有悖于税收法定原则这一基本原则。[④]

---

① 参见韩国《国税基本法》第 14 条。

② 参见陈清秀：《税捐法定主义》，载《当代公法理论》，台湾月旦出版公司 1993 年版，第 607 页。

③ 参见〔日〕金子宏：《日本税法原理》，刘多田等译，中国财政经济出版社 1989 年版，第 86 页。

④ 参见同上书，第 76 页。

4. 禁止溯及课税原则

在税法的解释和适用上，应考虑到课税的平衡和税法条款的制定目的，不应使纳税人的财产受到不当的侵害。在对某事实是否已符合课税要件存有疑义时，一般要作出有利于纳税人的推定。在这种思想的指导下，自应实行禁止溯及课税的原则。

禁止溯及课税原则要求新颁布实施的税收实体法仅对其生效后发生的应税事实或经济关系产生效力，而不能对其生效之前所发生的应税事实或经济关系溯及课税，这是对纳税主体的实体权利的保障，有助于防止纳税人的财产受到不当侵害。

禁止溯及课税的原则在税法上往往表现为“实体从旧，程序从新”的原则，即纳税人的实体权利义务存在于新税法生效之前的，依从旧税法的规定；纳税人程序上的权利义务存续期间发生税收程序法更新情况的，依从新税法的规定。对此在后面还会讨论到。

第四节 税法的渊源和效力

一、税法的渊源

从形式意义上说，税法的渊源是指税法规范的存在和表现形式。它包括国内法渊源和国际法渊源两个方面。前者如宪法、法律等；后者如国际条约、协定等。

税法的渊源直接影响到税法的效力和具体适用，因而它也是税法效力得以产生的源泉。一般认为，税法的渊源主要是：

（一）宪法

宪法作为国家的根本大法，包含着有关税收和税法的规范，是各国制定税法的最重要的基础。具体的税法必须与宪法的精神相一致，不得含有违宪的条款，否则将导致具体的税法规定无效。

（二）法律

由于税收法定原则是税法至为重要的基本原则，因而法律应是税法最主要的渊源。事实上，许多国家和地区都非常注意税收法律的制定，从而使法律在实际上亦真正成为税法的最主要的渊源。

在税法的立法体例上，主要存在综合立法和分税立法两种模式。前者是把各税种征管方面的共通事项全部纳入一部法律中加以规定，如美国的《国内税收法典》和德国的《税法通则》；后者是将各个税种加以区分并分别单独制定相应的税法，我国大陆和台湾地区都属于此模式。这一模式虽然便于法律的修补，但在立法上却容易造成重复和矛盾的情况。因此，借鉴某些国家和地区的立法经验，制定一部《税收基本法》或《税法通则》，也是较为必要的。

（三）行政法规

根据国家立法机关的授权，国家的最高行政机关可以制定税收方面的行政法规。我国国务院就曾经在1984年和1994年的税制改革中，制定了大量的税收方面的条例。因此，行政法规在我国实际上是一个非常重要的税法渊源。

（四）部门规章

部门规章的制定主体是国务院的各个职能部门。有关税收的政府规章主要是由财政部、国家税务总局和海关总署为税收法律、法规制定的实施细则等，它们对税收法律、法规中规定的课税要素和征管程序具有明确、补充说明的作用，因而一般也将其归入税法的渊源。

（五）地方性法规

在实行分税制的情况下，地方立法机关可以依法就某些地方税制定地方性法规。随着我国税收立法的发展，在税收法律中对课税要素的概括规定，越来越多地需要省级立法机关在法律授权范围内加以具体化，从而使地方性法规亦可成为税法的渊源。

（六）国际条约

随着世界经济一体化的发展和国际税收协调的日益加强，国家间的税收条约（包括协定）的数量也呈迅速上升趋势，从而使条约也成为税法的重要渊源。在广义的税收条约中，税收协定占有相当大的比例，尤其是避免对所得财产进行双重征税和防止偷漏税的协定，数量更大。至于关贸总协定（GATT）及后来的WTO规则，更是税收方面国际协调的杰作。随着经济全球化的发展，条约（包括协定等）作为税法渊源的地位必将越来越重要。

二、税法的效力

税法的效力是指税法对一定范围的主体在一定的时空范围内适用所产生的法律上的约束力和强制力。税法的效力源于税法的渊源，并有其发生的特定范围。税法发生效力的范围也称为税法的适用范围或效力范围，它是研究税法效力问题的核心。

税法的适用范围主要包括三个方面，即税法的时间效力、空间效力和主体效力。

（一）税法的时间效力

税法的时间效力即税法在时间上的适用范围，是指税法效力的存续期间。由于具体的税法规范存在着立、改、废，因而其从生效至废止的这段时间，即为税法在时间上的适用范围。

税法的时间效力还涉及税法的溯及力问题。由于法律一般不能适用于生效前的事实和关系，因此如前所述，不溯及既往原则或禁止溯及课税原则也是税法适用上的一般原则。尤其当法律变更可能会使已发生的纳税义务加重时，由于对纳税人更为不利，且违反了税收法定原则，妨害了税法的可预测性和稳定性，从而可能造成对国民权利的不当侵害，因而一般都主张不能溯及适用。

不溯及既往原则往往用于实体方面，在程序方面则可不受该原则约束。许多学者在税法适用上主张"实体从旧，程序从新"原则。所谓实体从旧，是指在税法变更前已经发生的实体法上的税收债务，仍应适用税收债务发生时的税收实体法，而不应适用新的税收实体法。所谓程序从新，是指不论税收债务是发生在旧法时期还是新法时期，在执行程序上均应适用执行当时的新的税收程序法。当然，在各个国家的不同历史时期，在上述原则的适用上也会有所不同。

（二）税法的空间效力

税法的空间效力是指税法发生效力的地域范围。一般说来，一国的税法在空间上的适用范围仅限于该国主权所及的全部领域之内，在特殊情况下也会产生税法的"域外适用"问题。

在通常情况下，由国家立法机关和行政机关制定的税收法律、法规统一适用于全国，而由地方立法机关制定的地方性税收法规则仅适用于该地方所辖领域。但由于各国情况千差万别，因而在税法的空间效力上也不尽相同，这往往与各国具体的政治体制、分税制的财政体制、历史传统、民族区域自治等密切相关。

例如，香港特别行政区的税法就具有特殊性（澳门特别行政区的情况亦与其相似）。根据《香港特别行政区基本法》的规定，所有于 1997 年 6 月 30 日依然生效的香港法律，包括普通法、衡平法、条例附属立法和习惯法，除与基本法相抵触或经香港特别行政区的立法机关作出修改者外，均予以保留。[①] 香港特别行政区保持财政独立。香港特别行政区的财政收入全部用于自身需要，不上缴中央人民政府。中央人民政府不在香港特别行政区征税。[②] 香港特别行政区实行独立的税收制度，自行立法规定税种、税率、税收宽免和其他税务事项。[③]

依据上述规定，在中国内地普遍适用的税法在香港是不适用的，同时，在

① 参见我国《香港特别行政区基本法》第 8 条。

② 参见同上，第 106 条。

③ 参见同上，第 108 条。

1997年6月30日依然生效的税务条例、税务规则及判例法在1997年7月1日后仍会继续适用，而基本的税收政策亦会维持不变。[①] 不仅如此，由于香港可以“中国香港”名义单独同世界各国、各地区及有关国际组织签订和履行税收协定，保持和发展税务关系，加之我国目前已同外国签订的税收协定所列税种仅适用于内地，因而内地已执行和即将执行的税收协定也不能适用于香港。

（三）税法的主体效力

税法的主体效力也称税法的对人效力，指税法发生效力的主体范围。税法依其渊源的不同，不仅有一定的地域或空间上的适用范围，而且也有一定的主体适用范围。税法的主体适用范围取决于一国的税收管辖权，而在税收管辖权方面，各国较为普遍地采用的是属人主义和属地主义。其中，属人主义或称属人原则是指，依据该原则，只要纳税主体是本国居民，则不论其在境内抑或境外，本国税法均对其适用。属地主义或称属地原则是指，依据该原则，不论是本国人、外国人或无国籍人，不论是本国企业或外国企业，只要其经济活动或财产位于本国境内，或者有源于本国境内的所得，则本国税法即对其予以适用。

上述的属人原则和属地原则，是各国行使税收管辖权通常遵行的基本原则。在相关国家均同时采用上述两个原则的情况下，就会发生税收管辖权的冲突，这种冲突往往需要通过签订税收协定或进行国际税收协调来加以解决。

此外，在采用属人原则的情况下可能会导致一国税法的域外适用。但是，有时也存在税法适用除外的情况。例如一国税法对外国的国家元首、外交使节、国际组织的官员就是不适用的，这也是1961年《维也纳外交关系公约》等国际公约作出的规定。[②]

第五节　税法的历史和现状

一、税法历史沿革的一般情况

税收的历史同国家的历史一样悠久。自从税收产生以来，税收的发展大体上经历了三个发展阶段，即古老的直接税阶段、间接税阶段和现代直接税阶段。[③] 与此相适应，税法的内容亦随之不断地发生变化，各类税收规范的比重

---

① 参见〔英〕大卫·弗拉克斯：《香港税务：法例与实施说明（1996—1997）》，谢孝衍译，香港中文大学出版社1996年版，第21—22页。

② 可参见1961年《维也纳外交关系公约》第23、28、34、36、37、39条；1963年《维也纳领事关系公约》第32、39、49、51、60、62条等。

③ 参见葛惟熹主编：《国际税收教程》，中国财政经济出版社1987年版，第14页。

自然也在不断变化。

在古代社会，无论是亚洲各国的田赋或土地税，还是欧洲各国的什一税，都是对农业收获物课征的直接税，都被称为古老的直接税。在那个“朕即国家”“法自君出”的时代，不可能存在体现现代民主、法治精神的税法。

在人类社会从古代社会进入近代社会的过程中，随着资本主义社会初期商品经济的发展，以商品为征税对象的间接税逐渐取代了古老的直接税，与此同时，近代税法也得以随之产生和发展。例如，英国1628年的《权利请愿书》提出，非经国会同意，臣民可以不被强迫缴纳任何赋税、特种地产税、捐献及其他各种非法捐税，而国王非经国会法案表决同意，不宜强迫任何人征收或缴付任何负担。这通常被认为是体现了民主、法治精神的近代税法的开端。此后，在英国1689年的《权利法案》中，又重申了上述精神。继英国之后，美国在1787年的《美利坚合众国宪法》中，规定了国会在税收、国债等方面的权力；法国在1789年的《人权与公民权宣言》中也规定了税收方面的专门条款。至于德国1919年的《魏玛宪法》，则更是较为全面地规定了联邦对于各邦赋税之征收及其种类、联邦的税收立法权等内容。上述各国宪法及相关规范性文件有关税法规范的规定，较为充分地体现了近代税法的精神，为现代税法的发展奠定了重要的基础。

随着市场经济由自由竞争阶段发展到垄断阶段，现代税法也随之应运而生。现代税法在秉承近代税法的精神的同时，不仅强调对税收收入的保障功能，而且也强调对市场经济的宏观调控以及对经济与社会稳定的保障功能。随着现代市场经济的发展，税法的作用越来越显著。近些年来，各国均制定了大量的税法，从而使税法在各国法律体系中均占有十分重要的地位。

二、我国税法的历史沿革

我国的税收制度历史甚为悠久。早在夏商周时期，我国就已有了以贡、彻、助为主要形式的租赋制度。在漫长的封建社会，各朝代曾进行过多次“变法”或“改革”，几乎每一次改革都与税收制度密切相关。[①] 尽管这些“变法”与西方国家的近代税法不尽相同，但同样也体现了法律在保障国家税收收入方面的重要作用。

例如，秦朝的商鞅变法，开征了田赋和人头税；汉武帝则实行盐铁官营和

---

① 财政压力是国家改革的直接动因，它决定了改革的动因和路径，这是著名经济学家熊彼特、希克斯、诺斯等人的基本思想。由于财政收入的来源主要靠税收，因而几乎每次改革都与税收制度密切相关。关于改革与财政压力的关系，可参见何帆：《为市场经济立宪——当代中国的财政问题》，今日中国出版社1998年版，第34—39页。

酒的专卖制度，这些措施都在一定程度上有助于增加朝廷的财政收入。此外，在变法的过程中，税收制度也不断地得到发展。例如，北魏孝文帝曾实行均田制，使土地占有规范化，税收负担均平化。唐初仍沿用均田制，实行租庸调法；在唐朝末期，改行分夏秋两季征税的“两税法”。此法被一直沿用至明朝。明朝的大学士张居正则于1581年实行了“一条鞭法”，一改近两千年来赋役平行征收的惯例，由征收实物税转向征收货币税，等等。这些都体现了税收制度的缓慢进化。

自清末开始引进西洋法律直至1949年，尽管在中国也曾制定或实施过一些税法规范，但由于种种原因，税法实效欠佳，从而使现代税法的精神未能得到有效的体现。

中华人民共和国成立以后，税收立法亦几经波折，直到改革开放以后，才进入一个新的发展时期，这突出地表现为1984年和1994年分别进行的两次规模宏大的税制改革以及由此带来的税法体系的日渐完善。

1984年进行的税制改革主要是工商税制的改革。当时中国正在从计划经济体制向有计划的商品经济体制转轨，所得税制度的改革是此次改革的核心。而1994年进行的税改则是规模空前的，是为适应市场经济的发展而进行的改革。其改革内容涉及商品税、所得税等各个领域，这场改革取得了很大的成功，而且至今仍在完善之中。2014年以来，我国进一步加强税收立法，制定和修改了一大批税收法律、法规，从而使中国的税收法制建设进入了一个新的发展时期。

三、我国税法的现状

依据“一税一法”的原则，我国现在开征的税种均有相对应的税收法律或行政法规。从广义上说，大致已经做到了有法可依。但若严格依据税收法定原则，大量的行政法规还应进一步上升为法律，尤其是各类税收暂行条例，更需在已取得的大量实践经验的基础上上升为法律。

我国的税收体制法尚有许多需要完善之处。由于在宪法中对于相关国家机关的税收权力划分缺少充分规定，相关的组织法或其他法律也没有予以说明，因而有关税收体制的法律规范仅体现在某些行政法规中，这是其不完善之处。有关税收体制的法律规范应当体现在宪法及相关法律之中。

我国的税收征纳实体法已经初具规模。有关所得税的基本法律都已统一由国家立法机关来制定。但是，商品税和财产税的多个税收条例尚有待于上升为法律。同时，各类税收征纳实体法的立法技术尚有待于进一步提高。

我国的税收征纳程序法已形成以《税收征收管理法》为骨干法的体系。但在有关程序的规定以及立法技术等方面，仍有待于进一步加强。尤其是如何强化税收征管，防止和制裁税收逃避等违法行为，更是这一领域法制建设的长期任务。

四、我国内地现行税法与香港、澳门税法的关系

香港、澳门回归祖国以后，上面谈到的我国现行税法并不适用于香港、澳门特别行政区，由此产生了内地现行税法与香港、澳门税法的关系问题。依据《香港特别行政区基本法》的规定，香港特别行政区实行独立的税收制度，自行立法规定税种、确定税目税率、税收宽免和其他税务事项。香港同胞来内地投资或从内地取得收入，继续比照适用我国现行对外国公司、企业和其他经济组织以及外籍个人的税收政策，中央人民政府将继续鼓励香港同胞到内地投资，凡依照有关税收法规履行纳税义务者，均可继续比照享受我国对外国投资者的税收优惠政策。澳门特别行政区的情况亦与之类似。

此外，由于内地和香港、澳门分别实行不同的税收制度，因而同样可能产生税收管辖权的冲突，这种一国内的区际冲突同样需要协调，这在所得税领域体现得最为明显。例如，基于避免对所得的双重征税的考虑，《内地和香港特别行政区关于对所得避免双重征税的安排》已正式出台，该《安排》的《备忘录》已于1998年2月11日在香港正式签署。[①] 此外，《内地和澳门特别行政区关于对所得避免双重征税和防止偷漏税的安排》也于2003年12月27日签署，并于2004年1月1日起执行。[②]

上述的《安排》是为了避免两地对同一所得的双重征税，以两地的现行税收法规为基础，协调划分两地的税收管辖权的制度安排。在税收法规与《安排》规定不一致时，应以《安排》为准。同时按照通行惯例，在实际处理《安排》与税收法规的关系时，应遵循“孰优”原则，即当税收法规所规定的税收待遇优于《安排》时，可以按照税收法规处理。[③] 从实践情况来看，上述《安排》的有效实施，对于缓解和解决内地与香港、澳门特别行政区在税收管辖权方面的冲突，促进相关税法制度的进一步完善，都是很有裨益的。[④]

---

① 详见国家税务总局于1998年2月20日下发的《关于印发〈内地和香港特别行政区关于对所得避免双重征税的安排〉及〈备忘录〉的通知》。另外，2006年8月21日，上述《安排》已被全面修订。

② 参见国家税务总局《关于〈内地和澳门特别行政区关于对所得避免双重征税和防止偷漏税的安排〉有关条文解释和执行问题的通知》(国税函〔2005〕1081号)。

③ 同上。

④ 2006年8月21日，国家税务总局与香港特别行政区再次签署《内地和香港特别行政区关于对所得避免双重征税和防止偷漏税的安排》。此次签署的安排是对1998年签署的两地间避免双重征税安排的全面修订，目的在于进一步促进两地经济发展，配合《内地与香港关于建立更紧密经贸关系的安排》(CEPA)的实施，发挥税收服务于经济发展的作用。

第三章 课税要素

在税法理论上，课税要素至为重要。要全面深入地研究税法，就必须研究课税要素。本章主要介绍课税要素的一般原理、广义的课税要素与狭义的课税要素，以及课税要素的调整等相关原理，这些原理对认识和理解具体的税法制度是非常重要的。

第一节 课税要素概述

一、课税要素的概念和价值

课税要素是税法理论中至为重要的一个概念。课税要素理论对于学习和研究税法的具体制度有重要的指导作用。课税要素的制度化是一国税收法制建设的重要内容。

所谓课税要素，或称课税要件，是国家征税必不可少的要素，或者说，是国家有效征税必须具备的条件。只有在符合课税要素的情况下，国家才可以征税。

课税要素具有重要的理论和实践价值，对于税收法制建设和税法研究意义重大。从税收法制建设上看，课税要素的确立是税收立法的核心内容，缺少课税要素的税收立法一定是存在缺陷的制度设计。此外，税收执法的过程就是按照法定的课税要素来进行征税活动的过程，如果不满足课税要素，征税机关就不能征税。课税要素为税收司法、法律监督以及保护纳税人的合法权益提供了准绳。

从税法理论研究上看，课税要素作为税法理论中的一个重要范畴，它使税法与传统的民法和行政法都有了很大的不同。在民事行为是否成立方面，传统的民法是以意思要素为核心的，意思表示是否真实，在相当大的程度上决定着民事行为是否有效；而税收债权作为一种公法上的债权，却并不以双方意思表示的真实为其成立要素。在税法上，相关主体的纳税义务是否成立，国家是否有权对其征税，不能以征纳双方的意思表示为准，也不能仅以国家的单方面的意思表示为准，而是要看是否符合法定的课税要素。只有符合法定的课税要素，才是可以征税的，才具有“可税性”。

此外，课税要素理论也否定了传统行政法上的认识，特别是否定了“权力关系说”强调的以“课税处分”来确定纳税义务是否成立的观点。这对于摆脱行政机关的恣意妄为，保护相关主体的合法权益，非常必要。从民主与法治的角度说，这无疑也是一个进步。

总之，像许多部门法理论上所涉及的“构成要件”理论一样，课税要素理论作为税法理论中颇具特色的组成部分，有其重要的价值。这突出地表现为课税要素是判定相关主体的纳税义务是否成立，以及国家是否有权征税的标准。只有满足了税法上事先规定的课税要素，相关主体才能称为税法上的纳税人，才负有依法纳税的义务，国家才能依法对其征税。

二、课税要素的分类

课税要素依据不同的标准，可以作出多种分类，如广义要素与狭义要素、一般要素与特别要素、实体要素与程序要素等。下面分别作一简要介绍。

（一）广义要素和狭义要素

所谓广义要素，即国家征税通常所需具备的各种要件。由于国家征税不仅要符合实体法，而且也要符合程序法，因此，广义的课税要素包括实体要素和程序要素；同时，由于有关这些要素的规定与整个税法的主要内容大体相当，因而广义的课税要素也被称为“税法的构成要素”。在我国的许多税法著述中，都要专门论及“税法的构成要素”，这实际是从广义上来探讨课税要素问题。

所谓狭义要素，仅指确定相关主体的实体纳税义务成立所需具备的要件，因而它仅是指课税的实体要素，而不包含程序要素。应当说，实体的纳税义务是否成立是最重要的，因为没有实体的纳税义务，也无从涉及程序要素，因而在现实中大量的税收立法，主要是确定狭义的课税要素，从而使狭义的课税要素始终是税法研究的一个重点。

（二）一般要素与特别要素

所谓一般要素，是在各类税法中都需要加以规定的、具有普遍意义的共同要件。对于此类要素，人们的认识亦不尽相同，但大略可以分为人的要素、物的要素和关系要素三类。其中，人的要素也称主体要素，包括征税主体和纳税主体两个方面；物的要素是同征税客体相关的各类要件，包括征税对象、计税依据和税率；关系要素体现的是主体之间以及主体与客体之间的关系，包括征税主体对纳税主体的管辖关系，以及征税对象对纳税主体的归属关系。此外，有的学者将上述的关系要素融入实体要素或程序要素中，从而并不将关系要素独立出来；也有学者仅仅将“课税对象的归属”作为实体要素中的一个重要组成部分。

所谓特别要素，是不需要在各类税法中都加以规定的、并不具有普遍意义的特殊要件。也就是说，特别要素仅是在个别的税种或税法上所必备的要件或内容。例如，课税环节、纳税方式、文书送达、处罚程序等，一般认为并不是每个税法都要对其作出规定，但对于某个或某些税法而言，却又是很重要且必不可少的，因而属于“特别”要素。

区分一般要素和特别要素，有助于认识哪些要素是各类税法都要规定的，哪些只是个别税法需要规定的内容。这不仅对于税收立法和执法活动都甚有裨益，而且也能使税法研究更具有针对性。

（三）实体要素和程序要素

所谓实体要素，就是税收实体法必须规定的内容，是确定相关主体实体纳税义务成立所必须具备的要件。实体要素是广义的课税要素的核心，也有学者认为课税要素就是指实体要素或称实体法要素。实体要素可进一步分为基本要素和例外要素。基本要素主要包括征税主体、征税对象、计税依据、税率这几个要素，表征征税主体和客体的范围，以及征税的广度和深度。例外要素是在上述基本要素之外的辅助性要素，是以纳税主体通常的基本负担为基础而对其税收负担的减轻或加重，因而它主要包括税收优惠措施和税收重课措施。

所谓程序要素，就是税收程序法必须规定的内容，是纳税人具体履行纳税义务所必须具备的条件，也称程序法要素。在专门的税收程序法中必须规定的内容是很多的，但在各类税收立法中都规定的用以保障纳税人有效纳税的要件，主要是纳税时间和纳税地点。

三、课税要素与权利保护

税法作为一种“分配法”，必须兼顾各类主体的利益，必须在国家与相关主体之间公平、有效、合理地进行利益分配。而课税要素则对于保护各类主体的合法权利具有重要作用。

从国家的角度说，税法要保障税收的三大职能的实现。如果相关主体的行为或事实符合税法规定的课税要素，则该主体就应负有税法上的纳税义务，成为纳税人。在因符合课税要素而使抽象的纳税义务成立的情况下，如果纳税人不具体地去履行其纳税义务，或者采取各种手段来减轻或免除自己的纳税义务，则国家的税收债权就会受到侵害，为此，就应依法保护国家的税收权利，并赋予其相应的征管权，如税额确定权、税额调整权、强制执行权、依法追征权、限制离境权、税收检查权，等等，以求全面保护国家的税收债权。

从与国家相对应的相关主体的角度说，课税要素是决定其纳税义务是否成立，以及是否要具体地履行纳税义务的唯一依据。只要征税机关违反了课税要素，不管是违反其中的某一类还是某几类，都会侵害相关主体的权利。为此，在税法上也必须赋予该主体一系列的权利，以保护自己的合法权益。其中，退税请求权、依法减免权、复议权、诉讼权等都是其重要的权利。

可见，无论是国家征税，还是相关主体纳税，各类主体的权利保护，都离不开法定课税要素的确定。因此，对于各类主体的权利保护来说，课税要素非常重要。实际上，按课税要素进行税收征纳活动，在一定意义上，也就是在依法征税。

由于课税要素非常重要，因而有必要深入了解课税要素的具体内容。下面两节就分别从广义上和狭义上来对课税要素的内容做具体介绍。

第二节 广义的课税要素

如前所述，广义的课税要素，或称税法的构成要素，是税法中必不可少的内容。它包括实体要素（或称实体法要素）和程序要素（或称程序法要素）两类，是分析税法的结构和具体制度构成的重要工具。由于不同的税法中所包含的课税要素是不尽一致的，因而应当从构成税收实体法和税收程序法的具体要素中提炼出共通的要素。下面主要介绍广义的课税要素中的一般要素。

一、税收实体法的构成要素

税收实体法的构成要素，简称实体法要素，作为构成税收实体法的不可或缺的内容，是决定征税主体能否征税以及纳税主体的纳税义务能否成立的必要条件，也有学者径称为“课税要件”或“课税要素”。在这种狭义的、更直接意义上的课税要素中，最为重要的是税法主体、征税对象、计税依据和税率，而其他要素则为辅助性的要素。下面分别介绍各类重要实体法要素的具体内容。

（一）税法主体

税法主体是在税收法律关系中享有权利和承担义务的当事人，包括征税主体和纳税主体两类。

从理论上说，征税主体是国家。国家享有征税权，征税权是国家主权的一部分。在具体的征税活动中，国家授权有关的政府机关来具体行使征税权。在我国，由各级税务机关和海关具体负责税收征管。其中，税务机关是最重要的、专门的税收征管机关，它负责最大量的、最广泛的工商税收的征管；海关负责征收关税、船舶吨税，代征进口环节的增值税、消费税。上述机关是代表国家行使征税权的具体的、形式上的征税主体。

纳税主体又称纳税义务人，简称纳税人，是指依照税法规定直接负有纳税义务的自然人、法人和非法人组织。对纳税主体依不同的标准可以作不同的分类。例如，在所得税法中，纳税主体可分为居民纳税人和非居民纳税人；在增值税法中，纳税主体可分为一般纳税人和小规模纳税人，等等。此外，在税收征管和税收负担方面，纳税主体还可分为单独纳税义务人和连带纳税义务人，实质上的纳税义务人和形式上的纳税义务人，等等。纳税主体在各个具体的税法或税收条例中不尽相同，它直接影响到征税的范围，因而是各税法或税收条例必须首先加以明确的要素。至于税法中的具体纳税主体，在后面有关具体税收法律制度的部分还将做具体介绍。

（二）征税客体

征税客体，也称征税对象或课税对象，是指征税的直接对象或称标的，它说明对什么征税的问题。

征税客体在税法的构成要素中居于十分重要的地位。因为它是各税种间相互区别的主要标志，也是进行税收分类和税法分类的最重要依据，同时，它还是确定征税范围的重要因素。

如前所述，依征税对象性质的不同，可以将其分为商品、所得和财产三大类。这种“三分法”也影响到了整个税收征纳实体法的分类。此外，上述三类征税对象必须归属于具体的纳税义务人，才可能使纳税义务得以成立。这种征税对象与纳税主体的结合，即为“征税对象的归属”或“课税对象的归属”，对税法的具体适用有着直接的影响。

另外，上述三类征税对象是从性质和抽象的意义上所作的分类，在具体的税法中，它们还需要通过税目和计税依据来加以具体化，这样才能使税法得到有效的施行。

（三）税目与计税依据

税目与计税依据是对征税对象在质与量的方面的具体化。所谓税目，就是税法规定的征税的具体项目。它是征税对象在质的方面的具体化，反映了征税的广度。

所谓计税依据，也称计税标准、计税基数，或简称税基，是指根据税法规定所确定的用以计算应纳税额的依据，亦即据以计算应纳税额的基数。计税依据是征税对象在量的方面的具体化。由于征税对象只有在量化后才能据以计税，因此计税依据的确定是必不可少的重要环节，它直接影响到纳税人的税负。

（四）税率

税率是应纳税额与计税基数之间的数量关系或比率。它是衡量税负高低的重要指标，是税法的核心要素，它反映国家征税的深度和国家的经济政策，是极为重要的宏观调控手段。

税率可分为比例税率、累进税率和定额税率，这是税率的一种最重要的分类。其中，比例税率与累进税率，表现为应纳税额与计税基数之间的比率，适用于从价计征。定额税率也称固定税额，体现了应纳税额与计税基数之间的数量关系，适用于从量计征。

所谓比例税率，是指对同一征税对象，不论其数额大小，均按照同一比例计算应纳税额的税率。采用比例税率便于税款计算和征纳，有利于提高效率，但不利于保障公平。比例税率在商品税领域应用得比较普遍。

所谓累进税率，是指随着征税对象的数额由低到高逐级累进，适用的税率也随之逐级提高的税率，即按征税对象数额的大小划分若干等级，每级由低到高规定相应的税率，征税对象数额越大，适用的税率越高，反之则相反。累进税率可以分为全额累进税率和超额累进税率。前者是指对征税对象的全部数额都按照与之相对应的该等级税率征税，纳税人负担相对较重，且有时会出现税负的增加超过征税对象的数额增加的不合理现象。后者是指对不同等级的征税对象的数额，分别按照与之相对应的等级的税率来计税，然后再加总计算总税额。适用超额累进税率，实质上仅对高于低等级征税对象数量的部分适用相应的高税率，税负较轻，有利于体现公平精神，因而应用较广。此外，累进税率中还包括超率累进税率和超倍累进税率，其适用原理与超额累进税率类似，但以超额累进税率适用最为广泛。

所谓定额税率，是指按征税对象的一定计量单位直接规定的固定的税额，因而也称固定税额。定额税率不受价格变动影响，便于从量计征，因而多适用于从量税。适用定额税率有时也可能造成不公平的税负。

（五）税收特别措施

税收特别措施包括两类，即税收优惠措施和税收重课措施。前者以减轻纳税人的税负为主要内容，并往往与一定的政策诱导有关，因而也称税收诱因措施；后者是以加重税负为内容的税收特别措施，如税款的加成、加倍征收等。

税收特别措施在各类税法中规定得较为普遍。由于该类措施是在一般征税措施之外采取的特别措施，且直接影响到具体纳税人的税负及其横向比较，因而历来很受关注，其中的税收优惠措施更是如此。

税收优惠在广义上包罗甚广，诸如优惠税率等亦可算作其中，这与税法的宏观调控职能是密切相关的。而狭义上的税收优惠措施则主要是指税收减免、税收抵免、亏损结转、出口退税等。这些税收优惠措施的实行会直接影响到计税基数，从而会直接影响到纳税人的具体纳税义务，因而对征纳主体的利益和相关的经济、社会政策目标的实现，均会产生直接影响。

在上述各类税收优惠措施中，税收减免在税法中规定得最为普遍。但无论是减轻纳税人的税负抑或免除其税负，在税法规定上都应慎重。从公平税负的角度来说，应防止不适当扩大减免税规模的情况。此外，税收减免以外的其他几种措施都属于特别要素。其中，税收抵免、亏损结转主要适用于所得税领域；而出口退税则主要适用于商品税领域。另外，同税收优惠措施相比，税收重课措施的规定是较少的。至于各类税收特别措施的具体规定，将在相关的具体税收法律制度中予以介绍。

二、税收程序法的构成要素

税收程序法的构成要素，也简称程序法要素，是保障税收实体法有效实施的必不可少的程序方面的要件。对于程序法要素，学者的认识历来不尽相同，公认的程序法方面的一般要素是纳税时间和纳税地点。

（一）纳税时间

所谓纳税时间，是指在纳税义务发生后，纳税人依法缴纳税款的期限，因而也称纳税期限。纳税期限可分为纳税计算期和税款缴库期两类。纳税计算期说明纳税人应多长时间计缴一次税款，反映了计税的频率。纳税计算期可分为按次计算和按期计算。按次计算是以纳税人从事应税行为的次数作为应纳税额的计算期限，一般较少适用。按期计算是以纳税人发生纳税义务的一定期限作为纳税计算期，通常可以日、月、季、年为一个期限。按期计算适用较广。税款缴库期说明应在多长期限内将税款缴入国库，它是纳税人实际缴纳税款的期限。税款缴库期不仅关系到纳税义务的实际履行，而且也关系到国家能否及时、稳定地获取财政收入。

此外，纳税期限与纳税义务的发生时间是不同的。前者是一定的期间，而后者则是指一个时间点；并且只有在纳税义务发生以后，才会有纳税期限的问题。

（二）纳税地点

纳税地点是纳税人依据税法规定向征税机关申报纳税的具体地点，它说明纳税人应向哪里的征税机关申报纳税以及哪里的征税机关有权实施管辖的问题。

在税法中明确规定纳税地点，对于纳税人正确、有效地履行纳税义务，确保国家有效地取得财政收入，实现宏观调控的经济政策及保障社会公平的社会政策的目标，均甚为重要。

一般说来，在税法上规定的纳税地点主要有以下几类：机构所在地、经济活动发生地、财产所在地、报关地等。

除上述的纳税时间和纳税地点外，有人认为纳税环节、纳税手续、计税方法、处罚程序等也属于程序法要素，但它们仅属于特别要素，在形式意义上的税法中体现得也并不普遍和明显。

总之，税法的构成要素是非常重要的。尤其是其中的课税要素，作为确定纳税义务是否成立的一系列要件或称要素，它取代了传统私法上债务关系成立所需要的意思要素，也排除了在无法定要素情况下的行政机关的自由裁量，因而从民主与法治的角度来说是很有进步意义的。同时，在税法的构成要素中，实际上蕴含着税法主体的主要权利和义务，因而这些要素的内容也是研究税法主体的权利义务问题的重要基础。

第三节 狭义的课税要素

如前所述，狭义的课税要素，即税收实体法要素，其基本内容在广义的课税要素中已经有所介绍。但由于狭义的课税要素至为重要，关乎各类主体的具体“税收利益”，因而对有关狭义的课税要素中的一些特殊问题，还需要进一步予以说明。

一、税法主体的界定和分类

在前面曾经谈到税法主体是一个重要的课税要素，主要包括征税主体和纳税主体两个方面，这是从一般要素的角度而言的。在实际的税法制度中，在税法上享有权利和承担义务的主体还可能包括其他一些类别，因而需要作出具体的界定，以揭示其区别；同时，还要具体界定纳税主体自身的范围，明确其分类，因为分类本身也是对税法主体的进一步界定。

（一）在比较中界定税法主体

从征税主体的角度看，国际上比较通行的体制，是由税务机关和海关具体代表国家担当征税主体的角色。在税收体制法上明确赋予上述机关以税收征管权，不仅使它们能够更有效地行使这种专属的权力，而且对于防止征税权的滥用，避免分配秩序的混乱等，都是很有好处的。

从纳税主体的角度看，有一系列的概念是应当加以澄清的。例如纳税人与负税人，纳税人与扣缴义务人、纳税担保人、税务代理人等概念，都需要加以甄别和厘清。

一般认为，纳税人是指在法律上负有纳税义务的人，而负税人则是在经济上具体承担了税负的人。之所以会存在这种区别，同直接税与间接税的区别、同税负转嫁问题的存在是直接相关的。在对课税要素作出规定时，需要明确的是法律上的纳税人，即纳税主体，而不是负税人。通常，在直接税领域，由于税负不能或不易转嫁，因而纳税人与负税人往往是同一的；但在间接税领域，由于税负容易转嫁，因而直接履行纳税义务的纳税人同最终的负税人往往不是同一主体。可见，对这两个概念加以具体区分，对实现税法的职能，研究税法的实效等，都很有益处。

此外，在税法上负有义务的主体并不都是纳税主体。纳税主体在税法上主要负有纳税义务，而其他义务主体则可能负有与纳税义务相关的义务。如扣缴义务人负有代扣代缴的义务，纳税担保人负有担保税收债务履行的义务，税务代理人负有在受托范围内为纳税人办理相关税收事务的义务，协税义务人负有协助税务机关征收税款的义务，等等。因此，在税法上，除征税主体以外的主体并非都是纳税主体，而是还包含其他义务主体，这些主体是与纳税人的义务相关的义务主体，可统称为相关义务主体。

可见，税法主体的界定是很重要的。不仅要了解作为一般的课税要素的征税主体和纳税主体，还要了解相关义务主体；不仅要了解代表国家征税的具体征税机关，还要了解与之相对应的相关主体，包括具体的纳税义务人、扣缴义务人、纳税担保人等。区分这些主体，更为重要的意义是要明确其具体权利和义务，以使其合法权益不受损害。这在税收执法实践中是非常重要的。

（二）纳税主体的分类

纳税主体的范围，在各个具体的税法中都应有明确的规定。这是税收法定原则的应有之义。从各个税法规定的纳税主体的具体范围，也可以归纳出纳税主体的分类。通过分类，有助于对各类纳税人作出更加准确的界定，从而使其能更好地行使权利和履行义务。

如前所述，由于纳税主体一般是从事私法活动的主体，因而纳税主体可以是自然人、法人和非法人组织体，这本身就是纳税人的一种分类。其中，非法人组织体虽不具备私法上的独立人格，但在税法上却可以作为独立的纳税主体。这主要是因为：征税主要关注的是主体的纳税能力而不是主体的资格，无法人资格的组织体所从事的活动，实际上在税法上与法人所从事的活动并无本质区别，对不具有法人资格的主体征税，符合税收负担公平分配，促进市场公平竞争的原则。因此，个体户、合伙等都可以成为独立的纳税主体。

除了上述的分类以外，纳税主体在各个具体的税法中还有一些独特的分类。例如，前面曾经谈到，在所得税法上，纳税主体可以分为居民纳税人和非居民纳税人。这两类纳税人所承担的纳税义务是不同的。居民纳税人承担的是无限纳税义务，而非居民纳税人承担的则是有限纳税义务。同时，这里的居民和非居民，可以是自然人，也可以是法人或非法人组织体。对此在有关所得税制度的部分还将做具体说明。

此外，在增值税法上，纳税主体还可以分为一般纳税人和小规模纳税人。这主要是从纳税人的生产经营规模大小、会计核算是否健全、能否提供准确的税务资料的角度所做的分类。此种分类产生了两类纳税人在税法上的地位和所享受的待遇的差别，尤其是在能否使用增值税专用发票、应纳税额计算等方面，两类纳税人差异明显。这种区分实际上在税收征管方面更有意义。

另外，在税负的具体承担方面，纳税人还可分为单独纳税人和连带纳税人，原生纳税人与衍生纳税人。其中，单独纳税人是指可以与其他主体的纳税义务相区分，因而只需独立履行义务的纳税人；连带纳税人是指与其他纳税人共同承担连带纳税义务的纳税人；原生纳税义务，是依据税法规定直接负有缴纳税款义务的纳税人；衍生纳税义务人，是指因存在法定事由，而负有代替原生纳税人缴纳税款义务的纳税人。

（三）主体的适用除外

主体的适用除外，是与上述税法主体的界定和分类密切相关的一个问题，它是指税法对某些主体排除适用的制度。

从纳税主体的可税性来看，某些类别的主体无论是从经济意义、社会意义还是政治意义来说，都不应当成为纳税主体，因而有必要排除税法对它们的适用。这种排除适用，在具体的立法中，有的是通过不列入征税主体来体现，而有的则是通过免税的形式来体现，或者通过国际条约的优惠安排来体现。由于这种除外适用直接影响到纳税主体这一课税要素的确立，因而必须在具体界定时予以明确。

通常，在税法原理和税法实践上，大都认为对同时具有公益性和非营利性的主体不应征税或者应当免税，因而事实上既不从事营利活动，又具有公益性的国家机关、事业单位、社会团体等，通常是不承担税负的。当然，在有些情况下，即使这些主体违背其设立宗旨而从事营利活动，并成为纳税主体，也有可能不规范地享受到税收的减免优惠。

此外，依据前述的 1961 年《维也纳外交关系公约》等国际公约，对于外交代表是不能征税的，这既是国际惯例的要求，更是国际公约规定的义务。因此，这些主体因其具有代表国家的特殊身份，不能成为另一国的纳税主体，税法对其不能适用。

二、征税客体的界定

税法主体要素解决的是由谁对谁征税的问题，征税客体要素解决的则是对什么征税的问题。由于人们对征税客体存在着一些模糊认识，因而需要通过考察征税客体的特征以及相关的立法限制等来加以界定。

（一）征税客体的“物化”特征

在财政学或税收学上，一般认为征税客体是财富，包括商品、所得和财产三大类，对此前已述及。此外，也有人认为征税客体是商品流转额、所得额和财产额或其他收益。之所以存在这种差别，是因为后一种观点指的是已经量化或价值化了的征税对象，因而实际上是指计税依据或狭义上的税基。如果从征税对象的本意而言，特别是在把作为征税客体的社会财富分为动态的收入和支出，以及静态的财产的情况下，则第一种将征税对象“物化”的观点更可取。

此外，也有人把征税客体同一般的法律关系的客体结合起来，认为征税客体包括物、行为、事实。但如果看到征税的直接对象的“物化”特点，看到征税涉及的所有行为和事实都与特定的物（生产经营的商品、取得的货币收入或用益的财产等）直接相关，则也可以认为征税的最直接的对象就是法定的物，即与一定的应税行为和事实相联系的商品、所得和财产。

在现代文明国家，把征税的客体界定为物是普遍的做法。应当说，“人”不再像过去那样被作为征税客体，是人类社会的一个重大的进步，这种进步使“对人税”和“对物税”的内涵也发生了很大转变。这实际上也是对征税对象“物化”特征的一个佐证。

（二）对征税对象的限制

在征税对象的确定方面，从理论上说，可以征税的对象的范围是非常广阔的，但各国在制定税收法律和税收政策时，却基于多种考虑，越来越理性地对征税范围作出一些限制，从而在客观上能够更好地缓解国家的征税权与国民的财产权的冲突。这也是在界定征税客体方面所体现出的一种法治精神和进步。

各国在具体确定征税对象时的多方面考虑，主要是要有效保护国民的财产权，避免对经济和社会生活的过度干扰，以及降低征税的成本，实现税制的优化，力图实现共赢博弈。为此，国家在征税上必须作出一定的克制，在税收立法上不仅要从经济和社会的角度考虑征税的合理性和合法性，而且也要考虑拟征税对象本身的可税性。

依据可税性理论①，决定某类对象是否具有可税性，主要考虑三个方面的因素，即收益性、公益性和营利性。如果该对象具有突出的收益性和营利性，则一般就是可以征税的；如果具有突出的公益性和非营利性，则一般是不能征税的。这是在立法上确定征税对象时应有的具体考虑，也是界定征税客体的一个重要尺度。

（三）与相关概念的区别

要对征税客体作出明确界定，还必须注意征税客体与相关概念的区别。

首先，应注意征税客体与税目的差别。如前所述，税目是征税客体质的方面的具体化。在某些税法中明确征税的具体项目，正是为了有效地限制征税对象的范围，从而增强税法的可操作性和实效。

其次，税基与征税客体联系也非常密切。“税基”（tax base）本身就是一个多义词，有人认为它是政府可据以征税的对象，并可以分为经济税基和非经济税基两类②，这是一种较为广义的理解。此外，在法学上人们更多地把税基

---

① 相关分析可参见张守文：《财税法疏议》，北京大学出版社 2005 年版，第 138—151 页。

② 陶继侃、张志超主编：《当代西方国家税收》，山西经济出版社 1997 年版，第 3 页。

做狭义的理解，认为税基就是计税基数的简称，它是征税对象在量的方面的具体化。正因为税基与征税对象联系非常密切，因而很容易被等同。

再次，还应注意征税对象与税源的区别。税源是税收的源泉，它体现为国民收入初次分配中形成的各类收入。征税对象与税源往往是不一致的，前者说明的是征税的直接标的，而后者则说明税收收入的最终来源。

三、征税对象的归属

征税对象的归属，是指把具体的征税对象归属于某个主体，从而使纳税主体与征税对象结合起来，以确定其具体的纳税义务。征税对象的归属是联系纳税主体与征税对象的中介和纽带。由于税法调整范围广阔，现实的经济生活十分复杂，如何使征税对象的归属得到明确，对于税法的具体适用确实是非常重要的。正因为如此，德国、日本等国的许多学者都认为应把“征税对象的归属”作为一个课税要素独立出来，以更有效地确定相关主体的纳税义务。

应当说，明确征税对象的归属的确很重要。为此，许多国家都在税法上对某些征税对象的归属作出明确规定，以避免发生税法适用上的困难，防止税收逃避问题的发生。从这个意义上说，明确征税对象的归属原则确有其必要。

但也应看到，征税对象归属的确定，虽然在税收立法上要涉及，但主要还是税法适用上的问题。现实的经济和社会生活是纷繁复杂的，在立法上把各种归属关系都确定下来，不仅不可能，而且也没有必要，甚至可能会对经济发展产生负面影响。此外，征税对象的归属，实际上是纳税主体和征税对象这两个课税要素的结合问题，它本身是否有必要作为一个独立的要素，也值得考虑。事实上，并不是所有的税法都需要对归属问题加以明确，因而它至少不是一个“一般要素”。

征税对象的归属，作为一种“关系要素”，对于具体纳税人的权利，对于纳税人之间的税负公平，对于防止、杜绝税收逃避都是很重要的。由于这些方面的问题涉及实质课税原则等税法原则的适用问题，涉及税法解释等问题，因而在后面的有关部分，还将进一步予以说明。

四、税率

前面的税法主体和征税客体要素主要解决的是对谁征税，以及征什么税的问题，而税率要素则要着重解决征多少税的问题，反映的是征税的深度，它是影响纳税义务的最为重要的一个因素，因而与征税客体一样，也被认为是课税要素中的核心要素。

（一）税率与税负

税率是衡量纳税人税收负担水平的重要指标。一国的税收收入占 GDP 的比重，被称为宏观税负，它反映着一国的总体税负水平，显示着一定时期的税负状况是“过轻”“过重”还是“适中”。正因为如此，税率通常被认为是影响税负的最重要的因素，但它并不是唯一的要素。因为纳税人的应纳税额一般取决于两个课税要素，即税基与税率。其中，税率往往是被法律明确规定的、不易改变的，对于条件相同的主体要适用相同的税率；而税基则可能由于纳税人的生产经营情况的变化，以及纳税人的偷税、避税等行为而各不相同，由此才使同一税种的纳税人所承担的具体税负各不相同。

由于征税毕竟会对纳税人的财产权产生影响，因而纳税人存在着减轻税负的利益驱动，同时，依法减轻税负也是纳税人的权利。但由于非经有效的立法行为，任何人都不得擅自变动税率，从而使税率通常不易变动，因此，纳税人为了减轻自己的税负，便只能通过减少税基的方式来实现目标。现实生活中大量的税收逃避行为，之所以都是通过减少税基来降低自己的税负，主要是因为作为个体的纳税人对税基可以施加一定的影响，但却很难改变税率。由此可见，税率这一课税要素体现着明确性、稳定性和刚性，这也是税法的安定性和可预测性、可计算性的要求。

（二）名义税率和实际税率

税率依据不同的标准，同样可以作出多种分类。前面谈到的比例税率、累进税率、定额税率的分类，是一种最重要的法律上的分类。但在现实生活中，法定的税率同纳税人实际承受的税率有时是不完全一致的，致使纳税人的税负也产生名实不符的问题，由此可以把税率分为名义税率和实际税率两类。名义税率就是税法明文规定的税率，实际税率则是因诸多因素影响而实际执行的税率。这种分类对于研究纳税人的名义税负与实际税负，特别是对研究税法的实效，更有意义。

纳税人实际承担的税率可能高于名义税率，也可能低于名义税率，从而会导致纳税人的实际负担过重或过轻，使立法的预期发生偏离。之所以如此，是因为实际税率是按纳税人的实际税负计算出来的。事实上，影响实际税负的因素有很多，如税收优惠（特别是税收减免、加速折旧、亏损结转等）、税收重课、通货膨胀、推迟课税、税务腐败，等等。这些因素的存在，不仅会影响税法的现实调整，而且会使税法宗旨的实现受到影响。因此，如何缩小名义税率与实际税率的差距，尽量避免相关因素的不良影响，实现税制和税法的优化，是一个非常重要的问题。

五、税收特别措施

税收特别措施之所以“特别”，是因为它是在上述基本的税法要素之外的、体现税法的规制性特征的一系列措施。由于规制性的特征包含了积极的鼓励和促进，以及消极的限制和禁止这两个方面，因而规制性措施就要体现一定的政策倾向和法律褒贬的价值取向。为此，在上述通常的课税要素之外，还需要有例外的、特别的措施，以使丰富而复杂的现实世界和法律的辩证调整相适应。

（一）税收优惠措施

税收优惠措施，作为减轻或免除纳税人税负，从而使其获得税收上的优惠的各种措施的总称，它体现的是对纳税人行为的鼓励和促进。由于税法是重要的宏观调控法，其对宏观经济运行的调控，不仅体现在征税对象的确定、具体税目的变更和税率的调整等方面，而且也直接体现在税收优惠措施的适用方面。同其他几种课税要素相比，税收优惠措施和税收重课措施一样，都是一种例外的措施。而恰恰是这种例外性的措施，对于具体纳税人的实际税负影响更大。

如前所述，税收优惠措施包括两类，一类是广义的税收优惠，包括优惠税率在内的各种最终减轻或免除税负的优惠；另一类是狭义的税收优惠，主要是不与法定税率直接发生联系，而是通过减少税基，或直接减少应纳税额来降低税负的优惠。由于税率的确定和变动都需严格依据法律程序，因而即使是优惠税率，也需要通过立法加以明确，由此使狭义的税收优惠在实践中应用最为广泛，也最为重要。

狭义的税收优惠措施包罗甚广，其中，纳税人通过依法减少税基来获取优惠的措施，主要是税前扣除优惠、亏损结转优惠等；通过直接减少应纳税额来使纳税人获得优惠的措施主要是税收减免、税收抵免等。在我国，税收优惠措施适用非常普遍，其中最为引人注目的是税收减免。

税收减免既是纳税人的实体性权利，也是其程序性权利。税收减免可以有多种分类。例如，依据税收减免的性质和原因，可以将其分为困难性减免和调控性减免；依据税收减免的条件和程序，可以将其分为法定减免和裁量减免，等等。对于税收减免和其他税收优惠的具体内容，在后面有关具体制度的章节还将介绍。

（二）税收重课措施

税收重课措施，是依法加重纳税人的税收负担的各种措施的总称，它体现的是对纳税人行为的限制和禁止。如果说在某些税种或税法中要体现“寓禁于征”的思想，那么在税收重课措施上，这种思想就体现得更加明显。当然，由于现代税法更多地要体现激励，并通过优惠来引导纳税人的行为，因此，税收重课措施运用得并不普遍。

税收重课措施的种类没有税收优惠措施那么多，较为重要的是加成征收、加倍征收。例如，在我国的《个人所得税法》中规定，对于个人劳务报酬所得一次收入畸高的，就可以依法加成征收。此外，根据某些税法规定，在纳税人由于故意或过失而导致账目混乱，从而不能准确地核定其应纳税额时，征税机关享有税额调整权；如果纳税人经营的项目所适用的税率高低不一，则税务机关可以依法从高适用税率。这也可视为一种税收重课措施。

第四节 课税要素的调整

由于客观情况的变化以及人们认识的深化，课税要素极可能发生变化，从而产生了课税要素的调整问题。课税要素的调整，涉及新的课税要素的确定，以及原有课税要素的变动等问题。此外，在调整中涉及的政策协调、税权分配等问题，也都很值得研究。

一、课税要素的确定

基于税收法定原则，基于法治原则所推演出的法安定性原则、可预测性原则和信赖保护原则，课税要素一经确定，即不应随意变动或调整。但现实的世界是在不断发展变化的，世易时移，法宜随之。因此，课税要素在保持相对稳定的同时，又不可能一成不变。于是，课税要素如何调整，便是一个值得研究的问题。

课税要素的调整，与新的课税要素的确定密切相关。事实上，在任何一个存在连续税制的国家，新的课税要素的确定过程，也就是原有课税要素的调整过程。或者说，课税要素的调整，也就是新的课税要素的确立。

课税要素包罗甚广，层次不一，其确定或调整的要求也可能未尽一致。但通常认为，作为一般的课税要素，无论是其首次确定还是其后的调整，都需要严格遵循税收法定原则，严格依法定程序行事，同时，还必须尽量考虑周全。

例如，在各个课税要素中，税率的确定至为重要。由于税率直接关系到征纳双方的切身利益，因而在确定税率标准时必须要考虑经济、社会的可行性与可能性，尤其要考虑征税的收入效应和替代效应，遵循“拉弗曲线”中所体现的基本原理，切不可贸然进入“课税禁区”。不仅如此，还应尽量寻找“止于至善”的最佳点，以实现税收的最佳效益。

税率的确定不仅要考虑经济和社会等方面的因素，还应考虑合法性的要求。由于税率是非常重要的课税要素，因而依据税收法定原则，在确定税率方面应尽量贯彻“议会保留原则”和“法律保留原则”，同时也要符合课税要素明确原则，以使税率的立法有基本的合法性。从法的安定性、可预测性的角度考虑，税率必须保持相对的稳定，即使必须变动，也应当履行相应的法律程序。

可见，课税要素的确定，必须要由合法的主体依据法定程序来进行，以保障课税要素的合法性；同时，确定课税要素必须从经济、社会、政治等多个方面进行全面考虑，以保障课税要素应体现的经济性、社会性和政治性。

二、课税要素的变动

课税要素的调整在形式上表现为上述的课税要素的重新确定的过程，而在实质上则涉及课税要素的实际内容的变动和税收的三大职能的实现。例如，税收的一个重要职能是配置资源或称宏观调控，保障这一职能的有效实现，是税法的一项重要任务。而要实现宏观调控的职能，就必须有效地运用税收杠杆。在诸多课税要素中，税目、税率、税收优惠等都是重要的税收杠杆。税目的增减、税率的调整、税收优惠措施的变化，既是课税要素的变动，同时也是税收杠杆发生作用的体现。

事实上，各类税收杠杆若能运用得当，则对于实现税收的各项职能，增进税收的“额外收益”，都很有意义。对此，可以通过税率这一非常具有代表性的课税要素的变动来予以说明。

在各个课税要素中，税率被认为是一个重要的经济杠杆，其调整或变动对经济和社会生活影响很大。许多国家的实践都表明，如果一国的某些税率确定得很合理，或者把不合理的税率改进为较为合理的税率，则该国的具体经济和整体经济就能够得到很大促进。如前所述，税率作为重要的课税要素，不应轻易地频繁变动，这本身也是税收法定原则的要求。由此就产生了法的安定性和变动性之间的冲突。

应当说，当一种法定税率已经严重影响了经济和社会的发展时，税率的适时变动是必要的，但这种变动必须严格依法定程序进行。事实上，由于各国都实行复合税制，因而各个税法之间必须有效协调，税率的变动目标只应当进一步增进这种协调，而不是相反。因此，在税收立法实践中，税率的变动应力求适时、适度，使变动不仅具有合理性和可行性，而且要有合法性。

三、课税要素调整中的政策因素

税法是关系到各类主体利益的分配法，而利益的分配则必须考虑各种相关因素，尤其要考虑财政、经济、社会等诸多因素的影响。其实，如同经济政策对经济法有着诸多影响一样，税收政策对税法也有着深刻的影响。不仅如此，各类相关的经济政策、社会政策等，都会对课税要素的具体内容产生影响。从而使课税要素成为各类政策得以融入税收法律的一个重要环节、桥梁和渊薮。

事实上，课税要素调整的过程，也就是相关的政策融入税收立法的过程。在分税立法的情况下，由于税种不同，在各个具体的税法中，在不同的课税要素中，所体现的政策精神都不同。例如，在商品税法中，主要应体现公平竞争的政策，因而更强调经济效率；而所得税法中，则更要强调经济公平和社会公平的政策精神。但是任何税法都不只是一种政策的体现。例如，就增值税法而言，它至少体现着获取财政收入的政策和一定的社会政策。具体落实到课税要素上，增值税广泛的征税范围和基本税率，反映了不干预经济生活的中性经济政策的精神；大量的税收减免和低税率，又反映了一定的社会政策，等等。在消费税领域，在税目和相应的税率设计上，反映了国家对某些消费品的消费行为的限制，同时也体现了试图由此获取财政收入的财政政策和引导社会消费的社会政策，从而通过所谓“寓禁于征”来实现“一箭多雕”的政策效应。类似的情况在其他税种和税法中也都有体现。

上述各类政策与税收的职能、税法的职能都直接相关。从经济政策的角度说，通过课税要素的确定和调整来配置资源和宏观调控，是非常必要的；从社会政策的角度讲，通过某些课税要素的配置，来实现社会分配的公平和社会的稳定，当然也甚有裨益。

此外，要确定和变更课税要素，要在税收要素的调整过程中融入政策的因素，就涉及谁有权来对课税要素作出调整，从而也就涉及税权的分配问题。一般说来，依据税收法定原则，有权调整课税要素的，只能是依法享有税收法律立法权的主体及其授权的组织。因此，课税要素的调整，与税收立法权直接相关。由此又涉及税法理论上的又一个重要理论问题，即税权分配问题。

第四章　税权分配

如前所述，税法对于社会分配的影响是广泛、直接而具体的，因此它是十分重要的分配法。如何有效、均衡地在国家以及其他各类主体之间分配税收利益，正是税法的重要任务。

税收利益实际上是隐含在税权之后的利益。国家依据其税权而享有的利益，就是国家的税收利益；市场主体基于其税权而享有的国家依法征税之后的剩余利益，就是市场主体的税收利益。要有效地衡量税收利益的质与量，实现税法的任务和宗旨，就必须首先对各类主体的税权作出合理的界定，这当然需要加强税收法制建设，同时，还尤其需要税权理论的完善。

从一定意义上说，税权是整个税法研究的核心，是税法学的重要范畴。事实上，税法学上的许多问题，都可以解释为各类不同意义上的税权如何有效配置的问题。因此，深入研究税权这个核心问题，将会进一步增进对税法的认识；同时，对财政法乃至整个经济法、公法的发展，也颇有助益。

第一节　税权的多重含义

税权的称谓自提出以来，人们往往在不同的意义上来使用，从而形成了税权一词的多重含义，对于诸多不同层面的含义进行尽量贴近的多维解析，是进行税权理论研究时首先需要面对的问题。

与法学的其他分支学科相比，税法学上的概念相对更为混乱和复杂[①]，以至于在展开具体的探讨之前往往需要先作出界定。“税权”一词近些年来使用频率颇高，体现了人们对税权的重视，也反映了税权问题的重要性，但谈及税权的人基本上都是依据各自的理解来使用。由于税权十分重要，而人们的认识又差异颇大，并在一定程度上影响了相关的制度建设和学术研究，因而对其确有深入探讨并使之更加明确的必要。

权力或权利是在与其他的权力或权利的比较中存在的。从法律的维度上看，税权可能存在于不同的层面，包括国际层面与国内层面，国家层面与国民

① 这可能主要是因为税法学是一个起步较晚的新兴学科，专业性很强，且借用概念较多，而固有概念较少。不仅如此，从经济学或财政学、税收学中借用的一些概念本身仍在发展，仍存在争议，这更加剧了税法学上的概念的纷乱和复杂。

层面，立法层面与执法层面等。下面将从宏观到微观的各个层面逐层进行分析，以探寻税权的多重含义。

一、国际法上的税权

在国际法层面上，税权的存在是与国家的主权联系在一起的，并且，其本身就是国家主权的重要组成部分和体现，从而形成了一国税权同他国税权的平等并立。如同其他的权力一样，一国的税权恰恰是在同他国税权的比较中存在的，因此，在世界各国（包括独立的税收管辖区[①]）的诸多独立的税权所构成的参照系中，一国的税权应当有其特定的位置。

从国际法上看，国家不可或缺的基本权利主要有四项，即独立权、平等权、自保权和管辖权，这是一国主权的具体体现。其中的管辖权，是一国对其领域内的一切人和物行使国家主权的表现[②]，因而当然包括一国对税收事务的管辖权，即税收管辖权。

税收管辖权作为国家或政府在税收方面所拥有的各类权力的总称，是国家主权在税收领域的体现。税收管辖权具有独立性和排他性，它意味着一个国家在征税方面行使权力的完全自主性，以及在处理本国事务时所享有的不受外来干涉和控制的权力。[③] 经济学界的一些学者也认为，税收管辖权就是一国政府自行决定对哪些人征税、征收哪些税以及征收多少税的权力。[④]

可见，在国际层面上，国际法上的税权就是通常学者所称的税收管辖权。在主权包含的独立权、平等权等所构成的参照系中，税权是管辖权的重要组成部分，由于它与国家的存续密切相关，因而居于主权性权力的位阶。

事实上，由于税收管辖权被公认为国家主权的一个重要组成部分，因此，目前世界上还没有任何一个国际公约对各个主权国家的税收管辖权加以约束，甚至各国的宪法都没有对本国政府的税收管辖权作出任何限制。由此可以认为，税收管辖权是主权国家在征税方面所拥有的不受约束的权力。当然，各国在具体行使税权时，也还必须遵循经济规律，以及国际通行的惯例，并不是说政府在行使税权方面就可以随意地确定课税要素。

---

① 某些特殊的地区，如我国的香港、澳门地区由于实行“一国两制”，因而实行自己原来的税制，从而成为不同于中国内地的独立的税收管辖区。在其他一些国家的某些特殊区域，也存在着一些实行着特殊的税收制度的独立税收管辖区。

② 参见王铁崖主编：《国际法》，法律出版社 1981 年版，第 92—94 页。

③ 参见杨志清：《国际税收理论与实践》，北京出版社 1998 年版，第 32—34 页。

④ 可参见王传纶、朱青编著：《国际税收》（修订版），中国人民大学出版社 1997 年版，第 31 页；同上书，第 33 页。

二、国内法上的税权

在国内法层面，税权因其参照系的不同，有着更为复杂的表现，可以分为广义的税权和狭义的税权两类。现分述之。

（一）从主体上界定广义的税权

税权属于哪个主体？从法律上说，可以作为税权主体者是较为广泛的。而税权主体的不同，又会影响到税权的客体和内容。因此，下面仍有必要从不同的层面展开分析。

在国家与国民层面，国家与国民均可成为税权的主体。其中，国家的税权包括税收权力与税收权利。前者是国家的征税权，后者是国家的税收债权，并且，前者的行使是后者的保障。与此同时，国民也享有税权。从理论上说，在现代民主国家，一切权力属于人民，税权自然也不例外；并且，国家的税权也不过是代表人民来行使的。因此，这里所说的人民的税权或称国民的税权，是指国民整体所享有的一项权力，并不是国民个人所能独享的权力。当然，国民个人同样也可以享有税权，即有关税收的权利，如税收知情权、税收筹划权等。可见，国民的税权也同样包括权力和权利。并且，在把国民的概念推广到自然人以外的法人、非法人组织体的情况下，有些方面也是适用的。对于这些税权，也有人称之为“纳税人共有的权利”。

与上述情况相类似，在具体的税收征纳过程中，税权的主体还可以是征税主体与纳税主体。由于税收的具体征收权是由税务机关、海关等职能部门代表国家或政府来行使，因此，它们是税权的重要主体。与此同时，纳税主体因其享有一定的税收权利，因而也是税权的主体。由于这里的主体已被特定化于征纳过程中，与上述的国家主体、国民主体不尽相同，故其税权的内容也存在差异。其中，征税主体的税权主要是税收征管权和税收入库权；而纳税主体则不仅享有上述一般国民所享有的税权，而且还享有税收减免权、退税请求权等作为具体的纳税人才能享有的税法权利。

上述的征税主体，如果对其作广义的理解，则不仅包括上述负责税款征收的主体，而且还包括有权作出征税决策的主体，即税收立法机关，它们都是税权的主体，只不过行使的税权各不相同。其中，税收立法机关的税权是税收立法权，而税收执法机关的税权就是上述的征税主体的税权。

（二）从客体上认识广义的税权

税权是对什么的税权？税权的客体是什么？研究这个问题，对于研究国家的征税依据与征税的可能性，以及征税范围等问题，都是很有意义的。但对这方面的研究非常不够。由于税权与财权联系极为密切，故在此把它放到财权的参照系中来研究。

国家或政府的主要职能和任务是提供公共物品[①]，这是维持政权存续所必需的。为此，国家就必须有效地行使其财权。财权包括两个方面，即财政收入权和财政支出权。在财政收入权中，又包括征税权、收费权等。其中的征税权就是税权。在这个意义上，税权就是征税权的简称。

上述的征税权或称税收权，是从国家（或政府）获取财政收入的角度来体现的。由于税收收入在世界各国几乎都是财政收入的最主要来源（在我国以及其他一些国家，税收收入占财政收入的比重曾达到90%以上），由此决定了征税权在财权中也占有非常重要的地位。[②] 可见，税权的客体实际上就是作为财政收入的最主要来源的税收收入。从国家（或政府）收入的角度说，税权也就是一种对具体的、占主导地位的财政收入的权力。从纳税人的角度说，税权的客体是与应税商品、所得和财产相关的经济利益。

以上分别主要从主体和客体的角度，来分析和把握广义上的税权，从中不仅可以看出税权的主体与客体，而且还可以看到税权与相关的权力和权利的关系，以及不同主体所享有的税权的具体内容，从而有助于在不同的层面来把握税权的具体含义。

（三）通常理解的狭义税权

狭义的税权，实际上已经体现在上述广义的税权之中，它就是国家或政府的征税权（课税权）或称税收管辖权。作为一种公权力，它是专属于国家或政府的权力。把税权理解为“国家的征税权”，是人们的一般理解。

尽管人们通常是在狭义上来使用税权的概念，但是，人们对于税权内容的认识却并不一致。这恰恰是需要深入探讨的问题。

根据前述对广义税权的分析，狭义税权的主体应当是国家或政府，其具体内容包括税收立法权、税收征管权和税收收益权（或称税收入库权）。其中，税收立法权是基本的、原创性的权力；税收征管权是最大量、最经常行使的税权；税收收益权是税收征管权的一项附随性的权力。

税收立法权主要包括税法的初创权、税法的修改权和解释权、税法的废止权。其中尤为重要的是税种的开征权与停征权、税目的确定权和税率的调整权、税收优惠的确定权等。依据税收法定主义的要求，税收立法权应主要由立法机关直接行使。目前，税法领域存在的大量问题，在很大程度上是税收立法权的确定及其保障的问题，是如何贯彻税收法定原则及其他税法原则的问题。

---

① 从广义上说，不只是传统的纯公共物品和一部分准公共物品需要由国家来提供，而且市场经济所需要的公平竞争环境和安定的社会环境、制度建设、立法和司法等也都可归入公共物品之列。

② 我国的税收收入在财政收入中的占比较高，这使得与税收利益相关的征税权非常重要。从税收利益法学的角度说，这体现了权力或权利与利益的一致。

税收征管权包括税收征收权和税收管理权，这些权力对于有效地保障税款的实现，保障资源从私人部门向公共部门的转移，有着重要的作用。税收收益权，也称税收入库权或税收分配权，作为税收征管权的一项附随性的权力，是因税收征管权的实现而产生的。税收收益权说明谁有权获取税收利益，谁有权将其缴入哪个国库等问题。从法律经济学以及公共选择的理论来说，国家或政府同样要考虑成本与收益，同样要进行“本益分析”，因而对其投入应当有收益权，这是近些年来对公共经济以及国家与纳税人之间关系的新认识。从另一个角度说，征收的税款作为收益，应如何确定其归属，如何入库，如何分配，同样涉及对国家及各级政府的税收利益的保障。

在上述三类税权中，税收立法权和税收收益权主要是相关国家机关之间的分权问题，而税收征管权则主要涉及征税主体同纳税主体的关系。上述对税权的分类及其所涉及的主体的认识，有助于更好地认识税法的调整对象，以及税法的体系、税法同其他部门法的关系等。

例如，在集权型的税收管理体制下，税收立法权应由国家立法机关行使；而在分权型的税收管理体制之下，税收立法权则是中央（如联邦）政府与地方（如州）政府共同分享。又如，税收征管权在各国一般是由税务机关和海关代表国家或政府来具体行使；而国税机关和地税机关则分别行使中央税和地方税的入库权，等等。

狭义上的税权是目前学者较为关注的问题，也是对税收法制建设有着重要意义的问题。其实，广义上的税权也同样是非常重要的，但这涉及在更广泛领域的探讨。不管是哪个层面的税权，都涉及应在哪些主体之间进行分配，以及在分配中所需遵循的原则等问题，下面集中探讨这些问题。

第二节 税权的分配模式

在上面多个层面和维度的探讨中，实际上已经同时分析了税权的主要种类，这些不同种类的税权应如何分配，是值得研究的。基于狭义上的税权的重要性，下面主要探讨国家税权的分配模式问题，这对于税收体制法的完善特别重要。至于广义上的税权分配，如国家之间的税收竞争与税收协调，国内与国际层面的税收管辖权的冲突，征税主体与纳税主体的税权配置等问题，在后面的相关部分还将涉及。

一、税权分配的模式

国家税权的分配，是指国家税权在相关国家机关之间的分割与配置。税权作为十分重要的资源，必须进行有效的配置，以实现良好的税收效益。通常，国家税权的分配，包括纵向分配和横向分配两个方面。

所谓税权的横向分配，是指税权在相同级次的不同国家机关之间的分割与配置。例如，在中央级次，税权至少要在议会与中央政府之间进行分配。所谓税权的纵向分配，是指税权在不同级次的同类国家机关之间的分割与配置。例如，税收立法权在中央立法机关和地方立法机关之间进行的分配即属之。

在税权的横向分配方面，有两种模式，一种是独享模式，一种是共享模式。由于税收征管权和税收收益权一般是由行政机关及其职能部门来专门行使，因此，税收立法权的横向分配更令人关注。在独享模式下，往往更强调严格的税收法定原则，由立法机关独享税收立法权，当然，它也可能依法授权行政机关适量地行使税收立法权。此外，在共享模式下，税收立法权可能会被立法机关和行政机关共享，甚至法院都可能分享广义上的税收立法权。从各国的实践来看，许多国家都在采行独享模式，而美国、日本等国家则实行共享模式。

在税权的纵向分配方面，也有两种模式，即集权模式和分权模式。它主要涉及中央与地方的关系。其中，集权模式强调税收立法权要高度集中于中央政权；而分权模式则强调应按照分权的原则，将税收立法权在各级政权之间进行分配。从各国的实践来看，采用集权模式的主要有英国、法国等国家；而采用分权模式的则主要有美国、德国等国家。

集权与分权，在历史上和法律上历来是一个重要问题。著名法学家凯尔森曾经指出，集权与分权的程度，以法律秩序里中央规范与地方规范的多少与轻重的相对比例而定。全部的集权与全部的分权只是理想的两极，因为法律社会里有一个集权的最低限度与一个分权的最高限度，国家才不致有瓦解的危险。① 这是很有道理的。事实上，无论是强调集权的国家，还是强调分权的国家，其集权与分权都是相对的。因此，集权模式也只能说是偏重于集权的模式，分权模式也只能说是偏重于分权的模式。

税权分配是税收体制法中最核心、最重要的内容。各国都是根据政治体制、法治水平及历史文化等具体国情来确定本国的税权分配模式，因而税收体制不可能完全相同。一国在税法上规定有关税权分配的内容时，既要看到某些国家税权分配成功的一面，也要看到其税权分配的具体背景，以综合考虑影响税权分配的各种因素，发挥整个税制的整体效益。

二、我国税权分配模式存在的问题

国家税权作为一种宪法性的权力，其分配首先是一个应在宪法中解决的问

① 〔奥〕凯尔森：《法律与国家》，雷崧生译，台湾正中书局1976年版，第378页。

题。也正因为如此，许多国家都在宪法中规定了税权的分配问题。由于诸多原因，我国现行宪法未对税权的分配作出明确而全面的规定；虽几次修宪，但都没有解决税权的分配问题。这说明我国的税收体制改革还远未到位和成熟，立法者对于此类问题的重要性和解决的迫切性还缺乏足够的认识，特别是对影响社会分配的根本性法律问题还缺少深入的、全面的认识。

事实上，由于缺乏宪法上的根据，加之财税体制法制建设的滞后，我国的税权分配存在着很多问题，并由此影响了依法治税的具体目标的实现。如果近期修宪的可能性不大，则应考虑通过立法来解决税权分配的问题。应当看到，我国的财政体制立法长期滞后，至今甚至连一部正式的行政法规都没有出台，这与依法治税的要求极不相称。因此，必须在理论上和立法上来解决这些问题，全面检视国家税权分配模式存在的问题。

我国的税权在纵向分配上属于集权模式，在横向分配上属于共享模式。在这两个方面都存在着一些问题，需要全面分析，并通过加强税收法制建设逐步予以解决。在税权分配方面，由于税收立法权是原初的权力，也是至为重要的权力，因此，下面就着重对税收立法权的分权问题略做说明。

（一）集权模式及其问题

之所以说我国税权分配实行的是集权模式，是因为我国的税收立法权一直是高度上收中央政权。这当然同我国的国家结构、政治体制、财政压力、历史文化等都有密切的关系。正因为如此，在我国的税法和税收政策中，反复强调的是：税收管理权限要高度集中于中央。

实行集权模式，对于我国这样的实行单一制，并有着悠久的中央集权历史的国家，对于我国这样存在着很大的财政压力的发展中的大国，当然是有其必要性的。特别是从提高国家能力（state capacity）的角度说，汲取财政的能力是最重要的国家能力，它是宏观调控能力、合法化能力和强制执行能力等国家能力的基础。[①] 而汲取财政的能力，主要体现为国家获取税收的能力。国家要有效地实施宏观调控，全面提高国家能力，就必须集中财力。可见，我国实行集权模式有其客观的需要和必要。

但是，值得注意的是，我国在税法和税收政策方面所实行的集权模式，同税权分散的现实是存在距离的。事实上，我国虽然长期强调集权，但是税权在实践中却被侵蚀和分解，这是导致财力分散的一个重要原因。

根据著名的“瓦格纳定律”（Wagner's Law），随着政府职能的膨胀，财

① 参见王绍光、胡鞍钢：《中国国家能力报告》，辽宁人民出版社 1993 年版，第 6—9 页。

政支出将呈现上升趋势。① 我国在 20 世纪 90 年代曾存在财政的“两个比重”均偏低的问题，其中预算内收入占整个财政收入的比重一度徘徊在 19%以下。财力分散的现实，一方面说明税权集中的预期目标并未有效实现，另一方面也说明，诸多利益集团都在参与对社会财富的层层分割。其中当然有地方保护主义、本位主义、腐败行为等问题，但也有各级政府合理的财政渴求。从公共物品的理论来说，由于政府最主要的职能是提供公共物品，而公共物品是有层次的。从效率的角度说，应当由中央政府和地方政府分别提供不同层次的公共物品，这已为经济学理论和相关国家的制度实践所证明。② 因此，从这个角度说，对税权进行有效的配置，合理界定各级政府的税权，实行“财政联邦主义”（fiscal federalism）所要求的分权，也有其必要。对此在后面还将谈到。

我国的经济和社会发展的现实表明，中国作为世界上最大的发展中国家，发展的不平衡是普遍规律。在这种情况下，中央政权集中财力以进行有效的宏观调控是非常必要的，这样才能有效解决财政的纵向失衡和横向失衡问题，使各地政府都能够有效地履行自己的职责。可见，在我们这样一个经济社会发展不平衡的大国，需要中央政权统筹兼顾，因而需要集中税权；同时，也正由于发展不均衡，各地情况迥异，对不同层次的公共物品的偏好亦不相同，因此也确实存在着适当分权的必要。特别是目前地方债务增加的现实更加表明，分散本身也是一种客观需要。事实上，正是由于各级预算主体不能得到足额的财政投入，因而才会存在通过其他途径来参与社会财富分配的冲动。

总之，现行的集权模式的主要问题是，在集权与分权的合理性和合法性上存在矛盾：集中财力，解决分配秩序混乱和财力分散的问题，迫切要求实行集权模式；而地区发展的不平衡和保障公共物品的有效提供，以及各部门、单位的特殊性，则要求财力的相对分散。从总体上看，综合我国市场经济发展初期的各种因素，应在实行集权以后再实行分权，这在中国大概是一种较为适当的改进路径。

（二）分享模式及其问题

在横向分权方面，我国的税收立法权实行的是分享模式。而且就立法的现实来说，恰恰是中央政府在大量地行使税收立法权。从严格的税收法定主义的

---

① 著名的财税大师瓦格纳考察了 19 世纪欧美等国家的公共支出的增长情况，根据大量的统计资料，得出了公共支出不断增长的结论。对于瓦格纳定律人们存在着不同的认识。例如，马斯格雷夫就认为，瓦格纳定律只是表明，随着人均收入的提高，公共部门的支出也会相应地提高。

② 在这方面，施蒂格勒（G. Stigler）、奥茨（W. Oates）、布坎南（J. Buchanan）等著名的经济学家都曾做过重要的研究。此外，美国等许多国家的分权制度，也作出了很好的诠释。对于有关的分权理论，可参见平新乔：《财政原理与比较财政制度》，上海三联书店、上海人民出版社 1995 年版，第 338—356 页。

角度说，这是违反“议会保留”原则或“法律保留”原则的。对此用“授权立法”的理论来解释是不够的。因为即使在实行分享模式的情况下，也必须强调立法机关作为税收立法主体的地位，而不能由政府及其职能部门越俎代庖，否则至少在理论上会造成对国民财产权的侵犯，与依法治国或依法治税的精神大异其趣。

不容否认，政府立法有其可取的一面，但从立法权的保留来看，国家立法机关应当保留在税收等重要领域的立法权。我国的《立法法》已经修改，从该法的规定及各国的通例来看，国家立法机关应当是重要的税收立法主体，有关税收的立法权力一般是立法机关保留的权力。

从立法权的纵向分割来看，可以分为以下四类，即中央政权专门的立法权、地方政权专门的立法权、中央与地方共有的立法权，以及剩余立法权。[①]在共有立法权方面，一般实行中央优位原则，即中央已有立法的，地方不得重复立法；地方先立法，中央后立法的，应取消地方立法。从立法权的横向分割来看，既包括立法机关专门的立法权，也包括行政机关的立法权，以及作为两者之间的“连接”的委托立法权。其中，对授权立法必须加强限制。这已是人们的普遍共识。

从中国未来税收立法权的横向分配来看，由于宪法规定全国人大及其常委会、国务院均享有立法权，因而分享模式很难改变。但由于税收立法存在着特殊性，因此，全国人大及其常委会应逐渐成为税收立法的最重要的主体，从而改变目前国务院及其职能部门作为税收立法的主要主体的局面，这既是税收法定主义的要求，也是依法治税、建立现代财税制度的要求，是未来一段时期需要继续努力的主要方向。

第三节 税权的分配原则

一、税权分配原则概述

税权分配原则，即在税权分配方面应当遵循的基本准则。从总体上看，税权分配应当遵循一系列的基本原则，如法治原则、经济原则和社会原则等。为此，税权分配必须有法可依，依法进行；同时，也必须考虑各级财政收入、经济调控的需要，以及社会政策的需要等。此外，在税权分配方面，还必须遵循一系列具体的原则，例如，美国著名的财税学家塞利格曼和迪尤（J. F. Due）都曾经提出过著名的税权划分原则，其后的一些学者也曾对相关税权的具体划

① 参见吴大英、任允正等：《比较立法制度》，群众出版社 1992 年版，第 275—279 页。

分提出过自己的看法，这些原则虽然主要侧重于税收收益权的划分，但对于确保税权整体的恰当分配是有一定的指导意义的。

依据塞利格曼的观点，税权的划分应注意三个原则，即效率（efficiency）、适应（suitability）和恰当（adequacy）。

所谓效率原则，就是税权的划分应以征税效率的高低为标准。例如，课税对象易于变动的所得税等税种，如果由地方立法和征税，就可能存在税负不公与征收困难等问题，而课税对象不易变动的土地税则不存在降低效率的问题。因此，土地税适宜作为地方税征收，而所得税则适宜作为中央税来征收。

所谓适应原则，就是强调税基应与统治权相适应。以税基的广狭为划分标准，税基广阔的归中央政府，而税基狭窄的归地方政府。如个人所得税的税基较宽，其收入即应归中央政府；而房产税则局限于特定的区域，税基较窄，因而应归地方。

所谓恰当原则，就是税收负担的分配必须恰当、公平。例如，所得税是为全国居民公平负担税收而设立的，如果由地方政府征收，就很难实现该目标。因而如何在各类主体之间恰当、公允地分配税收负担，应是着重考虑的一个重要目标。①

除了塞利格曼的上述原则以外，迪尤还在效率原则的基础上，提出了经济利益原则。该原则强调要以增进经济利益为标准。例如，商品税划归中央，有利于商品在全国范围内货畅其流，有利于在总体上提高经济利益；反之，如果划归地方，则会因地方保护主义而严重影响商品的流通，从而在总体上影响经济效益。

其实，上述学者所概括的原则可大略进一步概括为两大原则，即效率原则与公平原则，只不过对效率原则有时侧重更多一些。基于上述原则，在各类税权的具体划分上，一般认为应注意以下几个方面：

第一，在税收立法权的分配方面，以下几类税种应由中央行使税收立法权：（1）涉及国民基本生活条件、经济秩序的统一性、竞争的公平性的税种。例如，德国《基本法》第 72 条第 2 项即规定，基于维持法律秩序与经济秩序的统一性，特别是为了维持超过一个邦的地区的生活条件的统一性，而存在依联邦法律加以规定的必要时，联邦即享有税收立法权。（2）课税对象具有高度流动性的税种。如所得税、商品税等，即存在此种情况。如果由地方进行立法，而各地税率又不统一，则会产生各地税负不统一、甚至通过转移定价进行税收规避的情况，与第 1 条的精神相悖。（3）课税对象跨越多个行政区域的税种。例如，商品的流转可能涉及多个税收区域，如果各个区域所定税率不同，

---

① 参见平新乔：《财政原理与比较财政制度》，上海三联书店、上海人民出版社 1995 年版，第 363 页。

则会产生增值税的抵扣困难，因此由中央进行统一的税收立法更加合适。可见，统一性、流动性和广泛性都是影响因素。

此外，还应看到，地方的税收立法权也往往与中央的税收立法权存在紧密的关联。例如，在中央立法的允许范围内，地方可以确定适用于本地区的具体征收率；可以在法定范围内征收一定额度的附加税；可以依法决定是否开征或停征若干小税种或税目等。

第二，在税收征管权的分配方面，尤其应考虑税收的经济效率原则和行政效率原则。为了实现“中性原则”，确保法律秩序与经济秩序的统一，以维护征税的平等，保护公平竞争，应统一全国的征纳程序、救济程序；同时，在具体征管权的划分上应强调“两便原则”，即一方面，要便利于纳税人纳税，努力降低其奉行成本，减少征税给纳税人造成的额外负担；另一方面，也应便利于不同的征税机关征税。为此，涉及进出口的税收，应主要由海关来征收或代为征收；而其他税收则主要应由税务机关征收。在税务系统内部，为了使征税更加便利，征管权的划分也可以与税收收益权的划分不完全一致。例如，在国税机关与地税机关分设的国家，一些细小的、具有突出地方性特征的地方税，当然由地税机关征收更为合适；但一些税基广阔的共享税，则未必由地税机关征收，而是可以先由国税机关集中征收，而后再划分收入。

第三，在税收收益权的划分方面，应强调公平与效率两个方面。其中，从公平的角度说，为了确保基本人权，也为了使政府的事权与财权相适应，各级政府的税收收入应当与其所提供的公共物品支出相一致；从效率的角度说，收入的分配应起到满足需要、激励“良性取予”的作用。基于这些考虑，下列税种的收入，应归属于中央政府：(1) 关系到国民经济稳定发展的税种，如所得税；(2) 涉及社会财富再分配的税种，如所得税、遗产与赠与税等；(3) 课税对象流动性大或分布不均，可能导致税收竞争（如所得税）或因区位优势而导致税负分配不公的税种（如资源税）。

上述各类税权的具体划分原则表明，在总体上坚持公平与效率原则是非常必要的，关键是如何找到“止于至善”的“黄金分割点”。特别是在考虑更为基本的法治原则、经济原则和社会原则的情况下，如何兼顾各个方面，便更加不易。诚如科尔贝（Jean-Baptiste Colbert，或译为科尔伯特）“鹅毛理论”所示：税权的划分不是一般的科学，它在很大程度上更是一门艺术。[①]

① 国家征税应当适度，适度的征税曾被科尔贝比喻为从鹅的身上拔毛，既要拔下一定数量的毛，又不至于让鹅大叫，因而“拔毛”要讲究“艺术”，此即“鹅毛理论”。该理论在税权的划分上同样也是适用的。

我国在税权的具体划分上已在一定程度上体现出上述的原则精神。我国没有财政收支划分法，甚至连实行分税制这样大的制度变迁，都没有一个正规的行政法规来加以确认，因而我国的税权划分还没有充分体现法治原则，这也是整个税法普遍存在的问题。目前，我国只是在一些规范性文件中强调：关系到国计民生、宏观调控的税种归中央，这考虑的当然主要是财政收入，强调的是经济原则和具体的效率原则。相信随着实践的发展，对于法治原则和社会原则也会有越来越多的考虑和关注。

二、确定税权分配原则的经济理论基础

要确定税权分配原则，首先要说明税权应否存续；其次，有必要存续的税权应如何划分。这就涉及税权存续与分配的理论基础问题。从经济学的角度说，其理论基础主要有两个方面，一个是公共物品理论，一个是财政联邦主义。

（一）公共物品理论对于税权存续的重要价值

国家的税权为什么会存在？税收为什么能够存在和延续？对于这些问题，学者一般通过公共物品理论来进行解释。

对于公共物品理论，在前面已有过介绍。自从萨缪尔森明确提出公共物品（或称公共品、公共产品）的概念以来，公共物品理论便成了解释财政和税收存在的必要性的重要理论。其实，公共物品是福利经济学研究的外部性问题的极端表现。如前所述，由于公共物品本身所具有的消费的非排他性和非竞争性的特征，使得它不可能像私人物品那样具有产权的独占性、排他性和可转让性。因此，在公共物品领域不可避免地会出现“搭便车”的问题，导致公共物品成为大家都需要，但每个市场主体又都不愿意提供投资的领域。在这种情况下，为了满足社会公众的公共欲望，必须有一个在利益上处于超然地位的主体承担提供公共物品的重任，并且，这个主体需要具备两个重要的条件，既要不以营利为目的，又要具有强大的经济实力。

从社会组织的结构来看，满足第一个条件，即不以营利为目的的，应当是市场主体以外的其他主体，如国家和第三部门。[①] 其中，第三部门作为非营利性的、非政府性的社会团体，其数量众多，但因其不掌握国家机器，因而其动员能力以及其他各个方面的实力均无法同国家相比。从第二个条件来看，国家和第三部门作为非营利的组织体，从理论上说，其本身是不创造利润的，因而

---

① “第三部门”（the third sector）这个概念，是美国学者莱维特（Levitt）最先使用的。在美国以外的国家，也有一些与“第三部门”大同小异的概念，如“非营利组织”“慈善组织”“免税组织”“非政府组织”等。参见王绍光：《多元与统一：第三部门国际比较研究》，浙江人民出版社1999年版，第6页。

缺少提供公共物品必需的财力。在这种情况下，考虑到国家在各个方面的特殊地位，特别是社会公众对公共物品的迫切需要，必须赋予国家以特殊的垄断权力——征税权，国民也必须作出让步，将自己的财产权的一部分让渡给国家，以使其具有强大的经济实力，从而积聚提供公共物品所需要的资财。

可见，公共物品理论有助于说明，人们为什么需要公共物品，为什么需要赋予非营利的国家以征税权，并通过征税来为社会公众提供公共物品等。可以说，对于公共物品的需求和公共物品本身的特点，是国家税权得以形成的重要原因。

此外，不管是基于经济的、政治的、社会的还是法律的考虑，都需要在确定国家税权的同时，相应确定国民的税权；在确定某类主体税权的同时，要确定其他相关主体的税权。可见，人们对公共物品的需求所催生的国家职能，导致了相应的税权的产生；而国家税权的产生，又需要有国民的税权与之相对立，由此又衍生出征税主体与纳税主体的税权对立，等等。正是在这些税权的对立中，税权理论才得以展开和完善。

（二）财政联邦主义对于税权划分原则的重要价值

既然税权是重要的，那么，税权应如何配置，是全部由一类主体独享，还是进行适度的分权，这自然取决于各国的具体情况。但不管怎样，诚如前述，财政联邦主义是有其合理性的，我国的税权分配也应考虑“财政联邦”的原理。基于该原理的要求，国家应根据各种公共物品的不同特点，确定不同级次政府应提供的公共物品，以及所需要的资金收入和支出，从而确立现代的分税制。分税制作为一种分享税制，其核心是分税权，只有像明晰产权一样，来明确税权的分配，才能有效地分税种、分机构、分收支。因此，财政联邦主义与分税制有着内在的联系。

财政联邦主义的代表人物主要有施蒂格勒、奥茨、布坎南等，他们提出了有关税权划分的一系列理论。下面就选择其中重要的分权理论做简要说明。

施蒂格勒认为，由中央和地方政府分别来提供公共物品是必要的。这是因为：(1) 地方政府比中央政府更接近于自己的公众，更了解所辖区域的选民的需求；(2) 人们有投票选择公共物品的自由，不同的地区应有权选择公共物品的种类和数量。基于上述两个方面，为了实现资源配置的有效性和分配的公平性，决策应当在最低级次的政府部门进行。但中央政府在解决全国性的分配不平等、地区之间的税收竞争以及经济摩擦等方面，是更有效率的。

奥茨认为，如果中央政府在全国范围内等量地分配公共物品，并且该公共物品的单位提供成本与地方政府的提供成本相同，那么，由地方政府来向其选民提供将是更有效的。

布坎南认为，一个社区（地方）好比是一个俱乐部，如果有新成员加入，则一方面会使原来的俱乐部成本得到分担，另一方面也会使俱乐部更加拥挤。他认为，一个俱乐部的最佳规模——地方分权的最佳规模，就是新成员加入所产生的拥挤成本等于分担运转成本这个点上。该“俱乐部理论”实际上提出了税收收益权的界限问题。

蒂布特（Tiebout）认为，人们可能基于某种偏好，特别是基于对地方政府所提供的公共物品与所征税收的比较，来选择所居住的区域，即“以足投票”。因此，由地方政府来提供公共物品是更有效率的。

上述各种理论从一定的侧面说明了分权的必要性以及分权的限度。由于这些理论都主张税权和税收收入应当在中央政府与地方政府之间进行分配，因而也可总称为财政联邦主义。这些财政联邦主义的观点，对于理解分税制，特别是税权分配的原则，是很有意义的。

如果对税权的分配做进一步延伸，就涉及税收收入如何支出，以及收入和支出如何结合的问题。这也被视为与税权分配相关联的问题。在税收收入的支出方面，与前述的公共物品理论等相联系，有人提出了关于划分支出的原则。例如，巴斯塔布尔（C. Bastable）就曾经提出了以下几个原则：（1）受益原则，即如果政府提供公共物品的受益对象是全体国民，则该公共物品应由中央政府提供，反之则应由地方政府提供。（2）行动原则，即公共物品的提供需要采取统一的规划和行动的领域，应由中央政府负责支出；反之，需要因地制宜的，则由地方政府支出。（3）难度原则。如果政府提供的公共物品规模巨大，技术含量高，因而难度较大的，应由中央政府提供，反之，则应由地方政府提供。

上述原则虽然是侧重于支出的角度，但实际上也可以看出它们对于收入的划分也是适用的。由于公共物品客观上存在着提供主体、层次、数量、质量、规模、难度、地域等方面的差别，因而巴斯塔布尔的几项原则也可以看作是对上述的分权理论的进一步肯定和补充。

要使税权能够有效地存续和发展，仅有经济理论的基础是不够的，还必须有相应的法律前提和保障。为此，下面有必要强调税收法定主义的原理。

三、税权存续和分配的重要法律前提

税权的存续和分配，不仅有其经济理论基础，而且也有其法律前提。没有该法律前提，税权便无法存续，更谈不上有效分配。

税权的分配，同样应遵循税法的三大基本原则，即税收法定原则、税收公平原则、税收效率原则。这些原则是法治精神、经济和社会政策等在税法领域的体现，是实现税法宗旨的重要保障。其中，税收法定原则作为税收法定主义的体现，是更为核心、更为基本的原则，它是税权存续和分配的重要法律前提。

依据税收法定主义的基本要求，在税权领域，无论是国际层面的税收管辖权还是国内层面的税权，无论是广义的税权，还是狭义的税权，其存续和分配都需要依法来确立、保障。

对于税收法定主义的一般原理，人们已经有了普遍的共识。从英国1215年《大宪章》所确立的基本精神来看，有两个法定原则是最为重要的，即罪刑法定原则和税收法定原则。这些原则在今天仍然是刑法和税法中最重要的原则。

对于税收法定原则，前面已经做过介绍。从广义上说，税收法定原则是确定广义税权的存续和分配的重要原则。包括国家税权确立、分配，国家与国民之间、征税主体与纳税主体之间的税权配置，都应当有法律上的依据，都应当具有合理性和合法性。

在税权的具体分配方面，税收法定主义的一些问题值得进一步研究。例如，"法定"所涉及的"法"究竟应如何理解？其渊源（包括制定机关）有哪些？这里的"法"是形式意义的法还是实质意义的法？是否包括有利于纳税人的不成文法？法定的内容有哪些？可否通过税收协议、税收计划来变通？"法定"是否包括执法层面？"法定"的效力有多大？违反"法定"的效果如何，等等。在解决这些问题的过程中，也有助于认识税权在国家与国民之间的分配。因此，依循税收法定主义的精神来确立和分配税权，从税收法定主义的角度来研究税权，是很有必要的。

在制度层面，基于税收法定主义的精神，除了在宪法领域需要对税权分配问题作出规定外，在《立法法》《税收基本法》等法律中，也需要对有关税权的确立和分配问题作出明确化和具体化，这正是上述法律存在的重要理由和价值所在。

例如，我国《立法法》的第8条规定的只能制定法律的事项包括："……（六）税种的设立、税率的确定和税收征收管理等税收基本制度；……"该规定实际上也是税收法定原则的一个体现。据此，税收基本制度必须严格执行"法律保留"原则，这无疑有利于我国税收法制建设的加强。

我国曾经考虑制定《税收基本法》或《税法通则》，以确定税收方面的一系列基本制度。这对于弥补宪法有关分权规定的不足，是很有好处的。应当说，规定各类税权的分配问题，是该法的重要内容，这同时也是税收法定主义的基本要求。

可见，从税权理论上看，《立法法》和《税收基本法》对于确保税权的依法分配，对于税收法定原则的实现，有着重要的意义，从而对于国家以及其他相关主体的利益分配也都有着重要的保障作用。

第四节 我国的税收体制

一、税收体制的含义

税收体制是指规定相关国家机关的税权分配的一系列制度。它主要包括税收的立法体制和税收的征管体制，在一国的税制中居于重要地位。

税收体制法律制度是税收体制的法律化，是税收体制在法律上的表现。税收体制只有法律化，才能体现出民主、法治的精神。调整税收体制关系的诸多法律规范，总称为税收体制法。

税收体制法是整个税法体系中的重要组成部分，税收体制法律制度是税收法律制度中的基础性制度，它为税收征管活动提供了重要的制度前提。正因为如此，在学习和研究税收征纳的具体制度之前，需要先了解税收体制方面的法律制度。

税收体制法规范往往散布在一国的宪法及税收法律、法规之中。其中，宪法、有关征税主体的组织法、有关税收征管的基本法律中涉及税收体制的规范是最为重要的。这些规范的核心内容就是在相同级次和不同级次的国家机关之间分配税权。

二、税收体制与分税制

在对财政体制作广义理解的情况下，财政体制包含了税收体制。当今世界各国一般多实行分税制的财政体制。所谓分税制，简单说来就是按事权划分中央与地方的财政支出，依据事权与财权相结合的原则，按税种划分中央与地方的税收收入的制度。因此，分税制实际上是对财权、税权予以分配的制度。

税收体制与分税制密切相关，它实际上是分税制的核心内容。在现代税收国家，税收收入是财政收入的主要来源，按税种来划分中央与地方的收入，既是税收体制的中心内容，也关系到整个分税制的存续和有效运作。正因为税收体制是分税制至为重要的有机组成部分，因而各国在实行分税制时，都把税收体制作为分税制的核心部分来对待，并十分注意税收体制的优化。

由于税收体制是分税制的核心内容，因此，要了解和研究我国的税收体制法律制度，必须先了解和研究我国实行的分税制的财政管理体制。在我国的分税制中，实际上已包含了税收体制的许多主要内容。

依据国务院《关于实行分税制财政管理体制的决定》，我国从 1994 年 1 月 1 日起废止了原来实行的地方财政包干体制，对各省、自治区、直辖市以及计划单列市实行分税制财政管理体制。实行分税制的目的，是为了理顺中央与地方的财政分配关系，更好地发挥财政的职能作用，增强中央的宏观调控能力。

我国进行分税制改革的原则和主要内容是：按照中央与地方政府的事权划分，合理确定各级财政的支出范围；根据事权与财权相结合的原则，将税种统一划分为中央税、地方税和中央地方共享税，并建立中央税收和地方税收体系，分设中央与地方两套税务机构分别征管；科学核定地方收支数额，逐步实行比较规范的中央财政对地方的税收返还和转移支付制度。

由上述分税制改革的主要内容不难发现，分税制的核心内容是在各级政权机关之间分配财权或税权。财权主要包括财政收入权和财政支出权。而在财政收入权中，税权是最为重要的。因此，分税制改革要把税权的分配作为其核心内容，明确在相关国家机关之间如何对税收立法权、税收征管权和税收入库权作出分割和配置，由此又涉及税收立法体制和税收征管体制的问题。

三、我国的税收立法体制

我国的税收立法体制是在税制改革的实践中逐渐形成的。如前所述，从税收立法权的横向分配来看，我国实行的是分享模式，国家立法机关和行政机关都在实际上享有税收立法权，并且，国务院制定的税收行政法规的数量远远超过全国人大及其常委会制定的税收法律的数量；财政部、国家税务总局等制定的部门行政规章，在实际的税收征纳活动中更是发挥着直接的、巨大的作用。随着税制改革的深化和法治观念的普遍提高，我国的税收立法将越来越转向以全国人大及其常委会的立法为主；国务院主要负责制定有关税收法律的实施细则，或在国家立法机关授权范围内对税法作出解释；作为国务院的职能部门的财政部、国家税务总局等主要负责对税法适用过程中的一些具体问题作出解释和说明。

从税收立法权的纵向分配来看，我国实行的是集权模式。在我国，中央税、共享税以及地方税的立法权都要集中在中央，以保证中央政令统一，维护全国统一市场和企业平等竞争。[①] 各地区、各部门都要依法治税，不得超越权限擅自制定、解释税收政策。民族自治区域内的税收政策，也要与全国保持一致。[②] 因此，地方政权机关的税收立法权几近于零。针对我国的诸多国情因素，在实行市场经济初期，可能会在较长的时期实行集权模式，只有在各方面条件日益成熟后，在税收立法权的纵向分配上才可能实行适度分权。无论是集权还是适度分权，都要看它在总体上和长远发展上是否利大于弊。

---

① 参见国务院《关于实行分税制财政管理体制的决定》。

② 参见国务院于 1998 年 3 月下发的《关于加强依法治税严格税收管理权限的通知》。

我国的香港、澳门等特别行政区不适用上述的集权模式。它们根据各自的基本法有权实行独立的税收制度，对此前已述及。这种“一国两制”的情况使得我国的税收立法体制所包含的内容更为丰富，也为我国税收立法体制的整体发展提供了内在的参照和借鉴。

四、我国的税收征管体制

我国的税收征管体制在整个税收体制中居于十分重要的地位。依据统一政策和分级管理相结合的原则，我国的税收立法权高度集中，以保持法制和税制的统一；同时，对税收实行分级征管，以体现分级管理的精神。

根据前述的税权分配原理，税收征管体制的核心内容是在相关的国家机关之间进行税收征管权的分割与配置，同时，它还牵涉税收收益权的分割与配置，即涉及税收收入的分配权问题。税收收益权是独立于税收征管权的权力，但对后者又有一定的附随性，因而这种权力的分配通常也放到税收征管体制中来加以解决，从而使税收征管体制所包含的内容更为丰富、具体。

我国在实行分税制以后，对税收征管权的分配作出了较大调整。从税收征管机关负责的税种来看，税务机关主要负责国内税收的征管；海关主要负责关税及进口环节增值税、消费税等涉外税收征管。

此外，由于税收被分成中央税、地方税和中央地方共享税，相应地，从1994年到2018年，我国在税务机关内部也分设中央与地方两套税务机构分别负责征管，从而使税收征管权在税务机关内部又做了进一步的划分。

根据国务院《关于实行分税制财政管理体制的决定》，中央税和共享税由中央税务机构即国家税务局（简称国税局）系统负责征收，地方税由地方税务机构即地方税务局（简称地税局）系统负责征收。在税收入库权的分配上，中央税收入和地方税收入分别由其征管机关划入中央金库和地方金库；共享税收入中属中央收入的部分划入中央金库，属地方分享的部分，由中央税务机构直接划入地方金库。

在中央税、地方税、共享税三种税收收入的划分方面，构成中央固定收入的税种主要包括关税、消费税、海关代征的增值税和消费税、中央企业所得税、金融企业所得税等。构成地方固定收入的税种主要包括城镇土地使用税、房产税、车船税、印花税（证券交易印花税除外）、土地增值税、环境保护税等。构成中央与地方共享收入的税种是增值税、资源税和所得税，中央与地方对共享税的分享比例亦曾分别做过调整。

五、对税务机关征管职能的划分

自1994年税务机构改革以后，省以下税务机构已改为分设国家税务局和地方税务局两套税务机构。

国家税务局系统负责征收和管理的项目包括：增值税，消费税，各银行总行、各保险总公司集中缴纳的所得税，城市维护建设税和教育费附加，中央企业缴纳的所得税，中央与地方所属企业、事业单位组成的联营企业、股份制企业缴纳的所得税，地方银行、非银行金融企业缴纳的所得税，海洋石油企业缴纳的所得税、资源税，外商投资企业和外国企业所得税，2002 年 1 月 1 日以后注册的企业、事业单位缴纳的所得税，车辆购置税，证券交易税（开征前为对证券交易征收的印花税），中央税的滞纳金、补税、罚款，矿区使用费的中央收入部分。

地方税务局系统负责征收和管理的项目有：企业所得税、个人所得税、资源税、城市维护建设税、印花税和教育费附加（不包括上述由国家税务局系统征收管理的部分），城镇土地使用税、房产税、土地增值税、车船税、耕地占用税、契税等，地方税的滞纳金、补税、罚款、文化事业建设费，社会保险费（部分地区），矿区使用费（地方收入部分）。

近几年来，随着财税体制改革的深化，以及地方税费收入体系的建立健全，迫切需要解决国税与地税、地税与其他部门的税费征管职责划分方面存在的职责交叉等问题。为此，在 2018 年的国务院机构改革过程中，将省级和省级以下国税地税机构合并，具体承担所辖区城内各项税收、非税收入征管等职责。国税地税机构合并后，实行以国家税务总局为主与省（区、市）人民政府双重领导管理体制。

第五章　征纳权义

基于前面的税权理论和课税要件理论，可以对征纳双方的权义分配问题做进一步的概括和深化，并形成征纳权义的理论。事实上，有关征税主体与纳税主体的权利与义务的规定，是各国税法至为重要的内容，由此使税法权利与税法义务具有税法学基本范畴的地位。①

征纳权义理论是广义的税权理论和课税要件理论的延伸。征纳双方权义的具体分配，实际上是广义的税权在不同主体之间进行分配的具体化。只有征纳双方明确和履行各自的权利与义务，才能更有效地行使其税权，因此，征纳义务与有关税权的规定往往如影随形地共生并存。此外，征纳双方的权利义务，也是税收实体法和税收程序法的核心内容，特别是有关纳税义务的规定，更是在各类税收法律、法规中占据很大的比重，并直接地体现为有关课税要件方面的规定。因此，在研习税收实体法和税收程序法的具体制度之前，有必要先了解征纳权义的一般理论，特别是纳税义务的一般原理。

第一节　征税主体的权义

一、征税主体的权利

在把征税主体抽象地理解为国家的情况下，征税主体的广义权利（包括权力）是较为广泛的，这与对税权的广义理解有关。在把征税主体具体地理解为负责征税的政府职能部门的情况下，征税主体的权利范围会相对狭窄一些。由于在有关税权分配的部分已经探讨过各类征税主体之间的税权配置问题，因而在此主要探讨征税主体在税收征纳过程中对纳税主体的权利。

如前所述，各国具体的征税主体通常是税务机关和海关。它们作为征税机关，享有相应的征税权力；作为税收征纳关系中的债权人，又享有征税主体对纳税主体的权利。具体说来，征税主体的广义权利一般主要包括以下几个

① 目前法学界大都认为权利与义务是法学的基本范畴，甚至是基石范畴。这对于税法学基本上也是适用的。但对于究竟是应强调权利本位（或认为权力本位）还是义务本位，抑或两者并重，则存在不同观点。这方面的重要著述有张文显：《法学基本范畴研究》，中国政法大学出版社 1993 年版；童之伟：《再论法理学的更新》，载《法学研究》1999 年第 2 期，等等。

方面：

（1）税款征收权。这是征税主体诸多权利的核心，是与纳税主体的纳税义务相对应的权利。该项权利主要包括税款核定权和税款入库权两个方面。为了保障上述权利的有效实现，征税主体在行使上述权利的过程中，还可具体行使税负调整权、税收保全权、税款追补权等。

（2）税务管理权。这是为了保障税收征管权的有效实现而由法律赋予征税机关的权利，主要包括税务登记管理权、账簿凭证管理权和纳税申报管理权等。

（3）税务稽查权。在普遍采用纳税申报制度的情况下，加强税务稽查十分必要。税务稽查权主要包括税务稽核权和税务检查权两个方面。

（4）获取信息权。这是指征税主体有权要求纳税主体提供一切与纳税有关的信息，也有权从其他有关部门获得与纳税人纳税有关的信息。为了保障获取信息权的实现，征税主体可以行使调查权，也有权要求相关部门依法予以协助。

（5）强制执行权。纳税人逾期不缴纳税款，经催告后在限期内仍不缴纳的，征税机关可以依法行使其强制执行权，采取旨在保障税款入库的强制执行措施。

（6）违法处罚权。对于纳税主体违反税法规定的一般违法行为，征税机关有权依法予以处罚；若纳税主体的行为已构成犯罪，则应移交司法机关追究刑事责任。

二、征税主体的义务

所谓征税主体的义务，即征税主体依据税法规定所负有的各类义务。其中，征税义务是最重要的，其他义务都是辅助性的义务。由于征税主体有专属的征税职能，因而征税主体的法定义务，概而言之，就是要依法征税，全面贯彻税收法定原则，特别是其中的依法稽征原则。这一义务可以具体地分解为许多方面，包括不得违法多征、少征；不得违法减税、免税；不得违法退税、缓税、补税；不得违反法定征税程序；不得擅自改变法定的课税要件，等等。总之，征税主体既不能违法作为，也不能违法不作为，而必须依法履行其法定职责，依法行事，行止合规，既不能越权，也不能滥用权力。

一般说来，征税主体负有下列义务：

（1）依法征税的义务。征税主体必须严格依据税收实体法和税收程序法的规定征税。没有法律依据，税务机关不得擅自开征、停征或多征、少征。因此，征税主体必须依税收法定原则从事征税活动，包括税收保全措施、强制执行措施等均必须依法实行。

（2）提供服务的义务。征税主体应当向纳税人宣传税法，为纳税人提供必要的信息资料和咨询，使纳税人在纳税过程中得到文明、高效的服务。

(3) 保守秘密的义务。征税主体不得侵犯纳税主体的隐私权或商业秘密，纳税主体提供给税务机关的信息资料只能用于估税或加强税收征管的目的，而不能被滥用于其他非征税的目的。除为了税收执法的需要外，征税主体不得披露纳税主体的有关信息。

(4) 依法告知的义务。征税主体应依法进行催告或告知，以使纳税人知道其纳税义务的存在和不履行义务将受到的处罚；在处罚违法纳税人时，也应告知其享有的各项权利。征税主体的这一义务对保障纳税主体的程序权利和实体权利的实现，均具有重要意义。

征税主体的义务，主要规定在分权性的税收体制法中，或者规定在诸如《税收基本法》《税收征收管理法》，甚至《宪法》等规范性文件中；而纳税主体的义务，则较为复杂，可能规定在各类税收实体法和税收程序法中。因此，在研究征纳义务时，较为复杂的纳税主体的义务往往会成为研究的重点。

第二节 纳税主体的权义

一、纳税主体权利的理论提炼

与征税主体的主要义务大略相对应，纳税主体一般主要享有以下几类权利：

(1) 限额纳税权。依法纳税本是纳税人的主要义务，但在法定的限额内纳税，则是纳税人的权利。因此，税收征纳活动必须依法进行，纳税人有权拒绝一切没有法律依据的税收义务，也没有义务在依法计算的应纳税额以外多纳税。对于多纳的税款，纳税人享有退还请求权。

(2) 税负从轻权。纳税人有权依法承担最低的税负，可以依法享有减税、免税等税收优惠，可以进行旨在降低税负的税收筹划活动，但不能从事与法律规定或立法宗旨相违背的逃税、避税活动。

(3) 诚实推定权。除非有足够的相反证据，纳税人有权被推定为是诚实的纳税人。这项权利与纳税人的申报义务和整个税收征管制度都是密切相关的。

(4) 获取信息权。也称知情权，是指纳税人有权了解税制的运行状况和税款的用途，并且可以就相关问题提出质询；纳税人还有权了解与其纳税有关的各种信息或资料。

(5) 接受服务权。与征税主体提供服务的义务相对应，纳税人在纳税过程中，有权得到征税主体文明、高效的服务。

(6) 秘密信息权。与征税主体保守秘密的义务相对应，纳税人有权要求征税主体依法保守其隐私或商业秘密。

(7) 赔偿救济权。纳税人的合法权益受到征税主体的违法侵害造成损失的，有权要求征税主体承担赔偿责任；若对征税主体的具体行为不服，有权依法申请复议或提起行政诉讼。

二、我国现行制度对纳税人权利的规定

与上述的理论分类相关联，我国现行法律制度对纳税人权利作出了一系列具体规定①，具体包括：

1. 知情权

纳税人有权了解国家税收立法以及与纳税程序有关的情况，包括：现行税收立法和政策规定，办理税收事项程序，涉税事项的法律依据、事实依据和计算方法，发生争议的法律救济途径等。

2. 保密权

纳税人有权要求税务机关依法为自己的商业秘密和个人隐私保密，对于纳税人相关的技术信息、经营信息和不愿公开的个人事项，如无法律、行政法规明确规定或者纳税人许可，税务机关不能对外部门、社会公众和其他个人提供。但根据法律规定，税收违法行为信息不属于保密范围。

3. 监督权

纳税人对税收违法行为，如税务人员索贿受贿、徇私舞弊、玩忽职守，不征或者少征应征税款，滥用职权多征税款或者故意刁难等行为，可以进行检举和控告；对其他纳税人的税收违法行为也有权进行检举。

4. 选择权

纳税人享有纳税申报方式的选择权，既可以直接申报，也可以依法采取邮寄、数据电文或者其他方式申报。邮寄申报应使用统一的纳税申报专用信封，并以邮政部门收据作为申报凭据，以寄出的邮戳日期为实际申报日期。电子申报应当按照规定的期限和要求保存有关资料。

5. 延报权

纳税人如不能按期办理纳税申报，应当在规定期限内提出书面延期申请，经核准，可在核准的期限内办理。

6. 延纳权

纳税人因有不可抗力或经营不善等特殊困难，不能按期缴纳税款的，经省级税务机关批准，可以延期缴纳税款，但是最长不得超过 3 个月。

① 参见 2009 年 11 月 6 日国家税务总局发布的《关于纳税人权利与义务的公告》。

7. 退税权

对纳税人超过应纳税额缴纳的税款，税务机关发现后，依法办理退还手续；如自结算缴纳税款之日起 3 年内发现的，纳税人可以要求退还多缴的税款并加算银行同期存款利息。

8. 优惠权

纳税人享有税收优惠权，可以依照规定书面申请税收减免。减税、免税的申请须经审批。减税、免税期满，应当自期满次日起恢复纳税。减免税条件发生变化，不再符合减免税条件的，应当依法履行纳税义务。

9. 委理权

纳税人有权委托税务代理人代为办理涉税事项，包括税务登记的事项，一般的发票领购事项，纳税申报与税款缴纳、申请退税事项，制作涉税文书事项，办理财务、税务咨询事项，申请税务行政复议以及提起税务行政诉讼事项等。

10. 述辩权

纳税人对税务机关作出的决定，享有陈述权、申辩权。通过行使述辩权，有充分的证据证明自己的行为合法，则税务机关不得实施行政处罚；税务机关不得因申辩而加重处罚。

11. 拒检权

纳税人有权要求进行税务检查的工作人员出示税务检查证和税务检查通知书；对未出示税务检查证和税务检查通知书的，有权拒绝检查。

12. 救济权

纳税人对税务机关作出的决定，依法享有申请行政复议、提起行政诉讼、请求国家赔偿等权利。

13. 听证权

对纳税人作出规定金额以上罚款的行政处罚之前，税务机关要告知其已经查明的违法事实、证据、行政处罚的法律依据和拟将给予的行政处罚，纳税人有权要求举行听证。对应当进行听证的案件，税务机关不组织听证的，行政处罚决定不能成立。但纳税人放弃听证权利或者被正当取消听证权利的除外。

14. 索证权

税务机关征收税款时，纳税人有权索要完税凭证。税务机关扣押商品、货物或者其他财产时，必须开付收据；查封商品、货物或者其他财产时，必须开付清单。

上述各类具体的纳税人权利，是我国现行税收法律制度明确规定的，同时，也是前面有关纳税主体权利的现实化和具体化。

三、纳税主体义务的理论提炼

所谓纳税主体的义务，亦即纳税主体依据税法规定所负有的各类义务。其中，最重要的是纳税义务。事实上，在现实的税收立法中，大量的规范都是在规定纳税主体的各种义务。由于这些义务非常重要，因而有必要在后面分别展开介绍。

此外，由于权利与义务存在着一定的对应性，因而如同税法权利的多样性一样，纳税主体的义务也并非单一，且不仅与征税主体的税法义务不同，其在税收实体法上的义务与税收程序法上的义务也不同。

一般说来，与征税主体的权利大略相对应，纳税主体一般主要负有以下义务：

（1）依法纳税的义务。纳税人应依据税收实体法和税收程序法的规定，及时、足额地缴纳税款。这是纳税人的一项最基本的义务。

（2）接受管理的义务。纳税人应接受征税主体的税务管理，依法办理税务登记、设置和使用账簿和凭证、进行纳税申报。

（3）接受稽查的义务。纳税人应接受征税主体依法进行的税务稽核和税务检查，这也是加强税收征管所必需的。

（4）提供信息的义务。纳税人应诚实地向征税主体提供与纳税有关的信息，在必要时，还应接受征税主体依法实施的调查。

在纳税主体的上述各类义务中，由于其纳税义务特别重要，也相对较为复杂，并且，如何规定纳税主体的纳税义务，如何确保纳税主体的纳税义务的履行，始终是税法领域普遍关注的重要问题，因此有必要对纳税义务问题设专节予以介绍，这对于理解后面的税收法律制度的具体内容会很有帮助。

四、纳税主体的具体义务

我国现行的税收法律制度也有关于纳税主体具体义务的一系列规定，主要包括：

（1）登记义务。纳税人应当依法申报办理税务登记。税务登记主要包括领取营业执照后的设立登记，税务登记内容发生变化后的变更登记，依法申请停业、复业登记，依法终止纳税义务的注销登记等。

（2）账证义务。纳税人应当依法设置账簿、保管账簿和有关资料以及依法开具、使用、取得和保管发票。

（3）备案义务，即纳税人的财务、会计制度或者财务、会计处理办法和会计核算软件，应当报送税务机关备案，且不得与有关规定相抵触。

（4）税控义务，即纳税人应当按照规定安装、使用税控装置，不得损毁或者擅自改动税控装置。否则将被责令限期改正，并可根据情节轻重处以罚款。

（5）申报义务。纳税人必须依照申报期限、申报内容如实办理纳税申报以及报送其他纳税资料，即使在纳税期内没有应纳税款，也应当按照规定办理纳税申报。享受减税、免税待遇的，在减税、免税期间应当按照规定办理纳税申报。

（6）缴款义务。纳税人以及扣缴义务人按照规定或者确定的期限，缴纳或者解缴税款。未按照规定期限缴纳税款或者未按照规定期限解缴税款的，税务机关除责令限期缴纳外，还可以加收滞纳金。

（7）受检义务。纳税人有接受依法进行的税务检查的义务，应主动配合检查，如实反映生产经营情况和执行财务制度的情况，并按有关规定提供报表和资料。

（8）信息义务。纳税人除通过税务登记和纳税申报向税务机关提供纳税信息外，还应及时提供经营情况变化的信息。

（9）报告义务。纳税人有义务报告有关关联交易、企业组织形式变化、处分大额财产等相关涉税信息，同时，还应向税务机关报告全部账号。

第三节　纳税义务的要旨

一、纳税义务的地位

由于诸多方面的原因，我国税法更加侧重于对税法义务，特别是纳税主体的税法义务作出规定；在征税机关的税收征管实践中，也非常强调纳税人的纳税义务的履行。但从法治原则的要求来看，各类主体税法义务的履行仍存在着许多问题，无论是在税法理论还是在税法实践方面，都有进行深入研究的必要。

纳税主体的纳税义务是其诸多义务的核心；税收征纳活动主要是围绕纳税义务的履行而展开的。纳税义务之所以具有重要地位，是因为它关系到相关主体的基本权利，因而具有宪法上的意义。例如，我国宪法就明确规定“中华人民共和国公民有依照法律纳税的义务”，足见对纳税义务这一基本义务的重视。事实上，许多国家的宪法和法律对纳税义务的规定都是较为明确的，这足以说明纳税义务对于国家与国民之重要。

尽管如此，由于我国税法理论发展的较晚也并非均衡，有关纳税义务的一些重要问题的探讨还相当薄弱，比如，纳税义务有何种性质？它在具备什么条件时才成立？它有哪些种类？其继承和终止原因有哪些？等等。明确这些相互关联的问题，如同界定产权一样，对于从另一个方面确保征纳双方的权利，依法有效地进行税收征管，乃至促进税法的基本理论的研究，都是非常重要的。

二、纳税义务的性质

税法作为公法的一个典型代表，与民商法等私法存在着明显的不同。由于纳税主体的纳税义务是依据税法而定，因而它是公法上的一种金钱债务。[①] 作为金钱债务，纳税义务与民商法上的金钱债务有一定的共性；但作为“公法上的债务”或称“税收债务”，它又与私法上的债务有很大不同。其差异尤其表现在：第一，纳税义务是法定债务，只能依法律规定来确定，而不能像私法债务那样依当事人之间的合意或意思表示来决定；第二，纳税义务的履行只能依强行法之规定，一般不能像私法债务那样依当事人的主观意愿进行和解；第三，涉及纳税义务的争议，须通过行政复议和行政诉讼的途径来解决，一般不能通过解决民事纠纷的途径来化解。[②]

纳税义务的上述性质，对于在税收征管实践中处理相关问题很有意义。特别是有利于增强纳税义务的刚性。事实上，依据税法确定的纳税义务，是具有法律效力的，应当对纳税人具有确定力、约束力和执行力。强调纳税义务的法律效力，有利于提高税收执法活动的效率，有利于促进纳税义务的履行。

此外，纳税义务的上述性质，还与税收法律关系的性质有关。对于税收法律关系的性质，前面曾介绍过“权力说”和“债务说”两种理论。如前所述，对于税收法律关系的性质，很难一概而论。若能区分税收关系的不同阶段和环节，也许有助于深化相关认识。

事实上，税法所调整的社会关系并非同质，而是可以分为税收体制关系和税收征纳关系。在税收征纳关系中，又可进一步分为税收征纳实体关系和税收征纳程序关系。上述的税收体制关系和税收征纳程序关系，的确具有一定的权力服从性质，因而“权力说”的某些解释也存在着一定的合理性；但在税收征纳实体关系中，又确实更侧重于税收债务的履行；并且，纳税义务是否成立，并非由行政机关单方决定，而是需要依据税法所规定的“课税要件”（Steuertatbestand）来具体加以确定，从而使“债务说”又更有解释力。因此，针对税法所调整的复杂社会关系，确有必要作出具体区分，以针对具体阶段的社会

---

① 德国《税法通则》第 3 条第 1 项在给“税收”下定义时，强调“税收是一种金钱给付”。在国家获取的各类收入中，货币形态的收入是最为重要的，这也与现代经济社会的发展要求相一致，同时，也不至于出现客体的“履行不能”的问题，这对于确保国家的税收利益是非常重要的。

② 对于纳税义务的上述特征，学者有较多共识。参见〔日〕金子宏：《日本税法原理》，刘多田等译，中国财政经济出版社 1989 年版，第 90 页；国家税务总局税收科学研究所编著：《西方税收理论》，中国财政经济出版社 1997 年版，第 312 页。

关系，来确定税收法律关系的性质。[①]

基于上述考虑，可以认为，由于纳税义务是属于税收征纳实体法律关系的内容，因而用“债务说”来解释是更为合适的。这也是前面把纳税义务定位为公法上的金钱债务的重要理由。事实上，在日本、韩国等一些国家的立法上，已经把这种纳税义务直接规定为税收债务或金钱债务。

明确纳税义务的上述性质，对于税收的征收和管理很重要。它使税收征管的目标更加明晰，也使国家与纳税人之间的关系更加协调，从而有利于形成国家与纳税人之间良好的税收互动关系，有利于改进征纳双方之间的博弈。

三、纳税义务的成立

纳税义务的成立，也有学者称之为纳税义务的发生。依据上述的“债务说”，纳税义务是否成立，或者说国家给纳税人“设负担的行为”能否成立，应视是否符合税法规定的课税要件而定，而并不取决于征税机关的行政行为。因此，只有在符合法定要件的情况下，纳税人的纳税义务才告成立，征税机关才能够向其征税；而在不符合课税要件的情况下，征税机关则不能靠主观臆断，或者人为推定去征税。这对于解决实践中大量存在的违法征税问题很有意义。

由于课税要件对于确定纳税义务的成立至为重要，因而国内外学者对课税要件都进行了较为深入的研究，并大都认为课税要件就是确定纳税主体的纳税义务能否成立的基本要件。根据课税要件理论，要确定纳税义务，首先要确定承担该义务的主体，即纳税主体；其次，要明确纳税主体承担义务的范围，即对于哪些课税对象、在多大的数量上要承担纳税义务，因而需要明确税目和税基；再次，要明确承担纳税义务的程度（这是国家课税深度的体现），因此需要明确具体适用的税率。上述几个方面，是各类纳税义务的成立都要涉及的。此外，在存在优惠或重课措施的情况下，还会对一般的纳税义务产生具体的增减改变，这对纳税义务的具体确定是非常重要的。

关于纳税义务的成立或发生时间，在各类具体税收立法中的规定是不尽相同的。由于我国实行“分税立法”模式，因而在一些税收法律、法规中还对不同情况下“纳税义务发生的时间”作出了专门规定。这主要是因为纳税义务的发生时间对于确定纳税义务的成立，具有重要的法律意义（对此在后面还将谈到）。

---

① 在此可姑且称之为“分阶段论”，从区分不同阶段的法律关系的性质的角度说，有些类似于德国行政法理论中的“两阶段理论”。参见〔德〕平特纳：《德国普通行政法》，朱林译，中国政法大学出版社 1999 年版，第 99 页以下。

其实，从理论上说，纳税义务应当在满足税法规定的课税要件时始告成立。为此，德国《税法通则》第38条规定，“基于税收债务关系的请求权，在该法律对于其给付义务所连结的构成要件实现时，即为成立”。这样明确规定，对于研究纳税义务的分类问题，对于在实践中有效地保障征纳双方的权益，都很重要。

四、纳税义务的分类

纳税义务作为纳税主体最主要的义务，是与征税机关的税收征管权相对应的。从一定意义上说，征税机关的活动，主要是围绕纳税义务展开的，如征税机关对纳税义务的具体确定，对纳税义务的履行的监督，以及在不履行时采取的对策，等等。在这些活动中，征税机关所针对的纳税义务实际上是不尽相同的，因而有必要对纳税义务作出进一步的分类。

纳税义务作为纳税主体税法义务的重要组成部分，可以依据不同的标准作出多种不同分类。从理论意义和实践价值上说，以下几种分类较为重要：

1. 抽象纳税义务和具体纳税义务

通常，因符合税法规定的课税要件而成立的纳税义务，在未经具体的确定程序之前，仅具有抽象的意义，故可称之为“抽象纳税义务”；只有在经过具体确定应纳税金额、纳税时间和地点的程序之后，纳税义务才真正具体确定，这时的纳税义务，即可被称为“具体纳税义务”。

对于上述分类，许多学者是持肯定态度的。例如，日本学者田中二郎认为，抽象的税收债权（与之相对应的是抽象的纳税义务），在满足法定课税要件时成立；至于税收债权的具体内容（即应纳税额或称具体纳税义务），则依具体情形，往往需要到征税机关核定应纳税额时才能确定。此外，德国著名的税法学者克鲁泽（Kruse）也认为，纳税义务的成立独立于核定税额的“课税处分”，课税处分并不能创设税收债权以及与之相对应的纳税义务，而只是创设了一个形式上的给付义务。[①]

纳税义务的上述区分，对于税收执法实践很有意义。在“抽象纳税义务”发生时，征税机关的税收债权也是“抽象”的，一般需经过合理的期间，在纳税义务具体化以后，才能要求纳税主体具体履行。为此，我国税法规定的“纳税义务发生的时间”[②]，是确立了“抽象纳税义务”的发生时间，它是一个“时点”；而纳税期限则是对纳税义务在时间上予以具体化的手段，它必须是纳

① 上述观点可参见陈清秀：《税法总论》，台湾三民书局1997年版，第218—219页；〔日〕田中二郎：《租税法》（第3版），日本有斐阁1990年版，第184页以下。

② 在我国的《增值税暂行条例》等规范性文件中，都有关于纳税义务发生时间的规定。

税主体能够将其纳税义务具体化的一段合理的"期间"。可见，两者是不同的。不仅如此，通过纳税义务的"发生时间"和"履行时间"的不同，也可以看到两类纳税义务的不同，以及两类"时间"在法律意义上的差别。超过纳税期限不履行纳税义务，一般会构成税收违法行为。

2. 可分纳税义务和连带纳税义务

与通常意义上的可分债务和连带债务的区分一样，纳税义务也可作出此类区分。其中，"可分纳税义务"是指纳税人之间的纳税义务可以相互区分，因而只需各自独立履行的纳税义务；"连带纳税义务"，是指具有连带关系的两个或两个以上的纳税人所共同负担的同一纳税义务。对于连带纳税义务人，征税机关不仅可以要求纳税人整体承担纳税义务，而且可以要求其中的任何一个纳税人清偿税收债务。在连带纳税义务人中的任何一人缴纳了全部或部分税款后，其他纳税人的纳税义务也在该范围内消灭，并同时产生了税金缴纳者对其他连带纳税义务人的求偿权。这与一般的法理是一致的。

在税收执法活动中，由于"可分纳税义务"大量存在，而"连带纳税义务"则不够普遍，因而有人从税法的安定性和可预测性的角度，从避免纳税人负担不当加重的角度，认为对连带纳税义务应持否定态度。但也有人认为，应当看相关的法律（如民法或公司法等）规定或在事实上是否存在承担连带责任的情况，如果存在，就同样应承认"连带纳税义务"的合理性。①

一般说来，可能存在连带纳税义务的情况主要有：(1) 对于与共有物、共同事业有关的税收，共有物的权利人、共同事业的经营者负有连带纳税义务；(2) 对于因从同一被继承人处继承遗产而应缴纳的税款，各位继承人负有连带纳税义务；(3) 对于因共同制作一项文书而应缴纳的印花税，共同的制作者负有连带纳税义务，等等。② 这些情况，有的在我国尚未制度化，有的规定不够明确。随着税法理论的发展，这些内容在相关的立法上，亦应及时补进。

3. 原生纳税义务和衍生纳税义务

原生纳税义务，是纳税人依据税法规定直接负有的纳税义务，人们通常理解的也往往是这类纳税义务。衍生纳税义务，也称第二次纳税义务，是指因纳税义务人滞纳税款，在征税机关对其采取扣押措施后，仍不能足额缴纳应纳税款时，由与纳税义务人有一定关系的主体承担的代其缴纳税款的义务。可见，第二次纳税义务是纳税人的原生义务衍生而来的，它对于确保国家的税收是有

---

① 陈清秀：《税法总论》，台湾三民书局 1997 年版，第 282 页。

② 关于连带纳税人与第二次纳税人，除一些国家的税法作出明确规定以外，在税法研究方面也对其有所关注。参见〔日〕金子宏：《日本税法原理》，刘多田等译，中国财政经济出版社 1989 年版，第 96、97 页。

利的。但正由于它不是原生的，因而征税机关在要求相关主体履行衍生纳税义务时，必须事先通知，并且，一般应在对原生纳税义务人进行“滞纳处分”后，才能要求衍生纳税义务人履行纳税义务。此外，衍生纳税义务人在履行第二次纳税义务后，可向原生纳税义务人行使求偿权。

从上述两种纳税义务的关系来看，衍生纳税义务具有从属性和补充性。原生纳税义务是“主义务”，而衍生纳税义务是“从义务”。当“主义务”因免除等原因而不存在时，衍生纳税义务也随之消灭，此即从属性的表现。此外，由于衍生纳税义务是一种替代性义务，因此，只有在对原生纳税义务人实行了扣押等“滞纳处分”，且仍不能足额获取应征税款的情况下，才能以其不足部分的结算额为限向衍生纳税义务人征税，此即补充性的体现。

一般说来，可能存在衍生纳税义务的情况主要有：(1) 承担无限责任的股东对其公司的滞纳税金负有二次纳税义务。此外，在对合伙企业进行经济性重复征税的情况下，也可能发生合伙人对合伙企业的滞纳税金承担衍生纳税义务的情况。(2) 在法人解散时，若在滞纳税款的情况下分配或转让剩余财产，则清算人和剩余财产的接受人对所滞纳的税款负有二次纳税义务，但该义务仅以其接受分配或转让财产的份额为限。(3) 纳税人将其事业转让给与其有特殊关系的人，并且受让人在同一场所经营同一或类似事业时，受让人以其受让财产为限，对与该受让事业有关的滞纳税金，承担二次纳税义务，等等。上述情况，有的尚未转化为制度实践，因而也需在未来立法时适当考虑。

以上主要探讨的是纳税义务的三种重要分类（无限纳税义务与有限纳税义务等重要分类暂不探讨），这些分类对于完善我国的税收立法，提高税收执法水平，都是很重要的。事实上，在税收征管实践中，人们有时恰恰对上述分类中的某些情况的处理感到棘手，这固然与立法上的缺失有关，但也与税法理论的供给不足与运用不足有关。

五、纳税义务的继承与消灭

由于同某些法定义务相比，纳税义务的一个突出特点是可以“货币化”，从而可以量化，因此，纳税义务是可以继承的。同时，由于纳税义务是一种数量化、期间化的义务，又是一种同纳税人的客观情况，以及国家的各类政策密切相关的义务，因而在符合法定的终止义务的条件时，就会产生纳税义务的消灭后果。由于纳税义务的继承与消灭，直接影响相关主体纳税义务的变动，因而值得深究。

纳税义务的继承，实际上是在法律有明确规定的情况下，对原来负有纳税义务的纳税主体的税收债务的继受和承接。继承者继承原纳税主体的纳税义务后，不仅可取得其相应的税法权利，而且更需承担其未履行的纳税义务。通常，纳税义务的继承仅适用于税法有明文规定的若干情形，如因法人合并而发生的纳税义务的继承，因继承遗产而发生的纳税义务的继承等。除了法律有明确规定的以外，纳税义务的继承不能滥用，因为它关系到纳税人的纳税能力和税负公平的问题。

纳税义务的消灭，与一般私法债务的消灭很类似，但也有自己的特殊之处。通常，纳税义务的消灭原因主要有：

（1）纳税义务的履行，即如果纳税主体依法缴纳了应纳税款（包括相关的附随债务），则该项具体的纳税义务也就随之消灭。这是纳税义务最一般、最通常的消灭原因，也是对征税机关获取收入最有利的消灭原因。

（2）纳税义务的免除，即如果征税机关依法免除了纳税主体的某项纳税义务，则该项纳税义务也随之消灭。由于现代国家征税，不仅需考虑税收的收入职能，而且还要考虑收入以外的其他因素，因而基于特定经济政策和社会政策的需要，在税收立法和执法实践中，必然要适度地免除一些符合法定条件的纳税主体的义务，以求更好地、更全面地实现税法的宗旨。

（3）与多纳的税款相抵消。由于征纳双方都可能存在过失，从而可能产生税款的超纳或误纳，形成征税机关的多收税款（这实际上属于征税机关的不当得利[①]），因此，纳税主体的某项具体纳税义务可以与其同类的多纳税款相充抵，从而使该项具体的纳税义务消灭。

（4）超过时效期间。税法上的时效是一种消灭时效，具有经过一定的法定期间就会导致纳税义务消灭的效力。从许多国家的税法规定来看，征税机关经过一定的法定期间不行使税款征收权，就会导致其税收债权和纳税人的税收债务的消灭，这与民法上有关时效规定的一般精神是一致的。通常，税款征收时效期间是从法定纳税期限届满之日开始起算；在征税机关发出纳税通知、督促或缴纳催告、采取强制执行措施等法定事由存在的情况下，可以导致征税时效的中断，从而使时效期间需重新计算。这对于防止征税机关因“怠于行使征税权力”而导致税款损失，避免因“眠于权利之上”而造成“失权”，都是非常重要的。

以上介绍的都是有关纳税义务的一些基本原理。尽管纳税义务在纳税主体的税法义务中居于最重要的地位，但它还不是纳税主体的税法义务的全部。要全面认识征纳双方的各类税法义务，还需要在与两类主体的税法权利的对比中来加以认识。唯有如此，才能全面、具体地了解税法上的权利义务配置。

---

① 参见张守文：《略论纳税人的退还请求权》，载《法学评论》1997年第6期。

第四节 征纳双方的法律责任

征纳双方违反各自的税法义务，都应当依法承担相应的责任。而具体责任的承担，则与所违反的义务有关。由于征税主体与纳税主体在税法上的地位不同，两者实际承担的税法义务也有差异，因此，征纳双方的法律责任也自然不同。

要追究违法的征税主体和纳税主体的法律责任，应当准确地确定责任主体，明确其违法行为，还要依法恰当地运用相应的处罚形式。为此，下面主要探讨这三个方面的问题。

一、责任主体

因违反税法规定的义务而承担法律责任的主体，除了征税主体和纳税主体以外，还可能是其他相关主体，如税收的扣缴义务人、纳税担保人等。在具体的责任承担方面，由于主体的地位不同，其承担责任的方式是存在差异的。

虽然税收债权被认为是一种公法上的债权，但它毕竟不同于私法上的债权。由此也使征税主体同纳税主体不可能像私法上的主体那样存在一种形式上的平等关系，其权利与义务的配置不可避免地存在倾斜性的问题。事实上，在税法的规定中，有关征税主体的义务往往要少于纳税主体的义务，从而形成义务分布上的非对称性，并由此进一步导致两类主体所承担责任的不同。

在责任的具体承担方面，由于征税机关代表国家行使税权，因而在其行为不当或违法的情况下，可能会承担相应的法律责任或政治责任、道义责任等。对于征税机关来说，是否要承担相应的法律责任，首先要看在税法上是否事先设定了相应的义务，以及对违反该义务的行为是否有相应的制裁措施。如果缺少相应的责任条款，则有关的义务规定实际上就是形同虚设，无异于一般的号召。

征税机关在形式上是代表国家行使税权的行政机关，但同时，它还负有多方面的职能。由于税收不仅具有传统的获取收入的职能，而且还有宏观调控和保障稳定的职能，这对征税机关的具体职能也会产生影响。由于征税机关本身的特点以及立法上的问题，征税机关的责任承担往往受到很多限制。这主要是基于征税机关的非营利性质，以及征税活动的效率和效益等方面的考虑。从以往的立法来看，征税机关的责任承担，主要是通过追究直接责任人员的行政责任或刑事责任来体现的。但这也不排除在特殊情况下，需要由征税机关以组织体的身份来独立地承担责任，特别是赔偿责任。

除了上述征税机关的问题以外，承担责任的纳税主体的确定，在实践中往往存在诸多困难。应当看到，既然是追究违法的纳税主体的责任，则首先，应确定拟追究责任的主体是否为纳税主体；其次，还应进一步确定与该纳税主体直接相关的行为或事实是否违反税法规定；再次，还要看对违法的纳税主体能否依法追究责任。因此，在具体追究纳税主体违反税法的责任时，需要在认定事实和适用法律方面进行深入探讨，以使真正的违法者依法承担相应的责任。

由于税法调整的范围非常广阔，纳税主体从事的违反税法的活动也非常多样和复杂，因此依法追究违法的纳税主体的任务始终很重。准确地确定违法的责任主体，这也是依法治税的应有之义，本身也是全面提高法治水平的要求。

二、违法行为

征税机关的违法行为可大略分为两类，一类是违反实体法的行为，另一类是违反程序法的行为。其中，违反实体法的行为主要体现为违反法定的征税义务，违法多征、少征，或者越权开征、停征。这些违法行为不仅使纳税人的利益遭到损害，而且也在实际上侵害了国家的利益。此外，征税机关违反程序法的行为，亦包括许多方面，如违反税收程序法上规定的依法告知、保守秘密以及提供服务的义务的行为，等等。这些违反程序法的行为不仅侵害相关主体的程序权利，而且也直接侵害其实体权利，因此必须依法承担相应的法律责任。

纳税主体的违法行为也可大略分为两类，一类是违反税收管理制度的行为，另一类是违反税款征收制度的行为。前者如不依法进行税务登记，不依法设置账簿，不依法进行纳税申报等；后者如偷税、抗税、骗税行为等。对于上述违法行为，应分别依据其情节给予相应的处罚。

三、处罚形式

由于主体的地位不同，违法行为的性质不同，对社会的影响，以及责任能力等各不相同，因而在具体的处罚形式或责任承担方式上也会有所区别。

例如，征税机关作为组织体，其承责能力、处罚的感受性等都与自然人有所不同。此外，征税机关作为国家的代表，还负有多种职能，因而在具体的责任追究方面，还必须考虑其工作的连续性和有效性，以及可能带来的社会震动和不良影响。因此，在责任承担方面，这些负有多重职能和担当多重角色的征税机关的责任，往往主要由体现行为意志的直接当事人去承担，而征税机关则要保持其本身的中立和连续，这对于国家职能的持续实现，对于多数社会公众的利益，也是一个重要的保障。

而一般的纳税人则与之不同。作为不承担公共服务职能的普通主体，其承担相应的责任，一般不会对公众经济和社会生活产生重大影响。从处罚形式或称责任形式上看，纳税人承担责任的形式可以分为两种，一种是补偿性责任，一种是惩罚性责任。其中，补偿性责任，主要是要求违法的纳税人交清税款，承担由于违法而可能产生的附带性赔偿责任，如滞纳金等，这实际上是对国家的债权未能得到及时履行的一种补偿。而在惩罚性责任中，由于税法毕竟与财产权联系更加密切，因而处罚形式也主要是经济性惩罚，如对一般的违法行为，可以进行罚款；而对严重违法行为，则可以依法处以罚金。由于货币在经济上是一般等价物，在法律上是种类物，因而这种处罚形式对于各种类型的纳税人都是适用的，并不因主体的人格特征而受限制。此外，为了严惩税收犯罪，在某些法定的情形下，对负有直接责任的人员还可以处以限制其人身自由甚至剥夺其生命的刑罚。之所以如此，实际上还是为了更有力地保护国家的税收利益。

从我国现行法律的规定来看，征税主体和纳税主体所承担的主要是行政责任和刑事责任，在税收法律、刑事法律中有许多这方面的规定。

例如，纳税主体违反其依法纳税的义务，从事偷税、欠税、抗税等行为，尚未构成犯罪的，应给予行政处罚；构成犯罪的，应依法追究刑事责任。此外，纳税人违反有关税务管理方面的义务时，应在限期内履行义务，否则将被处以罚款等行政处罚。

又如，征税主体违反其依法征税的义务，违法擅自决定税收的开征、停征或者减税、免税、退税、补税的，应依法撤销其违法决定，改按实体法和程序法的规定征税，并由该征税主体的上级机关追究直接责任人员的行政责任。如果征税机关的工作人员玩忽职守，不征或者少征应征税款，致使国家税收遭受重大损失，应对其依法追究刑事责任或给予行政处分。①

征税主体与纳税主体的具体责任承担，体现在税法、刑法以及其他相关法律的规定之中。为了优化税法的实效，保障征纳双方的权利的实现，许多国家都规定了较为严格的法律责任。这也是体现税法严肃性的一个重要方面。

① 参见我国《税收征收管理法》第 84 条、第 82 条。

第六章　税法解释

税法解释，是税法理论和实践中的一个重要问题。它与课税要素、税权分配、征纳义务等问题都存在着密切的关联，因而本身就是税法理论的一个重要组成部分。

税法的解释，对于税法的实际适用具有至为重要的意义。如何有效地进行税法解释，确保解释的合理性和合法性，涉及税法解释的方法问题；而税法解释的重要作用，则在于对税法罅漏的补充。为此，本章将着重探讨税法解释的意义和方法，税法解释对税法罅漏的补充，以及在这方面起到重要作用的实质课税原则。

第一节　税法解释的意义

一、税法解释的含义

所谓税法解释，简单地说，就是对税法中的某些条文作出的进一步的解析和阐释。它是整个法律解释中的重要环节，对于法制建设具有重要的意义。

对税法解释，有广义和狭义两种理解。从解释的主体来看，广义的税法解释，包括立法解释、行政解释和司法解释；狭义的税法解释，仅指行政解释，特别是仅指征税机关的解释。许多税法著述都偏重于对狭义税法解释进行探讨。从对现实的重要意义来说，狭义的税法解释确实起着十分重要的作用；但从税法解释的全面理解来说，还是不应放弃对广义的税法解释的研究。

此外，还有一类对税法解释的广义理解和狭义理解，这主要是基于解释对象和方法的不同。广义的理解包括：(1) 狭义的税法解释；(2) 税法的漏洞补充。其中，狭义的税法解释，是指在税法规定不明确时，通过运用解释方法来探究税法规范的意旨，以澄清疑义，使税法含义更加清晰、明确。所谓税法的漏洞补充，是指对由于立法疏忽、缺少预见或情势变更所导致的“税法罅漏”的补充。① 此外，也有人认为，在狭义的税法解释和税法漏洞的补充之间，存在着“税法的价值补充”，即通过一定的法律价值导向和价值判断，来对税法上的不确定概念以及概括条款进行补充性的解释。但这种价值补充基本上可归

---

①　参见杨仁寿：《法学方法论》，中国政法大学出版社 1999 年版，第 98—100 页。

入税法漏洞的补充。

上述的“狭义的税法解释”，同样也是税法解释的核心，在具体的税法解释上是最为重要的。但从全面理解税法解释的角度说，漏洞补充有时也有重要的意义。为此，在后面的探讨中，同样不局限于狭义的税法解释。

二、税法解释的价值

税法的调整范围极为广泛，所涉及的社会经济生活十分丰富和复杂，且变化万端。因此，即使税法中对课税要素规定再明确，税权界定再明晰，主体的义务和责任再细密，也还是一张“疏而有漏”的“税网”，还是无法完全做到与现实生活的一一对应，从而很难实现税法的无障碍调整。因此，在税法的具体适用过程中，必然涉及税法的解释问题。

税法解释的价值，主要体现在以下几个方面：

（1）它有助于使税法规范具体化、明确化和系统化。如前所述，税法具有成文性、技术性，其中的抽象概念、原则较多，有些还易产生混淆，从而会增加法律规范的不确定性。为了确保税法的安定性和可预测性，应当对抽象的规定进行具体化；同时，对容易引起争议或产生疑义的规定，要使其明确化，以便于税法主体遵行。此外，由于税法规范众多，特别是分税立法的体制，更可能产生各个税法规范之间的矛盾、冲突等问题，因而有必要通过税法解释来增进税法的整体协调性，使之更加系统化。

（2）它有助于实现税法的宗旨和原则，有助于实现税收的三大职能，有助于增进税法具体适用的妥当性和合目的性。税法的宗旨和原则对于税法的适用是非常重要的，对此前已述及；同时，它们与税收的职能的实现又有着密切的关联。只有把它们的要求及相互之间的内在关联具体地体现在税法的适用过程中，才能更有助于确保在个案适用上的妥当性，以及在具体问题处理上的合目的性，从而在宏观和微观层面，都有助于税法的有效调整。

（3）它有助于补充税法罅漏，体现正当的社会价值，有利于提高社会的整体道德水准，实现各类相关的政策目标。社会生活纷繁复杂，日新月异，而立法者却并非万能。因而成文的税法，总会存在罅漏。通过税法解释来弥补税法罅漏，更有助于体现社会公认的价值，更有助于保障公共利益，实现经济公平和社会公平，保障基本人权，维护人性的尊严，从而更好地实现经济政策、社会政策等各类相关的政策目标，有利于国家的长治久安，实现国泰民安。

（4）它有助于税收法制的完善。税法解释虽然对税法适用特别重要，但从广义上说，它与税法的立法、守法、法制监督等都直接相关，因此，它本身就是税收法制建设的重要内容。通过恰当的税法解释，不仅有助于税法的有效适用，而且有助于税收立法的完善，也有助于增进税法主体对相关税法的遵从，有助于税收法制的监督，从而有利于从总体上提高税收法治水平。

第二节　税法解释的方法

在税法解释方面，一个非常重要的问题就是如何进行解释，或者说，用什么方法进行解释。由于解释方法主要涉及对解释对象的认识问题，因而有必要根据解释对象的不同，分别采取不同的方法。

如前所述，从解释对象和方法的角度，可以在广义上把税法解释分为狭义的税法解释以及税法罅漏的补充，而狭义的税法解释则是核心，在税法的适用方面至为重要，因此，下面主要介绍狭义的税法解释的方法，至于其他的罅漏补充的方法，如类推解释、反对解释，以及相关原则的应用，在后面的相关部分再做探讨。

一、税法解释方法概述

由于狭义的税法解释是整个税法解释的核心，因此，如何采取适当的方法进行有效的解释是非常重要的。通常，税法解释的方法大略可以分为两类，一类是法律学解释方法，一类是社会学解释方法（经济学解释方法在广义上也可包含其中）。

法律学解释方法，是通过对法律条文、法律体系、立法背景、立法目的等方面的解析，来阐释立法旨趣的方法。它可分为两类，一类是文义解释方法，一类是论理解释方法。其中，论理解释方法又包括体系解释、历史解释、比较解释、目的解释、合宪解释等解释方法。

与法律学的解释方法不同，社会学解释方法更加偏重于社会经济效果的预测以及社会经济目的的考虑，该方法的重要性虽日益提高，但在实践中却远没有法律学的解释方法那样受重视。

对于税法解释的方法还有其他不同的概括，但从实际包含的具体方法来看，则并无大别。因此，人们实际上对有关解释的一些方法还是有许多共识的，从而为保障税法解释的同一性提供了一个重要的前提。由于人们对法律学的解释方法有较多的共识，因而下面各个部分将对其中主要的税法解释方法分别介绍。

二、文义解释方法

文义解释方法，或称语义解释方法，是通过对税法条文的文义进行解析，来对税法内容作出明确、具体阐释的方法。它是税法解释方面非常常用的一种重要方法。

一般认为，税法的解释应先进行文义解释，并且所做的解释不应超出可能的文义。否则，如果超出文义，则不属于税法解释，而是税收立法活动或称造法活动。这是有违文义解释本意的。

依据上述要求，在进行税法的文义解释时，应以税法条文的文字意义为基础，不应脱离法条文字意义的可能范围进行解释，否则就不再是对法条文义的解释，而是对税法漏洞的补充。

在税法上进行文义解释是非常必要的。由于税法学的研究较为晚近，税收立法涉及广泛，因而本身的固有概念较少，而借用概念较多[①]，许多概念本身就是多义或容易出现歧义的，需要加以明确、澄清。此外，由于税法要体现许多政策的基本要求，因而存在着一些需要明确的基本原则和政策目标，这些原则也都需要明确。为此，进行文义解释是需要的。

文义解释之所以必要，还因为法条的文义并不是唯一的解释标准。税法主体受税法约束，并非指受法律文字的拘束，而是指受法律文义以及与其相关联的法律的体系、目的或其他解释标准所产生的法律意旨的拘束。因此，即使看似明确的文义，也可能会有解释的必要。[②]

例如，从字面上看，“利润”的概念是清楚的，但税法上的“利润”，同一般经济学上的“利润”、会计学上的“利润”，有时是不尽相同的，因而还需要进一步具体界定。又如，同样是“税基”的概念，在不同的语境中即可能存在歧义，因此需要做具体的解释。

此外，从总体上看，法律条文有限而社会事实无穷，致使法律无法对社会生活的所有细枝末节都作出相应规定，从而法律条文必须是较为抽象和原则，以能够尽可能不需修法即可适应现实的变动，这对于保障法的安定性是很重要的。而正因为如此，就必须对抽象原则的条文做具体的文义解释。这也是文义解释的必要性所在。

文义解释虽然很重要，适用也很普遍，甚至被认为是税法解释的基石，但仍然有其自身的局限性。一般说来，单靠文义解释，还很难确定法律条文的真正意义，且容易拘泥于法条字句，而对立法意旨产生误解或曲解。因此，虽然从税法稳定性的角度，从税法作为“侵权性规范”的角度，应强调文义解释、字面解释，不能随意进行扩大解释或类推解释，但从税法适用的具体妥当性的角度，当文义解释的结果存在多种可能时，则应考虑税法与其他法律的关系，以及立法宗旨、情势变更等问题，并据此确定法条更为正确的意旨。由此也涉

---

① 关于固有概念与借用概念的区分，参见〔日〕金子宏:《日本税法原理》，刘多田等译，中国财政经济出版社 1989 年版，第 77 页。

② 参见陈清秀:《税法总论》，台湾三民书局 1997 年版，第 163 页。

及论理解释方法的适用问题。

由于文义解释并非税法解释的唯一方法，因而涉及文义解释与其他解释方法的具体适用顺序及相互关系的问题。一般认为，税法的解释应注意以下顺序：

（1）首先，应进行文义解释，这对于税法尤其重要。当文义解释的结果因有多种可能而不能确定时，应考虑论理解释方法的适用。

（2）如果论理解释的适用结果，与文义解释的结果相抵触时，只要前者不超出税法条文的应有之义或立法旨趣的"可预测性"，则仍应承认。[①]

三、体系解释方法

体系解释方法，就是通过对税法条文在形式意义的税法体系中的具体位置与相关法条关系的解析，来阐释法条意旨的解释方法。由于此方法是在形式意义上的税法体系中进行系统化的考察，有助于整个税法体系的内在协调一致，因而一般称为体系解释或系统解释。

体系解释方法也是一种较为常用的税法解释方法。其主要功能是通过解析税法条文相互之间的关联来探求税法规范本身的意义，维护整个税法体系的内在协调和概念用语的统一。

在体系解释方法的具体适用方面，如果依据税法条文的文义解释存在多种结果，致使税法意旨仍不确定或不明确，就可以选择其中能与其他相关法条保持内在一致性的解释结果，进行体系解释。在进行体系解释时，应注意厘清税法条文前后相继的线索，不能臆断截取或断章取义；同时，还应考虑条文之间、规范之间应有的内在联系和前后一致性，斟酌条文的排列顺序以及基础概念的系统性。

体系解释的方法，实际上是一种普遍联系的方法，是从制定法应有的完美状态出发，来追求法条之间的内在协调性的方法。

体系解释也有其局限性。由于体系解释实际上更多地是以形式上的立法为基础，因而如果在解释的过程中过分拘泥于形式，就会忽视税法的宗旨和基本原则。因此，在运用体系解释的方法时，最好同时参考其他相关方法来判断解释结论是否适当。

此外，有的学者认为在体系解释中还包括扩张解释、限缩解释、当然解释等具体方法，由于这些方法同其他解释方法存在密切关联，本身也有相对独立性，因而一些学者又认为不应包含在体系解释之中，而是应当单独归类。事实上，这些解释方法同各类解释方法，特别是同文义解释方法有着密切的联系，

---

① 参见杨仁寿：《法学方法论》，中国政法大学出版社 1999 年版，第 106 页。

同时，又因其技术性较强而相对独立，为此，在此顺便介绍如下：

所谓扩张解释，是在税法条文的文义失之过狭，不能表达立法真意时，通过扩张法条的文义来作出的解释。它与目的性扩张不同，后者是税法罅漏的补充方法，但不是税法解释的方法。当然，对于税法上能否进行扩张解释，也有不同看法。

所谓限缩解释，是在税法条文的文义失之过宽，不能体现立法真意时，通过缩小法条文义而作出的解释。它同目的性限缩也不同，后者同样也是税法罅漏补充的方法，但不是税法解释的方法。

所谓当然解释，是指税法虽无明文规定，但依据税法规范的目的，该事实更应适用税法的情况下，所作出的当然适用税法的解释。“举重以明轻，举轻以明重”为其基本法理依据。例如，如果月工薪收入 1000 元的都不用缴纳所得税，则月工薪收入 400 元的当然不用纳税；如果月销售收入为 2000 元的即需缴纳增值税，则月销售收入为 3000 元的当然应当纳税。

四、历史解释方法

历史解释方法，也称法意解释方法，是通过对立法背景，特别是对立法时的价值判断和所欲实现的目标的解析，来推知立法原意，阐释税法意旨的方法。历史解释的主要依据，是立法过程中涉及的各类资料，如历次立法草案、立法中的不同意见、相关会议记录、对所制定的法律的说明等。

在历史的发展中来认识和解释税法是很重要的。由于税法关系到各类相关主体的切身利益，是对国计民生都有着重要作用的法，因而非常强调税收法定原则的适用。为此，执法机关在具体适用税法时，应当考虑税收立法的意图以及所要体现的法意，特别是立法的宗旨，这样才能更好地体现法律的精神。

这里的一个重要问题是，在进行税法解释时，是应探寻立法者当时的意思，还是立法者基于现实的经济社会基础而应有的合理意思。如果认为应主要强调前者，则是一种旨在探求立法者当时的主观意思的“主观说”；如果认为应主张后者，则是一种探求立法者应具有的合理意思的“客观说”。20 世纪以来，客观说已成为通说。这使税法的调整更能适应日新月异的经济和社会发展的需要。

历史解释是很重要的，但也有其局限性。一般说来，历史解释对制定时间不长的税法，价值更大。而对于制定时间较长的税法，则由于情势变更较为剧烈，因而往往再进行历史解释就会存在一定的困难，其参考价值有可能会随着时间的推移而递减。

五、目的解释方法

所谓目的解释方法，是通过对税法立法目的的解析，来阐释税法规范的意旨的方法。由于税法有其自身的立法目的，因而税法解释应当关注税法宗旨的贯彻和实现，由此使目的解释方法在税法上亦甚为重要。

税法的立法目的，与税收的三大职能直接相关，大略可分为财政目的、经济目的和社会目的三类。其中，财政目的强调税法的调整应确保税款应收尽收，以确保国家的财政收入，使各级政府能够有效地提供公共物品；经济目的，更加强调税法的调整，在个体层面上应有利于资源配置，在总体层面上应有利于宏观调控；社会目的更强调社会分配的公平、基本人权的保护以及社会稳定等价值目标。事实上，各类税收法律规范的背后，基本上都隐含着上述的一类或几类目的。通过进行目的解释，可以理解和明晰税法规范中的许多问题。

对于立法目的是否仅指法律的整体目的，有不同的见解。有学者认为，进行目的解释，除法律的整体目的外，还应包括个别法条、个别制度的规范目的。从税法的具体情况来看，这种认识是较为符合实际的。

目的解释对于有效地贯彻税法目的，维持税法的安定性具有重要作用，特别是在社会经济稳定发展时期，这种作用更加明显。但是，目的解释也有其局限性，主要是在发生剧烈的社会变迁时，立法的目的可能会同社会的迅速发展产生脱离。在这种情况下，采用社会学解释或其他有益的解释方法，对于确保税法适用的妥当性，是更为必要的。

六、合宪解释方法

所谓合宪解释，就是通过对税法条文是否合乎宪法的规定或原则精神的解析，来阐释税法规范应有意旨的方法。

由于宪法作为根本大法，具有最高的法律效力，任何法律、法规都不得与之相抵触，因此，税法规范是否合乎宪法规定或宪法精神，便是需要考虑的问题。通常，对于一个税法规范只要能够作出不违背宪法的解释，且该解释仍然具有现实意义，就不能宣告其违宪无效；如果有多种解释结果并存时，则应选择与宪法最相符合的解释。可见，是否合宪，是进行税法解释的一个重要判断标准，并且，是判断运用其他解释方法所得出的结果是否可采纳的一个标准。

在税法解释上，合宪解释同其他几种解释方法有密切联系，有些甚至容易混同。需要注意的是，合宪解释，是以高层次的宪法规范来衡量和阐释低层次的税法规范的含义；目的解释，是以税法的整体规范目的来阐释各个具体的税法规定的含义；而历史解释，则是通过史料来探求各个具体的税法规定的立法目的，以对税法的具体规定作出解释。因此，这三者之间还是存在不同的。

七、税法解释方法总结

以上几种解释方法，是在税法解释方面的主要解释方法，当然在具体解释时还可能用到其他的解释方法，如比较解释方法、反对解释方法等，限于篇幅，不再展开。此外，上述诸多解释方法也是传统法律解释惯用的方法，因而人们多予关注，从而相关的著述也较多，可以参考。

此外，还应注意，在各种解释方法之间存在着一定的联系，并且大略存在着一定的适用顺序，一些学者对此也进行了一些研究。通常，在进行税法解释时应遵循的基本顺序是：

（1）首先进行文义解释，如果文义解释存在多种解释结果，再考虑进行论理解释。

（2）在进行论理解释时，应先进行体系解释和历史解释，以求在不同的维度和不同的参照系中明确法律的意旨，在此前提下，可通过扩张解释和限缩解释、当然解释等来确定法律规范的具体内容；如果仍然存在疑义，则应进行目的解释，通过立法目的来明确规范的含义；其后，再进行合宪解释，以使税法的解释合乎宪法上的基本价值判断。

（3）如果上述各种解释方法仍然不能得出具体的结论，则应考虑运用比较方法或进行社会学解释。①

上述顺序只是一个大略的一般性的顺序。事实上，在税法上，对各种解释方法的运用并非等量齐观，而是有所侧重的。有的学者认为，由于税法是侵权性规范，对法的稳定性要求很高，因此税法的解释原则上只能是字面解释或称文义解释，不允许进行扩大解释或类推解释。只是在依字面解释难以明确其规定的意义和内容时，才需对照税法的宗旨、目的，来明确其具体意义和内容。② 不管怎样，如果解释主体能够有效地运用上述的基本解释方法，对税法条文作出恰当的解释，则对于提高税法实效，实现税法的宗旨，提高税收法治水平，无疑甚有裨益。

第三节 税法罅漏的补充

凡法皆有罅漏，税法尤甚。对于税法罅漏，需考虑如何弥补，以使税法更加完善。为此，有必要探讨税法罅漏的补充方法。税法罅漏的补充，与前述的

---

① 参见梁慧星：《民法解释学》，中国政法大学出版社 1995 年版，第 245 页。

② 参见〔日〕金子宏：《日本税法原理》，刘多田等译，中国财政经济出版社 1989 年版，第 75 页。

税法解释有所不同，因而被归入广义的税法解释。并且，在税法罅漏的补充过程中，也有价值补充的问题。

一、税法罅漏的含义

所谓税法罅漏，或称税法漏洞，是指税法本身存在的罅隙和缺漏。税法罅漏的存在，使税法表现为一种不圆满的状态，从而会对税法的适用产生影响。

税法罅漏的产生原因，主要是由于立法者认识不足，或者经济社会发展而产生情势变迁等，使税法对某些领域未予调整或不能再有效地规范。由于产生漏洞的原因不同，税法罅漏的分类也不同。一般说来，税法罅漏的以下几种分类较为重要：

(1) 原始罅漏和后生罅漏。原始罅漏，就是在税法制定的当时即已存在的罅漏。后生罅漏，是在税法制定时并不存在，只是在后来由于经济和社会发展等情势变迁而产生的罅漏。由于税法与社会经济生活密切相关，因而这种后生的罅漏总是难以避免的。

(2) 已知罅漏和未知罅漏。已知罅漏，是立法者在制定税法时对其存在的不完全性已明知并允其存在的罅漏。这种罅漏主要是考虑到税法不可能一步到位，而应随着经济社会的发展而不断成熟和完善，避免作出不合时宜的不成熟的规定。而未知罅漏，则是由于立法者的疏忽和错误，而在制定税法时并不明知的罅漏。

(3) 显性罅漏和隐性罅漏。显性罅漏是指依税法的立法宗旨本应加以规范，但在事实上却并未作出相应的规定，从而形成的缺漏。例如，税法对计税依据问题应当有明确的规定，如果未做具体规定，即为显性罅漏。隐性罅漏是指由于对调整范围的规定失之过宽，从而把不应列入调整范围的事项亦列入其中所造成的缺漏。例如，如果规定“各类纳税人都可以使用增值税专用发票”，则把不能使用此类发票的小规模纳税人也包括在内了，就属于一种隐性罅漏。

二、税法罅漏的认定

税法罅漏的认定，是进行税法罅漏补充的前提。要进行税法罅漏的补充，必须先确认有无罅漏存在，该罅漏是否需要补充和能否补充，以及补充是否具有必要性和合理性等问题。为此，有必要对上述问题作一说明。

要确定税法罅漏是否存在，有必要考虑运用目的解释、历史解释、体系解释等方法，来考察税法的立法目的、立法背景、体系协调等问题，通过对现行税法的批判性的价值评价，来发现和认定罅漏。一般说来，如果存在应纳入税法的调整范围但却未被纳入的事项，或者虽然被纳入了税法调整的范围，但缺少具体、明确、完整、妥当、协调的规定，则可以认为存在税法罅漏。

如果存在税法罅漏，是否存在补充的必要？这曾经是有争论的问题。目前大都认为，仅是从税法的立法目的和体系的协调出发，就有进行罅漏补充的必要。此外，各类有权进行罅漏补充的广义的适用税法的主体，同时也是有义务进行补漏的主体。明确这些主体在税法补漏方面的权责，对于确保税法宗旨的实现，以及确保体系的协调，避免和解决体系内部的不协调或称“体系违反”的情况，很有意义。

上述问题是在其他部门法的补漏方面也可能会遇到的问题。在税法领域，还有一个补漏的合法性问题。由于税法是公法、强行法，是关系到各类主体利益的“侵权性规范”，需要遵循税收法定原则以及由此衍生的一系列体现法治精神的原则。对于这样的典型性的公法，特别是需要严格遵循“法律保留原则”“议会保留原则”的税法，可否不经立法进行补漏，这样补漏是否具有合法性，是存在疑义和值得研究的。

一般认为，在法律补漏方面，与私法领域补漏的广泛性不同，公法的补漏范围应受到一定的限制，特别是应受到法治原则等基本原则的限制，但这并非不能进行补漏。在税法上，税收法定原则并不禁止一般的罅漏补充，特别是对国民有利的补漏，更不应禁止。但是，基于法的安定性的原则，基于税收法定原则，关系到税法主体基本权利的课税要素等重要内容仍然应实行“法律保留原则”，不能进行税法补漏。同理，也不能为了创设或加重国民的税负，而通过类推的方式进行所谓的“补漏”。

三、税法罅漏的补充方法

法律罅漏的补充方法通常有三种，即习惯补充法、法理补充法和判例补充法。其中，法理补充法是最重要的，在税法罅漏的补充上也是如此。下面主要介绍法理补充法。

法理补充法是税法补漏方面运用最为广泛的方法，它包括目的性限缩、目的性扩张、一般法律原则、类推适用等。现分述之。

（一）目的性限缩

所谓目的性限缩，是指在税法条文的文义过宽，以至于超越了税法的立法目的，使本不应纳入税法调整范围的事项亦受税法规范的情况下，通过限制该条文的适用范围，来恢复被扩张的立法目的，从而补充税法的罅漏。

由于目的性限缩已经损及条文文义的核心，因而它与前述的限缩解释是有所不同的。目的性限缩被正当化的依据，是“不同的事项应作不同的处理”或者“不同的事项应区别对待”之类的正当要求。目的性限缩是补充税法的隐性罅漏的一种方法。

在税法上，可能通过目的性限缩来补充罅漏的情况并不鲜见。例如，假如企业所得税法规定纳税主体是各类组织和个人，则失之过宽，事实上，按照国际通例（这又涉及比较解释的问题），各国并非要对各类组织都征收企业所得税，而是主要对从事经营性活动的法人或具有法人资格的企业征税。此外，由于对合伙企业和独资企业一般是征收个人所得税，因此，无论是把它们归入上述的"组织"还是"个人"，实际上都不合适。可见，从立法目的出发，通过目的性限缩的方法，来限制上述的纳税主体的适用范围是很必要的，这本身就是在弥补税法中的罅漏。

（二）目的性扩张

所谓目的性扩张，是指在税法条文的文义过窄，以至于不能体现税法的立法目的的情况下，通过将条文的适用范围扩大，把本来不包括在条文文义内的事项扩容进来，以恢复被紧缩的立法目的，从而补充税法的罅漏。

目的性扩张作为税法罅漏的补充方法，同作为税法解释方法的扩张解释有所不同。尤其表现在目的性扩张的结果已在法条"预测可能性"之外，而扩张解释的结果，则仍在法条文义的"预测可能性"之内。

（三）一般法律原则

一般法律原则是具有一般法理价值的普遍适用的基本原则，如诚实信用原则、举重明轻原则和举轻明重原则、实质高于形式原则等。

诚实信用原则，作为普适于私法和公法的一般原则，对于补充税法的罅漏，解决税法适用中的信赖保护问题，具有重要价值，因而它也是税法适用的重要原则，对此前已述及。诚实信用原则作为立法上的"一般条款"，在法无明文规定的情况下，对保护基本正义有着重要的作用，并由此才能够成为弥补税法罅漏的重要手段。当然，由于税法具有突出的成文法特点，因而在有明确规定的情况下，必须适用具体规定，而不能"向一般条款逃避"；即使在没有具体规定时，也必须严格依前述的诚实信用原则的适用领域行事。

举重明轻原则与举轻明重原则，在前面介绍当然解释方法时已述及。这两个法理原则在各个部门法中都是弥补罅漏的重要方法。在税法上，这两个原则的适用依据在于，对于各个课税要素相同的事项，除法律另有规定的以外，都应当作出相同的处理。因此，从举重明轻原则的角度说，如果有工资收入的人都给予免税待遇，则无工资收入的人更应该给予免税待遇；从举轻明重原则的角度说，如果小企业都要按 17%的税率纳税，则实力雄厚的大企业更是自不待言。

实质高于形式原则，或称实质重于形式原则，本身是一个哲学原则，同时也是一个法理原则。在税法上，该原则体现为税法适用的一个重要原则，即实质课税原则，许多国家不仅在立法上，而且在司法实践中，都充分肯定该原则。

（四）类推适用

类推适用，是指将税法上适用于某类事项的规定，适用于税法并未直接规定但与其相类似的事项。类推适用是依循“相类似的事项，应作出相同处理”的法理，经逻辑三段论推演而成；而类推解释，则是在文义范围内，用体系解释的方法，类推其他法条用语的含义，而无须通过三段论推演。因此，两者之间存在差别。

对于类推适用能否成为税法罅漏的补充方法，在学界始终存在争论。有的学者认为类推适用应当是税法罅漏补充的最常用方法；而有的学者则从税收法定原则出发，认为如同在刑法上不应适用类推一样，在税法上也不应有类推适用。从总体上看，否定类推适用的学者居多，因而在理论和实践上都有禁止类推适用的原则。对此在前文亦曾述及。

其实，在税法上，一般法律原则在补充税法罅漏方面起着相当重要的作用，特别是其中的实质课税原则，殊值重视。下面就着重对实质课税原则的有关问题做一探讨。

第四节 实质课税原则的适用

实质课税原则，或称经济观察法，是税法适用的重要原则，也是补充税法罅漏的重要方法。它是通常注重外观主义和形式主义的形式课税原则的重要补充，并不违背税收法定原则。由于它在广义的税法解释方面具有重要意义，故在此专门加以探讨。

一、实质课税原则概述

德国的《税收调整法》曾规定：“进行税收法律解释时，必须综合考虑国民思想、税法的目的、经济上的意义，以及上述诸多因素的相互关系。”这个规定尤其强调，在税法的解释上要考虑经济上的意义，该主张被称为税法解释上的“经济观察法”（Wirtschaftliche Betrachtungsweise），它是税法解释上最早主张不拘泥于“法律的文字表述”，而应考虑税法调整对象的经济关系和相关经济现象的规定。①

由于税法是分配法，它尤其要关注相关主体在经济上的给付能力和经济上的事实关系，因此，无论是对相关事实的认定，还是对税法进行解释，都应从经济的角度进行观察，特别要观察其经济生活、经济事实的实质，恰当地运用“经济观察法”。

---

① 参见〔日〕金子宏：《日本税法原理》，刘多田等译，中国财政经济出版社1989年版，第75页。

根据“实质高于形式”的一般原理，当相关主体的经济事实的形式与实质不符时，则同样应当“揭开面纱”，以其经济事实的实质或实际情况，作为税法适用的依据。

但是，任何原则的适用都是有局限的，实质课税原则也不例外。事实上，该原则有其特定的适用领域，因而不能毫无节制、漫无边际地适用，否则，税收法定主义的精神将被侵蚀殆尽，国民对经济活动将毫无预测可能性，税法将无安定性可言。

有鉴于此，必须明确：实质课税原则或称经济观察法，不能作为补充课税要素的缺漏的方法；在运用该原则时，对于税法条文中有关经济上的意义的解释，不应超越可能的文义；不能借经济观察法而规避课税要素法定原则的适用。

此外，还需要明确实质课税原则的具体适用范围，或者说主要侧重于解决哪些问题。为此，下面着重介绍该原则的适用所能解决的主要问题。

二、实质课税原则所能解决的主要问题

实质课税原则主要用来解决以下几个问题：(1) 课税对象在经济上的归属问题；(2) 对符合课税要素的无效行为应否征税的问题；(3) 对满足课税要素的违法行为应否征税的问题；(4) 税收规避行为的否认问题。现分述之。

(一) 课税对象的归属问题

对于课税对象的归属，前已述及，它作为一个关系要素，直接影响到具体的纳税主体的确定，也涉及一系列的税收法律关系的成立。一般说来，在经济上获取、支配、享受商品收入、所得、财产的主体，才是课税对象所归属的纳税主体，那些仅在名义上取得上述征税对象，而在实际上并不能支配或从中获益的主体，并不是真正的应税主体。因此，在这种情况下，应当从经济生活和经济事实的实际出发，确定真正的课税对象的归属。

(二) 无效行为的课税问题

在私法上无效的行为，是否应当对其经济效果征税，这是税法实践中的一个重要问题。由于税法所关注的是经济生活的实质，关注的是纳税人有无纳税能力，而不是经济事实的法律外观是否合乎其他法律的规定，因此，对私法上无效的行为，主要应依其是否发生经济效果、有无经济收益，来决定是否应对其征税。

一般说来，如果无效的行为由相关主体做有效履行，并发生了经济上的效果，且当事人维持其效果的存续，则可以对该由无效行为产生的经济效果征税，不受私法上的无效的影响。与此相应，一个行为即使有效，但由于并未被实际履行，从而并未发生相应的经济效果，并未满足课税要素，则仍然不能对

其征税。可见，对于私法上的行为是否有效，经济效果是合法抑或非法，税法并不关注。在税法上所需关注的是经济生活的事实是否合乎税法的规定，是否满足课税要素，从而判定应否征税。

（三）违法收益的课税问题

违法是导致私法行为无效的重要原因。对于直接的违法行为所产生的收益是否应当征税，也是理论和实践中的一个重要问题。对于这类问题，曾经存在过不同的认识，但现在的认识已经日渐趋同。

一般认为，违法（包括违反善良风俗）行为所产生的收益，无论是赌博、贩毒还是贪污、盗窃等违法收益，只要满足课税要素，就可以对其征税。因为这些收益的取得，提高了违法者的经济上的支付能力和纳税能力，因而当然应当征税。如果对合法收益都征税，而对违法收益却不征税，则是很不公平的。为此，违法收益获得者应当负有申报的义务①，而征税机关只需依据税法规定的课税要素征税，关注的仍然主要是经济效果，而不需对是否违反其他法律进行实质审查。当然，如果违法行为被查处，并因而发生了违法收益被没收、追缴或返还被害人等情况时，征税机关可与相关执法机关协调，采取退税或其他更正措施。

上述基于经济实质而对违法收益征税的理论，对于实践有很大影响。在许多国家，地下经济的规模都越来越大，无照经营的情况很多。对于无照经营行为，自应依法取缔；对在取缔前因无照经营所产生的违法所得，则因其符合课税要素，因而可以依据税法进行征税。

（四）税收规避的否认问题

税收规避行为，是纳税人通过选择与实现其经济目的不相当的法律形式，来绕过相关税法的适用，从而减轻或免除其税负的行为。有关税收规避行为的一些问题，在后面还要专门探讨，在此主要介绍实质课税原则的适用问题。

税收规避行为的实质，是通过不当的私法上的法律形式的选择，来避免本来正常情况下应选择的法律形式，从而使通常应满足的课税要素不能得到满足，或者使税基减少，进而实现不纳税或少纳税的目的。在这种情况下，如果仅仅重视外观形式，而不考虑其经济实质，则会使税法的有效调整落空。

事实上，由于纳税人通过变通的法律形式，同样可以达到通常应有的经济效果，因此，从经济能力或纳税能力的角度，从量能课税和公平负担的角度，都应当从纳税人获取经济效果的实质出发，否认其用以规避税法的私法形式，否认其私法权利滥用的行为，对其实质上的经济效果征税，这样才能有效地遏

① 有的学者认为，征税机关对纳税人的申报所得，即使知道该所得是违法所得，原则上也负有保密义务。参见陈清秀：《税法总论》，台湾三民书局1997年版，第196页。

制税收规避的行为，弥补税法的罅漏。

对于税收规避行为的否认，在税法规定中亦有体现。例如，税法赋予征税机关税额调整权的情形，即属此类。但是，在税法没有明文规定的情况下，能否运用实质课税原则来否认税收规避？对此存在不同的看法。肯定者认为，实质课税原则作为补充税法罅漏的方法，当然在税法没有规定的情况下也可以适用，并且，遏制税收规避与实现税法的目的也是一致的。在肯定者中，也有人认为在适用该原则时应慎重，以避免出现历史上滥用经济观察法的情况。否定者认为，从税收法定主义出发，如果没有法律依据，就不能直接否认税收规避行为，以防止征税机关滥用征税权。可见，此类问题还有待于进一步深入研究。

第七章 重复征税

要在不同的主体之间有效地分配税权，以实现税收利益的平衡，维系税法的良性运作，固然离不开前述的课税要素、征纳义务的有效确定，以及税法的有效解释，但同时，还必须注意两个重要的问题，一个是重复征税问题，另一个是税收逃避问题。这两个问题对于保护国家和相关主体的税收利益都很重要。有效地解决上述问题，既是税法的重要任务，也是税法制度的特色所在。本章主要介绍有关重复征税的理论，下一章则介绍有关税收逃避的理论。

第一节 重复征税的含义和分类

重复征税，是一个含义较为复杂的概念。因此，需要对其多重含义先作出具体的解析，然后再对其作出具体的分类，这样才能更好地把握解决重复征税问题的制度。

重复征税是一个影响非常广泛的问题。在理论和实践层面，都非常具有现实意义。为了能够更好地解决重复征税的问题，需要先对重复征税的理论作较为深入的研究，这对于国际和国内的重复征税问题的解决，都甚有裨益。

一、重复征税的多重含义

所谓重复征税，从广义上说，就是指对同一纳税主体、同一征税对象或税源不止一次地征税。之所以要在广义上加以界定，是因为这样定义才能涵盖各种形态的重复征税；才能通过概念的具体化，从不同的角度，揭示重复征税的下述多重含义：

首先，从纳税主体的角度说，对同一纳税主体征收两次或两次以上的税，即构成重复征税。这里强调的是同一纳税主体承担了两次或两次以上的税负，而至于是否课征了同一种税，或者是否对其同一税源征税，则在所不问。据此，即使是同一纳税主体被分别课以商品税、所得税，也属于重复征税。

其次，从征税对象的角度说，对同一征税对象或税源征收两次或两次以上的税，即构成重复征税。这里强调的是同一征税对象或同一税源，而至于纳税主体是否同一，则在所不问。据此，对于公司的利润，在征收了公司所得税之后，如果该税后利润又分配给股东，则股东在获取股息收益后，又可能依法缴纳个人所得税。这样，对于作为同一税源的利润，实际上是两次征税；虽然是分别向公司、股东课征，但在理论上也属于重复征税。

最后，从征税主体的角度说，如果对于同一纳税主体或者同一征税对象，在一个征税主体征税以后，另一个征税主体又征收一次，则也构成重复征税。据此，一国对投资于该国的公司征税以后，如果该公司的母国又对其征税，则构成重复征税；同样，如果一国对某公司的所得征税，另一国对该公司的同一所得也征税，则也构成重复征税。

可见，如果从广义上来理解重复征税，则重复征税的情况是很多的，并且由此会形成重复征税的多重含义。为了便于把握和理解重复征税的概念，在理论研究上一般都把上述各种情形加以整合和概括，从而形成通常的重复征税概念。

通常的重复征税，一般是指同一征税主体或不同的征税主体，对同一纳税人或不同纳税人的同一征税对象或税源，进行两次或两次以上的征税行为。这是通常意义上的重复征税，也是研究重复征税问题的重心。

重复征税在有些情况下可能是多重的，但在一般情况下往往是两重的，因而重复征税也往往被统称为双重征税（double taxation）。当然，从学术的意义上说，还是称重复征税较为严谨。

二、重复征税带来的问题

对于重复征税带来的问题，同样可以从不同的角度来分析。

从纳税主体的角度说，如果重复征税是因对同一纳税主体征税造成的，则这种重复征税会加重纳税人的税负，影响纳税人的生产经营和生活质量，使承受重复征税之苦的纳税人与未被重复征税的纳税人，在税法上的地位、待遇有所不同，从而会影响市场主体之间的公平竞争和社会分配的公平，进而可能会对经济和社会发展也产生一定的负面影响。

从征税主体的角度说，如果重复征税是因不同的征税主体都对同一纳税主体或同一征税对象征税造成的，则重复征税反映了不同征税主体之间的税收利益的分配问题，同时，也反映了它们在税权方面的冲突。如果征税主体是不同国家或其职能部门，则会影响国际关系，从而影响国际经济的发展；如果征税主体是一国内部的不同有权征税主体，则可能会带来一国法制和税制上的运作困难。因此，重复征税对于征税主体之间的关系协调也是不利的。

可见，无论是对于纳税主体还是对于征税主体，无论是对于私人经济还是对于公共经济，重复征税的负面影响都是显而易见的，并且，通常对于纳税主体的影响更为巨大。因此，如何解决重复征税所带来的各种问题，如何针对重复征税的具体情况，在税法上作出相应的制度安排，应是税收法制建设的一个重要任务。

要解决重复征税带来的问题，必须找到重复征税的具体成因，必须对重复征税分门别类，对症下药，有的放矢。因此，非常有必要对重复征税作出具体的分类，并在分类的过程中，阐明各类重复征税的成因，从而为重复征税问题的解决奠定基础。

三、重复征税的分类

重复征税，依据不同的标准，同样可以有多种分类。下面简要介绍其中较为重要的一些分类。

（一）不同性质的重复征税

重复征税依其性质的不同，可以分为税制性重复征税、法律性重复征税和经济性重复征税三大类。这是非常重要的分类，对于税法的理论研究和实践具有重要意义。

1. 税制性重复征税

所谓税制性重复征税，是指由于一国实行复合税制所导致的重复征税。如前所述，单一税制仅在理论状态上存在过，世界各国（包括地区，下同）在税制实践中实行的都是复合税制或称复税制；而只要一国实行复合税制，由于征收多种税而导致的重复征税就不可避免。

例如，在世界各国，由于同时开征了两种以上的税，因此，对于一个纳税主体或同一纳税主体的同一税源，从大的税类来说，往往既征收商品税，又征收所得税，甚至还可能征收财产税；从小的税种的角度说，可能会征收商品税中的增值税、消费税、营业税、关税中的一种或几种，也可能会征收所得税中的企业所得税或个人所得税，等等。这样，任何一个纳税主体一般都可能被征收多种税，或其同一税源被多次征税，从而使税制性重复征税在各国成为一种普遍现象。

2. 法律性重复征税

所谓法律性重复征税，是指由于对同一纳税人行使了法律依据不同的税收管辖权所导致的重复征税。可见，法律性重复征税，其形成原因不是由于实行复合税制，而是由于行使不同的税收管辖权。而税收管辖权的不同，则是导因于法律依据的不同，故此种重复征税的性质被称为法律性重复征税。

法律性重复征税，从征税主体的角度来说，非常强调其税收管辖权的不同，或者说，强调其所享有的税权在法律依据上的差异；从纳税主体的角度说，则更强调不同税收管辖权所针对的承担税负的主体的同一性。因为只有这样，同一纳税主体才会承担双重的或多重的纳税义务。

此外，上述不同的税收管辖权，一般是由不同的征税主体来行使的。通常，各类征税主体可以行使同种税收管辖权，也可以行使不同种类的税收管辖权；即使是同一征税主体，也可以依法行使不同种类的税收管辖权。在各类征税主体同时行使相同种类的税收管辖权时，法律性重复征税一般是能够避免的。恰恰是在不同征税主体行使不同种类的税收管辖权时，法律性重复征税的问题才会凸显出来。因此，不管各类征税主体是同一国家的还是不同国家的，只要是在行使不同种类的税收管辖权，就会发生法律性重复征税。

3. 经济性重复征税

所谓经济性重复征税，是指由于对不同纳税人在经济上的同一税源征税所导致的重复征税。与上述的法律性重复征税不同，经济性重复征税的形成原因并非法律上的税收管辖权的差异以及由此而形成的冲突，而是不同纳税主体在经济上的税源的同一性。法律性重复征税强调承担非单一税负的主体是同一主体；而经济性重复征税强调的则不是纳税主体的同一性，而是税源的同一性。

经济性重复征税，最为典型的例子是对公司和股东的重复征税，因为这种情况非常普遍。从法律上说，公司和股东并非同一主体，是不同的纳税人，这是基本的共识。公司的利润在依法缴纳所得税以后，如果税后利润再分配给股东，则在符合法定课税要素的情况下，获取股息的股东又需要依法缴纳个人所得税。这样，对于利润这一税源，实际上是征收了两次税，这种情况被认为是典型的经济性重复征税。对于此类问题，在本书后面的相关部分还会作具体的探讨。

（二）不同层面的重复征税

重复征税依其发生的层面，还可分为国内重复征税和国际重复征税两类。所谓国内重复征税，是指在一国的领域范围内发生的重复征税。所谓国际重复征税，是指超越一国领域，而在两个或两个以上的国家的领域范围内形成的重复征税。这都是在广义上作出的界定，从而使上述不同性质的重复征税可以涵盖其中。

如果把上述三种不同性质的重复征税，分别归入国内重复征税或国际重复征税，则在理论上可以形成以下具体分类：国内的税制性重复征税和国际的税制性重复征税，国内的法律性重复征税和国际的法律性重复征税，以及国内的经济性重复征税和国际的经济性重复征税。

上述具体分类，实际上体现了按性质分类与按范围分类之间存在的交叉，这种交叉对于具体判定某种重复征税的具体性质和所涉及的范围、法律适用的领域等，是很有意义的。由于上述具体分类要以不同性质的重复征税可能在国内、国际的范围内发生为前提，因而下面有必要分别介绍三类不同性质的重复征税在国内、国际层面上发生的可能性。

1. 税制性重复征税发生的可能性

在税制性重复征税方面，由于税制的确定一直被认为是国家主权的重要体现，因此，各国实行的不尽相同的复合税制都是由各国自己决定的，这就使税制性重复征税主要在一国国内普遍存在。但随着经济全球化、区域经济一体化的迅速发展，在某些情况下，也可以存在国际的税制性重复征税。随着区域经济一体化的进一步深化和发展，特别是随着相关国家以及国际组织的税收协调的进一步加强，超越一国领域的税制性重复征税会越来越多。

2. 法律性重复征税发生的可能性

在法律性重复征税方面，过去对国际的法律性重复征税研究较多，甚至认为国际重复征税主要就是法律性重复征税。应当承认，在国际税法中，法律性重复征税的存在及其解决确实非常重要，但这并不意味着在国内就不存在法律性重复征税的问题。事实上，由于法律性重复征税导因于不同的征税主体的税收管辖权在法律依据上存在差异，因此，如果这些征税主体属于同一国家，就会存在国内的法律性重复征税；如果征税主体属于不同的国家，当然就可能存在国际的法律性重复征税。

对于国内的法律性重复征税，过去研究较少，其实这个问题很重要。在某些国家，由于税权相对较为分散，联邦、州或者中央、地方等级次都享有自己的税收立法权，因此，在一国国内必然存在行使不同税收管辖权的主体，它们的税收管辖权的法律依据不尽相同。这样，在有些情况下，就会存在国内的法律性的重复征税。

其实，即使在我国，也存在法律性的重复征税。例如，我国存在着“一国两制”的情况，在香港、澳门实行着不同于内地的税收制度，在税收管辖权的法律依据和具体行使方面都有很多的不同。这样，在一个主权国家的领域内，实际上存在着不同的税收管辖权冲突，因此，同样有国内的法律性重复征税的问题。对于这些问题，都需要通过有效的协调来加以解决。

除了上述国内层面的法律性重复征税以外，国际层面的法律性重复征税还大量地存在着。由于这种重复征税非常有代表性，在实践中也非常重要，因此，它是国际税法需要解决的重要问题。其中的相关问题在后面还要做具体探讨。

3. 经济性重复征税发生的可能性

在经济性重复征税方面，由于具有同一经济税源的不同纳税人，既可能同处一国，也可能位居不同的国家，因此，既可能发生国内的经济性重复征税，也可能发生国际的经济性重复征税。前者如对于同处一国境内且为该国居民的公司及其股东的利润和股息的征税，后者如对于跨国公司及其股东的利润和股息的征税。

（三）不同向度的重复征税

重复征税依其向度的不同，可以分为纵向重复征税、横向重复征税和斜向重复征税。这里的纵向、横向与斜向的区分，主要是看不同征税主体的法律地位及其相互之间的利益分配关系。

所谓纵向重复征税，是由于不同级次的征税主体分别行使不同的税权而形成的重复征税。例如，在中央政权和地方政权分别享有税收立法权等税权的情况下，就可能形成对同一纳税人的同一征税对象或税源的重复征税。这种重复征税，反映了税收利益的纵向分配关系，也体现了征税主体之间在税权上的主从地位。

所谓横向重复征税，是由于相同级次的征税主体分别行使不同的税权而形成的重复征税。例如，一国内部相同级次的两个地方税收当局，或者一个税收管辖区与另一个相同级次的税收管辖区的当局，如果都对同一或不同的纳税主体的同一征税对象或税源征税，就会发生横向重复征税的问题。这种重复征税，反映了税收利益的横向分配关系，也体现了征税主体平等的税权地位。

所谓斜向重复征税，是由于无直接隶属关系的不同级次的征税主体分别行使不同的税权而形成的重复征税。例如，一国的某个省或州的征税当局同其他省或州所属的地方征税当局，如果都对同一或不同纳税主体的同一征税对象或税源征税时，就会形成斜向的重复征税。这种重复征税，反映了税收利益的斜向分配关系，也体现了征税主体之间的既非主从，也非平等的税权地位。

上述三个向度的重复征税，在国内和国际层面都可能存在。但也有学者认为，由于不存在超国家的政体或组织，因此在国际层面不应存在纵向的重复征税。① 但如果考虑到经济全球化和区域化的迅猛发展，也不应排除国际层面的纵向重复征税的可能性。

值得注意的是，国内重复征税与国际重复征税，既体现了征税主体及其税收管辖权的差异，也体现了隐藏于其后的利益分配上的冲突。因此，研究国内与国际两个层面上的重复征税所体现的分配关系，是很有必要的。

四、重复征税的解决

重复征税是在税法的实施过程中产生的一个重要问题。由于重复征税给纳税主体和征税主体都会带来许多方面的负面影响，特别是对于纳税人权益的公平保护十分不利，因此，对于重复征税的问题必须要考虑如何解决。而要解决重复征税的问题，主要应针对重复征税的成因来采取相应的措施。

如前所述，重复征税的成因主要是由于各国实行复合税制、行使不同的税收管辖权，以及对同一税源重复课税，因此，只有消除这些产生重复征税问题的根源，才能彻底解决重复征税问题。

---

① 参见葛惟熹主编：《国际税收教程》，中国财政经济出版社 1987 年版，第 61—62 页。

在上述诸多原因中，复合税制是各国的共同选择。之所以选择复合税制，是因为考虑到现代国家对财政的大量的、有弹性的需要，考虑到资源的有效配置和对经济运行进行宏观调控，考虑到社会财富的公平分配以及基本人权保障等问题。因此，从总体上说，实行复合税制，是同实现税收的三大职能直接相关的，是别无选择的选择。也就是说，复合税制是不可能废除的。相应的，税制性重复征税就不可避免，它在某些情况下恰恰是在发挥着重要的积极作用。

复合税制不能废除，并不意味着复合税制就特别完善和合理。对于复合税制，同样要通过立法等途径使其不断完善，使税制结构、税种搭配都更加合理，这样才能更好地发挥其通过税制来实现税收政策目标的作用。

此外，由于对同一税源重复课税所产生的经济性重复征税，主要与不同纳税主体的经济活动有关，当然也与税法上的相关规定有关。因此，解决经济性的重复征税问题，应当从形成税源的经济活动入手，同时，辅之以法律上的相应安排。由于经济性重复征税是企业所得税等领域最为突出的问题，因而有关其法律安排的问题，在后面企业所得税制度的部分还会具体介绍。

从税法研究上说，解决重复征税的重点并不是税制性重复征税，而是法律性重复征税和经济性重复征税。其中，法律性重复征税问题至为重要，是税法制度和税法研究上必须要解决的重要问题。在法律性重复征税方面，主要涉及税收管辖权的确立与冲突问题，对冲突的国际协调问题，以及避免重复征税的具体方法问题。下面几节主要介绍这些方面的内容。

第二节 税收管辖权的确立和冲突

如前所述，法律性重复征税，是指由于不同的征税主体对同一纳税人行使了法律依据不同的税收管辖权所导致的重复征税。其中的核心问题是税收管辖权的问题，特别是不同征税主体的税收管辖权的冲突问题。可以说，要解决法律性重复征税，就不仅要解决税收管辖权的确立问题，还要在实质上解决税收管辖权的冲突问题。

在税收管辖权的确立方面，各国都有自己的原则，从而形成了行使管辖权的具体原则。税收管辖权的冲突之所以会存在，法律性重复征税之所以会发生，与税收管辖权行使原则的不同有直接的关系。因此，下面就介绍各国确立税收管辖权的原则、税收管辖权的行使及其冲突的解决。

一、确立税收管辖权的原则

依据税权分配理论，税收管辖权是国家或政府在税收方面所拥有的各类权力，它是国家主权在税收领域的体现。税收管辖权具有独立性和排他性，它体现着一个国家在征税方面行使权力的完全自主性，以及在处理本国事务时享有不受外来干涉和控制的权力。[①]

由于税收管辖权被公认为是国家主权的一个重要组成部分，因此，税收管辖权被认为是主权国家在征税方面所拥有的不受约束的权力。但实际上，国家的税收管辖权仍然要受到一些因素的制约，特别是要受国家政治权力所能达到的范围的制约。一国政治权力的边界主要可以从两个方面来加以界定：从地域或称空间的角度来看，一国的政治权力所能达到的范围应当包括该国领域范围内的全部空间；从主体或人的角度来看，一国的政治权力所能达到的范围应当包括该国所有的公民或居民（包括自然人和法人）。上述两个方面的界定，形成了一国行使各类管辖权都应遵循的基本原则，即属地原则和属人原则。

属地原则与属人原则的区别，起源于一个基本的问题，即国家的治理，究竟应当通过对人的管辖，还是通过对地域的管辖来实现。侧重点不同会导致形成的原则也不同。税法上的属地原则和属人原则，也与这个基本问题有关。为此，在税法理论上对两个原则一般有如下界定：

所谓属地原则，通常是指以纳税人的收入来源地或经济活动地为标准，来确定税收管辖权行使范围的一种原则。它是由国家对其领域的最高管辖权引申出来的，是各国行使税收管辖权以及其他管辖权的最基本的原则。

依据属地原则，国家和政府可以且只能对相关主体在该国领域内发生的所得或经济行为行使税收管辖权，而不能对其源于境外的所得或在境外从事的经济活动征税。根据各类税收的不同特点，各国一般是对间接税适用属地原则，而对直接税则适用属人原则。

所谓属人原则，是以相关主体的国籍和住所等人的因素为标准，来确定税收管辖权行使范围的一种原则。依据该原则，税收管辖权的行使，要受到对“人”的界定的制约，即只能对依相关标准确定的该国的居民和公民行使税收管辖权。属人原则在所得税、遗产税等直接税的征收中适用非常普遍。

属地原则和属人原则是一国确立和行使税收管辖权的基本原则。但是，一国税收管辖权的确立和行使究竟仅依据某个原则，还是同时适用各个原则，在国际上并无统一规定，各国完全可以根据本国的实际情况，来确定本国所适用的确立和行使税收管辖权的原则。

根据属地原则和属人原则的区分，可以把税收管辖权分为地域管辖权和居民管辖权（包括公民管辖权）两类。这两类税收管辖权的行使，对于国家和相关主体的税收利益分配，是十分重要的。为此，各国一般都会基于自身利益的

① 参见杨志清：《国际税收理论与实践》，北京出版社 1998 年版，第 32—34 页。

考虑来行使这些管辖权，从而会形成税收管辖权方面的冲突。

二、税收管辖权的行使及其冲突的解决

税收管辖权作为一国主权的重要组成部分和体现，其行使是不受他国或某个国际组织的约束的，除非该国同意受其约束。由于各国行使税收管辖权是不受约束的，因而在其行使过程中，不可避免地会发生一些冲突，这种冲突同样需要在国际和国内两个层面来加以协调和解决。

（一）国际层面的税收管辖权冲突的解决

在税收管辖权的选择和行使方面，几乎所有的国家都按属地原则行使地域管辖权，要求跨国纳税人向其应税行为发生地的所在国纳税。与此同时，多数国家又都按属人原则行使居民管辖权。因此，多数国家是同时兼行两种税收管辖权。[①]

需要说明的是，对于税收管辖权的选择，各国可以根据本国的政治、经济和财政政策等来自行选择，这是国家的主权问题。事实上，由于税收管辖权的选择直接关乎国家的财政利益，因此，各国都会尽量理性地作出有利于本国的选择，尤其可能会努力扩大有利于本国的税收管辖权的行使范围。随着国际经济交往的日益频仍，发达国家与发展中国家的经济交往越来越密切，不仅涉及税收利益在相关国家之间的公平分配，也会产生一些国家在利益上的对立、冲突，因此，必须对相关国家之间的利益进行协调。在税收领域，尤其要对各国税收管辖权的行使进行协调。

随着各国企业的跨国经营越来越多，经济全球化的趋势越来越明显，各国因行使税收管辖权所导致的冲突也越来越多。为了避免税收管辖权的冲突，在国际上已形成了几种主要的解决冲突的方式，包括管辖权的单一选择、双边或多边的税收协调，等等。而之所以会形成这些解决冲突的方式，主要是考虑到了税收管辖权冲突的下列成因：

首先，税收管辖权的冲突与相关国家所行使的税收管辖权的种类有关。在相关国家（地区）选择多种税收管辖权的情况下，就可能发生多种税收管辖权的冲突。例如，美国、墨西哥同时行使地域管辖权、居民管辖权和公民管辖权，这极易发生与其他国家（地区）之间的税收管辖权的冲突。相反，在许多国家或地区只选择地域管辖权的情况下，就可以避免冲突。例如，巴西、阿根

---

① 除了上述两种主要的税收管辖权之外，还有少数国家行使公民管辖权，这种管辖权也是依据属人原则来行使的一种税收管辖权，因而有一些学者认为它也属于居民管辖权。但也有学者认为应对两种税收管辖权加以区别：依据居民管辖权，对本国居民，不论其是哪国公民，都可对其依法征税；而依据公民管辖权，则不论本国公民居住何国，都可依法对其征税。

廷等一些拉丁美洲国家，以及文莱、我国的香港地区等，都按属地原则，行使单一的地域管辖权。由于地域管辖权的自我限定会避免管辖权冲突，因此，如果一国选择了地域管辖权，就不会与其他国家发生冲突。

其次，在无法左右税收管辖权选择的情况下，在地域管辖权与居民管辖权发生冲突的情况下，应当确定哪个权力是优先的。这是在解决各类权力冲突问题时必须采取的措施。根据长期的实践，已经形成了一种国际惯例，即地域管辖权优先于居民管辖权适用。但是，这种优先并不是无限的。它只能确定跨国纳税人有限的纳税义务，即仅能对跨国纳税人源于本国境内的应税收入等课税对象征税。这种优先权的安排对于解决税收管辖权的冲突甚为重要。

最后，尽管上述各种方法对于解决税收管辖权的冲突都会起到一定作用，但最为根本的，仍是相关国家之间在税收上的国际协调，尤其是相关国家之间的税收条约和税收协定的制定。目前，相关国家之间已经制定了大量的税收协定，对于缓解税收管辖权的冲突起到了重要作用。

可见，税收管辖权的冲突与各国所行使的税收管辖权的种类密切相关。因此，如果各国能在税收管辖权的类型选择上相互避开，就能够在相当大的程度上避免国际层面的冲突。但是，由于对各国税收管辖权的选择无法加以约束，而只能靠各国单边的意愿，因而不能过分指望通过不同种类的管辖权的选择来实现避免冲突，只能在发生冲突时考虑确定哪种管辖权具有优先的效力，并通过大量的国际协调来有效地在相关国家之间分配税收利益。

此外，应注意的是，因税类不同，税收管辖权的冲突程度也有所不同，因而在进行税收的国际协调方面是应当区别对待的。例如，商品税的征收一般是适用属地原则，由国家行使地域管辖权；而所得税和财产税的征收一般是适用属人原则，由国家行使居民管辖权。也正因为如此，在商品税领域，由于各国都是适用属地原则，因此除了具有涉外性质的关税以外，其他国内税都不存在国际税收管辖权冲突的问题。目前涉及税收管辖权冲突最多的是所得税和财产税领域，在这方面的研究也最多。在后面相关制度的探讨中，还将涉及。

（二）国内层面的税收管辖权冲突的解决

对于国内的税收管辖权冲突问题，研究还很薄弱。如前所述，国内税收管辖权的冲突，可能主要有以下几种情况：（1）在联邦制国家，各级政府都有税收立法权、税收征管权，税收管辖权的问题也相对较为突出，这是一国之内的税收管辖权的冲突问题。（2）在一国境内存在多个不同的税收管辖区的情况下，也会形成国内税收管辖权的冲突。例如，中国的税法制度，实际上是存在着特殊的税法领域，在中国内地是一套制度，而在香港和澳门地区则又是各自独立的一套制度。在这几个税收管辖区之间，存在着区际冲突。（3）在更广泛的意义上，税收管辖权的冲突还可能在一国行使不同的税收征管权的征税机关之间形成，如在税务机关与海关之间，甚至在税务系统的国税机关与地税机关之间，也都可能产生税收管辖权的冲突。在上述几种情况中，前两种税收管辖权的冲突一般均无疑义，它们分别体现了国内层面的税收管辖权的纵向冲突与横向冲突。为了解决纵向冲突，需要通过相关的体制改革，特别是通过立法来加以解决；为了解决横向冲突（其中也含有一定的纵向因素），需要进行横向的协调。根据古老的"平等者之间无管辖权"的原则，确定税收管辖权的合理界定问题。例如，中国内地已与香港地区达成了"关于对所得避免双重征税的安排"[①]，这与以往国家之间以及国家与地区之间订立的相关的条约、协定等都是不同的，对于这种新的税法渊源，需要深入研究。

在上述不同层面的税收管辖权冲突中，国内的税收管辖权冲突相对容易解决，因为它毕竟主要是主权国家的内部协调问题；而国际的税收管辖权冲突，则相对说来是不易解决的。在国际的税收管辖权冲突的解决方面，靠单边的努力是远远不够的，而恰恰需要进行大量的国际协调。为此，有必要对避免重复征税的国际协调问题做重点介绍。

第三节 避免重复征税的国际协调

如前所述，在国际层面解决税收管辖权冲突、避免重复征税的重要举措，是进行国际协调。这是在宏观的制度层面避免重复征税的主要方式。

由于法律性重复征税导因于不同征税主体的税收管辖权差异，因此，必须使不同征税主体能够在征税权的行使上协调起来。一般说来，国内税收管辖权冲突的协调相对较为容易一些，而国际的税收管辖权冲突由于涉及不同国家的税收利益，且往往涉及主权问题，因此，协调相对困难。但也正由于不易协调，而本身又非常重要，因而在税法理论和实践上一直备受关注。

随着各国经济、法律的迅速发展和联系的日益紧密，税制协调也越来越多，其中一项重要任务就是解决重复征税问题。国际层面的税制协调，主要体现为对不同的税类和税种的协调，并且，这种协调还会进一步影响国内的税制协调。由于商品税和所得税的协调对于解决重复征税问题最为重要，故下面就以这两个税类的协调为例，来说明相关的问题。

一、商品税领域的国际协调

各类商品税制度的协调，首先涉及商品税的管辖权问题。确立商品税管辖权的原则有两个，一个是产地原则，一个是消费地原则。产地原则要求，不论

---

① 可参见2006年《内地和香港特别行政区关于对所得避免双重征税和防止偷漏税的安排》。

商品在哪里消费，只要是产地在本国的，都要课税；而消费地原则要求，不论商品的产地在哪里，只要是在本国消费，就要课税。对于上述两类商品税的管辖权确定原则，如果不加以协调，也同样会产生税收管辖权的冲突，导致国际重复征税，使国际贸易中的商品同时要负担出口国和进口国两个国家的国内商品税，从而使其在进口国的市场上很难与进口国本国生产的同类商品进行公平竞争。可见，商品税领域的重复征税同样会阻碍国际贸易的发展，因而必须考虑如何避免国际层面的重复征税。

避免商品税的国际重复征税方法比较简单，由于商品税实际上都是依据属地原则来征收的，即不管是产地原则，还是消费地原则，都只是行使地域管辖权的具体原则，因此，协调起来还是较为方便的，只要相关国家都采取同一种原则，就可以避免商品税领域的重复征税，关键是各国同时适用哪种原则为好。

经济学家的研究表明，如果各国国内商品税实行单一的税率，且税率可以随时调整，则采取哪种原则都可以。如果各国税率不统一，则统一实行消费地原则，是比较有利的。由于各国的税率在现实中是不统一的，因此，在世界范围内推行消费地原则是较为有利的[①]，该原则更符合税收效率原则的要求。

此外，即使是从国家间公平的角度来看，根据公认的国家间税收公平原则，一国只应对本国的消费者课税，而不应对外国的消费者课税，即一国不应实行税负输出政策，把税负转嫁给外国消费者。由于外国的消费者并未享用出口国提供的公共物品，其承担税负是不合理的，在国家之间的财政收益分配上也是有失公平的，因此，各国应统一实行消费地原则，以求避免因适用产地原则所导致的将商品税的税负由外国消费者承担的不公平的情况。

可见，消费地原则既符合效率原则，又符合公平原则，因此，它被过去的《关贸总协定》和其他一些国际协定所采纳。例如，《关贸总协定》在许多条款中都有进口国对进口商品适用消费地原则课税的规定，并鼓励出口国实行出口退税。[②] 目前，在WTO框架下，世界各国的国内商品税制度对于国际贸易商品基本都实行消费地原则。我国也从1985年开始按照消费地原则实行出口退税制度，对此在增值税制度的部分还将做研讨。

---

① 关于“适用消费地原则更为有利”的推导，可参见朱青编著：《国际税收》（第四版），中国人民大学出版社2009年版，第344—347页。

② 依据《关贸总协定》第6条第4款规定，一缔约国的产品输入到另一缔约国，进口国不得因产品在出口国已经退税便对它征收反倾销税或反补贴税。另外，关于第16条的补充规定也指出，退还与所缴数量相等的国内税，不能视为出口补贴。此外，在进口方面，《关贸总协定》第3条第1款规定，进口国可以对进口产品征收国内税，但不能用此办法对国内输出提供保护，即虽然实行消费地征收原则，但也不能进行税收歧视。

在各国普遍实行消费地原则以后，商品税的管辖权冲突就可以得到有效的避免，这对于降低国际贸易的壁垒，推动国际贸易的自由化，促进资源在全球范围内的配置，是非常有意义的。

二、所得税领域的国际协调

（一）所得税制度的国际协调概貌

与商品税的国际协调不同，从总体上说，所得税的国际协调目前尚未上升到全球协调的高度，主要体现为区域性的协调和双边的协调。

各国在所得税领域进行的国际协调，主要通过订立税收协定来实现。其主要目的是解决相关国家之间在税收管辖权上的冲突，以避免对跨国纳税人的所得进行重复征税；同时，也要加强税收信息的交流，以防止跨国公司的偷漏税行为。因此，许多税收协定都定名为“关于对所得避免双重征税和防止偷漏税的协定”，其内容主要是两个方面，一方面是从保护跨国纳税人权益的角度，规定如何避免对其所得进行重复征税；另一方面是从保护相关国家的财政利益的角度，规定如何防止纳税人的偷漏税行为。这实际是一个问题的两个方面，也体现了国家与纳税主体之间的利益协调与平衡。

所得税的国际协调是频繁的、大量的。自从普鲁士和奥匈帝国在 1899 年签订世界上第一个解决对所得重复征税的国际税收协定以来[①]，随着在所得和财产领域的国际重复征税的日趋普遍，各国陆续签订了一系列的税收协定。由于第二次世界大战以后国际投资活动更为普遍，因而由国际投资引起的双重征税问题也更为突出。目前，世界各国所签订的数以千计的避免双重征税的协定，主要是解决所得税领域里存在的各国因税收管辖权的冲突所导致的重复征税问题的。

联合国成立以后，由于当时“冷战”阴影长期笼罩，它没能很好地发挥在税收的国际协调方面的作用，因而实际上是经合组织（OECD）的前身——欧洲经济合作组织（OEEC，1961 年该组织为 OECD 所替代）发挥了较大的协调作用，从而使经合组织的《关于避免所得和资本双重征税的协定范本》（简称《OECD 范本》）于 1963 年得以出炉，并迅速为许多国家所承认。事实上，国际上的大部分税收协定都是以该范本为基础来订立的。

随着国际税收关系的复杂化，以及国际经济交往的频仍，上述的《OECD

① 一般认为，世界上最早的税收协定，可以追溯到 1843 年比利时与法国签订的协定，该协定主要是解决两国之间在税务问题上的相互合作和情报交换等问题。参见葛惟熹主编：《国际税收学》（第四版），中国财政经济出版社 2007 年版，第 267 页；朱青编著：《国际税收》（第四版），中国人民大学出版社 2009 年版，第 281 页。

范本》也需随之进行调整，由此导致了 1977 年及其以后的协定范本的出台。但是，由于 OECD 是发达国家俱乐部，因而该协定范本也主要考虑的是发达国家的利益，主要强调的是居民管辖权，从而使发展中国家的利益不可能得到充分的保护。为了顺应广大的发展中国家保护自身合法权益的要求，联合国又组织起草了有关发达国家与发展中国家之间的税收协定范本。在联合国专家的努力下，《发达国家与发展中国家关于双重征税的协定范本（草案）》（简称《UN 范本》）得以于 1979 年通过，并成为协调经济发展水平不同的两类国家之间的税收关系的正式参考文件。

上述两个范本经过多次修订，在相关国家进行税收协调方面发挥着重要作用，并且这种作用表现得越来越明显。在两个范本的产生和发展过程中，一些区域性的国际组织也曾公布过一些税收协定范本，如英联邦国家、非洲法语国家的税收协定范本和安第斯条约成员国、经互会成员国的避免双重征税的协定等。但是，随着《UN 范本》和《OECD 范本》的影响力和示范效应的增强，各国近些年来都越来越多地以这两个税收协定范本为依据来订立税收协定。由此可见，两个范本在增进相关国家的税收协调方面，尤其是在加强所得税领域的国际协调方面是功不可没的。

从上述两个税收协定范本中，不难看出相关国家之间的利益冲突。这种利益的冲突具体地表现为发达国家与发展中国家的冲突，因为两类国家的经济发展水平不同，资本、商品、人员、信息的流动能力不同，从而使得发展中国家主要是资本的输入国，而拥有跨国公司非常多的发达国家主要是资本的输出国，并由此形成两类国家之间的利益冲突。这种利益冲突已经越来越突出，因而需要不断地进行国际协调。

此外，由于上述的两个税收协定范本直接影响到各类税收协定的现实签订，从而影响到对于跨国纳税人的税收管辖权的行使以及国家间的税收利益分配。因此，对于不同国家的税收管辖权的确定也应进行探讨。

（二）东道国地域管辖权的确定

上述所得税制度的国际协调，其中的一个重要内容是相关国家的税收管辖权的协调。这主要包括两个方面的问题，一个是居民身份的确定问题，它直接影响到母国的居民管辖权的行使，也直接关系到纳税主体地位的确定；另一个是所得来源地的确定问题，它直接影响到东道国的地域管辖权的行使，涉及谁有权先对跨国纳税人所得征税的问题。由于企业是国际经济交往中最重要的主体，同时，地域管辖权通常被认为具有优先地位，并且是各个国家都要行使的，因此，有必要以企业为例，探讨其各类所得来源地的确定问题，因为它是相关国家行使地域管辖权的基础。

企业的所得一般主要包括经营所得、投资所得和财产所得。它们的来源地的判定，直接影响着东道国能否行使税收管辖权。因此，有效的标准是解决此类管辖权冲突的基础。

依据上述的税收协定范本及各国签订的税收协定的主要规定，企业经营所得的来源地的判定，主要有两种标准，一种是常设机构标准，另一种是交易地点标准。前者主要由大陆法系国家采行，后者主要由英美法系国家采行。[①] 可见，两大法系的差别是普遍存在的，如果对这种差别不进行有效的协调，则可能会在相当的程度上构成税法国际协调的一种障碍。我国在判定营业所得来源地方面，不是采行交易地点标准，而是采用大陆法系国家通行的常设机构标准。

在企业投资所得的来源地的判定方面，对于股息、利息所得，目前各国一般是以股息、利息的支付者的居民国为股息、利息所得的来源地；对于特许权使用费，则主要按特许权的使用地、特许权所有者的居住地或者特许权使用费支付者的居住地为特许权使用费的来源地。

在企业财产所得的来源地的判定方面，对于不动产所得，各国一般均以不动产的实际所在地为不动产所得的来源地。但对于动产所得的来源地，其判定标准各国不一，主要是动产的转让地、转让者的居住地等。

上述的东道国的税收管辖权的确定，主要是从各类所得来源地的角度所作的界定，它与征税对象的地点联系更为密切。正是在长期的国际协调中，在国家之间的税收利益分配的反复博弈中，形成了地域管辖权优先的惯例和规则。但也应看到，无论从国家间公平的角度，还是从国际税收法律实践的角度或其他的角度来看，地域管辖权只是优先，绝非独占，居民国仍然要行使其居民管辖权，因此，对居民国的税收管辖权也要予以关注。

（三）居民国居民管辖权的确定

与东道国的地域管辖权的确定不同，居民国（或称居住国、母国）的居民管辖权的确定，主要是与纳税主体的资格有关，而不是与征税对象有关，因为居民管辖权是按照属人原则来确立的，因而它与主体的关系更为密切。从纳税主体的资格来说，主要取决于相关国家确定居民的标准，即哪些主体可以作为本国的居民，从而要对其行使居民管辖权。

在上述的《UN 范本》和《OECD 范本》中，其一般用语都涉及“人”和“公司”等，这对于研究跨国公司的所得税规制是有直接意义的。其中，“人”即纳税主体，作为一个广义的概念，是缔约国一方或同时为双方的居民，包括

---

① 英国的法律规定，只有在英国进行的交易所取得的收入才属来源于英国的所得。美国税法也规定，在美国从事贸易和经营活动所取得的利润属于来源于美国的所得，并且，是以货物的实际销售地为来源地，并不注重合同的签订地点。

自然人、公司和其他团体。而这里的“公司”，既包括法人团体，也包括在税法上视为法人团体的实体。

在母国的居民管辖权的确定方面，最为重要的是居民资格的确定。但是，各国的国内法对于居民的确定标准是不尽相同的，从而可能会引起冲突。因此，从长远来看，确定居民身份的标准也需要在一定的程度上进行国际协调。对于“公司”而言，目前各国立法上所确定的居民标准主要是注册地标准、总机构所在地标准、管理和控制地标准，以及选举权控制标准等。

依据注册地标准，凡是按照本国的法律在本国注册登记成立的法人，都是本国的居民。由于一个组织只有依法注册登记才能取得法人资格，因此，通过注册地来确定居民身份是较为可行的，并因而成为一种常用的标准。

依据总机构所在地标准，凡是总机构（法人的主要营业所或主要办事机构）在本国的法人，即为本国的居民。实际上，总机构通常负责制定法人的重大经营决策，统一核算法人的盈亏，它通常就是总公司。由于总机构与公司的经营决策直接相关，从而又影响到公司的经营利润，因此，运用这一标准来确定公司的居民身份也是有意义的。

依据管理和控制地标准，凡是管理和控制机构设在本国的法人，无论其在哪里注册，都是本国的居民。由于法人的所得税与其经营活动密切相关，而法人的管理和控制机构所在地实际上就是公司的营业地，因此，采行这一标准也是有道理的。

依据选举权控制标准，如果法人的选举权和控制权被本国居民股东所掌握，则该法人即为本国的法人居民。采行这一标准，主要是考虑到法人与其股东是不可分割的，尤其与有选举权的股东是不可分割的。

在上述的诸多标准中，最常用的是注册地标准，以及管理和控制地标准。① 有的国家只采行其中的一种标准，有的国家则同时采行上述两种标准，只要具备其中之一即可认定为本国的居民。此外，也有国家在采行上述两种标准的同时，也采行总机构标准，从而有两种或三种标准的组合。② 至于选举权控制标准，则极少有国家实行。目前在主要国家中，只有澳大利亚在实行注册地、管理和控制地标准的同时，兼采选举权控制标准。

在上述的注册地、总机构所在地和管理中心所在地三种标准中，注册地标

---

① 例如，美国、法国、瑞典等国均只采行注册地标准；墨西哥、新加坡等国只采行管理和控制地标准；德国、加拿大、印度、英国、瑞士等国则同时采行注册地标准以及管理和控制地标准，只要具备其中的一个标准即可认定为本国的居民。

② 例如，日本、韩国、比利时同时实行注册地标准和总机构所在地标准；葡萄牙、挪威等国同时实行管理和控制地标准；而新西兰和西班牙同时采用注册地、管理和控制地、总机构所在地三种标准。

准更侧重于法律意义上的税收管辖权；管理中心所在地标准更强调的是经济活动中心，重视收入的经济来源；总机构所在地标准既强调了经济上的意义，同时也考虑到了决策的法律意义。

上述标准的确立，对于有效地配置各国对本国居民的税收管辖权，有重要的意义。它有助于相关国家协调居民认定的标准，从而有助于更好解决税收管辖权的冲突，进而避免或解决对跨国纳税人的重复征税问题。

总之，无论是上述东道国的地域管辖权的确定，还是居民国的居民管辖权的确定，只要依照相关的标准在相关国家之间进行有效协调，就能够在很大的程度上缓解税收管辖权的冲突，从而使重复征税相应地得到避免。由于税收管辖权是与跨国纳税人的税收负担联系在一起的，因此，还需了解避免重复征税的具体方法。

第四节 避免重复征税的具体方法

如前所述，重复征税最主要的原因是税收管辖权的冲突，国际重复征税的产生，主要是由于不同国家对同一跨国纳税人同时分别行使地域管辖权和居民管辖权所造成的冲突。为了有效地缓解税收管辖权的冲突，解决国际重复征税问题，许多国家都加强了税收领域的国际协调，承认地域管辖权的优先地位，并在行使税收征收管理权的过程采取一系列具体的方法来避免重复征税。

目前，由于商品税领域的重复征税问题已基本解决，因此国际社会努力的方向是避免对所得和财产的重复征税。从解决的主体来看，主要可分为单边方式和非单边方式两种。其中，单边方式是指一国通过本国的税收立法单方面规定一些避免国际重复征税的措施；而非单边方式（一般多为双边方式），则是指两个或两个以上的国家，通过签订专门的税收协定来避免重复征税。无论是哪种方式，由于地域管辖权具有优先地位，因此采取避免重复征税的具体方法的国家一般都是行使居民管辖权的国家。

需要注意的是，通常所说的“避免重复征税”，实际上只是一般的说法，因为重复征税并不一定都能完全“避免”，有时只是得到减轻或缓解而已，仅是为了表述方便和体现追求目标，一般才称为“避免重复征税”。这对于理解避免重复征税的具体方法的实施效果很重要。

一、避免重复征税的具体方法概述

在各国税法和国际税收协定中，通常采用的避免重复征税的方法主要有四种，即扣除法、减免法、免税法和抵免法。这些方法主要用于避免对所得的重复征税。

所谓扣除法，是指一国政府对本国居民源于国外的所得征税时，允许其将该项所得已负担的外国税款作为费用，从应纳税的国外所得中扣除，从而只对扣除后的余额征税。扣除法只能减轻重复征税，但并不能彻底解决重复征税问题。为此，联合国和经合组织的两个税收协定范本都不主张在税收协定中采用此法，但在美国、德国、荷兰、法国等国家的国内立法中，则允许在一定条件下采用扣除法。

所谓减免法，是指一国政府对本国居民的国外所得按较低的税率征税，而对其在国内的所得则按较高的标准税率征税，也称低税法。由于减免法不是完全免税，只不过有一定的减免税的效果，因而它也只是减轻但不能免除重复征税。减免法仅在比利时等个别国家的税法中被采用过。

所谓免税法，是指一国政府对本国居民的国外所得免予征税，而仅对其源于国内的所得征税。在实行免税法的情况下，居民国完全放弃了对本国居民源于国外所得的征税权，因而可以有效地避免重复征税。为此，两个税收协定范本都把免税法作为避免重复征税的方法来推荐，同时，法国、瑞典等国家在其国内法中也规定可以有条件地适用免税法。

所谓抵免法，是指一国政府在对本国居民的国外所得征税时，允许其用国外已纳的税款在本国应纳税款总额中依法进行抵扣，从而使其免除国外所得在本国的纳税义务。由于抵免法可以有效地避免重复征税，因而两个税收协定范本都将其推荐为避免重复征税的重要方法，许多国家也都在本国的立法中把它规定为一种重要的避免重复征税的方法。

在上述各类方法中，扣除法和减免法都不能彻底地消除或避免重复征税，因而不能作为避免重复征税的主要方法；免税法虽然能够较为彻底地避免重复征税，但由于它是以牺牲居民国的税收利益为代价，而且有时还会使税收规避行为更加猖獗，因此，它是一个不宜大量、普遍适用的避免重复征税的方法；只有抵免法，既能较为彻底地避免重复征税，又不以牺牲居民国的税收利益为代价；既承认了地域管辖权的优先地位，又不放弃居民管辖权；既有利于维护国家利益，又有利于各类纳税人进行公平竞争，因而是在各类避免重复征税的具体方法中最好的一种方法。

由于抵免法具有许多优点，在各国的国内立法和相关税收协定中适用普遍，因而有必要在下面对抵免法的一些重要内容再略做展开介绍。

二、抵免法的主要内容

抵免法也称税收抵免（tax credit），依据不同的标准，可以分为全额抵免和限额抵免、直接抵免和间接抵免等。这些不同种类的税收抵免，是抵免法主要内容的体现。为此，下面主要介绍各类税收抵免方法，并对与之相关的税收饶让问题一并予以说明。

（一）全额抵免和限额抵免

在适用抵免法的情况下，政府允许本国的居民用在国外已纳的税款来抵扣其在本国应交纳的税款，但这并不意味着该居民在国外已纳的税款就全部都能从其在本国应纳税款中扣除，因为各国一般都要求抵扣的具体数额应依据本国税法规定的税率来计算。由于各国对税率的规定不可能完全一致，因此，就会出现有时能够全部抵免，有时不能全部抵免的情况。

一般说来，如果居民母国的税率高于或等于其在外国适用的税率，则其在外国已纳的税款就能够在回国汇总纳税时得到全额扣除；反之，如果居民母国的税率低于该居民在国外适用的税率，则其在国外缴纳的税款就不能在回国汇总纳税时一次性地全部得到扣除。那么，在外国税率高于本国税率的情况下，应当如何进行抵免呢？这就涉及是实行全额抵免还是实行限额抵免的问题。

所谓全额抵免，就是对本国纳税人在外国多缴纳的税款予以退还，或用来冲抵其国内所得应缴纳的税款，这样，本国纳税人在国外缴纳的税款就全部都得到了抵免。所谓限额抵免，就是本国纳税人的抵免额，不得超过其在外国所得依照本国法律规定税率计算的应纳税额。在限额抵免的情况下，就会出现跨国纳税人在国外已纳的税款不能得到全部抵免的情况。

由于实行全额抵免对居民国的税收利益很不利，因此，各国一般都规定实行限额抵免。应当说，实行限额抵免，既有利于避免重复征税，也有利于保护居民国的税收利益。

此外，还应注意，在实行限额抵免的情况下，抵免限额只是允许纳税人抵免本国税款的最高数额，它未必就是纳税人的实际抵免额。

（二）直接抵免和间接抵免

所谓直接抵免，就是跨国纳税人可以用其在外国直接缴纳的税款抵扣其在本国应缴纳的税额。直接抵免一般适用于同一经济实体的所得税抵免，因此，作为同一经济实体的自然人的个人所得税抵免，以及总公司与分公司的公司所得税的抵免，都可以进行直接抵免。只要纳税人缴纳的外国税款不超过本国的抵免限额，其在外国已纳税款就可以全部用于冲减本国的应纳税额。

所谓间接抵免，就是跨国纳税人可以用其在外国间接缴纳的税款抵扣在本国应缴纳的税额。间接抵免一般适用于在经济上存在紧密的关联关系而在法律上又各自独立的经济实体的所得税抵免。通常，间接抵免主要适用于母公司从其子公司分得股息在国外负担的税款的抵免。由于母公司与子公司是不同的法人，母公司分得的股息来源于子公司在国外的税后利润，即该股息已负担了外国税款，等于是母公司通过其子公司在国外间接缴纳了税款，因此，母公司可以进行间接抵免。

从抵免法的实践来看，间接抵免不如直接抵免应用普遍。这有多方面的原因。例如，在实行间接抵免的国家，一般都规定，只有当本国公司拥有外国公司一定比例以上的股权时，才可以适用间接抵免。事实上，许多重要国家都规定，只有在本国公司直接或间接拥有外国公司10%以上的有表决权股权时，本国公司从外国公司得到的股息才可享受间接抵免待遇。此外，间接抵免只适用于法人，而不适用于自然人，从而使个人股东从外国公司分得的股息所承担的所得税不能得到间接抵免。这也是对间接抵免适用范围的一个限制。

三、税收饶让

税收饶让是与税收抵免密切相关的一项制度。所谓税收饶让，也称饶让抵免，是指一国政府对本国居民在国外应纳所得税税款中得到减免的部分，视同其已经缴纳，并允许其用得到外国减免的税款来抵免在本国应缴纳的税款。

上述定义表明，税收饶让与税收抵免有密切的关联，它是在税收抵免的基础上所作出的制度安排；它并不是旨在消除重复征税的一种方法，而是居民国对本国居民给予的一种税收优惠措施。

税收饶让的特殊性在于，它是一种“虚拟抵免”，即居民国对其居民在国外得到税收减免优惠的那部分所得税，视同已经缴纳，同样给予税收抵免，而无须据实补征。本来，如果按照一般的税收抵免制度执行，纳税人享受国外税收优惠待遇的所得，完全应当据实按照本国的税法纳税，并不会因此加大纳税人应承受的税负；但在实行税收饶让制度的情况下，居民国实际上是放弃了这部分可以得到的税收利益，以让利于本国的居民，从而使国外的税收优惠政策能够得到具体落实。

税收饶让作为一种税收优惠，它先是由外国作出，继而由本国予以认可和支持，因而实际上是两国共同施予的优惠，只不过先作出优惠的给惠国是以牺牲自己的税收利益，来让利于跨国纳税人；而跨国纳税人的居民国，则也是放弃了本来可以得到的因给惠国实施税收优惠而“溢出”的部分税收利益，从而使跨国纳税人能够真正享受给惠国的税收优惠。

税收饶让一般是在发达国家与发展中国家之间展开。发展中国家为了吸引外资，往往要实施一系列的税收优惠规定，特别是在所得税领域要实行许多税收减免政策，从而使发达国家的大量投资者能够得到税收优惠。但如果该投资者的居民国只是实行一般的税收抵免制度，则对于投资者所享有的税收优惠部分也要予以补征，就会使跨国投资者无法最终得到税收优惠，并会使发展中国家让渡给纳税人的税款，转化为发达国家的税收收入，这对于世界经济的发展和国家间关系的协调，都是不利的。为此，发展中国家一般都要求发达国家实行税收饶让制度。目前，已有许多国家基于自身利益的考虑，在国内税法或相关的税收协定中，规定了税收饶让条款或制度。但也有美国等少数发达国家不实行税收饶让制度，或者在税收协定中要求发展中国家给予对等的税收饶让。

第八章　税收逃避

如前所述，在税法上必须有效解决两个重要问题：一个是重复征税问题，一个是税收逃避问题。其中，重复征税问题对于纳税人的权益保护更加重要，而税收逃避问题则对于有效保护国家利益，全面实现税法的宗旨更加重要。

税收逃避问题是关系到具体的税收征管、税法实效以及税法秩序的重要问题，在国内和国际两个层面都需要予以重视。因此，有必要在探讨税收逃避的基本含义和基本方式的基础上，来进一步探讨税收逃避的规制问题。

第一节　税收逃避的含义

一、税收逃避的定义

所谓税收逃避，是相关主体通过采取一系列的手段，逃脱已成立的纳税义务，或者避免纳税义务成立，从而减轻或免除税负的各类行为的总称。由于税收逃避行为会直接影响国家的税收收入，同时，又会减轻相关主体的税收负担，因而是各类税法主体都非常关注的一类行为。其外延比税收规避更大。

税收逃避，与相关主体的纳税义务直接相关。由于税收是私法主体的一种负担，各类市场主体或其他相关主体，从自身的利益出发，都希望税负尽可能低，从而使其税后的收益最高，因此，各类纳税主体实际上都普遍地存在着降低自己税负的动机，这是任何理性的“经济人”都会存在的一种利益驱动。从经济意义上说，这是无可厚非的。

依据课税要素理论，纳税义务是否成立，取决于相关主体的行为和事实是否满足税法规定的课税要素。只有在满足课税要素的情况下，相关主体才负有纳税义务，从而才能成为具体的纳税人，才需要依法去履行具体的纳税义务。可见，纳税义务的成立要件是法定的，而纳税义务的数量，也是需要依法进行量化的。纳税人要降低自己的税负，就必须改变那些影响税负的课税要素，或者使自己的行为或事实不符合课税要素。

对于上述影响课税要素的行为，在税法上的评价是：影响课税要素是可以的，但前提是必须合乎法律的规定、合乎税法的原则和宗旨。由于纳税人有依法降低自己税负的权利，因此，通过影响课税要素来降低税负是符合经济性原则的；但该降低税负的权利只能依法行使，尤其要符合税法的宗旨和基本原则。可见，对依法降低税负的权利同样不能滥用。这对于理解税收逃避问题非常重要。

在上述税收逃避的定义中，并未具体指出相关主体逃脱纳税义务或者避免纳税义务发生的行为的合法性，以及税收逃避的具体手段、方式等问题，从而也并未说明相关主体行为的合法性问题，而只是强调这一类行为的总称。之所以如此，是因为上述问题很复杂，并不是单一性质的问题，在一个定义中很难作出直接的、简练的概括，因而需要通过具体的分类和相关概念的比较来揭示和说明。

二、税收逃避行为的分类

税收逃避依据不同的标准，可以作出不同的分类。其中，以下几种分类是比较重要的：

（一）逃脱行为和避免行为

根据税收逃避的定义，可以依行为的目的，将税收逃避行为分为逃脱行为和避免行为。所谓逃脱行为，就是为了逃脱全部或部分纳税义务而采取的各种欺骗性行为。所谓避免行为，就是为了避免纳税义务成立而采取的各种正当的和不正当的行为。

上述两类行为的目的不同，而且发生的具体情形也不同。逃脱行为是在相关主体的行为或事实满足课税要素，因而抽象的纳税义务已经成立的情况下，为了逃脱该义务，而制造假象，企图使人误以为其纳税义务没有成立的行为。而避免行为则与之不同，它是通过采取一系列的行为，使行为人的相关行为或事实不能满足或不能充分满足法定的课税要素，从而使纳税义务不能成立，进而不承担相应的纳税义务的行为。

（二）合法的税收逃避和违法的税收逃避

依据税收逃避行为的合法性，可以将税收逃避行为分为合法的税收逃避和违法的税收逃避。在各类税收逃避行为中，相关主体所从事的正当的、符合税法宗旨的不违反税法规定的行为，是合法的税收逃避；相关主体从事的不正当或欺诈性的、违反税法宗旨的不合乎税法规定的行为，是违法的税收逃避。

确定税收逃避的合法与违法，不仅在理论上有重要价值，而且在实践中尤其有重要意义。它涉及对相关主体的义务的认定，以及税法对其行为是否作出肯定的评价等问题，直接关系到各类主体的具体利益。

（三）国内税收逃避和国际税收逃避

依据税收逃避行为发生地域的不同，税收逃避可以分为国内税收逃避和国际税收逃避。凡是税收逃避行为发生在一国境内的，即为国内税收逃避；凡是税收逃避行为的发生超越一国国境的，即为国际税收逃避。作出上述分类，有助于进一步认识税收逃避行为的主体、客体的地域分布，也有助于确定税收利益的变动空间和在哪些主体之间发生转移，对于认识税收逃避的具体方式及应采取的规制措施，也有帮助。

需要注意的是，实施国内税收逃避的主体未必都是该国的居民，实施国际税收逃避的主体也未必都是外国的居民。也就是说，两类税收逃避的划分标准并不是主体的国籍，而是逃避行为所涉及的空间范围。

（四）逃税行为和避税行为

依据税收逃避行为的目的和合法性标准，可以把税收逃避行为大略分为逃税行为和避税行为。这是非常重要、非常普遍的一种分类。

所谓逃税行为（或称偷税行为、税收偷逃行为），是为了逃脱已成立的纳税义务，不缴或少缴应纳税款，而采取的各种欺诈性的行为，它具有突出的违法性。

所谓避税行为（或称税收规避行为），是为了规避税法，避免纳税义务成立，而采取的各种正当的和不正当的行为。对于此类避税行为是否合法，一直存在不同的认识，在实践中的做法也很不一样。其实，对于避税行为的合法性，确实不能一概而论，恰恰需要区别对待。

为了说明避税行为的合法性及其具体内涵，可以把上述的避税行为称为广义的避税行为，它可以再分为狭义的避税行为和节税行为。这两类避税行为在性质上是不同的，需要做具体的分析。

所谓狭义的避税行为，是指相关主体为了降低或免除税负，利用税法规定的罅漏而实施的避免纳税义务成立的各种行为。狭义的避税行为与上述的逃税行为不同，它不具有直接的违法性，并不违反税法的直接规定，因而也有人认为它是不违法的甚至是合法的。应当说，狭义的避税行为在形式上确实不违反税法的直接规定，因为它只是利用了税法上的罅漏，但如果从税法上有关加强征管、堵塞漏洞等立法宗旨考虑，则该罅漏恰恰是需要补充的，因此，这种狭义的避税行为实际上是违反税法宗旨的，正是在这个意义上，有许多学者认为，它同样是具有违法性的。

所谓节税行为，是指相关主体为降低或免除税负，依法作出的符合税法宗旨的各类避免纳税义务成立的行为。节税行为的直接效果是使纳税数额得到节减，从而使总体税负得到降低或免除。与狭义的避税行为不同，节税行为不是利用税法上的漏洞去实现税款节省的效果，而是有意不去从事那些导致纳税义务发生的行为；它不仅在形式上合法，而且在实质上也与税法的宗旨相一致，甚至还是国家鼓励的行为，因此，它具有实质上的合法性。

可见，上述的逃税行为与避税行为，又可进一步分为逃税、避税（狭义）与节税三种行为。通常，在这三种行为的合法性问题上，学者一般认为，逃税行为是违法行为；狭义的避税行为（tax avoidance）是形式上合法，但实质上不合法的行为，也有人称其为形式合法但不合理的行为；节税行为是形式上合法，实质上也合法的行为，也有人称其为既合理又合法的行为。

此外，由于狭义的避税行为、节税行为的合法性，与是否违反税法的宗旨，是否违反国家在经济上对于相关主体行为的预期等有关，因此，狭义的避税行为因其违反税法的宗旨，有时被称为“逆法避税”；而节税行为则因其符合税法的宗旨，有时被称为“顺法避税”。这些具体的分类及对各类行为的具体性质的认识，有助于加深对税收逃避概念的理解。

三、相关概念的比较

与税收逃避及其具体分类相关的概念有很多，通过对这些相关概念的比较，有助于进一步认识税收逃避的定义，也有助于进一步理解税收逃避的具体类型或分类。

（一）税收逃避与税收逋脱

“税收逋脱”，是美国著名学者塞利格曼的用语，它是指纳税人实际并没有负担税收的一部或全部的现象，具体包括给政府带来收入的税负转嫁行为，以及不给政府带来收入的各种税收逃避行为。显然，税收逃避与税收逋脱是不同的，税收逃避的概念更多地关注相关主体逃避行为的目的及其合法性，而税收逋脱的概念则更多地关注政府的收入的影响及其可控性。如果说税收逋脱的概念更关注税收的经济意义，则税收逃避的概念更关注法律对税收活动的规制。

此外，由于税收逃避行为都是使政府收入减少的行为，而这些行为不过是税收逋脱的体现，因此，税收逋脱的概念要大于税收逃避的概念。

（二）税收逃避与税收违法

税收违法行为，也有人称为税收脱法行为，它与税收逃避行为联系十分密切，因为在税收逃避行为中，存在着大量的税收违法行为。但是，两者之间只是一种交叉关系，因为税收违法行为中也有一些不属于这里的税收逃避行为。例如，从主体来看，税收违法的主体不仅可以是纳税人，还可以是扣缴义务人等相关义务人、征税机关及其工作人员等各类主体；而税收逃避行为的主体则主要是已经发生了纳税义务或可能发生纳税义务的相关主体。

又如，从行为性质来看，在税收逃避行为中，虽然有许多属于违法行为，但也有合法行为，还可能有较为模糊的非合法行为；而税收违法行为则均不具有合法性。此外，从行为方式来看，由于税收违法行为的主体更加多样，因而方式也更加复杂，其中的某些行为是税收逃避行为所不能包含的。

（三）逃税与偷税

在税收逃避行为中，逃税行为是影响很大的一类行为。一般认为，逃税

(tax evasion) 作为一个外文语词的直译，与我国税法上所称的“偷税”并无实质区别。如前所述，逃税通常是指纳税人采取虚报、隐瞒、伪造等非法手段来向征税机关实施欺诈，以达到减轻或免除纳税义务的目的的各种行为。为此，它又被称为“税收欺诈”(tax fraud)。而依据我国税法的规定，偷税是纳税人采取伪造、变造、隐匿、擅自销毁账簿、记账凭证，在账簿上多列支出或者不列、少列收入，或者进行虚假的纳税申报的手段，不缴或者少缴应纳税款的行为。可见，通常的逃税概念与我国的偷税概念基本上是一致的。

此外，我国过去曾经在税法上分为偷税行为和漏税行为，这是依纳税人是否存在故意或过失所做的区分，有时也合称偷漏税。由于纳税人的主观过失不易界定，因而在税法上已不再适用漏税的概念，从而使同样强调违法的主观故意的偷税与逃税这两个概念可以更加一致起来。

(四) 节税与税收筹划

节税 (tax savings) 与税收筹划 (tax planning) 往往是被互换使用的概念。所谓税收筹划，通常是指通过依法事先作出筹划和安排，来尽可能取得更多的税收利益的行为。在把税收筹划的特点概括为筹划性、目的性和合法性的情况下，税收筹划被认为与节税并无实质差别。

此外，也有人认为，应当把税收筹划与节税区分开来。从广义上说，税收筹划是更大的概念，它可以采取节税手段，但也可以采取其他手段。无论是采取哪种意在少纳税或不纳税的手段，实际上都需要作出筹划。因此，从广义上说，各种税收逃避行为都需要事先作出理性的安排，都属于税收筹划。但是，在通常情况下，各国政府所认同的税收筹划，都是以合法节税为目的的税收筹划，而不是意图进行狭义的避税或逃税的筹划，从而使各国鼓励的税收筹划可以与节税一致起来。

四、税收逃避与纳税人权利

相关主体是否有权利进行税收逃避，对于纳税人的逃避行为是否一律要加以禁止？这涉及对纳税人权利的理解问题，也涉及对税收逃避的概念、分类等问题的全面认识问题。如前所述，纳税人享有依法降低自己税负的权利，没有超过法定标准多纳税的义务。对此，在一些著名的判例和判决中，已作出比较明确的回答。

例如，美国著名的汉德 (Hand) 法官曾指出：人们通过安排自己的活动来达到降低税负的目的，是无可非议的。无论他是富翁还是穷人，都可以这样做，并且，这完全是正当的。任何人都无须超过法律的规定来承担税负。税收不是靠自愿捐献，而是靠强制课征，不能以道德的名义来要求税收。此外，英国议员汤姆林 (Tomlin) 也曾针对“税务局长诉温斯特大公”(Duke of Westminster）一案指出：任何人都有权安排自己的事业，以依据法律获得少缴税款的待遇，不能强迫他多纳税。[1]

上述著名的法官和议员的观点都说明，人们可以为了节税，对自己的活动事先作出安排，以实现依法降低或免除税负的目标。

可见，从纳税人权利的角度说，纳税人有权依法进行税收筹划，国家不能用道德的名义劝说纳税人选择高税负，纳税人有权作出缴纳低税负的决策。但是，相关主体如果违法逃避税收负担，则是税法所不允许的。因此，在税收逃避的问题上，在把税收逃避分为合法的逃避与违法的逃避的情况下，对于合法的税收逃避行为，要充分考虑纳税人的权利，允许其从事意在节税的税收筹划；对于违法的税收逃避，则应要求纳税人必须依法履行纳税义务，同时应对税法的罅漏及时采取弥补措施。

第二节 税收逃避的方式

相关主体进行税收逃避，必须采取一系列具体的方式。研究这些方式，有助于进一步认识税收逃避的合理性、合法性、正当性等问题，从而能够更好地区分相关主体的经济考虑与国家的立法考虑之间存在的差异，同时，也能够为有效解决税收逃避问题提供重要的前提。

一、税收逃避的方式概述

税收逃避行为可以有多种分类，其中，逃税、避税（狭义）与节税的分类是比较重要和有代表性的，因为它所依据的是把税收逃避的目的性标准和合法性标准结合在一起的“双重标准”。为此，有必要以这种分类为基础，分别探讨这三种税收逃避行为的具体方式。

在上述三种税收逃避的方式中，逃税的方式主要是用各种虚假的现象掩盖其纳税义务成立的真实本质，因而其具体的方法主要是采取隐瞒、伪造、虚报等欺诈性的手段。避税的方式主要是寻找和利用税法上的漏洞，使相关的行为或事实恰好在税法调整的空白区域，从而避免纳税义务的直接成立。节税的方式主要是运用各种合法手段，通过系统地事先作出安排，利用纳税义务的成立相对于经济活动的滞后性，来依法降低实际税负或推迟纳税时间，实现获取税收优惠的节税效果。上述方式对于国内税收逃避和国际税收逃避一般都是适用的。

由于各类税收逃避的方式甚为复杂，实施的领域、范围和影响都不尽相

---

① 参见唐腾翔、唐向：《税收筹划》，中国财政经济出版社 1994 年版，第 13—14 页。

同，且逃税行为和节税行为的基本方式相对较为清晰，因此，下面主要选择影响较大且备受关注的避税行为的一般方式来加以介绍。

二、避税的基本方式

避税可以分为国内避税和国际避税，其基本方式大略相同。只不过由于国际避税涉及不同的税收管辖权和不同的税制，且实施的范围更加广阔，因而在方式上比国内避税可能更加多样化。为此，下面以国际避税的方式为例，来说明各类避税的基本方式。

国际避税通常是指跨国纳税人利用不同国家的税法以及国际税收协定中存在的差别和罅漏，来减轻或免除其国际纳税义务的行为。由于各国只是对符合课税要素的跨国纳税人才征税，只要改变课税要素中的纳税主体、征税客体要素，就可以实现避税，因此，国际避税的主要方式就是主体转移方式和客体转移方式，以及作为两种方式的结合的避税地方式。

（一）主体转移方式

主体转移方式，又称纳税人身份的改变，主要是指跨国纳税人通过跨境迁移，或者在一国境内避免成为该国居民，以改变相关国家的税收管辖权，从而实现避税目标的方式。

通常，主体转移方式是为了摆脱或规避高税国的居民管辖权，从而实现降低或免除税负的目的。所谓高税国，主要是指所得税和一般财产税等直接税较高的国家。如果一个跨国纳税人是高税国的居民，则该高税国就要对其行使居民管辖权，该纳税人就应负无限的纳税义务，即要将其源于世界各国的所得，依该高税国的税法汇总纳税，从而就要承担相对沉重的税负。因此，实现从高税国向低税国的主体资格变动，是主体转移的主要目的。

要改变纳税人身份，实现主体转移，就必须考虑各国确定居民的标准。由于各国通常可能依据国籍标准、住所标准、时间标准来确定居民身份，因此，要改变居民身份，避免承担无限的纳税义务，就必须针对这些标准作出相应的变更。

在适用国籍标准的情况下，作为跨国纳税人的自然人或法人，要实现主体转移，就必须设法改变国籍。但由于这会受到多种限制，因而该方法一般不易奏效。

此外，在适用住所标准或时间标准的情况下，跨国纳税人无论是通过住所的真正迁移还是短期迁移，或者通过缩短居住时间等方式，都可以比较容易地实现主体的转移，因此，这些方法是在主体转移方面采用较多的方法。

另外，还有一种主体转移的特殊方式，即税收协定的滥用。所谓税收协定的滥用，是指在税收协定大量规定税收优惠的情况下，本来无资格享受协定待遇的第三国居民，为了享受税收协定中的优惠待遇，通过采取各种手段来改变纳税人身份的一种方式。此种方式与前面的各种方式不同，它不是通过规避高税国的居民管辖权来减轻其无限纳税义务，而恰恰是通过获取居民身份来减轻其在另一协定国中的纳税义务。

（二）客体转移方式

如果说主体的转移是“人的流动”，则客体的转移就是“物的流动”。客体的转移不仅是指所得、收益等征税客体的转移，更重要的是与征税客体的形成密切相关的资金、货物、劳务等要素的转移。同主体转移方式相比，客体转移方式更具有隐蔽性和普遍性，远比主体转移方式复杂，从而成为国际税法领域的重要问题。

客体转移的具体方式可以有多种，如通过常设机构来转移收入和费用，从而实现避税；通过关联企业的转让定价来转移利润，从而实现避税，等等。其中，转让定价是最重要、最普遍的一种避税方式。因此，下面对转让定价问题略做说明。

转让定价（transfer pricing，或称转移定价）本来是一个中性概念，具有多重含义。从静态上说，转让定价作为一种价格，它是在关联企业之间的经济交往中形成的价格；从动态上说，转让定价作为一种贸易品价格的转移和让渡，与利润的转移和税收的规避直接相关。由于转让定价与避税行为密切关联，因而规制转让定价行为的制度，是非常重要的反避税制度。

转让定价与关联企业直接相关。关联企业是在经济上和法律上存在特殊关系或联系的一系列企业。它包括存在联属关系（affiliated relations）的联属企业，如总公司与分公司、母公司与子公司等，也包括在资金、销售、财务、人事等方面存在特殊利益关联的其他企业，对此在所得税制度部分还将谈到。

企业在经济交往中的价格主要分为两类：一类是在市场竞争中形成的市场价格，一类是在关联企业之间形成的转让价格或称转让定价，因此，凡是与价格有关的各类法律制度，必然会与转让定价制度发生关联。事实上，许多部门法都与转让定价有关。例如：（1）关联企业之间的控制与被控制的关系以及与此有关的转让定价的形成，与公司法、企业法直接相关；（2）转让定价与市场价格之间的差别以及由此而给企业竞争带来的影响，与反垄断法、反不正当竞争法的规制直接相关；（3）发生在不同国家的关联企业之间的转让定价，与国际贸易法以及外汇法的调整亦关系密切；（4）转让定价对于价格形成的影响，还涉及一国价格法的调整，等等。这些方面都说明转让定价所涉及的范围是非常广泛的。

从经济意义上说，关联企业的存在是有其合理性的，其转让定价行为对于企业自身的发展也确实很重要。但是，由于转让定价行为不仅影响资源在不同地域、国家的配置，而且还会影响国家的税收利益和企业之间的公平竞争，影响国家相关法律的有效实施，因此，从法律上说，不应对其坐视不管，而必须予以适当的规制。事实上，许多国家在相关法律中都有关联企业及其转让定价的规定，特别是在税法中，往往都专门规定相应的反避税制度。

需要注意的是，关联企业转让定价在很多情况下是以避税为目的，但在有些情况下也可能存在其他目的，特别是垄断市场、规避外汇管制等目的。因此，对转让定价行为需要相关法律的协同规制。

（三）避税地方式

避税地方式是一种综合的避税方式。对避税地的利用，涉及上述的主体转移方式、客体转移方式的许多具体做法，如国际迁移、转让定价、滥用税约等。

所谓避税地（tax heaven），又称避税港、避税天堂等，通常是指通过提供普遍的税收优惠而使跨国纳税人借以从事经常性的避税活动的国家和地区。对于何谓避税地，国际上尚无统一的定义，但对其大略都有一定的共识，一般都强调要把避税地同提供一般税收优惠的国家和地区区别开来，同时，也要注意不能把避税港同自由港完全等同。

国际避税地可以大致分为三种类型：(1) 不征收任何所得税或其他直接税的国家和地区，也称"纯国际避税地"，如百慕大、巴哈马、开曼群岛、瑙鲁、瓦努阿图等。(2) 虽征收某种所得税，但所得税税率较低的国家和地区，如列支敦士登、英属维尔京群岛、所罗门群岛、瑞士等。(3) 仅行使地域管辖权征收所得税，或者对某些特定类型公司提供特殊税收优惠的国家或地区，前者如巴拿马、塞浦路斯等，后者如卢森堡等。

上述各类避税地的主要特点是：国家或地区较小，地理位置特殊，财政规模小并有其他财源，从而可以大量地实施税收优惠；同时，这些国家或地区的基础设施、金融制度也较为完善，政局较为稳定，从而使跨国纳税人可以较为放心地将其确定为自己的避税地。①

跨国纳税人利用避税地进行避税活动的常用方式有两种，一种是虚构避税港营业，另一种是虚构避税地信托财产。前者主要是用来规避所得税，后者主要是用来规避财产税。其具体内容涉及国际税收和国际税法上的许多复杂问题，在此不再展开。

以上主要介绍了国际避税的主要方式，这些基本的避税方式有时在国内避税方面也是适用的，特别是在一个主权国家内部存在不同的税收管辖区，

---

① 参见葛惟熹主编：《国际税收学》，中国财政经济出版社 2007 年版，第 134—140 页；朱青编著：《国际税收》（第四版），中国人民大学出版社 2009 年版，第 125—133 页。

或者存在不同税境的情况下，由于其基本情况与国际的情况类似，即都存在不同的税负区，都存在着不同级次或类型的税收管辖权，因而避税活动同样会在高税区与低税区之间展开，这些国内避税的问题同样值得深入研究。

第三节 税收逃避的规制

对于税收逃避行为，各国都非常注意依据具体情况，通过税法进行规制。但对于不同的税收逃避行为，各国在税法上的规定也不尽相同。这既与各类税收逃避行为本身的差异有关，也是税法规制性特征的体现。

一、税收逃避的规制概述

税法的规制体现了税法对各类行为的态度和评价，这在税收逃避的规制方面体现得尤为突出。

一般说来，逃税行为因其本身具有非常突出的违法性，因而各国都对其严加禁止。各类逃税行为，轻则构成违法，重则构成犯罪，因而对逃税行为的处罚，始终是税法、刑法等法律中有关涉税处罚规定的重要内容。

此外，节税行为因其本身具有突出的合法性、顺法性，或者说与税法宗旨或立法目的存在着一致性，因而是各国在税法上都加以鼓励的。对于逃税行为的禁止与对节税行为的鼓励，恰好构成税法规制性的两个方面。

在上述两类行为之间，是处于过渡地带的避税行为。由于狭义的避税行为虽然在形式上不违反税法的规定，但在实质上有悖于税法的宗旨，因此，一般认为它是非合法的行为。避税行为虽然不会像逃税行为那样受到直接处罚，但可能存在税额调整并补足税款的问题，同时，也不会像节税行为那样受到鼓励。由于避税行为毕竟使国家的税收利益受到损失，因此，国家必须通过立法等途径，来弥补税法罅漏，从而做到亡羊补牢，避免再为避税者不当利用。

对税收逃避行为进行规制，必须依法进行。因此，税收立法就显得尤为重要。而税收立法实际上主要有两种方式，一种是单边立法，一种是通过国际协调进行税收立法。与此相适应，对于税收逃避的规制，实际上也主要是单边规制和国际协调规制两个方面。为此，下面主要介绍规制税收逃避的不同方式，以及不同类型规制的主要内容。

二、规制税收逃避的基本方式

规制税收逃避的基本方式有两种，即单边规制和国际协调规制，现分述之。

（一）单边规制

税收逃避的单边规制，是各国通过单方面的税收立法所进行的规制。单边规制的立法，主要体现为制定专门的规制税收逃避的条款和强化纳税人义务两个方面。

1. 规制税收逃避条款的制定

各国税法中规制税收逃避的条款，可以分为两类，即一般条款和个别条款。所谓个别条款，就是在某些税法中规定的旨在解决个别税收逃避问题的条款；而一般条款则是在税法中作出总体规定的适用于规制各类税收逃避行为的条款。由于个别条款存在一定的缺点，因此一些国家在税法中着重规定了一般条款或称概括条款，其中最为著名的是德国《税法通则》的规定。

根据德国《税法通则》第 42 条规定，任何主体均不得滥用法律事实的形成自由而规避税法的适用，不得滥用私法的形式及其形成可能性来逃避或减轻纳税义务，否则应依据与其经济活动相当的法律事实，予以适当调整后再对其征税。该条规定尤其强调，规避税法行为的实质，是滥用了税法以外的其他法律（主要是私法）赋予相关主体的法律事实的形成权，特别是滥用了契约自由的原则。此外，税法上所要规制的，是相关主体用私法允许的形式（如合同形式）来掩盖影响税负的经济事实的情况，强调对于滥用私法权利进行税收逃避的主体，必须依据实质课税原则，对其进行征税，同时，还应依法对其进行处罚。①

由于在各种类型的税收逃避中，避税的问题最为突出，需要着力进行规制，因此，许多国家都非常注重反避税条款的制定。例如，课税对象范围的不明确可能成为借以进行避税的漏洞，为此，美国、法国等许多国家都对相关的征税范围条款进一步予以明确；此外，一些国家还制定了综合性的反避税条款。其中，最为著名的是美国《国内税收法典》第 482 节有关关联企业转让定价的规定。

2. 纳税人义务的强化

为了加强对税收逃避行为的规制，一些国家还在税收立法和相关判例中进一步强化了纳税人的义务，这些义务主要体现为以下几个方面：

第一，纳税人负有延伸提供税收信息的义务。由于本国征税机关通常不能直接掌握居民纳税人在国外的经营活动的资料，因此，许多国家的税法都规定，居民纳税人要向居民国提供其在国外从事经营活动的信息。此外，居民纳

① 参见《德国租税通则》，陈敏译，台湾“司法部”2013 年版，第 65—69 页；葛克昌：《税法基本问题》，台湾月旦出版社 1996 年版，第 22—30 页；〔日〕金子宏：《日本税法原理》，刘多田等译，中国财政经济出版社 1989 年版，第 81—82 页。

税人以外的主体也可能成为提供税收情报的义务人。通过获取相应的税收信息，征税机关可以更好地对税收逃避行为进行规制。

第二，纳税人对某些交易行为有事先征得征税机关同意的义务。无论是居民纳税人，还是与其相关的主体，只要从事税法规定的某些特殊交易，就必须事先得到征税机关的同意，否则就会受到惩处。例如，英国税法规定，法人将住所迁往境外，或者将国内资产转移到由其支配的外国子公司名下，必须事先报经财政部同意，否则就要对其予以处罚。这对于防止税收逃避无疑是很有力的一项措施。

第三，纳税人在国际避税案件中负有证明义务。在国际避税案件发生时，征税机关要证明纳税人违法或有罪，必须举出有力的证据，但这对于征税机关无疑存在许多困难。为了改变征税机关要受举证之累的被动局面，一些国家在税法上规定：纳税人应当事后向征税机关提供证据，以说明自己没有从事避税行为，即实行“举证责任倒置”原则。例如，比利时所得税法规定除非纳税人能够提供相反的证据，否则，纳税人向纳税地支付的费用即被认为是虚假的，因而不能从应税利润中扣除。这种义务的规定，对于有效地规制税收逃避行为，有一定的积极意义。

（二）国际协调规制

除了上述的单边规制方式以外，通过国际协调方式来规制税收逃避行为也日益重要。国际协调规制，无论是双边方式还是多边方式，都主要体现为在税收协定中制定相应的规制税收逃避的条款，特别是反避税条款。

事实上，相关国家签订税收协定的一个重要目的以及税收协定本身应有的重要作用，就是防止税收逃避。正因为如此，许多税收协定的名称中，就有“防止偷漏税”的字样。在这些税收协定中，一般都规定各国要注意交换国际偷漏税的情报，且情报的交换并不局限于缔约国双方的居民，必要时也可以涉及第三国的居民，并允许缔约国将收到的情报用于法院诉讼。当然，相关国家同时也要尽到对情报保密的义务，尤其不得要求对方缔约国提供泄露跨国纳税人商业秘密的资料，以及违反相关法律和公共利益的情报。

上述需要由双方交换的情报包括：（1）一般的税务资料；（2）与跨国纳税人有关的档案资料；（3）有关跨国纳税人的专门资料。这些资料的交换方法，可以是经常交换或临时交换，也可以是双方约定的其他交换形式。

目前，各国不仅在一般的税收协定中订立情报交换条款，而且有些国家还订立了政府间交换情报的专门税收协定。如荷兰、比利时、卢森堡三国之间，以及斯堪的那维亚国家之间，都有此类税收协定。

事实上，在税收协定中一般都有特别条款，规定缔约国税务机关之间有相互协助的义务，以防止跨国纳税人从事转让定价等各种形式的税收逃避行为。

通常，这些条款包括有关关联企业的条款，有关利息、特许权使用费条款，有关常设机构条款等，这些条款对于在国际层面规制税收逃避行为非常重要。

除了上述单纯的情报交换以外，为了加强对税收逃避的规制，有的税收协定还规定，缔约的一方可以派员去对方国家境内进行实地调查，也可以对跨国纳税人在各自境内的活动进行同步调查和审计，并相互交换各自的成果。此外，也可以根据情况，展开跨区域的多边合作，以联合规制跨越多国的税收逃避行为。

近些年来，在国际税收协调规制方面，非常重要的是《多边税收征管互助公约》的签署和实施。作为一项旨在通过开展国际税收征管协作，打击跨境逃避税行为，维护公平税收秩序的多边条约，该《公约》自 1988 年由经合组织与欧洲委员会共同发起并向成员方开放签署，1995 年 4 月 1 日生效。2010 年 5 月，经合组织与欧洲委员会响应二十国集团号召，按照税收情报交换的国际标准，通过议定书形式对《多边税收征管互助公约》进行了修订，并向全球所有国家开放，该公约修订后，于 2011 年 6 月 1 日生效。

中国政府于 2013 年 8 月 27 日签署了《多边税收征管互助公约》，成为该《公约》的第 56 个签约方。自此，二十国集团成员全部加入了该《公约》。我国的全国人大常委会已于 2015 年 7 月 1 日作出批准加入该《公约》的决定，并作出了相关保留声明。

三、规制税收逃避行为的具体措施

针对税收逃避的各种方式，对其进行规制所应采取的具体措施也不尽相同。例如，对于逃税行为，主要应通过加强监管，加大打击力度，增大违法成本等措施来实现；而对于节税行为，则因其具有合法性，甚至是国家鼓励的行为，因而就不能采取限制性或禁止性措施。

由于在税收逃避行为中，避税行为最为复杂，因此，各国在确定规制税收逃避行为的具体措施时，也主要在这些方面作出了许多规定。例如，前面谈到在国际避税方面，主要有主体转移、客体转移、避税地等几种避税方式，与此相适应，各国也都采取了许多具体的规制措施，主要有以下几类：

（一）对主体转移方式的规制措施

为了规制跨国纳税人利用主体转移方式进行避税活动，许多国家都对存在避税动机的主体转移作出了一定的限制，甚至可能限制或禁止违反税法者离境；同时，在一些国家还增加了纳税人的义务。例如，德国的《涉外税法》规定，移居到避税地或不在任何国家取得居民身份，并与德国保持实质性经济联系的德国国民，将负有一种扩大的有限纳税义务，对其按更高的累进税率征税。与此类似，美国《国内税收法典》规定，如果一个美国人以逃避美国联邦所得税为主要目的而放弃美国国籍并移居他国，则在其移居后的10年内，美国仍对其保留征税权，并对其源于美国的所得和外国的有效联系所得，按照累进税率征税。

此外，对于各种以避税为目的而实施的“假移居”和临时移居，一些国家还通过采取不予承认的方法来加以限制；对于通过中途临时离境来避免成为居民，从而实现避税目的的跨国纳税人，许多国家都采取临时离境不扣减在本国的居住天数的做法，这样可以在一定程度上控制通过改变居民身份进行避税的行为。

另外，由于一些跨国纳税人可能通过税收协定的滥用来实现主体转移，因此，许多国家都采取了反滥用的措施。这些措施主要包括：一方面，尽量避免与避税地国家或地区签订税收协定，同时，通过各种具体规定，使企图通过税收协定来实现避税的纳税人很难实现避税目标；另一方面，也可以在国内税法中规定专门的反滥用税收协定的条款，根据“实质重于形式”或者“权利不得滥用”的原则，来防止纳税人滥用税收协定。

（二）对客体转移方式的规制措施

对客体转移方式的规制措施，主要体现为规制关联企业转让定价的规定，这些规定被称为转让定价税制。通常所称的转让定价税制，并不是一套专门的税制，而是各国政府用来规制跨国纳税人转让定价行为的各项制度和具体措施的总称。

在世界上最早确立规制转让定价制度的国家是美国。美国在1917年的时候，就注意到了转让定价问题。在其1921年以及1935年的税收立法中，对关联企业转让定价行为都作出了较为具体的规定。从1954年美国《国内税收法典》第482节规定对国内关联企业不合理的转让定价行为，税务机关有权作出调整，到1968年美国财政部对关联企业之间的转让定价作出非常具体的规定，是美国转让定价税制的正式建立和不断发展的重要时期。在20世纪八九十年代，美国的转让定价税制不断完善，为世界各国和相关国际组织建立相应的转让定价税制，提供了重要的参考。

近些年来，各国有关反避税，尤其是有关转让定价的立法越来越多。例如，英国、加拿大都于1997年推出了转让定价的法规；韩国于1995年开始施行《税收国际协调法》，对转让定价、避税港等问题作出专门的规定；墨西哥、印度、保加利亚、南非等国，也都在近十年增加了有关国际税收管理的法规。此外，OECD等一些重要的国际组织也非常注意在相关的法律文件或范本中不断完善转让定价税制，以更加有效地规制日益高明和复杂的转让定价行为。

转让定价税制所涉及的基本问题是：如何认定转让定价行为；对于关联企业如何确认；如何依据正常交易原则来对转让定价作出调整等。其中，关联企业的确认和正常交易价格的计算，是整个转让定价税制的核心和难点问题。

为了防止纳税人通过转让定价来进行避税，各国一般都强调实行“独立竞争原则”或称“正常交易原则”，即要求关联企业之间的业务往来，要像不存在关联关系一样，或者说要同通常存在竞争关系的企业之间的正常交易一样，在这种正常交易下确定的价格，才是一种合理的价格，才不算是转让定价。如果关联企业不能按照上述的独立竞争原则来进行经济交往，则征税机关就有权依法作出相应调整，以使其内部价格与正常市场价格相接近，从而防止纳税人进行税收规避。

同其他主要国家的情况相类似，我国也很重视转让定价税制的建立和完善。随着我国对外开放事业的发展，纳税人进行税收规避的情况也越来越多。为此，我国不仅在相关法律中有相关的反避税条款，而且国家税务总局还于1992年发布了专门的《关联企业间业务往来税务管理实施办法》。此后，随着反避税经验的逐步积累，国家税务总局又于1998年正式颁布了《关联企业间业务往来税务管理规程》，确立了我国较为全面、完整、系统的转让定价税制。而国家税务总局于2009年发布的《特别纳税调整实施办法（试行）》，以及其后发布的多个规范性文件，则为有效地规制国内或国际的税收逃避行为，提供了重要的制度依据。

（三）对避税地方式的规制措施

对避税地方式的规制最先起源于美国。第二次世界大战以后，美国的跨国公司发展非常迅速，由于当时该国的公司所得税税率较高，加之对海外利润实行推迟课税制度，因而跨国公司通过在避税地设立基地公司来避税的情况非常严重。为此，美国于1962年修改税法，对于极易利用避税地进行避税的受控外国公司的某些所得，不再给予推迟课税的优惠。此后，加拿大、德国、日本、法国、英国、澳大利亚等主要国家，也相继制定了法律，对利用避税地进行避税的行为进行规制。

由于在避税地设立的受控外国公司（或称基地公司）非常重要，因此，一些国家在立法上对本国居民在外国公司中的持股比例有一定的要求，有的国家还要求每一居民股东在该外国公司中直接或间接拥有的股份也应达到规定的比重，这对于加强相关规制是很必要的；同时，为了便于认定是否属于在避税地设立公司，一些国家还列出了避税地的具体名单。

此外，为了防止某些纳税人利用推迟课税的规定来避税，一些国家在立法上还规定，对于纳税人从受控外国公司应分得的股息，即使该股息尚未汇回本国，也要就该股息在本国申报纳税。这对于有效地遏制利用避税地进行避税的行为，无疑是很必要、很有力的措施。[①]

四、规制税收逃避行为的国际合作

在经济全球化的背景下，由于各国和地区（各个税收管辖区）存在着税法差异和规则错配，跨国纳税人便利用相关国家和地区之间存在的征管漏洞，进行税收逃避，由此形成了广受关注的“税基侵蚀与利润转移”（BEPS，Base Erosion and Profit Shifting）问题。

产生 BEPS 的原因主要有三种：第一，各国独立行使税收管辖权，造成各国国内税制不匹配。第二，国际税收规则不健全。随着数字经济和现代科技的发展，原来普遍适用的征税原则和方法已不能完全适用。第三，国际税收合作机制缺失，如情报交换和征管互助机制没有有效实施等。针对上述问题，国际社会高度重视。2012 年 6 月，二十国集团（G20）财长和央行行长会议同意通过国际合作应对 BEPS 问题。2013 年，G20 领导人在圣彼得堡峰会上委托经济合作与发展组织（OECD）启动实施 BEPS 项目，以通过修改国际税收规则，遏制跨国企业规避全球纳税义务、侵蚀各国税基的行为。

BEPS 项目由 34 个 OECD 成员国、8 个非 OECD 的 G20 成员国和 19 个其他发展中国家共计 61 个国家共同参与。其一揽子国际税改项目主要包括三个方面的内容：一是保持跨境交易相关国内法规的协调一致；二是突出强调实质经营活动并提高税收透明度；三是提高税收确定性。

2013 年 7 月，经合组织（OECD）发布了《关于税基侵蚀和利润转移的行动计划》，该行动计划强调，BEPS 破坏了税制的整体性，对政府、普通纳税人和企业都造成了损害，因此，必须针对 BEPS 问题采取联合行动，加强国际税收合作。该行动计划包括 15 项具体计划，分别是：

第 1 项行动计划：《应对数字经济的税收挑战》

第 2 项行动计划：《消除混合错配安排的影响》

第 3 项行动计划：《制定有效受控外国公司规则》

第 4 项行动计划：《对利用利息扣除和其他款项支付实现的税基侵蚀予以限制》

第 5 项行动计划：《考虑透明度和实质性因素，有效打击有害税收实践》

第 6 项行动计划：《防止税收协定优惠的不当授予》

第 7 项行动计划：《防止人为规避构成常设机构》

第 8—10 项行动计划：《无形资产转让定价指引》

---

① 参见王传纶、朱青编著：《国际税收》（修订版），中国人民大学出版社 1997 年版，第 178、182 页。

第 11 项行动计划：《衡量和监控 BEPS》

第 12 项行动计划：《强制披露规则》

第 13 项行动计划：《转让定价文档和国别报告》

第 14 项行动计划：《使争议解决机制更有效》

第 15 项行动计划：《制定用于修订双边税收协定的多边协议》

上述 15 项行动计划如能落实，则非常有助于国际社会应对共同的 BEPS 问题的挑战。当今世界主要经济体通过密集的多边谈判与协调，在转让定价、防止协定滥用、弥合国内法漏洞、应对数字经济挑战等一系列基本税收规则和管理制度方面达成了重要共识。这些成果和一揽子措施的出台，标志着百年来国际税收体系的第一次根本性变革取得了重大成功。上述国际税收规则的重构，以及多边税收合作的开展，有利于避免因各国采取单边行动造成对跨国公司的双重征税、双重不征税以及对国际经济复苏的伤害。

上述行动计划，涉及国际、国内税制的诸多调整，确属“百年来国际税收领域的根本性变革”。为了严厉打击国际逃避税，我国以 OECD 合作伙伴的身份深入参与《BEPS 行动计划》，并于 2017 年 6 月 7 日，与其他 66 个国家一起，联合签署了《实施税收协定相关措施以防止税基侵蚀和利润转移（BEPS）的多边公约》，这尤其有助于有效防止协定滥用，改进争议解决机制，更好地解决税收逃避的规制难题。

第二编　征纳制度

征纳制度是整个税法制度的核心部分。要深入学习和研究税法，不仅要掌握前述的税法理论，也要了解和掌握具体的征纳制度。税收的征纳制度主要包括税收征纳实体法制度和税收征纳程序法制度两个部分。其中，实体法制度因其主要涉及相关主体在各类具体税种中的权利和义务，且可能还包含一些特殊的程序性规定，因而在微观层面的具体适用上更有意义；程序法制度因其具有共通性，因而在征纳活动中更具有普适价值和全局意义。此外，各类主体无论是违反实体法制度还是违反程序法制度，都要依法承担责任，这也是征纳制度中的重要内容。

有鉴于此，在本编内容的安排上，将先按照各个税类、税种的不同，分别介绍各类具体的实体法制度；其后再介绍普遍适用于各个税种的程序法制度；最后，介绍违反各类实体法制度和程序法制度应承担的法律责任。其实，上述内容的排列，还大略体现了各类制度的侧重点的如下不同：实体制度通常着重规定纳税主体如何纳税；程序制度一般着重规定征税主体如何征税；而相关的责任制度，则着重规定各类主体违反税法规定应如何承担法律责任。

第九章　商品税法律制度

税收征纳实体法主要包括商品税制度、所得税制度和财产税制度，从本章开始，将按照上述三大制度的顺序，分别介绍在“分税立法”体制下的税收征纳实体法制度的主要内容。

第一节　商品税制度概述

一、商品税的概念和特征

所谓商品税，是以商品（包括货物和劳务）为征税对象的一类税的总称，在国际上也通称为“货物和劳务税”。由于商品税的计税依据是商品的流转额，因而也有人称之为流转税。

同其他税类相比，商品税具有以下特征：

(1) 商品税的征税对象是商品。商品税的征税对象是商品，而不是所得和财产，这是商品税与所得税和财产税的重要区别。

(2) 商品税的计税依据是商品的流转额。商品税的计税依据是商品的流转额，即商品流通、转让的价值额。在具体的商品税税种中，作为计税依据的流转额可能是流转总额（如销售额等），也可能是流转的增值额，由此也形成了商品税的各个税种之间的主要差别。

(3) 商品税的税负容易转嫁。商品税是典型的间接税，只要商品能够销售、流转，则税负即可转嫁。因此，商品税的税负往往是由消费者或最终的购买者来承担的，税负转嫁比较容易。

(4) 商品税的征收具有累退效应。商品税的征收并不具体考虑纳税人的纳税能力，且大都采用比例税率，不论纳税能力强弱，均统一运用相同的税率，从而使纳税能力较弱者税负相对较重，产生累退效应。不仅如此，在多环节课征的情况下，还可能造成重复征税。

了解商品税的上述主要特征，有助于认识商品税的重要作用。由于商品税以商品为征税对象，以商品的流转额为计税依据，因此，只要发生了商品的流转，国家就可以从市场主体的交易中分享其流转收益，从而使国家可以通过征收商品税充分、及时、稳定地获取税收收入。同时，由于商品税直接关系到经济运行的各个环节，因而征收此税可以充分发挥税收的经济杠杆作用，调整经济结构，优化资源配置，调节企业的盈利水平，为企业的公平竞争创造良好的外部环境。基于商品税的上述重要功能和作用，许多国家都将其作为本国税收体系中的主体税种，我国亦然。

但是，商品税的特征也表明，商品税亦有其不足之处。例如，它有助于提高效率，但不利于保障公平，具有累退效应；它有时可能造成重复征税，税负容易转嫁，从而可能会对征税实效产生负面影响。对此亦应有全面的认识。

二、商品税的类型

从许多国家的制度实践看，商品税主要包括增值税、消费税、营业税、关税四个税种，这些税种依据不同的标准，可以进行不同的分类，归纳为不同的类型。现仅列几种主要分类如下：

（一）依据计税依据进行分类

依据计税依据的不同，商品税可分为两大类，即：（1）以应税商品的流转总额为计税依据的商品税；（2）以应税商品流转的增值额为计税依据的商品税。其中，应税商品的流转总额包括营业额、消费额、进出关境额等，因而营业税、消费税、关税等属于第一种类型的商品税；而以应税商品的流转增值额为计税依据的，则是增值税，因而增值税属于第二种类型的商品税。值得注意的是，商品税与所得税、财产税的区分是以征税对象为主要依据的，而商品税内部各税种之间的区分则是以计税依据为主要依据的。

（二）依据课税环节进行分类

依据课税环节的不同，商品税可以分为单环节课征的商品税和多环节课征的商品税。所谓单环节课征的商品税，是指仅在商品流转的诸多环节中的一个环节上课征的商品税，如我国现行的消费税即属之；所谓多环节课征的商品税，是指在商品流转的诸多环节中，选择两个或两个以上的环节课征的商品税，如我国现行的增值税，一些国家过去曾实行过的产品税、周转税等，均属于多环节课征的商品税。

（三）依据课税地点进行分类

依据课税地点的不同，或者说依据税源是否具有涉外因素，商品税可以分为国内商品税和涉外商品税。凡税源产生于境内并由税务机关征收的商品税，即为国内商品税，如国内的增值税、消费税、营业税；凡税源产生于商品经由关境的流转并由海关征收的商品税，即为涉外商品税，如关税，海关代征的进口环节的增值税、消费税等。这种分类有时在税收统计上具有特别的意义，同时，在法学研究上也具有重要意义。

上述分类实际上是对商品税这一税类中包含的各个具体税种所进行的分类。世界各国现行的和曾经开征的商品税的税种主要有增值税、消费税、营业税、关税、劳务税和周转税（或产品税）等。从目前的国际实践来看，上述税种中的前四个，是开征最普遍和最重要的；而其他的商品税税种，则或被归并，或被淘汰。

三、商品税制度的历史沿革

一般认为，商品税制度是与商品经济的产生和发展联系在一起的。尽管有人认为我国周朝时的"关市之征"等是商品税的萌芽，但在奴隶社会和封建社会，与土地、农业收入等联系在一起的"古老的直接税"，始终是最主要的税收形式，世界各国均大略如此。一直到人类社会进入资本主义社会以后，随着商品经济的发展，商品税制度才得到了普遍的确立，并使商品税在许多国家成为主体税种。

中华民国时期，商品税已成为我国的主体税种。中华人民共和国成立以后，政务院于 1950 年 1 月颁布了《全国税政实施要则》，统一全国税种，并公布了商品税方面的几个税收条例。当时开征的商品税主要是货物税、工商营业税和关税。此后的三十年，随着中国计划经济的日益强化和商品经济的日益萎缩，商品税的税种亦被归并，商品税制度同整个税收制度均处于萎缩状态。这种状态一直持续到改革开放以后。

自改革开放以来，随着商品经济的迅速发展，我国进行了工商税制的多次改革。其中，1984 年和 1994 年的两次税改，均大大强化了商品税制度，也使商品税的主体税种地位逐渐得到巩固。

在 1984 年的工商税制改革过程中，根据全国人大常委会的立法授权[①]，国务院发布了《产品税暂行条例（草案）》《营业税暂行条例（草案）》《增值税暂行条例（草案）》，从而使商品税制度的完备程度比过去有了很大提高。

1994 年的税制改革不仅规模空前，而且对后世影响巨大。针对 1984 年税改所确立的商品税制度存在的税制复杂、重复征税、内外有别等问题，国务院颁布了《增值税暂行条例》《消费税暂行条例》《营业税暂行条例》，这些条例均自 1994 年 1 月 1 日起施行。此次税制改革取消了产品税，调整了原来的增值税和营业税的征收范围，新开征了消费税，再加上依据 1992 年修订的《进出口关税条例》征收的关税，我国的商品税制度比以前大为完善。

此外，通过税改，我国还实现了商品税制度上的内外统一。全国人大常委会于 1993 年 12 月 19 日通过了《关于外商投资企业和外国企业适用增值税、消费税、营业税等税收暂行条例的决定》，依据该决定，自 1994 年 1 月 1 日

---

① 可参见全国人民代表大会常务委员会《关于授权国务院改革工商税制发布有关税收条例草案试行的决定》（1984 年 9 月 18 日通过）。

起，外商投资企业和外国企业均适用国务院发布的《增值税暂行条例》《消费税暂行条例》和《营业税暂行条例》，不再适用国务院于1958年颁行的《工商统一税条例（草案）》，从而结束了在商品税领域长期存在的内外有别的局面。2008年11月5日，国务院常务会议修订了《增值税暂行条例》《消费税暂行条例》《营业税暂行条例》及相应的《实施细则》，自2009年1月1日起施行。在“营改增”试点全面实施后，国务院于2017年废止了《营业税暂行条例》，将原来有关营业税的相关规定融入《增值税暂行条例》中，这是我国商品税制度的重大变化。

四、商品税各税种之间的联系

商品税的各税种之间存在着密切的联系，它们共同编织成商品税的“税网”，覆盖着商品的生产、交换、分配、消费等各个环节，从而使国家通过商品税的征收，能获得大量的、稳定的税收收入。从商品的生产，到批发、零售、进出口等各个环节，均需要商品税的各个税种密切配合，才能保障“税网恢恢，疏而不漏”。

商品税的征收与商品的销售或消费密不可分，因此，从总体上说，所有的商品税都是广义上的销售税或消费税，关税也不过是对进出关境的商品或物品征收的销售税或消费税。可见，商品税的各个税种的税款征收均以商品销售或消费的行为或事实为前提，均以商品的一定数量的销售额或消费额为计税依据，这些共同的方面使商品税的各个税种之间联系甚为密切。

不仅如此，在税制设计上各个税种的联系也甚为密切，这在增值税、营业税、消费税的一些具体制度上体现得更为明显。例如，我国在2016年5月1日前实行的增值税和营业税制度就是一种互补关系。增值税和营业税都是对商品征税，而商品在广义上则可分为货物和劳务，又可分为有形资产和无形资产、动产和不动产。在以前的制度设计中，增值税侧重于以货物、有形资产、动产为征税对象，而营业税则侧重于以劳务、无形资产、不动产为征税对象。这样，两种税的征收在整体上不相重复，形成了一种“二元结构”和互补关系。

此外，消费税与增值税之间则存在一种递进的关系，即消费税是在征收了增值税的基础上又加征的一种税，凡是征收消费税的商品，必定是征收增值税的，但反之则不尽然。

另外，增值税、消费税同关税之间存在着配合关系。一般说来，出口商品大都免征关税。与此同时，出口商品也大都免征增值税或消费税，或者将已征收的增值税、消费税予以退还。反之，进口商品大都征收进口关税，同时，也大都征收进口环节的增值税和消费税。可见，增值税、消费税同关税的联系是很密切的。

尽管在具体制度方面各税种存在着诸多差异，如在征税范围、税率、计税依据、税收优惠制度等方面都是各不相同的，但在相关税种之间仍然存在着一些类似的或共通的制度，尤其在国内商品税的程序法制度上体现得更为明显。例如，国内商品税的征税机关均为税务机关；在纳税期限方面，增值税与消费税完全相同，与以前征收的营业税也基本一致；三个税种有着类似的纳税义务发生时间制度；增值税和过去的营业税制度在税收减免方面还都有起征点制度等。上述在具体制度上的相同或类似，使各个税种之间的联系更为密切。

五、商品税的附加税

我国现行的商品税的附加税主要有两个，一个是城市维护建设税，另一个是教育费附加。在我国进行“营改增”以前，它们是以纳税人实际缴纳的增值税、消费税、营业税税额为计税依据并随同这三税同时缴纳，因而有必要把这两种附加税先提出来在商品税的概述部分中予以简介。

（一）城市维护建设税

城市维护建设税（简称城建税）是依据国务院于1985年颁布的《城市维护建设税暂行条例》，对缴纳产品税、增值税、营业税的单位和个人征收的一种附加税。根据国家税务总局的《工商税制改革实施方案》，城市维护建设税拟更名为“城乡维护建设税”。但由于城建税的新条例一直未能出台，故财政部发出通知，从1994年1月1日起，城建税可暂按原税率和新颁布实施的增值税、消费税、营业税三税为依据计算征收，待新条例公布实施后，再予调整。①

现行城建税依据纳税人所在地的不同，分别运用不同档次的税率。其中，所在地在城市市区的，税率为7%；所在地在县城、镇的，税率为5%，所在地不在市区、县城或镇的，税率为1%。

（二）教育费附加

教育费附加是根据国务院于1986年4月发布的《征收教育费附加的暂行规定》（1990年6月、2011年1月修改），对缴纳消费税、增值税、营业税的单位和个人征收的一种附加税。

教育费附加原来是以各单位和个人实际缴纳的产品税、增值税、营业税这三税的税额为计税依据，教育费附加率为2%。从1994年1月1日起，教育费附加改按纳税人实纳的增值税、消费税、营业税税额附征，附加率改为3%，分别与三税同时缴纳。

---

①　可参见财政部于1993年12月29日发出的《关于城建税征收问题的通知》。

教育费附加由税务机关负责征收，作为教育专项基金纳入预算管理。地方各级政府应当依照国家有关规定，使预算内教育事业费逐步增长，不得因教育费附加纳入预算专项资金管理而抵顶教育事业费拨款。

教育费附加率由国务院规定。任何地区、部门不得擅自提高或者降低教育费附加率。

需要说明的是，自2010年12月1日起，1985年及1986年以来国务院及国务院财税主管部门发布的有关城市维护建设税和教育费附加的法规、规章、政策同时适用于外商投资企业、外国企业及外籍个人。①

以上仅是对商品税的两种附加税略做简介。随着经济和社会的发展，教育事业、城乡建设事业越来越重要，也越来越需要政府提供充分的资金支持。为此，已有人提出将上述两种附加税改为独立税的设想，以期相关的事业经费能更有保障。此外，目前还有附加商品税征收的费用，如文化事业建设费，就是随广告业、娱乐业应纳的增值税额附加征收的。限于篇幅，不再展开介绍。

第二节 增值税法律制度

一、增值税概述

（一）增值税的概念和优点

增值税（Value Added Tax，VAT），是以商品在流转过程中产生的增值额为计税依据而征收的一种商品税。所谓增值额，是指生产者或经营者在一定期间的生产经营过程中新创造的价值。

早在1917年，美国学者亚当斯（T. Adams）就已提出了增值税的雏形；1921年，德国学者西门子（C. F. V. Siemens）正式提出了“增值税”的名称。但直到1954年，法国在劳莱（Lauré）的倡导下正式开征增值税，才使增值税制度在实践中得到确立，并进而推广到欧洲诸国及其他国家。目前世界上已有170多个国家和地区开征增值税，甚至一些长期以所得税为主体税种的国家也在考虑如何广泛推行增值税，从而出现了世界各国在广泛开征所得税以后，又广泛开征增值税的局面。

增值税之所以受到了各国的普遍青睐，是因为它具有自己的一系列优点，是一种“良税”。这主要体现在以下几方面：

（1）增值税是一个“中性”税种，它以商品流转的增值额为计税依据，可

---

① 参见国务院《关于统一内外资企业和个人城市维护建设税和教育费附加制度的通知》［国发（2010）35号］。

以有效地避免重复征税，促进企业公平竞争，使税收效率原则得到充分体现。

（2）增值税实行“道道课征，税不重征”，既能体现经济链条的各个环节的内在联系以利于加强相互监督，又有利于保障征税过程的普遍性、连续性和合理性，从而有利于保证财政收入的稳定增长。

（3）增值税税负在商品流转的各个环节的合理分配，有利于促进生产的专业化和企业的横向联合，从而提高劳动生产率；有利于鼓励产品出口和促进本国经济的发展。

（二）增值税的类型

增值税的一个重要特点是以增值额为计税依据，但各国在增值额的具体计算方面却不尽相同，从而可以把增值税分为生产型增值税、收入型增值税和消费型增值税三种类型。

所谓生产型增值税，就是在计算应纳增值税额时，只允许从当期销项税额中扣除原材料等劳动对象的已纳税款，而不允许扣除固定资产所含税款的增值税，这样，从整个社会来说，是对整体的固定资产和消费资料征税，即以国民生产总值为计税依据，故称之为生产型增值税。

所谓收入型增值税，就是在计算应纳增值税额时，只允许在当期销项税额中扣除折旧部分所含税金，这样，从全社会来看，实际上是对国民收入征税，故称之为收入型增值税。

所谓消费型增值税，就是在计算应纳增值税额时，对纳税人购入固定资产的已纳税款，允许一次性地从当期销项税额中全部扣除，从而使纳税人用于生产应税产品的全部外购生产资料都不负担税款。这样，从全社会来看，实际上是对国民收入中的消费资料部分征税，故称之为消费型增值税。

在上述三种类型的增值税中，生产型增值税的税基最大，消费型增值税的税基最小。一般说来，发达国家大都实行消费型增值税。我国在 1994 年税制改革以后，实行的是生产型增值税，但其弊病较多，存在突出的重复征税的问题，因而从 2004 年开始，我国先在东北等地区推进将生产型增值税转变为消费型增值税的改革试点，到 2009 年 1 月 1 日，正式在全国范围内实行消费型增值税。

（三）增值税的税率与计税方法

增值税的征收范围非常广泛，因而如何确定适当的税率和计税方法，便甚为重要。各国的增值税税率一般主要有以下几种：（1）基本税率，适用于大多数的征税对象，体现了增值税的基本课征水平；（2）轻税率，或称低税率，适用于税法列举的体现一定的税收优惠政策的项目；（3）零税率，适用于国家予以鼓励的商品的出口。

在计税方法方面，最重要的是要直接或间接地计算出增值额，然后再用增值额乘以适用的税率，从而计算出应纳增值税额。其中，间接计算应纳增值税额的扣税法得到了普遍适用。

所谓扣税法，也称税额扣减法，即“以税扣税”。其基本步骤是先用销售额乘以税率，得出销项税额，然后再减去同期各项外购项目的已纳税额，从而得出应纳增值税额。这种计算方法无须进行直接的销售额计算，但同样可以简便地计算出应纳税额。其基本原理和计算公式为：

应纳增值税额＝增值额×税率＝(产出－投入)×税率
＝销售额×税率－同期外购项目已纳税额
＝当期销项税额－当期进项税额

在采行扣税法的情况下，销售额、税率、当期外购项目已纳税额（体现在购进商品的增值税发票上）都是已知的，既计算简便，又能体现出增值税的“中性”或“税不重征”的特点，故为各国所广泛采用。我国的增值税计算亦采用扣税法。

（四）“营改增”的制度变革

我国现行的增值税制度的基本框架是1994年确立下来的。为了建立和完善我国的增值税制度，国务院和有关部委制定了一系列的法规和规章，主要有《中华人民共和国增值税暂行条例》《中华人民共和国增值税暂行条例实施细则》《增值税专用发票使用规定》《增值税一般纳税人申请认定办法》等。

随着经济和社会的发展和税制改革的需要，我国对商品税的税种结构进行了较大调整，主要是推动营业税改征增值税。为了更好地理解现行的增值税制度，需要先对“营改增”的制度变革作出相关说明。

营业税亦称销售税，是以应税商品或劳务的销售收入额（或称营业收入额）为计税依据而征收的一种商品税。

营业税是与商品经济联系在一起的，我国直至1928年，才由当时的中华民国政府制定了《营业税办法大纲》，第一次在税收立法上使用了营业税的名称。中华人民共和国成立之初，营业税被作为工商业税的组成部分进行征收。但在1958年9月以后，营业税被与其他税种合并为工商统一税、工商税，营业税的独立税种的地位被取消了。直到1984年9月，国务院颁布了《中华人民共和国营业税条例（草案）》，营业税才又恢复了其独立税种的地位，并与产品税、增值税共同构成了我国商品税的主体税种。

在1994年进行的税制改革过程中，营业税被作为商品税中的一个重要税种保留下来。但营业税的征收范围比原来缩小了，以与新调整的增值税的征收范围相适应，避免两个税种在征收范围上的交叉，从而实现两税的互补。1994年确立的营业税制度在我国实施了多年，直到2012年1月1日，依据财政部、国家税务总局发布的《营业税改征增值税试点方案》，我国在上海率先实施了交通运输业和部分现代服务业营改增试点，此后，不断扩大“营改增”的试点范围，并自2016年5月1日起，在全国范围内全面推开“营改增”试点，即对原来缴纳营业税的各类主体，都改征增值税，从而实现了我国对货物与服务的商品税制的统一。

通过“营改增”，基本消除了重复征税，打通了增值税抵扣链条，有助于创造更为公平的税收环境，促进社会分工协作，支持服务业发展和制造业转型升级；同时，将不动产纳入抵扣范围，确立了比较规范的消费型增值税制度，有利于扩大企业投资，增强企业经营活力。从整体上说，“营改增”有助于进一步减轻企业税负，促进经济发展。

二、我国增值税制度的主要内容

随着我国“营改增”的全面推开，原来征收营业税的项目被征收增值税，不再征收营业税，这是中国税制变迁的大事件。基于“营改增”的实践，2017年10月30日，国务院常务会议通过了《关于废止〈中华人民共和国营业税暂行条例〉和修改〈中华人民共和国增值税暂行条例〉的决定》。下面就以修改后的《增值税暂行条例》为依据，介绍我国的增值税制度。

（一）纳税主体

增值税的纳税主体是在中华人民共和国境内销售货物或者加工、修理修配劳务（以下简称劳务），销售服务、无形资产、不动产以及进口货物的单位和个人。

上述的“单位”是指企业、行政单位、事业单位、军事单位、社会团体及其他单位；“个人”是指个体工商户和其他个人。上述单位和个人的具体范围也适用于其他商品税纳税人，因而在后面对作为纳税主体的“单位”和“个人”不再重复解释。此外，单位租赁或者承包给其他单位或者个人经营的，以承租人或者承包人为纳税人。

增值税的纳税主体从税法地位和税款计算的角度可以分为两大类，即一般纳税人和小规模纳税人。这是在增值税领域里非常重要、非常有特色的一种分类。

所谓小规模纳税人，是指年销售额在规定标准以下，并且会计核算不健全，不能按规定报送有关增值税的税务资料的纳税主体，以及税法规定视同小规模纳税人的纳税主体①。小规模纳税人以外的其他纳税主体，即为增值税的

① 依据国务院常务会议决定，从2018年5月1日起，统一增值税小规模纳税人标准。将工业企业和商业企业小规模纳税人的年销售额标准由50万元和80万元上调至500万元，并在一定期限内允许已登记为一般纳税人的企业转登记为小规模纳税人。

一般纳税人。

区分一般纳税人和小规模纳税人的重要意义在于，两者的税法地位、计税方法都是不同的。两者的税法地位或称税法待遇的差别表现在：一般纳税人可以使用增值税专用发票，并可以用“扣税法”抵扣发票上注明的已纳增值税额。而小规模纳税人则不得使用增值税专用发票，也不能进行税款抵扣。正由于两者在税法地位上存在差异，因而在计税方法上也不同，如小规模纳税人就不能采用“扣税法”，这在后面还会谈到。

（二）征税范围

我国增值税的征税范围包括两大类，第一类是销售货物、提供应税劳务、进口货物，这些在“营改增”之前就属于增值税的征税范围；第二类是销售服务、无形资产、不动产，这些过去属于营业税的征税范围。依据规定，纳税人销售货物、劳务、服务、无形资产、不动产的行为，统称应税销售行为。其实，从理论上说，货物的进出口行为依法应当缴纳增值税的，也应属于应税销售行为。因此，增值税的上述征税对象，可以统称为“应税销售行为”。

1. 增值税既往的征税范围

增值税既往的征税对象主要侧重于货物的销售，其实货物的进出口、提供应税劳务，也是广义的商品销售。

（1）销售货物。

销售货物，是指有偿转让货物的所有权。这里的“货物”是指有形动产，包括电力、热力和气体等。除了一般意义上的销售货物外，视同销售的行为，也要依法征收增值税。

所谓视同销售，是指某些行为虽然不同于有偿转让货物所有权的一般销售，但基于保障财政收入，防止规避税法以及保持经济链条的连续性和课税的连续性等考虑，税法仍将其视同销售货物的行为，征收增值税。例如，单位或者个体工商户的下列行为，视同销售货物：

第一，将货物交付其他单位或者个人代销；

第二，销售代销货物；

第三，将自产、委托加工的货物用于集体福利或者个人消费；

第四，将自产、委托加工或者购进的货物作为投资，提供给其他单位或者个体工商户；

第五，将自产、委托加工或者购进的货物分配给股东或者投资者；

第六，将自产、委托加工或者购进的货物无偿赠送其他单位或者个人。

（2）提供应税劳务。

由于“营改增”之前的增值税制度侧重于对销售货物征税，因此对应税劳务征税仅限于较小范围，主要包括两大类，即有偿提供加工、修理修配劳务。

这里的所谓“有偿”，同前述的有偿转让货物的所有权一样，都是指从购买方取得货币、货物或者其他经济利益。单位或者个体工商户聘用的员工为本单位或者雇主提供加工、修理修配劳务，不属于提供应税劳务。

(3) 进口货物。

如前所述，货物的进出口实质上都是货物销售的形式，只不过其纳税环节、适用税率及作用特殊，因而税法才单独予以列举。

我国的《增值税暂行条例》只将进口货物纳入征税范围，而未列举出口货物，这其实不够全面。出口货物从原理上说也应征收增值税，只不过一般均实行零税率。但对于法律有特殊规定的某些限制或禁止出口的货物，同样不适用零税率，而应依税率征税。

2. “营改增”后扩展的征税范围

在“营改增”后，现行的增值税征税范围还包括以下方面：

(1) 销售服务。

销售服务，是指提供交通运输服务、邮政服务、电信服务、建筑服务、金融服务、现代服务、生活服务。上述各类服务的范围如下：

交通运输服务，包括陆路运输服务、水路运输服务、航空运输服务和管道运输服务。

邮政服务，包括邮政普遍服务、邮政特殊服务和其他邮政服务。

电信服务，包括基础电信服务和增值电信服务。

建筑服务，包括工程服务、安装服务、修缮服务、装饰服务和其他建筑服务。

金融服务，包括贷款服务、直接收费金融服务、保险服务和金融商品转让。

现代服务，包括研发和技术服务、信息技术服务、文化创意服务、物流辅助服务、租赁服务、鉴证咨询服务、广播影视服务、商务辅助服务和其他现代服务。

生活服务，包括文化体育服务、教育医疗服务、旅游娱乐服务、餐饮住宿服务、居民日常服务和其他生活服务。

(2) 销售无形资产。

销售无形资产，是指转让无形资产所有权或者使用权的业务活动。无形资产，是指不具实物形态，但能带来经济利益的资产，包括技术、商标、著作权、商誉、自然资源使用权和其他权益性无形资产。

其中，技术，包括专利技术和非专利技术。自然资源使用权，包括土地使用权、海域使用权、探矿权、采矿权、取水权和其他自然资源使用权。其他权益性无形资产，包括基础设施资产经营权、公共事业特许权、配额、经营权

(包括特许经营权、连锁经营权、其他经营权)、经销权、分销权、代理权、会员权、席位权、网络游戏虚拟道具、域名、名称权、肖像权、冠名权、转会费等。

(3) 销售不动产。

销售不动产,是指转让不动产所有权的业务活动。这里的不动产,是指不能移动或者移动后会引起性质、形状改变的财产,包括建筑物、构筑物等。

其中,建筑物,包括住宅、商业营业用房、办公楼等可供居住、工作或者进行其他活动的建造物。构筑物,包括道路、桥梁、隧道、水坝等建造物。转让建筑物有限产权或者永久使用权的,转让在建的建筑物或者构筑物所有权的,以及在转让建筑物或者构筑物时一并转让其所占土地的使用权的,按照销售不动产缴纳增值税。

(三) 税率

我国增值税税率结构较为复杂,包括13%、9%、6%、0%四个档次[①],分别适用于不同的领域和情形。

(1) 纳税人销售货物、劳务、有形动产租赁服务或者进口货物,除另有规定外,适用13%的税率。

(2) 纳税人销售交通运输、邮政、基础电信、建筑等服务,销售不动产,转让土地使用权,税率为9%。

此外,销售或者进口下列货物,税率亦为9%:

(a) 粮食等农产品、食用植物油、食用盐;

(b) 自来水、暖气、冷气、热水、煤气、石油液化气、天然气、二甲醚、沼气、居民用煤炭制品;

(c) 图书、报纸、杂志、音像制品、电子出版物;

(d) 饲料、化肥、农药、农机、农膜;

(e) 国务院规定的其他货物。

(3) 纳税人销售金融服务、增值电信服务、现代服务、生活服务、无形资产,除另有规定外,税率为6%。

(4) 除国务院另有规定外,纳税人出口货物,以及境内单位和个人跨境销售国务院规定范围内的服务、无形资产,适用零税率。

我国的增值税一直处于变动之中,在税率方面还在不断进行结构调整,同时,国务院近年来一直从减轻纳税人税负的角度不断调低税率。

---

① 相关税率调整情况可参见财政部、税务总局、海关总署《关于深化增值税改革有关政策的公告》(财政部、税务总局、海关总署公告2019年第39号)。

（四）增值税应纳税额的确定

增值税应纳税额的确定较为复杂，分为三种情况：其一是一般纳税人从事应税销售行为的应纳税额的确定；其二是小规模纳税人从事应税销售行为的应纳税额的确定；其三是一般纳税人、小规模纳税人进口货物应纳税额的确定。这三种情况所适用的计算公式各不相同，现分别介绍如下：

1. 一般纳税人应纳增值税额的确定

一般纳税人销售货物、劳务、服务、无形资产、不动产（以下统称应税销售行为），应纳税额为当期销项税额抵扣当期进项税额后的余额。应纳税额计算公式：

$$应纳税额 = 当期销项税额 - 当期进项税额$$

当期销项税额小于当期进项税额不足抵扣时，其不足部分可以结转下期继续抵扣。

可见，要确定应纳增值税额，必须先分别确定当期销项税额和当期进项税额。

（1）当期销项税额的确定。

当期销项税额，是指当期从事应税销售行为的纳税人，依其销售额和法定税率计算并向购买方收取的增值税税额。其计算公式为：

$$当期销项税额 = 销售额 \times 税率$$

可见，当期销售额的确定是计算整个应纳增值税额的关键。正因为如此，现行税法在这方面作出了许多具体规定。下面仅对确定当期销售额应注意的几个问题略做简介：

第一，上述的销售额，是指纳税人发生应税销售行为收取的全部价款和价外费用，但是不包括收取的销项税额。

所谓价外费用，包括价外向购买方收取的手续费、补贴、基金、集资费、返还利润、奖励费、违约金、滞纳金、延期付款利息、赔偿金、代收款项、代垫款项、包装费、包装物租金、储备费、优质费、运输装卸费以及其他各种性质的价外收费。

上述的价外费用，不包括依法代收代缴的消费税、依法代为收取的政府性基金或者行政事业性收费、因销售货物的同时代办保险等而向购买方收取的保险费，以及向购买方收取的代购买方缴纳的车辆购置税、车辆牌照费等。

第二，纳税人发生应税销售行为的价格明显偏低并无正当理由的，由主管税务机关核定其销售额。这也是税务机关的税额确定权的体现，是税收征纳程序法中的原理在具体制度中的适用。

第三，纳税人采用销售额和销项税额合并定价方法的，按下列公式计算销售额：

$$销售额 = 含税销售额 \div (1 + 税率)$$

这是因为增值税是价外税，在计税的销售额中不能含有任何税款，否则就会违背其“中性”特点，构成重复征税。

第四，销售额以人民币计算。在计税依据所用本位币方面，我国税法要求以人民币为本位币，这也是税法中通行的规则。纳税人以人民币以外的货币结算销售额的，应当折合成人民币计算，其折合率可以选择销售额发生的当天或者当月1日的人民币汇率中间价。纳税人应在事先确定采用何种折合率，确定后1年内不得变更。

（2）当期进项税额的抵扣。

当期进项税额，是指纳税人购进货物、劳务、服务、无形资产、不动产支付或者负担的增值税额。进项税额符合法定条件的，可以从销项税额中抵扣。纳税人由此享有重要的抵扣权。

第一，可以从销项税额中抵扣的进项税额包括：

① 从销售方取得的增值税专用发票上注明的增值税额。

② 从海关取得的海关进口增值税专用缴款书上注明的增值税额。

③ 购进农产品，除取得增值税专用发票或者海关进口增值税专用缴款书外，按照农产品收购发票或者销售发票上注明的农产品买价和扣除率计算的进项税额（国务院另有规定的除外）。[①] 进项税额计算公式：

$$进项税额 = 买价 \times 扣除率$$

④ 自境外单位或者个人购进劳务、服务、无形资产或者境内的不动产，从税务机关或者扣缴义务人取得的代扣代缴税款的完税凭证上注明的增值税额。

此外，增值税一般纳税人购进（包括接受捐赠、实物投资）或者自制（包括改扩建、安装）固定资产发生的进项税额，可依法从销项税额中抵扣，这极大地推进了我国从生产型增值税向消费型增值税的转型。

第二，不得从销项税额中抵扣的进项税额。

纳税人购进货物、劳务、服务、无形资产、不动产，取得的增值税扣税凭证不符合法律、行政法规或者国务院税务主管部门有关规定的，其进项税额不得从销项税额中抵扣。

上述的增值税扣税凭证，是指增值税专用发票、海关进口增值税专用缴款书、农产品收购发票和农产品销售发票。

此外，下列项目的进项税额，不得从销项税额中抵扣：

---

① 自2019年4月1日起，纳税人购进农产品，原适用10%扣除率的，扣除率调整为9%。纳税人购进用于生产或者委托加工13%税率货物的农产品，按照10%的扣除率计算进项税额。

① 用于简易计税方法计税项目、免征增值税项目、集体福利或者个人消费的购进货物、劳务、服务、无形资产和不动产。

② 非正常损失的购进货物，以及相关的劳务和交通运输服务。所谓非正常损失，是指因管理不善造成被盗、丢失、霉烂变质的损失。

③ 非正常损失的在产品、产成品所耗用的购进货物（不包括固定资产）、劳务和交通运输服务。

④ 国务院规定的其他项目。

2. 小规模纳税人应纳增值税额的确定

小规模纳税人销售货物或者应税劳务，其应纳增值税额的计算不适用“扣税法”，而是实行按照销售额和征收率计算应纳税额的简易办法，并不得抵扣进项税额。其计算公式为：

$$应纳税额 = 销售额 \times 征收率$$

上述公式中的销售额，同样是不含增值税应纳税额的销售额。如果小规模纳税人采用销售额和应纳税额合并定价方法的，则应按下列公式计算销售额：

$$销售额 = 含税销售额 \div (1 + 征收率)$$

上述公式中的征收率统一为3%，国务院另有规定的除外。小规模纳税人的具体标准由国务院财政、税务主管部门规定。此外，非企业性单位、不经常发生应税行为的企业可选择按小规模纳税人纳税。

小规模纳税人会计核算健全（即能够按照国家统一的会计制度规定设置账簿，根据合法、有效凭证核算），能够提供准确税务资料的，可以向主管税务机关申请，不作为小规模纳税人，依照有关一般纳税人的规定计算应纳税额。纳税人登记为一般纳税人后，一般不得转为小规模纳税人①。

3. 进口货物应纳增值税额的确定

进口货物的纳税人，无论是一般纳税人还是小规模纳税人，均应按照组成计税价格和规定的税率计算应纳税额，不得抵扣进项税额。其计算公式为：

$$组成计税价格 = 关税完税价格 + 关税 + 消费税$$

$$应纳税额 = 组成计税价格 \times 税率$$

（五）税收优惠

1. 税收减免制度

我国的《增值税暂行条例》基于一定的经济政策和社会政策，规定了一系列免征增值税的项目，例如：

（1）农业生产者销售的自产农产品。这里的农业，是指种植业、养殖业、

① 参见国家税务总局发布的《增值税一般纳税人登记管理办法》，该办法自2018年2月1日起施行。

林业、牧业、水产业；这里的农业生产者，包括从事农业生产的单位和个人；这里的农产品，是指初级农产品，具体范围由财政部、国家税务总局确定。

（2）古旧图书。这里的古旧图书，是指向社会收购的古书和旧书。

（3）直接用于科学研究、科学试验和教学的进口仪器、设备。

（4）外国政府、国际组织无偿援助的进口物资和设备。

（5）由残疾人的组织直接进口供残疾人专用的物品。

（6）销售的自己使用过的物品。这里的自己使用过的物品，是指其他个人自己使用过的物品。

除上述规定外，增值税的免税、减税项目由国务院规定。任何地区、部门均不得规定免税、减税项目。可见，增值税的减免权是高度集中于中央政权的。事实上，增值税的原理较为特殊，它不同于直接税，也不同于单一环节课征的间接税。增值税的减免不仅涉及国家税收、税收公平等问题，还涉及增值税的税收中性、增值税链条的连续等诸多问题，因此，增值税的免税要特别慎重。

此外，纳税人兼营免税、减税项目的，应当分别核算免税、减税项目的销售额；未分别核算销售额的，不得免税、减税。另外，纳税人销售货物或者应税劳务适用免税规定的，基于自身利益最大化的综合考虑，可以放弃免税，依法缴纳增值税。放弃免税后，36 个月内不得再申请免税。

2. 起征点制度

纳税人销售额未达到国务院财政、税务主管部门规定的增值税起征点的，免征增值税；达到起征点的，依法全额计算缴纳增值税，这是起征点与扣除额的重要差别。基于税收公平和税收效率等诸多考虑，增值税起征点制度的适用范围限于个人。目前，除国务院有特殊规定的以外，增值税起征点的基本规定如下：

（1）销售货物的，为月销售额 5000—20000 元；

（2）销售应税劳务的，为月销售额 5000—20000 元；

（3）按次纳税的，为每次（日）销售额 300—500 元。

值得注意的是，上述的销售额，是小规模纳税人的包含应纳增值税额的销售额，而不是前面的计算增值税应纳税额时所强调的不含税的销售额。

省级政府的财政厅（局）和税务局，应在规定的幅度内，根据实际情况确定本地区适用的起征点，并报财政部、国家税务总局备案。

（六）出口退税制度

对出口货物实行零税率，以使本国产品以不含税的价格进入国际市场，提高本国产品的国际竞争力，这是国际上的通行做法。所谓实行零税率，就是要使货物在出口环节的整体税负为零，因而不能把它仅仅等同于免税。免税仅是指在某一课税环节上免予课税，纳税人在这一环节不必纳税；而对于出口货物适用零税率，则不仅在出口环节不必纳税，而且还可以退还前面的纳税环节的已纳税款，从而引出退税问题。而有关出口退税的各类规定，则构成了出口退税制度。

我国自1985年起，即已开始实行出口退税制度。对于国家不限制出口的货物，我国在出口退税方面采取的基本原则是“征多少，退多少”，“未征不退”。随着税制改革的不断深入，国家税务总局依据《增值税暂行条例》和《消费税暂行条例》，制定和实施了《出口货物退（免）税管理办法》。但在该《办法》的实施过程中，出现了出口退税规模增长过猛，出口骗税猖獗，国家财政收入流失严重，出口退税款不能及时、足额到位等问题。为了解决这些问题，国务院于1995年7月和10月，两次决定调低出口退税率，同时强调要加强税收征管，加大对出口骗税的打击力度，从而使出口退税秩序有所好转。此后，为了减缓1997年亚洲金融风暴的冲击，鼓励出口，保障纳税人的退还请求权，国务院曾不断调高出口退税率，从而使出口退税率也成了调节出口规模的一个杠杆。①

我国的出口退税制度一直处于不断完善的过程中，对于增强我国出口产品的国际竞争力，扩大出口，增加就业，保障国际收支平衡，增加国家外汇储备等，起到了一定的积极作用，但也存在着一些亟待解决的矛盾和问题，主要是出口退税结构不能适应优化产业结构的要求，出口退税的负担机制不尽合理，拖欠退税款问题十分严重，影响了企业正常经营和外贸发展，侵害了纳税人的退还请求权，损害了政府的形象和信誉。为此，国务院于2003年10月发布了《关于改革现行出口退税机制的决定》，强调按照“新账不欠，老账要还，完善机制，共同负担，推动改革，促进发展”的原则，对历史上欠退税款由中央财政负责偿还，确保改革后不再发生新欠，同时建立中央、地方共同负担的出口退税新机制，推动外贸体制深化改革，优化出口产品结构，提高出口效益，促进外贸和经济持续健康发展。此次改革，对于完善我国的出口退税制度，保障纳税人权益，具有重要意义。但从法律的意义上说，像我国的其他税法制度一样，仍然存在着制度刚性不足的问题。例如，在2005年，国务院曾发布《关于完善中央与地方出口退税负担机制的通知》，对中央与地方出口退税的分担比例作出了进一步的调整，从而使地方的负担比例进一步降低。在此基础上，国务院发布了《关于完善出口退税负担机制有关问题的通知》，从2015年1月1日起，出口退税（包括出口货物退增值税和营业税改征增值税出口退税）全部由中央财政负担，这对于规范政府间的收入划分，解决地区间负担不均衡问

① 这种杠杆作用在2008年的全球性金融危机爆发后体现得也很突出。

题，促进外贸出口与经济持续健康发展，都具有重要意义。

尽管在出口退税领域要求有一定的变易性，但如果制度所涉过于繁杂且变动不居，就会影响制度的可预见性，就会令人无所适从，影响纳税人的预期和遵从。因此，我国出口退税制度应当基于法定原则的要求，基于增值税制度等税收实体制度的要求，基于保障纳税人合法权益，推进经济稳定增长和国际收支平衡的考虑，作出进一步的完善。

目前，依据《增值税暂行条例》规定，纳税人出口货物适用退（免）税规定的，应当向海关办理出口手续，凭出口报关单等有关凭证，在规定的出口退（免）税申报期内按月向主管税务机关申报办理该项出口货物的退（免）税[①]；境内单位和个人跨境销售服务和无形资产适用退（免）税规定的，应当按期向主管税务机关申报办理退（免）税。但是，如果出口货物办理退税后发生退货或者退关的，则纳税人应当依法补缴已退的税款。

（七）纳税义务的发生时间和纳税期限

1. 纳税义务的发生时间

纳税义务的发生时间直接影响到纳税义务的成立和履行，具有重要的法律意义，因而在现行的增值税、消费税等《暂行条例》中均有规定，从而使纳税义务的发生时间成了商品税制度中的重要内容。

依据税法规定，增值税纳税义务的发生时间，从总体上说可以概括为：

（1）发生应税销售行为，为收讫销售款项或者取得索取销售款项凭据的当天；先开具发票的，为开具发票的当天。

（2）进口货物，为报关进口的当天。

此外，与上述时间相关联，增值税扣缴义务发生时间为纳税人增值税纳税义务发生的当天。

上述的收讫销售款项或者取得索取销售款项凭据的当天，按销售结算方式的不同，具体指以下情况：

（1）采取直接收款方式销售货物的，不论货物是否发出，均为收到销售款或者取得索取销售款凭据的当天；

（2）采取托收承付和委托银行收款方式销售货物的，为发出货物并办妥托收手续的当天；

（3）采取赊销和分期收款方式销售货物的，为书面合同约定的收款日期的当天，无书面合同的或者书面合同没有约定收款日期的，为货物发出的当天；

（4）采取预收货款方式销售货物的，为货物发出的当天，但生产销售生产

---

① 目前，有关出口退税制度的规范性文件的立法级次都不高，较为全面地作出规定的是国家税务总局的《出口货物退（免）税管理办法（试行）》，该办法自2005年5月1日起施行。

工期超过 12 个月的大型机械设备、船舶、飞机等货物，为收到预收款或者书面合同约定的收款日期的当天；

（5）委托其他纳税人代销货物的，为收到代销单位的代销清单或者收到全部或者部分货款的当天；未收到代销清单及货款的，为发出代销货物满 180 天的当天；

（6）销售应税劳务的，为提供劳务同时收讫销售款或者取得索取销售款的凭据的当天；

（7）纳税人发生法定的视同销售货物行为的，为货物移送的当天。

2. 纳税期限

纳税期限与上述的纳税义务发生的时间密切相关，但纳税义务的发生时间强调的是时点，而纳税期限则多为期间。

依据现行规定，增值税的纳税期限分别为 1 日、3 日、5 日、10 日、15 日、1 个月或者 1 个季度（以 1 个季度为纳税期限的规定仅适用于小规模纳税人）。纳税人的具体纳税期限，由主管税务机关根据纳税人应纳税额的大小分别核定；不能按照固定期限纳税的，可以按次纳税。

纳税人以上述的 1 个月或者 1 个季度为一个纳税期的，自期满之日起 15 日内申报纳税；以 1 日、3 日、5 日、10 日或者 15 日为 1 个纳税期的，自期满之日起 5 日内预缴税款，于次月 1 日起 15 日内申报纳税并结清上月应纳税款。

此外，纳税人进口货物的，应当自海关填发海关进口增值税专用缴款书之日起 15 日内缴纳税款。

（八）纳税地点

增值税的纳税地点，不仅直接影响到纳税人的义务履行，也直接关系到相关征税机关的管辖权，为此，《增值税暂行条例》作出了如下明确规定：

1. 固定业户的纳税地点

（1）固定业户应当向其机构所在地的主管税务机关申报纳税。总机构和分支机构不在同一县（市）的，应当分别向各自所在地的主管税务机关申报纳税；经国务院财政、税务主管部门或者其授权的财政、税务机关批准，可以由总机构汇总向总机构所在地的主管税务机关申报纳税。

（2）固定业户到外县（市）销售货物或者劳务，应当向其机构所在地的主管税务机关报告外出经营事项，并向其机构所在地的主管税务机关申报纳税；未报告的，应当向销售地或者劳务发生地的主管税务机关申报纳税；未向销售地或者劳务发生地的主管税务机关申报纳税的，由其机构所在地的主管税务机关补征税款。

2. 非固定业户的纳税地点

非固定业户销售货物或者劳务，应当向销售地或者劳务发生地的主管税务机关申报纳税；未向销售地或者劳务发生地的主管税务机关申报纳税的，由其机构所在地或者居住地的主管税务机关补征税款。

3. 进口货物的纳税地点

进口货物，应当向报关地海关申报纳税。

此外，扣缴义务人应当向其机构所在地或者居住地的主管税务机关申报缴纳其扣缴的税款。

（九）增值税专用发票的使用和管理

增值税专用发票的使用和管理，直接关系到整个增值税制度能否正常、有效运作，关系到增值税原理能否实现。增值税专用发票不仅是纳税人从事经济活动的重要商事凭证，而且也是记载销货方销项税额和购货方进项税额的凭证。在专用发票上注明的税额既是销货方的销项税额，又是购货方的进项税额，是购货方进行税款抵扣的依据和凭证。正由于增值税专用发票非常重要，因而国家税务总局专门制定了《增值税专用发票使用规定》（1994 年制定，2006 年修订，自 2007 年 1 月 1 日起施行），全国人大常委会也于 1995 年 10 月 30 日专门发布了《关于惩治虚开、伪造和非法出售增值税专用发票犯罪的决定》。此外，《税收征收管理法》在 1995 年修改时，也专门增加了有关增值税专用发票的规定。

我国的增值税专用发票制度目前已初具规模，除上述各类规定以外，还包括国家税务总局发布的一系列相关通知和办法，例如，《关于严格控制增值税专用发票使用范围的通知》（1995 年）、《关于纳税人取得虚开的增值税专用发票处理问题的通知》（1997 年）、《增值税专用发票协查管理办法》（2000 年）、《关于纳税人善意取得虚开的增值税专用发票处理问题的通知》（2000 年）、《关于增值税一般纳税人取得防伪税控系统开具的增值税专用发票进项税额抵扣问题的通知》（2003 年），等等。目前，国家税务总局和相关部委发布的有关增值税专用发票的各类规范性文件有 160 多个，其中有些已经失效。下面仅对增值税专用发票的使用和管理方面的基本问题略做简要说明。

1. 专用发票的构成

专用发票，是增值税一般纳税人从事应税销售行为开具的发票，是购买方支付增值税额并可按照增值税有关规定据以抵扣增值税进项税额的凭证。

一般纳税人应通过增值税防伪税控系统（以下简称防伪税控系统）使用专用发票。使用，包括领购、开具、缴销、认证纸质专用发票及其相应的数据电文。

专用发票由基本联次或者基本联次附加其他联次构成，基本联次为三联：发票联、抵扣联和记账联。发票联，作为购买方核算采购成本和增值税进项税额的记账凭证；抵扣联，作为购买方报送主管税务机关认证和留存备查的凭证；记账联，作为销售方核算销售收入和增值税销项税额的记账凭证。其他联次用途，由一般纳税人自行确定。

2. 专用发票的限额管理

增值税专用发票（增值税税控系统）实行最高开票限额管理。最高开票限额，是指单份专用发票或货运专票开具的销售额合计数不得达到的上限额度。

最高开票限额由一般纳税人申请，区县税务机关依法审批。主管税务机关受理纳税人申请以后，根据需要进行实地查验。

3. 专用发票的开具

一般纳税人从事应税销售行为，应向购买方开具专用发票。商业企业一般纳税人零售的烟、酒、食品、服装、鞋帽（不包括劳保专用部分）、化妆品等消费品不得开具专用发票。此外，增值税小规模纳税人需要开具专用发票的，可向主管税务机关申请代开。另外，除法律、法规及国家税务总局另有规定的外，销售免税货物不得开具专用发票。

专用发票应按以下要求开具：(1) 项目齐全，与实际交易相符；(2) 字迹清楚，不得压线、错格；(3) 发票联和抵扣联加盖财务专用章或者发票专用章；(4) 按照增值税纳税义务的发生时间开具。对不符合上述要求的专用发票，购买方有权拒收。

4. 不得领购开具专用发票的情形

一般纳税人有下列情形之一的，不得领购开具专用发票：

(1) 会计核算不健全，不能向税务机关准确提供增值税销项税额、进项税额、应纳税额数据及其他有关增值税税务资料的。

(2) 有《税收征管法》规定的税收违法行为，拒不接受税务机关处理的。

(3) 有虚开增值税专用发票、私自印制专用发票、向税务机关以外的单位和个人买取专用发票、借用他人专用发票、未按规定保管专用发票和专用设备等行为之一，经税务机关责令限期改正而仍未改正的。

5. 专用发票的认证

用于抵扣增值税进项税额的专用发票应经税务机关认证相符（国家税务总局另有规定的除外）。认证相符的专用发票应作为购买方的记账凭证，不得退还销售方。所谓认证，是指税务机关通过防伪税控系统对专用发票所列数据的识别、确认。所谓认证相符，是指纳税人识别号无误，专用发票所列密文解译后与明文一致。

如果存在无法认证，或者纳税人识别号认证不符，或者专用发票代码、号码认证不符等情形之一的，则该“发票”不得作为增值税进项税额的抵扣凭证，税务机关退还原件，购买方可要求销售方重新开具专用发票。

6. 对代开、虚开专用发票行为的处理

代开发票是指为与自己没有发生直接购销关系的他人开具发票的行为；虚开发票是指在没有任何购销事实的前提下，为他人、为自己或让他人为自己或介绍他人开具发票的行为。对于上述两种违法行为，一律按票面所列商品的适用税率全额征补税款，并按偷税行为给予处罚；代开、虚开发票的行为构成犯罪的，应依法给予刑事处分。

我国《刑法》专设一节规定“危害税收征管罪”，其中，对有关增值税专用发票方面的犯罪有许多具体规定。但随着现实情况的变化，需要对定罪量刑标准作出明确。依据最高人民法院《关于虚开增值税专用发票定罪量刑标准有关问题的通知》（法〔2018〕226 号），人民法院在审判工作中不再参照执行最高人民法院《关于适用全国人民代表大会常务委员会〈关于惩治虚开、伪造和非法出售增值税专用发票犯罪的决定〉的若干问题的解释》（法发〔1996〕30 号）第 1 条规定的虚开增值税专用发票罪的定罪量刑标准。

目前，人民法院对虚开增值税专用发票刑事案件定罪量刑的数额标准，可以参照最高人民法院《关于审理骗取出口退税刑事案件具体应用法律若干问题的解释》（法释〔2002〕30 号）第 3 条的规定执行，即虚开的税款数额在 5 万元以上的，以虚开增值税专用发票罪处 3 年以下有期徒刑或者拘役，并处 2 万元以上 20 万元以下罚金；虚开的税款数额在 50 万元以上的，认定为《刑法》第 205 条规定的“数额较大”；虚开的税款数额在 250 万元以上的，认定为《刑法》第 205 条规定的“数额巨大”。

7. 专用发票的善意取得

纳税人善意取得虚开的增值税专用发票，是指购货方与销售方存在真实交易，且购货方不知取得的增值税专用发票是以非法手段获得的。纳税人善意取得虚开的增值税专用发票，如能重新取得合法、有效的专用发票，准许其抵扣进项税款；如不能重新取得合法、有效的专用发票，不准其抵扣进项税款或追缴其已抵扣的进项税款。

依据上述精神，如果购销双方存在真实的交易，专用发票注明的销售方名称、印章、货物数量、金额及税额等全部内容与实际相符，且没有证据表明购货方知道销售方提供的专用发票是以非法手段获得的，则对购货方不以偷税或者骗取出口退税论处。如果购货方能够重新从销售方取得防伪税控系统开出的合法、有效专用发票的，或者取得手工开出的合法、有效专用发票且取得了销售方所在地税务机关已经或者正在依法对销售方虚开专用发票行为进行查处证明的，购货方所在地税务机关应依法准予抵扣进项税款或者出口退税。[①]

第三节　消费税法律制度

一、消费税概述

（一）消费税的概念

消费税（excise duty），也称货物税，是以特定的消费品的流转额为计税依据而征收的一种商品税。它是各国开征较为普遍的一个重要税种。

对于“消费税”一词，在税收理论上有不同的理解。其中，最为广义的理解是把消费税分为直接消费税和间接消费税两大类。前者是以个人的实际消费支出额为计税依据而向消费者课征的一种直接税，也称消费支出税；后者是以消费品的流转额为计税依据而向消费品的生产经营者课征的一种间接税。

此外，还有一种较为广义的理解，即认为商品课税的主要课税对象是消费的商品或劳务，因而商品课税也就是消费课税。或者说，商品税也就是对销售者所课征的间接消费税。这种间接消费税又可分为两类，即一般消费税（如增值税、周转税等）和特种消费税。[②] 这里的特种消费税才是本节作为一个税种来介绍的消费税。

（二）消费税的意义和征收范围

消费税开征的历史较为悠久，在许多国家的税收史上都曾占有重要地位。尽管今天在许多国家都不把它作为最重要的税种，但消费税自身仍有其特定的、不可替代的财政意义、经济意义和社会意义。消费税所具有的这三个方面的积极意义，与消费税的征税范围有着密切的关系。

从消费税的征税范围来看，各国在现实中实行的都是有选择性的消费税，即并不是对所有的消费品征税，根据消费税的征税范围的大小，可以将消费税分为狭窄型、中间型和宽泛型三种类型。

狭窄型消费税的征税范围主要限于一些传统的应税项目，如烟草制品、酒精饮料、石油制品、机动车辆等。

中间型消费税的征税范围要比狭窄型消费税的征税范围更广一些，此种类

① 参见国家税务总局2000年11月发布的《关于纳税人善意取得虚开的增值税专用发票处理问题的通知》（国税发〔2000〕187号）。

② 参见国家税务总局税收科学研究所编著：《西方税收理论》，中国财政经济出版社1997年版，第198页。

型消费税还包括其他一些日用品、奢侈品等。

宽泛型消费税的征税范围最广，不仅包括更多的日用品、奢侈品，而且还包括一些生产性消费资料。

上述三种类型的划分仅具有相对的意义。从各国开征消费税的现实来看，实行狭窄型消费税的国家最多；实行中间型消费税的国家数量次之；实行宽泛型消费税的国家最少。

（三）我国消费税制度的沿革

早在中华人民共和国成立之初，当时的政务院就于1950年颁布了《全国税政实施要则》，并将“特种消费行为税”列入其中。此后，政务院于1951年颁布了《特种消费行为税暂行条例》，确定特种消费行为税的征收范围包括电影戏剧及娱乐、舞场、筵席、冷食、旅馆等5个税目。但在1953年税制修订时，该税种被取消。

由于在新中国成立后的很长一段时期商品税在总体上日益萎缩，因而消费税始终未能以独立税种的形式存在。至1989年年初，由于彩电、小轿车等商品供不应求，市场秩序混乱，非法牟利现象严重，因此，国务院决定对彩电和小汽车征收特别消费税（对彩电征收的特别消费税于1992年4月被取消）。随着经济的迅速发展以及消费水平的提高，如何发挥消费税的筹集财政收入、调节经济运行和引导社会消费等作用的问题，已日渐为人们所重视。正是在这样的一种需求和背景之下，国务院于1993年12月13日颁布了《消费税暂行条例》，该条例自1994年1月1日起施行。2008年11月5日，国务院常务会议对《消费税暂行条例》作出修订，同《增值税暂行条例》一样，修订后的《消费税暂行条例》也是自2009年1月1日起施行。

1994年我国进行税法大变革时开征消费税的直接目的，是使消费税成为增值税的辅助税种，对某些消费品的销售在征收增值税的基础上，再加征一道消费税，以避免在产品税改征增值税后，产生总体税负的下降和国家财政收入的减少。同时，也要发挥消费税的积极作用，使其既能对生产经营和消费进行特殊调节，又能保障财政收入的稳定增长，还能引导社会消费和促进良好的社会风气的形成，使消费税成为实现国家经济政策和社会政策的重要工具。经过多年的实践，消费税制度的多重功能已日益显现。

二、我国消费税制度的主要内容

自1994年税法变革以来，国务院及相关部委相继颁行、修订了《消费税暂行条例》及《消费税暂行条例实施细则》《消费税若干具体问题的规定》《关于消费税会计处理的规定》等，从而确立了我国现行的消费税制度。目前，我国的消费税制度主要包括以下内容：

（一）纳税主体

消费税的纳税主体是在中华人民共和国境内生产、委托加工和进口应税消费品的单位和个人。所谓“在中华人民共和国境内”，是指生产、委托加工和进口属于应当缴纳消费税的消费品的起运地或者所在地在境内。此外，这里的“单位和个人”的范围与前述缴纳增值税的“单位和个人”的范围相同。

（二）征税范围

我国实行的也是有选择性的消费税，1994 年确定的征收消费税的税目共 11 个，在 2006 年和 2014 年又先后作出较大调整，由此使税目及具体子目的数量不断发生变化。从总体上说，征收消费税的消费品可以分为如下几个大类：

1. 过度消费会对人类健康、社会秩序和生态环境等造成危害的消费品

此类消费品原来包括三个税目，即烟、酒、鞭炮与焰火。其中，在“烟”税目里包括三个子目，即卷烟（包括甲类卷烟、乙类卷烟）、雪茄烟、烟丝。在“酒”税目中包括五个子目，即白酒、黄酒、啤酒（包括甲类啤酒、乙类啤酒）等。

此外，为了更好地保护生态环境，节约自然资源，从 2006 年 4 月 1 日起，国家开始对木制一次性筷子和实木地板征税，以求调控相关产业发展，实现对生态环境的保护。2015 年 2 月 1 日，电池、涂料也被列入消费税征税范围。

2. 奢侈品、非生活必需品

此类消费品包括的税目原来有两个，一个是贵重首饰及珠宝玉石（现包括两个子目，即金银首饰、铂金首饰和钻石及钻石饰品，以及其他贵重首饰和珠宝玉石）；另一个是高档化妆品。① 此外，从 2006 年 4 月 1 日起，又增加了三个税目，即高尔夫球及球具、高档手表、游艇。

3. 高能耗的高档消费品

此类消费品包括小汽车和摩托车两个税目。其中，小汽车税目下分设两个子目，即乘用车，以及中轻型商用客车。其中，乘用车按照汽缸容量（排气量）的不同，从 1.0 升以下到 4.0 升以上，共分为七类。摩托车则按排量分为 0.25 升以下（含）和 0.25 升以上两类。

4. 石油类消费品

此类消费品原来包括两个税目，即汽油和柴油。自 2006 年 4 月 1 日起，统一规定为成品油一个税目，下设的子目包括汽油（包括含铅汽油和无铅汽油）、柴油，同时，另外新增航空煤油、石脑油、溶剂油、润滑油、燃料油五个子目。

---

① 参见《财政部、国家税务总局关于调整化妆品消费税政策的通知》（财税〔2016〕103 号）。

为了建立完善的成品油价格形成机制和规范的交通税费制度，促进节能减排和结构调整，公平负担，依法筹措交通基础设施维护和建设资金，国务院决定实施成品油价格和税费改革，并于 2008 年 12 月 18 日发布了《关于实施成品油价格和税费改革的通知》，强调利用现有的消费税制度、征收方式和征管手段，实现成品油税费改革，而不再新设燃油税。由于这一领域的“费改税”已经热议多年，最终通过消费税制度的完善来完成，因而消费税中的成品油税目备受瞩目。

上述几大类消费品，就是现行消费税制度的征税范围。应当说，这样的征税范围还是较为狭窄的。为此，已有人提出进一步扩大消费税征税范围的设想。此外，消费税的征税范围之所以分为十几个税目，并且在某些税目中还分设若干子目，不仅是为了把征税范围具体化，而且也是为了针对不同的税目和子目适用不同的税率，以求通过差别税率来体现国家的相关经济和社会政策。

（三）税率

消费税的税率包括两类，即比例税率和定额税率。从总体上看，由于针对不同的税目或子目适用不同的税率，因而与增值税相比，消费税的税率档次更多也更为复杂。在消费税的诸多税目中，多数税目适用比例税率。

此外，还有成品油税目以及啤酒、黄酒等子目适用定额税率。至于各个税目、子目所适用的税率，则需查阅《消费税暂行条例》所附的“消费税税目税率（税额）表”，因其具体内容变动频繁，此不赘述。

另外，纳税人兼营不同税率的应当缴纳消费税的消费品（以下简称应税消费品），应当分别核算不同税率应税消费品的销售额、销售数量；未分别核算销售额、销售数量，或者将不同税率的应税消费品组成成套消费品销售的，从高适用税率。这与前述增值税的相关原理是一致的。

（四）应纳税额的确定

消费税的应纳税额的确定有三种方法，第一种是从价定率计征，第二种是从量定额计征，第三种是从价定率和从量定额复合计征。现分述之：

1. 从价定率计征

适用比例税率的消费品，其应纳消费税额应从价定率计征。在这种情况下，计税依据是销售额。其计算公式为：

应纳税额 ＝ 销售额 × 比例税率

2. 从量定额计征

适用定额税率的消费品，其应纳消费税额应从量定额计征，其计算公式为：

应纳税额 ＝ 销售数量 × 定额税率

3. 复合计税方法

对于卷烟和白酒两类消费品，目前实行复合计税方法，其计算公式为：

应纳税额 = 销售额 × 比例税率 + 销售数量 × 定额税率

在运用上述基本的计算公式时，应注意以下几个方面：

第一，上述公式中的销售额，为纳税人销售应税消费品向购买方收取的全部价款和价外费用，与作为增值税计税依据的销售额是相同的。同样，该销售额也不包括应向购货方收取的增值税税款。如果纳税人应税消费品的销售额中未扣除增值税税款或者因不得开具增值税专用发票而发生价款和增值税税款合并收取的，在计算消费税时，应当换算为不含增值税税款的销售额。其换算公式为：

应税消费品的销售额 = 含增值税的销售额 ÷（1 + 增值税税率或者征收率）

第二，应税消费品连同包装物销售的，无论包装物是否单独计价以及在会计上如何核算，均应并入应税消费品的销售额中缴纳消费税。如果包装物不作价随同产品销售，而是收取押金，此项押金则不应并入应税消费品的销售额中征税。但对因逾期未收回的包装物不再退还的或者已收取的时间超过 12 个月的押金，应并入应税消费品的销售额，按照应税消费品的适用税率缴纳消费税。

对既作价随同应税消费品销售，又另外收取押金的包装物的押金，凡纳税人在规定的期限内没有退还的，均应并入应税消费品的销售额，按照应税消费品的适用税率缴纳消费税。

第三，上述的价外费用，是指价外向购买方收取的手续费、补贴、基金、集资费、返还利润、奖励费、违约金、滞纳金、延期付款利息、赔偿金、代收款项、代垫款项、包装费、包装物租金、储备费、优质费、运输装卸费以及其他各种性质的价外收费，但不包括符合法定条件的代垫运输费用、符合法定条件的代为收取的政府性基金或者行政事业性收费。

第四，纳税人销售的应税消费品，以人民币计算销售额。纳税人用人民币以外的货币结算销售额的，应当折合成人民币计算，其折合率可以选择销售额发生的当天或者当月 1 日的人民币汇率中间价。纳税人应在事先确定采用何种折合率，确定后 1 年内不得变更。

纳税人应税消费品的计税价格明显偏低并无正当理由的，由主管税务机关核定其计税价格。

另外，在计税依据的确定方面，还有以下特殊规定：

（1）纳税人自产自用的应税消费品，按照纳税人生产的同类消费品的销售价格计算纳税；没有同类消费品销售价格的，按照法定的组成计税价格计算纳税。

（2）委托加工的应税消费品，按照受托方的同类消费品的销售价格计算纳税；没有同类消费品销售价格的，按照法定的组成计税价格计算纳税。

（3）进口的应税消费品，按照法定的组成计税价格计算纳税。由于其计算公式相对复杂，现说明如下：

进口应税消费品，实行从价定率办法计算纳税的组成计税价格计算公式为：

组成计税价格＝（关税完税价格＋关税）÷（1－消费税比例税率）

上述公式实际就是组成计税价格＝关税完税价格＋关税＋消费税，因而与进口增值税的组价是一样的。只不过这里的组价是计算消费税应纳税额的税基，但消费税应纳税额未知，因而采取了变通的办法来计算，由此也说明消费税是价内税。

此外，进口应税消费品，实行复合计税办法计算纳税的组成计税价格计算公式为：

组成计税价格＝（关税完税价格＋关税＋进口数量×消费税定额税率）÷（1－消费税比例税率）

不难发现，这一公式实际上只是上述基本公式的进一步扩展。

（五）消费税的减免、退补

在税收减免方面，我国《消费税暂行条例》限制较为严格，因而可以进行减免的项目很少，主要有两种情况：

（1）纳税人出口应税消费品，除国务院另有规定的以外，免征消费税。

（2）纳税人自产自用的应税消费品，用于连续生产应税消费品的，不纳税。所谓“用于连续生产应税消费品”，是指纳税人将自产自用的应税消费品作为直接材料生产最终应税消费品，自产自用应税消费品构成最终应税消费品的实体。

在退税方面，纳税人出口按规定可以免税的应税消费品，在货物出口后，可以按照国家有关规定办理出口退税手续。

出口的应税消费品办理退税后，发生退关或者国外退货，进口时予以免税的，报关出口者必须及时向其机构所在地或者居住地主管税务机关申报补缴已退的消费税税款。

纳税人直接出口的应税消费品办理免税后，发生退关或者国外退货，进口时已予以免税的，经机构所在地或者居住地主管税务机关批准，可暂不办理补税，待其转为国内销售时，再申报补缴消费税。

此外，纳税人销售的应税消费品，如因质量等原因由购买者退回时，经机构所在地或者居住地主管税务机关审核批准后，可退还已缴纳的消费税税款。

值得注意的是，出口应税消费品同时涉及退（免）增值税和消费税，且增值税与消费税的退（免）范围、程序、管理等方面都是较为一致的，但应退消费税额应按照消费税的法定税率（税额）执行，这与应退增值税额适用的出口退税率频繁变化不同。因此，在涉及消费税的退税和补税问题时，应注意上述差别。

（六）纳税环节

消费税在多数情况下实行单一环节课税，因而与增值税的多环节课征不同。消费税的纳税环节多数为从生产转为销售的环节，一般是由生产者在从事销售行为或视同销售的行为时缴纳。具体说来，包括以下几种情况：

（1）纳税人生产的应税消费品，于纳税人销售时纳税；纳税人自产自用的应税消费品，并未用于连续生产应税消费品的，而是用于其他方面的，于移送使用时纳税。所谓“用于其他方面”，是指纳税人将自产自用应税消费品用于生产非应税消费品、在建工程、管理部门、非生产机构、提供劳务、馈赠、赞助、集资、广告、样品、职工福利、奖励等方面。

可见，在纳税人生产应税消费品的情况下，纳税环节有两个，一个是销售环节，一个是移送环节。

（2）委托加工的应税消费品，除受托方为个人外，由受托方在向委托方交货时代收代缴税款。委托加工的应税消费品，委托方用于连续生产应税消费品的，所纳税款准予按规定抵扣。

上述的“委托加工的应税消费品”，是指由委托方提供原料和主要材料，受托方只收取加工费和代垫部分辅助材料加工的应税消费品。对于由受托方提供原材料生产的应税消费品，或者受托方先将原材料卖给委托方，然后再接受加工的应税消费品，以及由受托方以委托方名义购进原材料生产的应税消费品，不论在财务上是否作销售处理，都不得作为委托加工应税消费品，而应当按照销售自制应税消费品缴纳消费税。

此外，委托加工的应税消费品直接出售的，不再缴纳消费税。委托个人加工的应税消费品，由委托方收回后缴纳消费税。

（3）进口的应税消费品，于报关进口时纳税。

（七）纳税义务的发生时间和纳税期限

消费税纳税义务的发生时间与上述的纳税环节直接相关，也都体现为一个个具体的“时点”。根据我国《消费税暂行条例实施细则》的规定，消费税纳税人的纳税义务发生时间主要依据销售结算方式或行为发生时间分别确定。具体规定如下：

（1）纳税人销售应税消费品的，按不同的销售结算方式分别为：

第一，采取赊销和分期收款结算方式的，为书面合同约定的收款日期的当天，书面合同没有约定收款日期或者无书面合同的，为发出应税消费品的当天；

第二，采取预收货款结算方式的，为发出应税消费品的当天；

第三，采取托收承付和委托银行收款方式的，为发出应税消费品并办妥托收手续的当天；

第四，采取其他结算方式的，为收讫销售款或者取得索取销售款凭据的当天。

(2) 纳税人自产自用应税消费品的，为移送使用的当天。

(3) 纳税人委托加工应税消费品的，为纳税人提货的当天。

(4) 纳税人进口应税消费品的，为报关进口的当天。

此外，与上述的纳税义务的发生时间密切相关，在纳税期限方面，消费税的纳税期限分别为1日、3日、5日、10日、15日、1个月或者1个季度。纳税人的具体纳税期限，由主管税务机关根据纳税人应纳税额的大小分别核定；不能按照固定期限纳税的，可以按次纳税。

纳税人以1个月或者1个季度为1个纳税期的，自期满之日起15日内申报纳税；以1日、3日、5日、10日或者15日为1个纳税期的，自期满之日起5日内预缴税款，于次月1日起15日内申报纳税并结清上月应纳税款。

纳税人进口应税消费品，应当自海关填发海关进口消费税专用缴款书之日起15日内缴纳税款。可见，消费税的纳税期限与增值税的纳税期限的规定是一致的。

(八) 纳税地点

同增值税一样，消费税由税务机关征收，进口的应税消费品的消费税由海关代征。个人携带或者邮寄进境的应税消费品的消费税，连同关税一并计征。具体办法由国务院关税税则委员会会同有关部门制定。

关于消费税的纳税地点，有以下具体规定：

(1) 纳税人销售的应税消费品，以及自产自用的应税消费品，除国务院财政、税务主管部门另有规定外，应当向纳税人机构所在地或者居住地的主管税务机关申报纳税。

纳税人到外县（市）销售或者委托外县（市）代销自产应税消费品的，于应税消费品销售后，向机构所在地或者居住地主管税务机关申报纳税。

纳税人的总机构与分支机构不在同一县（市）的，应当分别向各自机构所在地的主管税务机关申报纳税；经财政部、国家税务总局或者其授权的财政、税务机关批准，可以由总机构汇总向总机构所在地的主管税务机关申报纳税。

(2) 委托加工的应税消费品，除受托方为个人外，由受托方向机构所在地或者居住地的主管税务机关解缴消费税税款。委托个人加工的应税消费品，由委托方向其机构所在地或者居住地主管税务机关申报纳税。

(3) 进口的应税消费品，应当由进口人或者其代理人向报关地海关申报纳税。

消费税税目税率表①

税目	税率
一、烟	
1. 卷烟	
(1) 甲类卷烟［调拨价 70 元（不含增值税）/条以上（含 70 元）］	56% 加 0.003 元/支（生产环节）
(2) 乙类卷烟［调拨价 70 元（不含增值税）/条以下］	36% 加 0.003 元/支（生产环节）
(3) 商业批发	11% 加 0.005 元/支（批发环节）
2. 雪茄烟	36%（生产环节）
3. 烟丝	30%（生产环节）
二、酒	
1. 白酒	20% 加 0.5 元/500 克（或者 500 毫升）
2. 黄酒	240 元/吨
3. 啤酒	
(1) 甲类啤酒	250 元/吨
(2) 乙类啤酒	220 元/吨
4. 其他酒	10%
三、高档化妆品	15%
四、贵重首饰及珠宝玉石	
1. 金银首饰、铂金首饰和钻石及钻石饰品	5%
2. 其他贵重首饰和珠宝玉石	10%
五、鞭炮、焰火	15%
六、成品油	
1. 汽油	
(1) 含铅汽油	1.52 元/升
(2) 无铅汽油	1.52 元/升
2. 柴油	1.20 元/升
3. 航空煤油	1.20 元/升
4. 石脑油	1.52 元/升
5. 溶剂油	1.52 元/升
6. 润滑油	1.52 元/升
7. 燃料油	1.20 元/升
七、摩托车	
气缸容量在 250 毫升（含 250 毫升）以下的	3%
气缸容量在 250 毫升以上的	10%

① 根据我国现有规定整理，相关规定截至 2016 年 12 月，仅作参考。

（续表）

税目	税率
八、小汽车	
1. 乘用车	
(1) 气缸容量（排气量，下同）在1.0升（含1.0升）以下的	1%
(2) 气缸容量在1.0升以上至1.5升（含1.5升）的	3%
(3) 气缸容量在1.5升以上至2.0升（含2.0升）的	5%
(4) 气缸容量在2.0升以上至2.5升（含2.5升）的	9%
(5) 气缸容量在2.5升以上至3.0升（含3.0升）的	12%
(6) 气缸容量在3.0升以上至4.0升（含4.0升）的	25%
(7) 气缸容量在4.0升以上的	40%
2. 中轻型商用客车	5%
3. 超豪华小汽车	
在生产（进口）环节按现行税率征收的基础上，在零售环节加征消费税	10%
九、高尔夫球及球具	10%
十、高档手表	20%
十一、游艇	10%
十二、木制一次性筷子	5%
十三、实木地板	5%
十四、电池	4%
无汞原电池、金属氢化物镍蓄电池、锂原电池、锂离子蓄电池、太阳能电池、燃料电池和全钒液流电池	免征
十五、涂料	4%

第四节 烟叶税与车辆购置税法律制度

在商品税体系中，与前述的消费税密切相关的税种还有烟叶税和车辆购置税，它们分别与消费税征税对象中的税目烟（包括甲类卷烟、乙类卷烟、雪茄烟、烟丝）、小汽车密切相关。由于烟叶税和车辆购置税都涉及商品的销售行为，因而它们都是商品税制度中的类型；同时，由于它们分别涉及特殊商品的销售，因而在整个税收制度中，国家单独设置了两个税种。此外，两个税种都是对国内的销售行为征税，因而本书在增值税、消费税之后，在具有涉外因素的关税制度之前，专门介绍这两个税种制度。

一、烟叶税法律制度

（一）烟叶课税的历史沿革：从“烟叶收入税”到“烟叶收购税”

我国对烟叶的课税一直与税制改革相伴。从历史上看，“烟叶收入”曾长期只是农业税的一个税目，当时并无“烟叶税”这一独立税种。只是在我国取消农业税、农业特产税以后，对“烟叶收购”的课税才被确定下来，并使烟叶税成为一个征税对象和征收地域都相对较小的税种。只有把烟叶税放到整个税制改革或税制变迁的历程中去观察，才能对其形成较为全面的认识。

由于我国是一个农业大国，农业税曾长期占据重要地位，如何保障农民税收负担的轻重适度，对于国家的经济发展和政治安定都非常重要。因此，在中华人民共和国成立之初，在税收体系尚不健全的情况下，中央人民政府即于1950年颁布了《新解放区农业税暂行条例》。但随着土地制度改革、农业合作化的发展，新型生产关系的变化，我国的第一届全国人大常委会依据宪法的规定，于1958年6月3日公布并施行《中华人民共和国农业税条例》。该《条例》虽被称为“条例”，但却不同于1985年全国人大“授权立法”后大量实施的“税收暂行条例”——它不是国务院制定的“行政法规”，而是由全国人大常委会制定的“法律”。

依据上述《农业税条例》的规定，对“棉花、麻类、烟叶、油料、糖料和其他经济作物的收入”征收农业税，对上述经济作物的收入“参照种植粮食作物的常年产量计算”，据此，烟叶收入属于农业税的征税范围。而在改革开放之初，随着商品经济的发展，国务院于1983年11月12日发布了《关于对农林特产收入征收农业税的若干规定》，开始对园艺、林木、水产等农林特产收入单独征收农业税，但其中并未包括烟叶收入。只是在实行市场经济体制以后，在1994年的税制改革过程中，国务院才于1994年1月30日废除了1983年的《若干规定》，发布了《关于对农业特产收入征收农业税的规定》（国务院令143号），专门规定对烟叶、园艺、水产、林木等“农业特产品收入”征收“农业特产税”①，由此使烟叶收入正式成为农业特产税的税目。

按照1994年的《关于对农业特产收入征收农业税的规定》，对烟叶收入征税的税率为31%，农民的税负相对较重，因此，国家在1999年将其税率下调为20%。尽管如此，基于减轻农民负担的政策导向，该税率仍然较高。为此，

① 该税的全称是“农业特产农业税”，由于试图用简称，因而在同一个规范性文件中时而称“农业税”，时而称“农业特产税”。这也影响了后来人们对“农业特产税”究竟是否算一个独立税种的判断。更何况相关规定与《农业税条例》的规定几乎都不一致，而且在后来的官方文件中，也是将农业税和农业特产税并列的。

根据中共中央、国务院《关于促进农民增加收入若干政策的意见》(2004年的"一号文件"),财政部、国家税务总局于2004年6月下发了《关于取消除烟叶外的农业特产农业税有关问题的通知》,规定取消对烟叶以外的其他农业特产品征收的农业特产农业税。由于第十届全国人大常委会决定自2006年1月1日起废止《农业税条例》,对烟叶征收农业特产农业税已无法律依据,因此,国务院2006年4月28日公布了《中华人民共和国烟叶税暂行条例》,从而使烟叶税正式成为一个独立税种。

上述烟叶税制的变迁表明,从产品经济年代到商品经济时期,从计划经济阶段到市场经济时期,从闭关锁国时代到改革开放时期,在各个不同的历史时期,必须基于经济发展的阶段和特殊性,合理选择征税项目,这是税制改革的应有之义;同时,税制改革必须始终关注主体的税收负担,这对于有效实现税制目标至为重要。

从"对烟叶收入征税"到"对烟叶收购征税",从第一届全国人大常委会制定《农业税条例》到第十届全国人大常委会废止《农业税条例》,我国的烟叶税制经历了中国经济的不同发展阶段,体现了各个时期税制改革的不同理念。其中,对纳税人负担的特别关注,越来越成为贯穿各类税制改革的重要主线,它直接影响税制的合理性与合法性。与此同时,税制改革应如何提升经济发展的效率,如何体现税制的公平,在税收立法过程中也需要特别考虑。而上述需要关注与考虑的因素,会直接影响税制改革的周期,并成为衡量税制改革优劣的重要标尺,对此有必要做进一步研讨。

(二)立法升级:从《烟叶税条例》到《烟叶税法》

烟叶是一种特殊产品,我国长期对其实行专卖政策,对烟叶也一直征收较高的税收和实行比较严格的税收管理。在2006年2月17日国务院废止《国务院关于对农业特产收入征收农业税的规定》后,对烟叶征收农业特产税便失去了法律依据。

与此同时,国家有关部门认为,停止对烟叶征收农业特产税,也会产生一些新问题:一是烟叶产区的地方财政特别是一些县乡的财政收入将受到较大影响。按照现行财政体制,烟叶特产农业税收入全部划归县乡财政,在当地财政收入中占较大比重。二是不利于烟叶产区县乡经济的发展。我国的烟叶产区多数集中在西部和边远地区,当地经济的培育和公共事业的发展等基本靠地方政府的投入和推动。停止征收烟叶特产农业税会减少当地财政收入,对推动各项事业的发展不利。三是不利于卷烟工业的持续稳定发展。基于上述考虑,为了保持政策的连续性,充分兼顾地方利益和有利于烟叶产区可持续发展,国务院决定制定《中华人民共和国烟叶税暂行条例》,开征烟叶税取代原来对烟叶征收的农业特产税。[①]

烟叶税作为既往税制改革遗留的税种，其所涉及领域较小，纳税人数量较少，进行相关税收立法相对较为容易，因此，在“落实税收法定原则”的立法进程中，《烟叶税暂行条例》成为需要进行“立法升级”的十五个税收暂行条例中的“首选”，体现了立法上的“先易后难”原则。全国人大常委会于2017年12月27日通过了《中华人民共和国烟叶税法》（以下简称《烟叶税法》），自2018年7月1日起施行。

《烟叶税法》是对《烟叶税暂行条例》的“制度平移”，有关课税要素的规定的变化微乎其微。下面对《烟叶税法》的相关规定做简要介绍和说明。

（三）我国烟叶税法的主要内容

我国的烟叶税法的规定共计十条，非常简单，其中涉及课税要素规定的内容有九条。

1. 纳税主体

依据我国《烟叶税法》的规定，在中华人民共和国境内，依照《烟草专卖法》的规定收购烟叶的单位为烟叶税的纳税人。据此，上述纳税人具体是指依照《烟草专卖法》的规定有权收购烟叶的烟草公司或者受其委托收购烟叶的单位。

需要特别强调的是，既往对烟叶收入征收的农业税或农业特产税，是由烟叶的种植者直接承担税负的直接税，它与农民的负担直接相关。但独立开征的烟叶税，已不再是对烟农收入征收的直接税，它在性质上已变为间接税，即由烟叶的购买者间接承担税负的商品税。

2. 征税范围和计税方法

烟叶税是对纳税人收购的烟叶征税，这里的烟叶是指晾晒烟叶、烤烟叶。目前，对上述烟叶征税的省份有23个，但主要集中在云贵川，三省的烟叶税收入占全国的60%以上。由此可见，烟叶税征收的地域范围非常集中。

烟叶税的计税依据为纳税人收购烟叶实际支付的价款总额。烟叶税的税率为20%。烟叶税的应纳税额按照纳税人收购烟叶实际支付的价款总额乘以税率计算，计算公式为：

$$应纳税额 = 实际支付的价款总额 \times 20\%$$

上述对“实际支付的价款总额”的强调，有助于关注现实的真实情况，防止税款流失，体现“实质重于形式”的原则。实际支付的价款总额包括纳税人支付给烟叶生产销售单位和个人的烟叶收购价款和价外补贴。其中，价外补贴统一按烟叶收购价款的10%计算。此外，烟叶税虽然是对烟叶收购者征收，

---

① 参见吴兢：《开征烟叶税不会影响农民的切身利益、增加其负担》，载《人民日报》2006年5月12日第6版。

但因其属于间接税，税负可以转嫁，加之在征收方面存在税收流失的情况，因此，纳税人的实际税负可能会低于理论上的计算结果，由此使烟叶税难以通过“寓禁于征”的手段来限制烟草业的发展，从而无法起到“控烟”作用。

3. 烟叶税的征收管理

烟叶税由税务机关依照《烟叶税法》和《税收征收管理法》的有关规定征收管理。

烟叶税的纳税义务发生时间为纳税人收购烟叶的当日，即纳税人向烟叶销售者付讫收购烟叶款项或者开具收购烟叶凭据的当天。

烟叶税按月计征，纳税人应当于纳税义务发生月终了之日起 15 日内申报并缴纳税款。

纳税人应当向烟叶收购地的主管税务机关申报缴纳烟叶税。所谓“烟叶收购地的主管税务机关”，是指烟叶收购地的县级地方税务局或者其所指定的税务分局、所。

二、车辆购置税法律制度

（一）车辆购置税制度概述

车辆购置税与烟叶税类似，都涉及对销售行为的征税，且纳税主体都不是销售方，而是购买方；并且，烟叶和车辆，都属于国家特别管制的商品，对国民的健康和安全等，都有重要影响。

车辆购置税是对原来收取的车辆购置费的替代。由于我国近些年来分配秩序较为混乱，特别是各类合法的、非合法的收费对税基的严重侵蚀，不仅影响了国家汲取财政的能力，而且也带来了腐败等诸多问题。为此，国家提出要大力推进“费改税”。其中，改收取车辆购置费为征收车辆购置税，就是“费改税”的一项重要内容。

征收车辆购置税，并未增加或减少原来收取车辆购置费给相关主体带来的负担，从这个意义上说，并未产生额外的影响，因而算是具有一定的“中性”。考虑到税收的各类职能，考虑到规范税费征收管理的需要，国务院于 2000 年 10 月公布了《中华人民共和国车辆购置税暂行条例》（以下简称《条例》），该《条例》自 2001 年 1 月 1 日起施行。2018 年 12 月 29 日全国人大常委会通过了《中华人民共和国车辆购置税法》，自 2019 年 7 月 1 日起施行。

（二）车辆购置税的基本制度

1. 纳税主体

车辆购置税的纳税主体是在中华人民共和国境内购置上述法律规定的车辆（以下简称应税车辆）的单位和个人。这里的购置，是指以购买、进口、自产、受赠、获奖或者其他方式取得并自用应税车辆的行为。

上述的单位，包括国有企业、集体企业、私营企业、股份制企业、外商投资企业、外国企业以及其他企业和事业单位、社会团体、国家机关、部队以及其他单位；上述的个人，包括个体工商户以及其他个人。

2. 征税范围和税率

车辆购置税的征收范围包括汽车、有轨电车、汽车挂车、排气量超过150毫升的摩托车等各类应税车辆。车辆购置税实行一次性征收。购置已征车辆购置税的车辆，不再征收车辆购置税。

车辆购置税的税率为10%。

3. 应纳税额的计算

车辆购置税实行从价定率的办法计算应纳税额。应纳税额的计算公式为：

应纳税额＝应税车辆的计税价格×税率

车辆购置税的计税价格根据不同情况，按照下列规定确定：

(1) 纳税人购买自用应税车辆的计税价格，为纳税人实际支付给销售者的全部价款，不包括增值税税款；

(2) 纳税人进口自用应税车辆的计税价格，为关税完税价格加上关税和消费税；

(3) 纳税人自产自用应税车辆的计税价格，按照纳税人生产的同类应税车辆的销售价格确定，不包括增值税税款；

(4) 纳税人以受赠、获奖或者其他方式取得自用应税车辆的计税价格，按照购置应税车辆时相关凭证载明的价格确定，不包括增值税税款。

如果纳税人申报的应税车辆计税价格明显偏低，又无正当理由，则由税务机关依照《税收征收管理法》的规定核定其应纳税额。

此外，纳税人以外汇结算应税车辆价款的，按照申报纳税之日的人民币汇率中间价折合成人民币计算缴纳税款。

4. 税收减免

下列车辆免征车辆购置税：

(1) 依照法律规定应当予以免税的外国驻华使馆、领事馆和国际组织驻华机构及其有关人员自用的车辆；

(2) 中国人民解放军和中国人民武装警察部队列入装备订货计划的车辆；

(3) 悬挂应急救援专用号牌的国家综合性消防救援车辆；

(4) 设有固定装置的非运输专用作业车辆；

(5) 城市公交企业购置的公共汽电车辆。

此外，根据国民经济和社会发展的需要，国务院可以规定减征或者其他免征车辆购置税的情形，报全国人民代表大会常务委员会备案。

5. 税收征纳

(1) 纳税申报。

车辆购置税由税务机关负责征收。纳税人购置应税车辆，应当向车辆登记地的主管税务机关申报缴纳车辆购置税；购置不需要办理车辆登记的应税车辆的，应当向纳税人所在地的主管税务机关申报缴纳车辆购置税。

(2) 纳税义务的发生时间。

车辆购置税的纳税义务发生时间为纳税人购置应税车辆的当日。纳税人应当自纳税义务发生之日起 60 日内申报缴纳车辆购置税。

(3) 税款缴纳与车辆登记。

纳税人应当在向公安机关交通管理部门办理车辆注册登记前，缴纳车辆购置税。

公安机关交通管理部门办理车辆注册登记，应当根据税务机关提供的应税车辆完税或者免税电子信息对纳税人申请登记的车辆信息进行核对，核对无误后依法办理车辆注册登记。

此外，免税、减税车辆因转让、改变用途等原因不再属于免税、减税范围的，纳税人应当在办理车辆转移登记或者变更登记前缴纳车辆购置税。计税价格以免税、减税车辆初次办理纳税申报时确定的计税价格为基准，每满一年扣减 10%。

(4) 退税。

纳税人将已征车辆购置税的车辆退回车辆生产企业或者销售企业的，可以向主管税务机关申请退还车辆购置税。退税额以已缴税款为基准，自缴纳税款之日至申请退税之日，每满一年扣减 10%。

(5) 信息共享。

税务机关和公安、商务、海关、工业和信息化等部门应当建立应税车辆信息共享和工作配合机制，及时交换应税车辆和纳税信息资料。

第五节 关税法律制度

一、关税与关税制度概述

(一) 关税的概念和特点

关税是以进出关境的货物或物品的流转额为计税依据而征收的一种商品税。同其他国内商品税相比，关税有许多特殊性，主要具有以下特点：

(1) 征税对象是进出关境的货物或物品。对于在境内流转的商品，只能征收国内商品税，不能征收关税。关税仅对进出关境的货物或物品课征。其中，货物是指贸易性的进出口商品，是关税最主要的征税对象；物品是指用于个人消费的非贸易性商品。

（2）课税环节是进出口环节。在商品流转的其他环节，不征收关税；而在进出口环节，则主要是征收关税。所谓进出口，也称进出国境或关境。关税实行进出口环节单环节课征，在一次性征收关税后，在国内流通的任何环节均不再征收关税。

（3）计税依据为关税的完税价格。完税价格是关税法中特有的概念，其确定离不开到岸价格或离岸价格。当到岸价格或离岸价格不能确定时，则由海关估定。

（4）具有较强的政策性。关税属于涉外税收，与国家的各类政策联系十分密切，具有较强的政策性。由于关税在很大程度上要体现国家各类政策的要求，因而往往变动较大。尽管其他税种也与政策联系密切，但关税的这一特点更为突出，这与其具有涉外性直接相关。

（5）关税由海关专门负责征收。各类国内税收一般均由税务机关负责征管，而关税在各国则一般均由海关专门负责征收，这既与关税的特殊性有关，同时也是关税的一个特点。

（二）关税的种类

根据不同的标准，关税可分为不同的种类：

（1）根据征税对象的流向，关税可分为进口税、出口税和过境税。这是较为重要的一种划分。

所谓进口税，就是对进入关境的货物或物品征收的关税，它在关税中占有最重要的地位，世界各国征收的关税主要是进口税或称进口关税。进口税一般是在进入关境或国境时征收。关境作为关税法有效实施的境界，既可能与国境一致，也可能小于或大于国境。当一国境内设有免征关税的自由港、自由贸易区、保税区、保税仓库或保税工厂等时，关境就小于国境。反之，当几个国家缔结关税同盟，在成员国内部取消关税，而对外则实行共同的关税政策时，关境就大于国境。不管怎样，进口税的征收总是与关境联系在一起。

所谓出口税，就是对运出关境的货物征收的一种关税。为了鼓励出口，提高本国商品的竞争力，许多国家都将出口税的征税范围限制得非常小。一些国家之所以还在较小的范围内征收出口税，主要是为了保护本国的某些重要资源，限制某些商品的输出，同时也可增加一些财政收入。

所谓过境税，就是对通过本国关境运往其他国家或地区的货物征收的一种关税。但由于征收过境税会产生多方面的负面影响，因而当今各国一般均不征收过境税。

（2）依据征税目的的不同，关税可以分为财政关税和保护关税。

所谓财政关税，就是以增加财政收入为主要目的而课征的关税。其特点是税率较低，从而能够鼓励进口，达到增加进口税收收入的目的。

所谓保护关税，就是以保护本国的民族经济发展为主要目的而课征的关税。其主要特点是税率较高，从而可以削弱进口商品在本国市场上的竞争力，以实现保护本国民族经济的目的。保护关税是构成关税壁垒的重要组成部分，随着关税减让的日益推进，保护关税的作用亦受到削弱。

除了上述的种类划分以外，还有人把关税按照征收地域分为国境关税和内地关税（但内地关税在现实中已不存在）；按照课税标准分为从价税、从量税、混合税（即从量税与从价税的合并课征）、选择税（在从量与从价两种税率中选择应纳税额较多者课征），等等。其实，有些划分并不是绝对的，有些种类还可做进一步的划分。

（三）关税税则

关税税则是关税的征税范围与税率的统称，它反映了征收关税的基本规则，体现着国家的经济、社会等政策，是关税制度的核心内容。关税税则可分为以下几种：

1. 单一税则和复式税则

所谓单一税则，是指对一个税目只设一个税率，对来自各国的同类商品均统一适用同一税率的制度。它主要适用于国际贸易不发达时期。

所谓复式税则，是指对一个税目设置多个税率，对来自不同国家的同类商品适用不同的差别税率的制度。它有利于体现区别对待的原则，因而更能适应当代国际经济的发展。

复式税则的税率可以有三种，即最低税率、中间税率和最高税率。其中，最低税率也称特惠税率，适用于相互提供关税特惠待遇的国家的商品；中间税率介于最低税率和最高税率之间，适用于相互提供关税最惠国待遇的国家以及享受“普惠制”待遇的发展中国家的商品；最高税率也称普通税率，适用于没有签订相互给予关税优惠的贸易协定的国家的商品。

上述分为三种税率的复式税则，有人称为三重税则制；同时，也有二重税则制，即把税率分为最低税率与最高税率，或分为优惠税率与普通税率的复式税则。

2. 自主税则与协定税则

所谓自主税则，也称固定税则，是一国基于主权独立自主地依法制定的关税税则。协定税则是指两个或两个以上国家通过缔结关税贸易方面的协定而制定的关税税则。在通常情况下，协定税则的税率总是低于自主税则的税率。

以上简略介绍了关税税则的主要类别，了解上述分类有利于更好地理解关税制度。事实上，从形式上说，关税税则是在按一定标准对进出境货物进行分类的基础上所制定的税目税率表；但从实质上说，它却体现着国家一定时期的政策、法律的目标或宗旨以及基本精神。

（四）关税壁垒和非关税壁垒

关税税则是各国规范进出口秩序、集中财政收入、保护民族经济的重要手段，但这一手段如果运用不当，尤其是片面实施高关税政策或贸易保护政策，则会构成阻碍世界经济发展，尤其是阻碍国际贸易发展的关税壁垒。

1. 关税壁垒

所谓关税壁垒，通常是指用征收高额进口关税和各种附加关税的办法来构筑屏障，以阻止或限制外国商品输入本国的一种税收措施。

关税壁垒的构筑是通过对进口商品课以高额关税和各种附加关税来实现的。在各种附加关税中，较为重要的是：(1) 反倾销税。它是除对构成倾销的外国商品征收一般进口税之外再附加课征的一种关税。(2) 反补贴税。它是对接受补贴的外国商品在进口时附加课征的一种关税。

许多国家都已有反倾销、反补贴方面的立法。这些立法适用得当，会有助于促进国际竞争的公平和正当，但如果滥用，则会阻碍国际贸易、投资的发展。为此我国国务院已于 2001 年 10 月 31 日分别通过了《反倾销条例》和《反补贴条例》，两个条例均自 2002 年 1 月 1 日起施行，并于 2004 年 3 月 31 日分别被修改。此外，与上述条例相配套的一系列《暂行规则》，如《反倾销调查立案暂行规则》《反倾销价格承诺暂行规则》《反补贴调查立案暂行规则》等，也都陆续出台，从而形成了较为完备的反倾销和反补贴制度。这对于维护外贸秩序和保障公平竞争，保护国内的相关产业，均具有积极的意义。

从国际层面上看，贸易保护主义曾在很长的一段时期影响甚广，因而关税壁垒问题一直很突出。近些年来，通过相关国际组织及各缔约方的不懈努力，通过不断进行关税减让的谈判，关税总水平事实上已经大为降低，从而使关税壁垒问题已经在很大程度上得到了解决。但与此同时，非关税壁垒问题的出现又引起了广泛的关注，使人们又不得不努力去解决这些新的问题。

2. 非关税壁垒

所谓非关税壁垒，是指为阻止或限制外国商品输入本国，而用关税以外的其他各种直接或间接的措施来构筑的屏障。非关税壁垒是在关税壁垒日益受到削弱的情况下，作为贸易保护的新措施而逐步发展起来的。它主要包括以下措施：

(1) 进口配额限制，即对某些进口商品分配一定的数额指标，超过规定限额即不许进口。

(2) 进口许可证制度，即规定进口人要进口某些商品，必须先向政府主管部门申请并取得许可证，没有许可证即不得进口。

(3) 外汇管制制度，即对进口商品所需的外汇严格加以限制，从而通过管汇来实现限制商品进口的目的。

(4) 卫生安全和技术标准限制，即对进口商品规定苛刻的卫生安全和技术标准，凡达不到标准者一律禁止进口。此类措施目前应用较多。

上述的关税壁垒和非关税壁垒严重地阻碍了贸易、投资的自由化，阻碍了资源在世界范围内的有效配置。因此，各国必须加强关税领域的国际合作，建立相关的国际组织，以逐渐消除两种壁垒，推动经济的全球化和一体化。

(五) 关税领域的国际组织

关税领域的国际组织主要有海关合作理事会及其后来改成的世界海关组织(WCO)、关税及贸易总协定（GATT）及其后来演变成的世界贸易组织(WTO)。

世界海关组织的前身是1950年成立的海关合作理事会，其宗旨是协调和统一各国关税制度，研究各国关税征管立法，并为各国完善其关税制度提供建议和依据，以协调和解决各成员国遇到的问题。世界海关组织制定的《商品名称及编码协调制度》对于有效地解决关税领域的商品分类，化解相关的关税争议，起到了重要的作用。

关税及贸易总协定是规定关税与贸易（包括货物、服务和知识产权的贸易）的基本规则的多边协定。作为第二次世界大战以后支撑世界经济的三大支柱之一，GATT在削减关税壁垒和非关税壁垒，协调关税与贸易方面的制度建设，促进国际贸易、投资的自由化方面起到了巨大的作用；作为号称“经济联合国”的重要国际组织，GATT已完成了它的历史使命，并被WTO所替代。

过去的GATT曾规定，各缔约方在进出口货物及有关的关税、规费、征收方法、规章手续等方面，一律适用最惠国待遇原则；缔约国在互惠条件下进行关税减让谈判，且不得使用其他贸易措施抵消这种关税减让；此外，缔约方应取消进口数量限制，以促进国际贸易自由化的发展。WTO成立以后，继续贯彻GATT的基本精神，进一步扩大了WTO规则的适用范围，在提高国际经济的运行效率，保障有效的国际竞争方面，取得了很多成效。

(六) 我国的关税制度

关税在许多国家都是历史非常悠久的税种。我国早在周代就曾对通过关卡和上市的商品征收过“关市之赋”，它具有内地关税的性质。在唐朝时我国曾设有专门机构负责管理进出国境的船舶、商品并征收关税。在鸦片战争以后，受不平等条约的影响，我国对关税制度失去自主权，形成了片面协定关税。

中华人民共和国成立以后，立即废除了一切不平等条约，取缔了西方列强在关税方面的特权，并设立了海关总署。1951 年 5 月公布施行了《暂行海关法》《海关进出口税则》及其《暂行实施条例》。

自改革开放以来，为了适应新的形势发展要求，国务院于 1985 年 3 月发布了《进出口关税条例》（1987 年、1992 年、2003 年、2013 年、2016 年修改）和《海关进出口税则》（多次修订，以下简称《税则》），全国人大常委会于 1987 年 1 月通过了《海关法》（2000 年、2013 年、2016 年、2017 年修正），这些立法构成了我国现行关税制度的基本框架。

由于关税制度与国家的各类政策联系十分密切，需要随国家的政策调整而不断作出调整和完善，因此，变化相对较大。近些年来，为了适应市场经济发展的要求，促进对外经贸事业的发展，我国曾先后多次调整关税税则，大幅度地自主降低了关税税率，从而使我国的关税水平降到了较低的水平，为促进我国对外经济贸易的发展和履行加入世贸组织的承诺奠定了重要的制度基础。

二、我国关税制度的主要内容

我国自 2004 年 1 月 1 日起施行的《进出口关税条例》，对我国的关税制度作出了集中规定。下面着重依据该《条例》的规定，来介绍我国关税制度的主要内容。

（一）征税范围和纳税主体

我国关税的征税范围包括准许进出我国国境的各类货物和物品。其中，货物是指贸易性的进出口商品，物品则包括非贸易性的下列物品：（1）入境旅客随身携带的行李和物品；（2）个人邮递物品；（3）各种运输工具上的服务人员携带进口的自用物品；（4）馈赠物品以及以其他方式入境的个人物品。

关税的纳税主体是依法负有缴纳关税义务的单位和个人。就贸易性商品来说，其纳税主体是：（1）进口货物的收货人；（2）出口货物的发货人。

此外，就非贸易性物品而言，其纳税主体为进境物品的所有人。

在关税制度中，对进出口货物的征税是最为重要的，在狭义上谈关税制度时，人们多是指对进出口货物征收关税的制度，因此，下面也主要介绍这方面的相关规定。至于对物品征收关税，因其与对货物征收关税有诸多不同，故在最后单独予以介绍。

（二）关税的税率

关税的税率具体体现在关税税则所列的税目税率表中。针对不同的进出口商品，适用不同的税率，是关税的政策性的一个突出体现。为了规范进出口货物的商品归类，保证商品归类结果的准确性和统一性，海关总署还专门制定了

《海关进出口货物商品归类管理规定》[①]，从而使各类商品所对应的税率更加明晰。

如前所述，我国关税的名义税率过去较高，在确立市场经济体制以后，曾采取了一系列较大规模的调低关税税率的举措，例如，1992 年 12 月对 3371 个税号调低税率；1993 年 11 月对 2898 个税号调低税率；1996 年 4 月又降低了 4900 个税号的商品的税率，从而使我国进口关税总水平降至 23％；1997 年 10 月再次降低了 4874 个税号的商品的税率，使进口关税的平均水平又降至 17％，已接近发展中国家的平均关税水平。

此外，自 2018 年 11 月 1 日起，我国关税总水平已经降至 7.5％以下。目前，我国的关税税目总数已达 8000 多个。

1. 进出口货物关税税率的设置及其适用对象

根据《进出口关税条例》的规定，我国关税实行差别比例税率，将同一税目的货物分为进口税率和出口税率。其中，进口关税设置最惠国税率、协定税率、特惠税率、普通税率、关税配额税率等税率。对进口货物在一定期限内可以实行暂定税率。出口关税设置出口税率。对出口货物在一定期限内可以实行暂定税率。

在税率的适用方面，上述各类税率分别有各自的适用对象，具体有以下几种情况：

（1）对于原产于共同适用最惠国待遇条款的世界贸易组织成员的进口货物，原产于与中华人民共和国签订含有相互给予最惠国待遇条款的双边贸易协定的国家或者地区的进口货物，以及原产于中华人民共和国境内的进口货物，适用最惠国税率。

（2）对于原产于与中华人民共和国签订含有关税优惠条款的区域性贸易协定的国家或者地区的进口货物，适用协定税率。

（3）对于原产于与中华人民共和国签订含有特殊关税优惠条款的贸易协定的国家或者地区的进口货物，适用特惠税率。

（4）对于原产于上述（1）（2）（3）项所列区域以外的国家或者地区的进口货物，以及原产地不明的进口货物，适用普通税率。

此外，按照国家规定实行关税配额管理的进口货物，关税配额内的，适用关税配额税率；关税配额外的，按照上述各类税率的适用对象分别适用相应的税率。

另外，根据税法规定，任何国家或者地区违反与中华人民共和国签订或者共同参加的贸易协定及相关协定，对中华人民共和国在贸易方面采取禁止、限

① 该《规定》（2014 年修改）自 2007 年 5 月 1 日起施行。

制、加征关税或者其他影响正常贸易的措施的，对原产于该国家或者地区的进口货物可以征收报复性关税，适用报复性关税税率。征收报复性关税的货物、适用国别、税率、期限和征收办法，由国务院关税税则委员会决定并公布。

上述的国务院关税税则委员会为国务院的议事协调机构，其主要职责是：(1) 负责《税则》和《进境物品进口税税率表》的税目、税则号列和税率的调整和解释，报国务院批准后执行；(2) 决定实行暂定税率的货物、税率和期限；(3) 决定关税配额税率；(4) 决定征收反倾销税、反补贴税、保障措施关税、报复性关税以及决定实施其他关税措施；(5) 决定特殊情况下税率的适用，以及履行国务院规定的其他职责。目前，国务院关税税则委员会办公室设在财政部。

2. 进出口货物关税税率的协调适用及其准据

上述各类税率在具体适用方面，还涉及同暂定税率的关系，涉及各类税率的协调适用问题。根据我国《进出口关税条例》的规定，应注意以下几个方面：第一，适用最惠国税率的进口货物有暂定税率的，应当适用暂定税率；第二，适用协定税率、特惠税率的进口货物有暂定税率的，应当从低适用税率；第三，适用普通税率的进口货物，不适用暂定税率；第四，适用出口税率的出口货物有暂定税率的，应当适用暂定税率。

此外，由于关税的税率可能会经常调整，从而产生一定的波动（像汇率一样），因而要求必须明确具体适用的是哪个时点的关税税率，这对于征纳双方都是很重要的。根据我国《进出口关税条例》的规定，关税税率的适用准据主要是以下几个方面：

(1) 进出口货物，应当适用海关接受该货物申报进口或者出口之日实施的税率。

(2) 进口货物到达前，经海关核准先行申报的，应当适用装载该货物的运输工具申报进境之日实施的税率。

(3) 有下列情形之一，需缴纳税款的，应当适用海关接受申报办理纳税手续之日实施的税率：第一，保税货物经批准不复运出境的；第二，减免税货物经批准转让或者移作他用的；第三，暂时进境货物经批准不复运出境，以及暂时出境货物经批准不复运进境的；第四，租赁进口货物，分期缴纳税款的。

此外，补征和退还进出口货物关税，应当按照上述有关税率适用准据的规定确定适用的税率。

另外，因纳税义务人违反规定需要追征税款的，应当适用该行为发生之日实施的税率；行为发生之日不能确定的，适用海关发现该行为之日实施的税率。

（三）关税的完税价格

1. 进口货物完税价格的确定

进口货物的完税价格，由海关以“符合法定条件的成交价格”以及该货物运抵中华人民共和国境内输入地点起卸前的运输及其相关费用、保险费为基础审查确定。

上述的“成交价格”，是指卖方向中华人民共和国境内销售该货物时买方为进口该货物向卖方实付、应付的，并按照“法定增减项目”调整后的价款总额，包括直接支付的价款和间接支付的价款。

上述的成交价格所应符合的“法定条件”，主要包括以下几个方面：(1) 对买方处置或者使用该货物不予限制，但法律、行政法规规定实施的限制，对货物转售地域的限制和对货物价格无实质性影响的限制除外；(2) 该货物的成交价格没有因搭售或者其他因素的影响而无法确定；(3) 卖方不得从买方直接或者间接获得因该货物进口后转售、处置或者使用而产生的任何收益，或者虽有收益但能够按照法定增减项目的规定进行调整；(4) 买卖双方没有特殊关系，或者虽有特殊关系但未对成交价格产生影响。

上述的“法定增减项目”，包括应当计入完税价格的相关费用，以及不应当计入完税价格的相关税费，这些项目在我国的《进出口关税条例》中有明确列示。据此，进口货物的下列费用应当计入完税价格：

(1) 由买方负担的购货佣金以外的佣金和经纪费；

(2) 由买方负担的在审查确定完税价格时与该货物视为一体的容器的费用；

(3) 由买方负担的包装材料费用和包装劳务费用；

(4) 与该货物的生产和向中华人民共和国境内销售有关的，由买方以免费或者以低于成本的方式提供并可以按适当比例分摊的料件、工具、模具、消耗材料及类似货物的价款，以及在境外开发、设计等相关服务的费用；

(5) 作为该货物向中华人民共和国境内销售的条件，买方必须支付的、与该货物有关的特许权使用费；

(6) 卖方直接或者间接从买方获得的该货物进口后转售、处置或者使用的收益。

与上述情况相反，进口时在货物的价款中列明的下列税收、费用，不计入该货物的完税价格：

第一，厂房、机械、设备等货物进口后进行建设、安装、装配、维修和技术服务的费用；

第二，进口货物运抵境内输入地点起卸后的运输及其相关费用、保险费；

第三，进口关税及国内税收。

2. 进口货物完税价格的估定

如果进口货物的成交价格不符合上述的“法定条件”，或者成交价格不能确定的，海关经了解有关情况，并与纳税义务人进行价格磋商后，依次以下列价格估定该货物的完税价格：

(1) 与该货物同时或者大约同时向中华人民共和国境内销售的相同货物的成交价格。

(2) 与该货物同时或者大约同时向中华人民共和国境内销售的类似货物的成交价格。

(3) 与该货物进口的同时或者大约同时，将该进口货物、相同或者类似进口货物在第一级销售环节销售给无特殊关系买方最大销售总量的单位价格，但应当扣除下列项目：第一，同等级或者同种类货物在中华人民共和国境内第一级销售环节销售时通常的利润和一般费用以及通常支付的佣金；第二，进口货物运抵境内输入地点起卸后的运输及其相关费用、保险费；第三，进口关税及国内税收。

(4) 按照下列各项总和计算的价格：生产该货物所使用的料件成本和加工费用，向中华人民共和国境内销售同等级或者同种类货物通常的利润和一般费用，该货物运抵境内输入地点起卸前的运输及其相关费用、保险费。

(5) 以合理方法估定的价格。

3. 几种特殊情况的进口货物的完税价格的确定

以租赁方式进口的货物，以海关审查确定的该货物的租金作为完税价格。纳税义务人要求一次性缴纳税款的，纳税义务人可以选择按照前述规定估定完税价格，或者按照海关审查确定的租金总额作为完税价格。

运往境外加工的货物，出境时已向海关报明并在海关规定的期限内复运进境的，应当以境外加工费和料件费，以及复运进境的运输及其相关费用和保险费审查确定完税价格。

运往境外修理的机械器具、运输工具或者其他货物，出境时已向海关报明并在海关规定的期限内复运进境的，应当以境外修理费和料件费审查确定完税价格。

4. 出口货物完税价格的确定与估定

出口货物的完税价格，由海关以该货物的成交价格以及该货物运至中华人民共和国境内输出地点装载前的运输及其相关费用、保险费为基础审查确定。

上述的出口货物的成交价格，是指该货物出口时卖方为出口该货物应当向买方直接收取和间接收取的价款总额。需要特别说明的是，出口关税不计入完税价格。

出口货物的成交价格不能确定的，海关经了解有关情况，并与纳税义务人进行价格磋商后，依次以下列价格估定该货物的完税价格：

（1）与该货物同时或者大约同时向同一国家或者地区出口的相同货物的成交价格；

（2）与该货物同时或者大约同时向同一国家或者地区出口的类似货物的成交价格；

（3）按照下列各项总和计算的价格：境内生产相同或者类似货物的料件成本、加工费用，通常的利润和一般费用，境内发生的运输及其相关费用、保险费；

（4）以合理方法估定的价格。

（四）反倾销税和反补贴税的相关问题

根据前述《反倾销条例》和《反补贴条例》的规定，征收反倾销税和反补贴税，由商务部提出建议，国务院关税税则委员会根据其建议作出决定，由商务部予以公告。海关自公告规定实施之日起执行。

反倾销税的纳税人为倾销进口产品的进口经营者。反补贴税的纳税人为补贴进口产品的进口经营者。

反倾销税和反补贴税应当根据不同出口经营者的倾销幅度或补贴金额，分别确定。对未包括在审查范围内的出口经营者的倾销进口产品，需要征收反倾销税的，应当按照合理的方式确定对其适用的反倾销税；对实际上未被调查的出口经营者的补贴进口产品，需要征收反补贴税的，应当迅速审查，按照合理的方式确定对其适用的反补贴税。

反倾销税与反补贴税的征收期限和价格承诺的履行期限不超过 5 年；但是，经复审确定终止征收反倾销税与反补贴税有可能导致倾销和损害的继续或者再度发生的，反倾销税与反补贴税的征收期限可以适当延长。

（五）进出口货物关税的征收

1. 纳税申报

纳税申报是关税纳税人的一项重要义务。在申报时间方面，进口货物的纳税义务人应当自运输工具申报进境之日起 14 日内，出口货物的纳税义务人除海关特准的外，应当在货物运抵海关监管区后、装货的 24 小时以前，向货物的进出境地海关申报。进出口货物转关运输的，按照海关总署的规定执行。此外，进口货物到达前，纳税义务人经海关核准，也可以先行申报。

纳税人的申报应当全面、真实、准确。根据我国《进出口关税条例》规定，纳税义务人应当依法如实向海关申报，并按照海关的规定提供有关确定完税价格、进行商品归类、确定原产地以及采取反倾销、反补贴或者保障措施等所需的资料；必要时，海关可以要求纳税义务人补充申报。

由于在关税领域里，不同的税目所适用的税率差别甚大，因此，能否准确地进行商品归类，是纳税申报中的一个重要问题。为此，我国《进出口关税条例》特别规定，纳税义务人应当按照《税则》规定的目录条文和归类总规则、类注、章注、子目注释以及其他归类注释，对其申报的进出口货物进行商品归类，并归入相应的税则号列；海关应当依法审核确定该货物的商品归类，也可以要求纳税义务人提供确定商品归类所需的有关资料；必要时，海关可以组织化验、检验，并将海关认定的化验、检验结果作为商品归类的依据。

在纳税申报方面，除了税目的确定以外，计税依据的确定对于征纳双方都至为重要。为此，我国《进出口关税条例》还规定：海关为审查申报价格的真实性和准确性，可以查阅、复制与进出口货物有关的合同、发票、账册、结付汇凭证、单据、业务函电、录音录像制品和其他反映买卖双方关系及交易活动的资料。

如果海关对纳税义务人申报的价格有怀疑并且所涉关税数额较大，经直属海关关长或者其授权的隶属海关关长批准，凭海关总署统一格式的协助查询账户通知书及有关工作人员的工作证件，海关可以查询纳税义务人在银行或者其他金融机构开立的单位账户的资金往来情况，并向银行业监督管理机构通报有关情况。

2. 应纳税额的确定

通过纳税申报，有助于确定纳税人应税的税目、计税依据，在此基础上，就可以确定关税的应纳税额。目前，我国进出口货物关税，以从价计征、从量计征或者国家规定的其他方式征收。

从价计征的计算公式为：应纳税额＝完税价格×关税税率

从量计征的计算公式为：应纳税额＝货物数量×单位税额

3. 关税缴纳的一般规定

在上述的应纳税额确定以后，纳税人就应当依法按时、足额缴纳关税税款。在纳税期限方面，纳税义务人应当自海关填发税款缴款书之日起 15 日内向指定银行缴纳税款。纳税义务人未按期缴纳税款的，从滞纳税款之日起，按日加收滞纳税款万分之五的滞纳金。海关征收关税、滞纳金等，应当按人民币计征。此外，海关还可以对纳税义务人欠缴税款的情况予以公告。

尽管如此，纳税义务人因不可抗力或者在国家税收政策调整的情形下，不能按期缴纳税款的，经依法提供税款担保后，也可以延期缴纳税款，但是最长不得超过 6 个月。

为了保全国家的关税税收，我国《进出口关税条例》还规定，进出口货物的纳税义务人在规定的纳税期限内有明显的转移、藏匿其应税货物以及其他财产迹象的，海关可以责令纳税义务人提供担保；纳税义务人不能提供担保的，海关可以按照《海关法》第 61 条的规定采取税收保全措施。此外，纳税义务人、担保人自缴纳税款期限届满之日起超过 3 个月仍未缴纳税款的，海关可以按照《海关法》第 60 条的规定采取强制措施。

4. 几种特殊情况：退税、暂不纳税与不征税

（1）出口者退税。

加工贸易的进口料件按照国家规定保税进口的，其制成品或者进口料件未在规定的期限内出口的，海关按照规定征收进口关税。但如果加工贸易的进口料件进境时按照国家规定征收进口关税的，其制成品或者进口料件在规定的期限内出口的，海关按照有关规定退还进境时已征收的关税税款。

（2）有条件地暂不纳税。

经海关批准暂时进境或者暂时出境的下列货物，在进境或者出境时纳税义务人向海关缴纳相当于应纳税款的保证金或者提供其他担保的，可以暂不缴纳关税，并应当自进境或者出境之日起 6 个月内复运出境或者复运进境；需要延长复运出境或者复运进境期限的，纳税义务人应当根据海关总署的规定向海关办理延期手续：

① 在展览会、交易会、会议及类似活动中展示或者使用的货物；

② 文化、体育交流活动中使用的表演、比赛用品；

③ 进行新闻报道或者摄制电影、电视节目使用的仪器、设备及用品；

④ 开展科研、教学、医疗活动使用的仪器、设备及用品；

⑤ 在上述各项所列活动中使用的交通工具及特种车辆；

⑥ 货样；

⑦ 供安装、调试、检测设备时使用的仪器、工具；

⑧ 盛装货物的容器；

⑨ 其他用于非商业目的的货物。

（3）不合格者（或交易有瑕疵者）不征税。

因品质或者规格原因，出口货物自出口之日起 1 年内原状复运进境的，不征收进口关税。因品质或者规格原因，进口货物自进口之日起 1 年内原状复运出境的，不征收出口关税。

此外，因残损、短少、品质不良或者规格不符原因，由进出口货物的发货人、承运人或者保险公司免费补偿或者更换的相同货物，进出口时不征收关税。被免费更换的原进口货物不退运出境或者原出口货物不退运进境的，海关应当对原进出口货物重新按照规定征收关税。

5. 关税的减免

关税的减免较为复杂，可分为法定减免、特定减免和临时减免三大类。根据我国《进出口关税条例》规定，下列进出口货物，免征关税：

（1）关税税额在人民币 50 元以下的一票货物；

（2）无商业价值的广告品和货样；

（3）外国政府、国际组织无偿赠送的物资；

（4）在海关放行前损失的货物；

（5）进出境运输工具装载的途中必需的燃料、物料和饮食用品。

此外，在海关放行前遭受损坏的货物，可以根据海关认定的受损程度减征关税。法律规定的其他免征或者减征关税的货物，海关根据规定予以免征或者减征。

除了上述的法定减免以外，特定地区、特定企业或者有特定用途的进出口货物减征或者免征关税，以及临时减征或者免征关税，按照国务院的有关规定执行。

纳税义务人进出口减免税货物的，除另有规定外，应当在进出口该货物之前，按照规定持有关文件向海关办理减免税审批手续。经海关审查符合规定的，予以减征或者免征关税。

6. 关税的退还

基于法定的条件，纳税人享有关税的退还请求权。根据我国《进出口关税条例》的规定，有下列情形之一的，纳税义务人自缴纳税款之日起 1 年内，可以申请退还关税，并应当以书面形式向海关说明理由，提供原缴款凭证及相关资料：

（1）已征进口关税的货物，因品质或者规格原因，原状退货复运出境的；

（2）已征出口关税的货物，因品质或者规格原因，原状退货复运进境，并已重新缴纳因出口而退还的国内环节有关税收的；

（3）已征出口关税的货物，因故未装运出口，申报退关的。

此外，按照其他有关法律、行政法规规定应当退还关税的，海关应当按照有关法律、行政法规的规定退税。海关应当自受理退税申请之日起 30 日内查实并通知纳税义务人办理退还手续。纳税义务人应当自收到通知之日起 3 个月内办理有关退税手续。

海关发现多征税款的，应当立即通知纳税义务人办理退还手续。纳税义务人发现多缴税款的，自缴纳税款之日起 1 年内，可以以书面形式要求海关退还多缴的税款并加算银行同期活期存款利息；海关应当自受理退税申请之日起 30 日内查实并通知纳税义务人办理退还手续。纳税义务人应当自收到通知之日起 3 个月内办理有关退税手续。

7. 关税的补征和追征

在关税的补征与追征方面，进出口货物放行后，海关发现少征或者漏征税款的，应当自缴纳税款或者货物放行之日起 1 年内，向纳税义务人补征税款。但因纳税义务人违反规定造成少征或者漏征税款的，海关可以自缴纳税款或者货物放行之日起3年内追征税款，并从缴纳税款或者货物放行之日起按日加收少征或者漏征税款万分之五的滞纳金。

海关发现海关监管货物因纳税义务人违反规定造成少征或者漏征税款的，应当自纳税义务人应缴纳税款之日起3年内追征税款，并从应缴纳税款之日起按日加收少征或者漏征税款万分之五的滞纳金。

报关企业接受纳税义务人的委托，以纳税义务人的名义办理报关纳税手续，因报关企业违反规定而造成海关少征、漏征税款的，报关企业对少征或者漏征的税款、滞纳金与纳税义务人承担纳税的连带责任。

报关企业接受纳税义务人的委托，以报关企业的名义办理报关纳税手续的，报关企业与纳税义务人承担纳税的连带责任。

8. 重要经济活动报告制度

纳税人从事合并、分立等重要经济活动，或者将发生依法终止的情况，从而可能对税收产生影响的，应当向海关作出报告。特别是对欠税的纳税义务人，更应当通过报告制度，来对其作出特别限制。

根据我国《进出口关税条例》的规定，欠税的纳税义务人，有合并、分立情形的，在合并、分立前，应当向海关报告，依法缴清税款。纳税义务人合并时未缴清税款的，由合并后的法人或者其他组织继续履行未履行的纳税义务；纳税义务人分立时未缴清税款的，分立后的法人或者其他组织对未履行的纳税义务承担连带责任。

此外，纳税义务人在减免税货物、保税货物监管期间，有合并、分立或者其他资产重组情形的，应当向海关报告。按照规定需要缴税的，应当依法缴清税款；按照规定可以继续享受减免税、保税待遇的，应当到海关办理变更纳税义务人的手续。

纳税义务人欠税或者在减免税货物、保税货物监管期间，有撤销、解散、破产或者其他依法终止经营情形的，应当在清算前向海关报告。海关应当依法对纳税义务人的应缴税款予以清缴。

（六）进境物品进口税的征收

1. 征税范围

根据我国《进出口关税条例》的规定，进境物品的关税以及进口环节海关代征税合并为进口税，由海关依法征收。由于此类税收过去主要是对个人的行李、邮递物品征税，因而也被称为“行邮税”。

对于进境物品征收进口税，有如下三种情况：(1) 对于海关总署规定数额以内的个人自用进境物品，免征进口税。(2) 对于超过海关总署规定数额，但仍在合理数量以内的个人自用进境物品，由进境物品的纳税义务人在进境物品放行前按照规定缴纳进口税。(3) 对于超过合理、自用数量的进境物品，应当按照进口货物依法办理相关纳税手续。国务院关税税则委员会规定按货物征税的进境物品，按照前述有关对进口货物征税的规定征收关税。

2. 纳税主体

虽然在我国《进出口关税条例》的总则中规定纳税主体包括进境物品的所有人，但这种规定可能有歧义，因此，该《条例》又在后面具体规定进境物品的纳税义务人包括：携带物品进境的入境人员、进境邮递物品的收件人以及以其他方式进口物品的收件人。

进境物品的纳税义务人可以自行办理纳税手续，也可以委托他人办理纳税手续。接受委托的人应当遵守《条例》对纳税义务人的各项规定。

3. 税率、税基与税额确定

海关应当按照我国《进境物品进口税税率表》及海关总署制定的《中华人民共和国进境物品归类表》《中华人民共和国进境物品完税价格表》对进境物品进行归类、确定完税价格和确定适用税率。按照现行规定，进境物品应适用海关填发税款缴款书之日实施的税率和完税价格。

进口税实行从价计征，其计算公式为：

进口税税额 = 完税价格 × 进口税税率

此外，进口税的减征、免征、补征、追征、退还以及对暂时进境物品征收进口税，均参照前面对货物征收进口关税的有关规定执行。

《中华人民共和国进境物品进口税税率表》①

税目序号	物品名称	税率（%）
1	书报、刊物、教育用影视资料；计算机、视频摄录一体机、数字照相机等信息技术产品；食品、饮料；金银；家具；玩具，游戏品、节日或其他娱乐用品；药品[注1]	13
2	运动用品（不含高尔夫球及球具）、钓鱼用品；纺织品及其制成品；电视摄像机及其他电器用具；自行车；税目1、3中未包含的其他商品	20
3[注2]	烟、酒；贵重首饰及珠宝玉石；高尔夫球及球具；高档手表；高档化妆品	50

注 1. 对国家规定或按 3%征收进口环节增值税的进口药品，按照货物税率征税。
2. 税目 3 所列商品的具体范围与消费税征收范围一致。

（七）法律责任与救济制度

各类主体有违反我国《进出口关税条例》规定行为的，应当承担相应的法

① 参见国务院关税税则委员会《关于调整进境物品进口税有关问题的通知》（税委会〔2019〕17号），2019 年 4 月 9 日起实施。

律责任，具体按照《海关法》《海关法行政处罚实施条例》和其他有关法律、行政法规的规定处罚。

纳税义务人、担保人对海关确定纳税义务人、确定完税价格、商品归类、确定原产地、适用税率或者汇率、减征或者免征税款、补税、退税、征收滞纳金、确定计征方式以及确定纳税地点有异议的，应当缴纳税款，并可以依法向上一级海关申请复议。对复议决定不服的，可以依法向人民法院提起诉讼。

第十章　所得税法律制度

所得税法律制度直接关系到各类主体的权益得失，其地位日益重要。本章在对所得税制度作出概述的基础上，将分别介绍企业所得税制度和个人所得税制度的主要内容。

第一节　所得税法律制度概述

一、所得税的概念

所得税是以所得为征税对象，并由获取所得的主体缴纳的一类税的总称。所得税曾长期被誉为“良税”，几乎所有国家都开征。它至今仍是美国等某些发达国家的至为重要的主体税种。

所得税往往被等同于收益税，但严格说来，两者是不尽相同的。在收益税中，以纳税人在一定期间内的纯收益（或称纯所得、净收入）额为计税依据而征收的一类税，为所得税；而以纳税人在一定期间内的总收益额（或称总所得、毛收入）为计税依据而征收的一类税，如我国曾征收过的农业税，则不能称为所得税，至少不能归入严格意义上的所得税。

如前所述，商品税的各个税种主要通过计税依据来区分，而所得税的各个税种则主要靠纳税主体来区分。据此，在国际上通常将所得税分为公司所得税（或法人所得税）和个人所得税两类。有的国际组织除将所得税分为上述最主要的两类外，还专门划分出“其他所得税”作为一类，以求尽量包含世界各国不易划分的所得税种类。

我国的所得税主要包括企业所得税和个人所得税两类。此外，我国已经废止的农业税和有些国家开征的社会保障税，因其与收益或所得密切相关，许多基本原理甚为一致，因而也有人将其归入广义的所得税一并加以探讨。

二、所得税的特点

所得税作为一个税类，主要具有以下特点：

（1）征税对象是所得，计税依据是应税所得额。这是所得税与商品税、财产税相区别的最主要的特点。作为所得税征税对象的所得，主要有四类：第一，经营所得，或称营业利润、事业所得，是纳税人从事各类生产、经营活动所取得的纯收益。第二，劳务所得，是因从事劳务活动所获取的报酬，因而也称劳务报酬。第三，投资所得，即纳税人通过直接或间接投资而获得的股息、利息、红利、特许权使用费等收入。第四，资本利得，或称财产所得，是纳税人通过财产的拥有或销售所获取的收益。

（2）计税依据的确定较为复杂。所得税的计税依据是应税所得额，即从总所得额中减去各种法定扣除项目后的余额。由于对法定扣除项目的规定较为复杂，因而其计税依据的确定也较为复杂，税收成本也会随之提高。

（3）比例税率与累进税率并用。商品税主要以适用比例税率为主，有利于提高效率；而所得税更强调保障公平，以量能纳税为原则，因而在适用比例税率的同时，尤其在个人所得税等领域亦适用累进税率。

（4）所得税是直接税。所得税作为典型的直接税，其税负由纳税人直接承担，税负不易转嫁。这使得所得税与商品税等间接税又有诸多不同。此外，正因为所得税是直接税，因而需以纳税人的实际负担能力为计税依据，无所得则不征税。这与商品税不管有无利润，只要有商品流转收入就要征税也是不同的。

（5）在税款缴纳上实行总分结合。所得税的应税所得额到年终才能最后确定，因而从理论上说，所得税需在年终确定应税所得额后才能缴纳。但由于国家的财政收入必须均衡及时，因而在现实中所得税一般实行总分结合，即先分期预缴，到年终再清算，以满足国家财政收入的需要。

三、所得税制度的基本模式

综合各国的所得税制度，可以将其分为三种基本模式或类型，即分类所得税制、综合所得税制和分类综合所得税制。

（一）分类所得税制

分类所得税制，是指把所得依其来源的不同分为若干类别，对不同类别的所得分别计税的所得税制度。

分类所得税制首创于英国，其主要优点是，可以对不同性质、不同来源的所得（如劳务所得和投资所得），分别适用不同的税率，实行差别待遇；同时，还可广泛进行源泉课征，从而既可控制税源，又可节省税收成本。但分类所得税制亦有其缺点，不仅存在所得来源日益复杂并因而会加大税收成本的问题，而且存在着有时不符合量能课税原则的问题，这些欠缺需要综合所得税制来弥补。

（二）综合所得税制

综合所得税制，就是把纳税人全年各种不同来源的所得综合起来，在进行法定宽免和扣除后，依法计征的一种所得税制度。

综合所得税制首创于德国，其后渐为美国等国家所接受。确立综合所得税的根据主要是：所得税作为一种对人税，应充分体现税收公平原则和量能纳税原则，而只有综合纳税人全年的各项所得减去各项法定宽免额和扣除额后得出的应税所得，才最能体现纳税人的实际负担水平，据此课税，才最符合上述原则的精神，这也是综合所得税制的优点所在。但此种模式也有其缺点，主要是计税依据的确定较为复杂和困难，征税成本较高，不便实行源泉扣缴，税收逃避现象较为严重。

可见，无论是分类所得税制抑或综合所得税制，均有其优点和缺点，因而最好能进行制度创新，以对上述两种模式扬长避短。

（三）分类综合所得税制

分类综合所得税制，或称混合所得税制，它是将分类所得税制与综合所得税制的优点兼收并蓄，实行分项课征和综合计税相结合的所得税制度。

分类综合所得税制已在许多国家广泛实行。其主要优点是，既坚持了区别对待的原则，对不同性质的所得分别适用不同的税率；又坚持了量能纳税的原则，对各类所得实行综合计税。同时，它还有利于防止税收逃避，降低税收成本。目前实行此种模式的国家已有很多，例如，日本的个人所得税制度就是此种模式的典型代表。此外，这种混合所得税制也反映了分类、综合两类所得税制趋同的态势，就像各国经济体制的趋同一样。[①]

四、所得税制度的确立及其发展规律

（一）所得税制度的确立

所得税制度首创于英国，这使得英国被称为“所得税的母国”。同传统的商品税和财产税相比，所得税制度的确立较为晚近，但其发展甚为迅速。从确立的直接动因来看，几个主要国家开征所得税均与军费或战争有关。

例如，最早开征所得税的英国，就是为了满足英法战争对军费的需求，而由首相皮特（W. Pitt）于 1789 年创设“三部合成捐”，并于 1799 年将其改为所得税的。其后，所得税几经废立，直至 1874 年时，才成为英国的一个经常性税种。

在美国，为了满足南北战争对军费的需要，国会于 1862 年开征所得税，其后亦经多次存废波折，直至 1913 年才通过美国的第一部联邦所得税法，使所得税的地位得到了正式的确立。

在法国，直到 1914 年，为了满足第一次世界大战对军费的需要，才开征

① 上述三种模式的划分参见高培勇：《西方税收——理论与政策》，中国财政经济出版社 1993 年版，第 184—186 页。

所得税。由于法国是“增值税的母国”，因而所得税并不占有重要地位。

在德国，所得税亦几经立废，直至1920年，为了偿付第一次世界大战战败的赔款，才颁布了联邦所得税法，统一征收联邦所得税，并实行综合所得税制和超额累进税率。

在日本，为了筹措海军经费以对外扩张，日本政府于1887年开征所得税，并逐渐形成了混合所得税制。第二次世界大战以后，日本又全面引进了美国的综合所得税制，使所得税成了重要的主体税种。

（二）所得税制度发展的一般规律

通过上述所得税制度的确立和发展历程，可以概括出所得税发展的如下一般规律或称趋势：

（1）从临时税转变为经常税。各国所得税制度的最初确立，主要是为了弥补军费的不足或筹措战争赔款，因而明显带有临时性、应急性的特征。但由于所得税具有许多优点，因而虽几经废立，最终仍被各国立法确定为固定、经常开征的税种，甚至在许多国家都被确定为主体税种。

（2）从只用比例税率转向注重运用累进税率。各国在所得税开征之初，大都采用比例税率，但随着经济、社会的发展，各国逐渐重视累进税率的适用，即在所得税领域不仅重视横向公平，而且也重视纵向公平。

（3）从较为单一的模式向混合模式发展。英国最初开征所得税时，实行的是分类所得税制，在经济不发达时，其优点较为明显。但随着经济与社会的发展，分类所得税制的缺点也越来越突出，于是许多国家选择综合所得税制以弥补其不足，并蔚然成风。但随着综合所得税制的广泛推行，该模式的缺点也日益显露，于是人们又开始吸纳分类税制的一些优点，从而形成了混合模式。这样，就所得税制度的发展史来看，实际上是从较为单一的分类或综合的模式向既分类又综合的混合模式发展的历程。

五、我国所得税制度的历史沿革

我国所得税制度的确立亦较晚。清末时曾有人提议制定所得税法但未果。北洋政府曾颁布了我国第一部《所得税条例》，但未能施行。直到1936年，当时的中华民国政府颁行了《所得税暂行条例》，所得税才在我国首次正式开征。

中华人民共和国成立后，废除了旧的所得税制度，并于1950年将所得税并入工商业税。到1958年时，又把所得税从工商业税中独立出来，定名为“工商所得税”。改革开放以后，我国的所得税制度有了迅速发展。从1980年起，先后开征了个人所得税、中外合资经营企业所得税、外国企业所得税、国营企业所得税等十余个所得税税种，但也使所得税制度不统一、不简明等弊端日渐突出。

在1994年的税制改革过程中，所得税制度的上述弊端在很大程度上得到了革除。通过相关税种的简化、归并，通过相关法律的修改和完善，我国的所得税制度更加规范、健全、合理。现行的所得税制度所包含税种的相关立法都已出台，特别是2007年《企业所得税法》的通过，更是具有里程碑式的意义。对于我国的企业所得税法和个人所得税法的具体内容，在后面还要专门介绍。下面简要介绍一下与各类所得税都密切相关的社会保障税。

社会保障税，或称社会保险税、工薪税，是以纳税人的工资、薪金所得为征税对象而征收的一种税。征收此税的直接目的是筹集社会保障基金，以维持社会保障制度尤其是社会保险制度的有效运作。社会保障税的一个突出特点是具有有偿性，所收税款专款专用，由专门的社会保障机构来经管，纳税人缴纳此税可以在条件具备时直接受益。此外，社会保障税实行比例税率，具有累退性，高收入者税负相对较轻。

自从德国于19世纪80年代率先建立社会保障制度以来，如何筹集社会保障资金，就始终是一个大的问题。在这个方面，各国并不统一，由此形成了税、费并存的局面。其中，美国等国家已先后开征社会保障税。在征收社会保障税的国家，一般以雇主和雇员为纳税人，且允许雇主所缴纳的税金在企业费用中扣除。各国社会保障税的有效开征，对于维系其社会保障制度，保障经济和社会的稳定发展，发挥着至为重要的作用。

我国是世界上人口最多的、最大的发展中国家，经济和社会发展很不平衡，建立一个较为完备的社会保障制度至为重要。但由于我国的社会保障制度长期不够完善，影响社会生活的深度和广度都很不够。同时，在社会保障资金的筹集和管理等方面，还存在着许多不尽如人意之处。为此，我国1994年的《工商税制改革方案》提出了拟开征社会保障税的设想。值得注意的是，一些国家虽然在名义上征收的是社会保障税，但实际上所征收的可能并不是税，或者所获取的收入不符合税收收入的基本特征，这使得人们对社会保障的税或费的性质尚存在不同认识，相应的，对社会保障的税或费的征缴体制也有诸多不同看法，加之社会保障资金的筹集和管理本身非常复杂，许多制度尚不健全，因而社会保障税迟迟未能开征。可见，对于较为复杂的社会保障税问题，还需要作深入细致的研究，并结合我国的具体国情作出理性的制度选择。

第二节　企业所得税制度通例

企业所得税是以企业为纳税人，以企业一定期间的应税所得额为计税依据而征收的一种税。由于企业的法律形态主要有三种，即独资企业、合伙企业和公司企业，而各国对独资企业和合伙企业一般征收个人所得税，对公司则征收企业所得税，因而企业所得税在有些国家也称为公司所得税。

企业所得税会直接影响到企业的税后利润及其分配，因而它直接影响着国家、企业和个人的利益分配关系，影响着经济与社会的稳定和发展。正因为如此，企业所得税制度的重要性历来很受重视，从立法、执法到相关研究均较为发达。下面仅对几个主要方面略做介绍。

一、征税范围与税收管辖权

企业所得税的征税对象同样是所得，但具体对哪些性质、种类、来源的所得征税，即征税对象的具体范围，则需要由法律作出规定。而法律对征税范围的确定，则需考虑获取所得的主体以及所得产生的地域，从而使征税范围的大小与税收管辖权直接相关。

税收管辖权是国家征税的基础性权力，是各类税收征收管理的前提，对此前已述及。在有关所得税的部分再提及此问题，是因为税收管辖权对所得税的征收至为重要。无论是企业所得税制度还是个人所得税制度，均离不开税收管辖权。

在所得税领域，所谓地域管辖权，是指国家对有来源于其境内所得的一切人均可予以征税的权力，也称收入来源地管辖权。所谓居民管辖权，是指对本国居民（或公民）的所得，无论其源于何处，均可予以征税的权力。世界各国有的只行使其中的一种管辖权，有的两种管辖权都行使，这样，不可避免地会造成税收管辖权的冲突，导致重复征税，为此又需要通过订立税收协定等手段来加以协调。

在行使不同税收管辖权的情况下，纳税人的纳税义务是不同的，由此使所得税的纳税主体有了居民和非居民的区分。在行使居民管辖权的情况下，居民负有无限的纳税义务，需要就其源于世界各地的“环球所得”纳税。而非居民则仅承担有限的纳税义务，即仅对其源于该国境内的所得向该国纳税，而无须就其源于世界其他地方的所得向该国纳税，对于非居民一般行使地域管辖权。

在企业所得税制度中，纳税主体同样要分为居民企业（公司）和非居民企业（公司）两类。认定居民公司的标准，各国不尽相同，主要有三种标准，即登记注册地、总机构所在地和实际管理机构所在地。例如，在实行登记注册地标准的情况下，如果某公司的登记注册地在一国境内，则此公司即为该国的居民公司，反之则为非居民公司。对于上述三种标准，有的国家仅采其一，有的国家则同时采用几个。我国现行立法采用的是注册地和实际管理机构所在地相结合的标准。对此在后面还将谈到。

二、企业所得税的税率

企业所得税在各国大都适用比例税率，对此主要有两种解释：(1) 企业所得税实质不是对人税，计税的依据也不是个人的综合负担能力，因此实行累进税率意义不大。(2) 公司所得税实质上最终由股东负担，公司纯所得的多少与股东收入的多少并无确定关系，对公司所得适用累进税率征税，并不能真正起到调节股东个人收入分配差距的作用。

此外，也有少数国家的企业所得税实行累进税率①，这主要是基于两方面的考虑：(1) 财政的需要。适用累进税率可以使国家获得与企业纳税能力相当的财政收入，可以避免因比例税率定得过高或过低而带来的弊端。(2) 对社会分配进行调节，即认为实行累进税率，在一定程度上能对个人收入起到一种调节作用。

上述主张适用比例税率和主张适用累进税率的观点存在着明显的分歧。但从各国的税收立法来看，仍以实行比例税率为主，并且，在“宽税基、低税负”思想的影响下，各国税率呈现出不断降低的趋势。近些年来，有不少国家已经把企业所得税的税率定在30%以下。美国依据《减税与就业法案》所作出的大规模减税，更是引起了全球的关注。

三、征收企业所得税的合理性问题

与企业所得税的税率设计密切相关的一个问题，就是征收企业所得税的合理性问题。这是一个在理论上和实践中都很有争议的问题。

如前所述，各国一般对独资企业和合伙企业仅征收个人所得税，而对公司企业则征收企业所得税或称公司所得税。但在公司缴纳了所得税后，获取公司股息的股东，还需再依法缴纳个人所得税。于是便出现了对公司利润和公司分配股息的重复征税问题，由此便提出了征收企业所得税是否合理的问题，对此有否定说和肯定说两派意见。

否定说认为，对公司所得征税后再对股东所获股息征税，必然构成重复征税，因为征收这两类税的税源基础是同一的，都是公司的利润，并且，公司所得税的税负实质上仍是由股东负担的，同独资、合伙相比，其税负是不公平、不一致的。因此，征收公司所得税是不合理的。

肯定说认为，征收公司所得税是合理的，因为：(1) 在法理上，公司与股东是两类不同的主体，应各自承担其纳税义务；(2) 在经济上，公司的经济实力较强，且仅承担有限责任，在制度安排上比独资、合伙企业更占有优势，因

---

① 目前仍实行累进税率的仅有美国、韩国等少数国家和地区。

而应承担更多的税负；（3）在税收征管上，不征收公司所得税，股东就可以将股息所得累积保留在公司，逃避个人所得税的缴纳；（4）在保障财政收入上，公司会计制度健全，纳税能力较强，有助于保障获取稳定的财政收入。总之，征收公司所得税是既必要又合理的。

上述两种观点各有其合理之处。一方面，征收企业所得税确实是很必要的，在现实中各国均征收此税；另一方面，征收企业所得税也确实存在着一定的问题，其中最为突出的就是重复征税问题。

重复征税问题是税收学和税法学中的一个重要问题。重复征税主要包括三类，即税制性重复征税、法律性重复征税和经济性重复征税。上述因对公司利润征收公司所得税后又征收个人所得税所构成的重复征税，就是典型的经济性重复征税。

基于对待上述经济性重复征税的态度，可以把公司所得税的征收分为两种模式。一种是以美国为代表的古典制模式（classical system），它以“法人实在说”为基础，坚持公司所得税和个人所得税应严格地作为两个独立的税种分别课征。另一种是以欧洲国家为代表的整体制模式（integration system），它以“法人虚拟说”为基础，认为应当把公司和股东作为一个整体来加以考虑。为此，这些国家采取了多种措施来尽量缓解或消除双重征税。例如，在税率设计上，实行分劈税率制，即对已分配利润适用较低税率，而对保留在公司的利润则适用较高税率。又如，有些国家实行归集抵免制（imputation credit system），即在对公司分配的股息征收个人所得税时，允许相应抵扣其在公司环节已承担的公司所得税，这样，通过对归集到个人的税负进行相应的税额抵免，使公司所得税类似于在缴纳个人所得税之前先征收的“预提税”，从而在很大程度上有助于解决经济性重复征税问题。

进入20世纪90年代以来，整体制模式发展迅速。在OECD成员国中，除了美国、荷兰、瑞士、卢森堡等少数国家仍实行古典制模式外，其他国家均已实行整体制模式。这体现了相关国家对完善企业所得税制度之不足的重视。

四、企业所得税的计税依据

企业所得税的计税依据是应税所得额，它是从每一纳税年度的收入总额中，减去不征税收入、免税收入、各项扣除以及允许弥补的以前年度亏损后的余额。其计算公式为：

$$\text{应税所得额}=\text{收入总额}-\text{不征税收入}-\text{免税收入}-\text{扣除项目金额}-\text{弥补亏损金额}$$

构成上述收入总额的项目主要包括经营所得（营业利润）、投资所得、资本利得以及其他收入。

上述的扣除项目主要包括：（1）经营管理费用，如工资、原材料费用、差旅费、利息支出、广告费等；（2）折旧，如固定资产折旧；（3）各项税金，指法定允许扣除的各项税款；（4）其他费用，如意外损失、坏账损失等。

上述的扣除项目，直接影响到应税所得额的多少，因此需要由税法作出明确规定，这些规定在各国的企业所得税制度中都是非常重要的内容，纳税人在进行税收筹划时必须对其加以认真研究。

此外，在应税所得额的确定方面，还涉及一系列政策性较强的问题，对这些问题的态度直接影响到企业所得税法中的一些具体制度的确定。

例如，在固定资产折旧方面，由于折旧额可以扣除，因而折旧如何计算，会对应税所得额的大小产生直接影响。为此，在税法中必须对折旧的基础、期限、方法等作出具体规定，从而构成企业所得税法中有关“资产的税务处理”制度的重要内容。

有关折旧的税务处理具有较强的政策性。在折旧的基础方面，过去多以资产原值为基准来确定，而近些年则有许多国家允许按固定资产的重置费用计提折旧，或者允许对固定资产原值指数化，并按调整后的基数来计提折旧。在折旧期限方面，近些年许多国家实行加速折旧政策以鼓励投资，这实际上是国家以税款损失为代价来为企业提供无息贷款。在折旧方法方面，很多国家允许用直线法、余额递减法等多种方法计提折旧，以求实现本国的经济政策目标。

又如，在亏损的处理方面，也体现着较强的政策性。本来，所得税通常是以1年为期，有所得则征税，无所得则不征税，因而发生年度亏损是不征税的。不仅如此，一些国家为了鼓励投资，降低投资风险，在亏损的处理上还作出了其他一些有利于投资者的规定，其中最重要的就是亏损的转回（carry back）和结转（carry forward）。

所谓亏损转回是指本年度的经营亏损可以转回到过去几年的利润中以得到弥补，并因而得到相应的退税款；所谓亏损结转，则是把本年度的经营亏损转到今后几年的利润中以得到弥补。无论是转回还是结转，都是把亏损与过去或未来的利润相抵，从而在总体上减少几年内的应税所得额，因而实质上也是国家为刺激经济发展而作出的税式支出。我国在企业所得税法中即规定有亏损结转制度，对于鼓励投资同样发挥了积极的作用。

五、我国的企业所得税制度

自实行改革开放政策以来，我国的企业所得税制度得到了迅速发展，但也随之出现了一些问题，主要表现为片面按企业的所有制形式、按纳税主体是否具有涉外因素等分别立法，致使税种林立、税法各异、税率不一、税负不公等问题日渐突出，这与市场经济的发展要求和税收法制建设的趋势是极不相适应的，因而必须加以改革。

经过我国1994年的税制改革，许多所得税的税种被归并或取消，尤其引人注目的是，原来的国营企业所得税、集体企业所得税和私营企业所得税，被统一为企业所得税。由于该税种主要对内资企业征收，因而在学理上亦称为“内资企业所得税”，并形成了以《企业所得税暂行条例》及其配套法规、规章为法律表现形式的内资企业所得税制度。此外，1991年以来，我国还通过了《外商投资企业和外国企业所得税法》及其配套法规、规章，形成了较为完整的涉外企业所得税制度。

随着我国加入WTO，国内市场对外资进一步开放，内资企业也逐渐融入了世界经济体系之中，如果继续施行“内外有别”的两套税法制度，必将使内资企业处于不平等的竞争地位，影响统一、规范、公平竞争的市场环境的形成。事实上，在1994年税制改革时，我国就提出要实现“两法合并”“两税统一”，以解决内资企业和涉外企业在税率、税收优惠等方面的差别待遇问题，但由于诸多原因，直到2007年3月16日，十届全国人大五次会议才通过了《企业所得税法》（该法自2008年1月1日起实施，2017年2月24日修改），从而实现了统一企业所得税法律制度的目标。

我国《企业所得税法》及其配套制度，集中体现了相关的企业所得税原理，体现了经济和社会发展的新要求，与企业所得税制度通例是一致的。为此，下面将专设一节，介绍我国企业所得税法律制度的基本内容。

第三节 我国企业所得税制度

如前所述，在我国的企业所得税领域，曾长期存在“内外有别”的两套税法制度，经过对《企业所得税暂行条例》《外商投资企业和外国企业所得税法》及各自的配套制度的整合，我国形成了以《企业所得税法》为核心的企业所得税制度，才在总体上形成了统一的企业所得税制度。下面主要基于《企业所得税法》和《企业所得税法实施条例》[①] 的规定，来介绍我国企业所得税制度的基本内容。

一、纳税主体

（一）纳税主体的范围

依据我国《企业所得税法》的规定，在中华人民共和国境内，企业和其他

---

① 我国《企业所得税法实施条例》经2007年11月28日国务院第197次常务会议通过，自2008年1月1日起施行。

取得收入的组织（以下统称企业）为企业所得税的纳税人。

可见，企业所得税的纳税人包括两类，一类是企业，一类是其他取得收入的组织。其中，企业既包括国有企业、集体企业、私营企业等，也包括外商投资企业和外国企业。各种类型的内资企业和涉外企业，是企业所得税的最重要的纳税主体。此外，企业所得税的纳税主体并不只是企业，也包括其他取得收入的各类组织，如事业单位、社会团体等。由于这些组织有收入，具备征税的必要条件，因此，税法亦将其规定为企业所得税的纳税主体。

另外，我国《企业所得税法》还规定，个人独资企业、合伙企业不适用该法。这里的个人独资企业、合伙企业，是指依照中国法律、行政法规成立的个人独资企业、合伙企业。从所得税制度的通例来看，对个人独资企业、合伙企业一般都是征收个人所得税，而不是征收企业所得税。同时，我国在现行的企业所得税法制度中已经排除了对上述两类企业的适用。事实上，国务院于2000年6月20日下发的《关于个人独资企业和合伙企业征收所得税问题的通知》就已经指出：为公平税负，支持和鼓励个人投资兴办企业，国务院决定，自2001年1月1日起，对个人独资企业和合伙企业停止征收企业所得税，对投资者的生产经营所得，比照个体工商户的生产、经营所得征收个人所得税。

（二）纳税主体的分类与纳税义务的承担

1. 纳税主体的分类

依据税法原理和税法制度实践，我国《企业所得税法》将纳税主体分为两类，即居民企业和非居民企业。

（1）居民企业。

居民企业是指依法在中国境内成立，或者依照外国（地区）法律成立但实际管理机构在中国境内的企业。上述的"依法在中国境内成立的企业"，包括依照中国法律、行政法规在中国境内成立的企业、事业单位、社会团体以及其他取得收入的组织。同理，上述的"依照外国（地区）法律成立的企业"，包括依照外国（地区）法律成立的企业和其他取得收入的组织。因此，居民企业也并不仅限于国内的企业。

在居民企业的划分标准上，我国同时适用注册地标准和实际管理机构地标准，即凡是在中国境内注册成立的企业，不管是内资企业，还是外商投资企业，都是我国税法上的居民企业；凡是依照外国（地区）法律成立的企业，尽管其属于外国（海外）企业，但只要其从事跨国经营，且实际管理机构在我国境内，即为我国税法上的居民企业。

在上述企业居民的判断标准中，涉及实际管理机构。所谓实际管理机构，是指对企业的生产经营、人员、账务、财产等实施实质性全面管理和控制的机构。

（2）非居民企业。

除了上述居民企业以外，在企业所得税法中，还有一类纳税主体，就是非居民企业。所谓非居民企业，是指依照外国（地区）法律成立且实际管理机构不在中国境内，但在中国境内设立机构、场所的，或者在中国境内未设立机构、场所，但有来源于中国境内所得的企业。本来，由于这些企业并非依照中国法律成立，且实际管理机构也不在中国境内，当然就不是中国的居民企业，它们之所以被确定为中国企业所得税的纳税主体，是因其在中国境内设立了机构、场所，或者在中国境内虽未设立机构、场所，但有来源于中国境内的所得。

上述的机构、场所，是指在中国境内从事生产经营活动的机构、场所，包括：

① 管理机构、营业机构、办事机构；

② 工厂、农场、开采自然资源的场所；

③ 提供劳务的场所；

④ 从事建筑、安装、装配、修理、勘探等工程作业的场所；

⑤ 其他从事生产经营活动的机构、场所。

非居民企业委托营业代理人在中国境内从事生产经营活动的，包括委托单位或者个人经常代其签订合同，或者储存、交付货物等，该营业代理人视为非居民企业在中国境内设立的机构、场所。

2. 纳税义务的承担

对纳税主体进行居民企业和非居民企业的分类，具有重要的法律意义。因为从一般的税法原理和税法制度通例上说，居民企业要承担无限纳税义务，应就其来自世界各地的“环球所得”纳税；而非居民则仅承担有限纳税义务，仅就其源于东道国境内的所得纳税。

据此，我国《企业所得税法》规定，居民企业应当就其来源于中国境内、境外的所得缴纳企业所得税。非居民企业在中国境内设立机构、场所的，应当就其所设机构、场所取得的来源于中国境内的所得，以及发生在中国境外但与其所设机构、场所有实际联系的所得，缴纳企业所得税。此外，非居民企业在中国境内未设立机构、场所的，或者虽设立机构、场所但取得的所得与其所设机构、场所没有实际联系的，应当就其来源于中国境内的所得缴纳企业所得税。

上述的源于中国境内或境外的所得，包括销售货物所得、提供劳务所得、转让财产所得、股息红利等权益性投资所得、利息所得、租金所得、特许权使用费所得、接受捐赠所得和其他所得。这些所得究竟属于来源于中国境内的所得，还是属于来源于境外的所得，需按以下原则确定：

（1）销售货物所得，按照交易活动发生地确定；

（2）提供劳务所得，按照劳务发生地确定；

（3）转让财产所得，不动产转让所得按照不动产所在地确定，动产转让所得按照转让动产的企业或者机构、场所所在地确定，权益性投资资产转让所得按照被投资企业所在地确定；

（4）股息、红利等权益性投资所得，按照分配所得的企业所在地确定；

（5）利息所得、租金所得、特许权使用费所得，按照负担、支付所得的企业或者机构、场所所在地确定，或者按照负担、支付所得的个人的住所地确定；

（6）其他所得，由国务院财政、税务主管部门确定。

从总体上说，对于居民企业的纳税义务的判断是较为容易的，而对于非居民企业的纳税义务的判断，则相对较为复杂，要视其是否在中国境内设立机构、场所，所取得的所得与这些场所是否有“实际联系”等因素而定。只有其所得（无论来自境内还是境外）与设在中国境内的机构、场所有“实际联系”的企业，才要承担有限的纳税义务，这也涉及税法原理中的“课税对象的归属”问题。

为此，我国《企业所得税法实施条例》明确规定，上述的“实际联系”，是指非居民企业在中国境内设立的机构、场所拥有据以取得所得的股权、债权，以及拥有、管理、控制据以取得所得的财产等。

二、征税范围与税率

（一）征税范围

1. 属于征税范围的各种收入

企业所得税的征税范围，包括纳税主体以货币形式和非货币形式从各种来源取得的收入，如营业收入、劳务收入、投资收入、捐赠收入等。具体包括销售货物收入，提供劳务收入，转让财产收入，股息、红利等权益性投资收益，利息收入，租金收入，特许权使用费收入，接受捐赠收入，其他收入等。

上述的以货币形式取得的收入，包括现金、存款、应收账款、应收票据、准备持有至到期的债券投资以及债务的豁免等。上述的以非货币形式取得的收入，包括固定资产、生物资产、无形资产、股权投资、存货、不准备持有至到期的债券投资、劳务以及有关权益等。以非货币形式取得的收入，应当按照公允价值（即按照市场价格确定的价值）确定收入额。

此外，对于各种来源的具体收入，我国税法均有明确界定，具体如下：

（1）销售货物收入，是指企业销售商品、产品、原材料、包装物、低值易耗品以及其他存货取得的收入。企业销售收入的确认，必须遵循权责发生制原则和实质重于形式原则。

（2）提供劳务收入，是指企业从事建筑安装、修理修配、交通运输、仓储租赁、金融保险、邮电通信、咨询经纪、文化体育、科学研究、技术服务、教育培训、餐饮住宿、中介代理、卫生保健、社区服务、旅游、娱乐、加工以及其他劳务服务活动取得的收入。

（3）转让财产收入，是指企业转让固定资产、生物资产、无形资产、股权、债权等财产取得的收入。

（4）股息、红利等权益性投资收益，是指企业因权益性投资从被投资方取得的收入。此类收益除国务院财政、税务主管部门另有规定外，按照被投资方作出利润分配决定的日期确认收入的实现。

（5）利息收入，是指企业将资金提供他人使用但不构成权益性投资，或者因他人占用本企业资金取得的收入，包括存款利息、贷款利息、债券利息、欠款利息等收入。此类收入，按照合同约定的债务人应付利息的日期确认收入的实现。

（6）租金收入，是指企业提供固定资产、包装物或者其他有形资产的使用权取得的收入。此类收入，按照合同约定的承租人应付租金的日期确认收入的实现。

（7）特许权使用费收入，是指企业提供专利权、非专利技术、商标权、著作权以及其他特许权的使用权取得的收入。此类收入，按照合同约定的特许权使用人应付特许权使用费的日期确认收入的实现。

（8）接受捐赠收入，是指企业接受的来自其他企业、组织或者个人无偿给予的货币性资产、非货币性资产。此类收入，按照实际收到捐赠资产的日期确认收入的实现。

（9）其他收入，是指企业取得的除上述第（1）项至第（8）项收入外的其他收入，包括企业资产溢余收入、逾期未退包装物押金收入、确实无法偿付的应付款项、已作坏账损失处理后又收回的应收款项、债务重组收入、补贴收入、违约金收入、汇兑收益等。

上述有关收入的具体形式的界定是非常重要的，它有助于进一步明确企业所得税的征税范围。同时，有关收入的实现的规定也非常重要，它直接关系到纳税义务的发生和履行。

此外，企业发生非货币性资产交换，以及将货物、财产、劳务用于捐赠、偿债、赞助、集资、广告、样品、职工福利或者利润分配等用途的，除国务院财政、税务主管部门另有规定的以外，应当视同销售货物、转让财产或者提供劳务。

2. 不属于征税范围的收入

除了上述属于征税范围的各种收入以外，还需要注意哪些不属于企业所得税征税范围的收入，这些收入为不征税收入。根据我国《企业所得税法》规定，不征税收入包括：

（1）财政拨款，即各级人民政府对纳入预算管理的事业单位、社会团体等组织拨付的财政资金，但国务院和国务院财政、税务主管部门另有规定的除外。

（2）依法收取并纳入财政管理的行政事业性收费、政府性基金。所谓行政事业性收费，是指依照法律法规等有关规定，按照国务院规定程序批准，在实施社会公共管理，以及在向公民、法人或者其他组织提供特定公共服务过程中，向特定对象收取并纳入财政管理的费用。所谓政府性基金，是指企业依照法律、行政法规等有关规定，代政府收取的具有专项用途的财政资金。

（3）国务院规定的其他不征税收入，即企业取得的，由国务院财政、税务主管部门规定专项用途并经国务院批准的财政性资金。

依据税法上的可税性理论，收益是征税的基础，有收入是征税的必要条件。但是，并不是所有的收入都要征税。通常，只是对纳税主体的营利性收入才征税，而对公益性收入则不征税。上述不征税收入的确定，即体现了对公益性收入不征税的精神。

（二）税率

在税率方面，考虑到原来的内外有别的两套税法制度的突出问题是不同主体实际税率差别过大，同一主体名义税率与实际税率差别过大，因此，为了解决现实经济生活中的税负不公平问题，我国《企业所得税法》将企业的税率分为两类，一类是一般税率，一类是预提所得税税率。

根据税法规定，企业所得税的一般税率为25%。从国际情况来看，这个税率水平在国际上是中等偏低的，也比较符合我国企业实际税负的情况，同时，也兼顾了各类税法主体的利益。

此外，非居民企业在中国境内未设立机构、场所的，或者虽设立机构、场所但取得的所得与其所设机构、场所没有实际联系的，应当就其来源于中国境内的所得缴纳企业所得税。从税收征管的角度看，上述非居民企业所缴纳的企业所得税，也被称为预提所得税。其适用的税率即所谓预提所得税税率。根据我国《企业所得税法》规定，上述情况所适用的税率为20%。在存在大量的国际税收协定的情况下，预提所得税的实际适用税率往往仅为10%。

三、应税所得额的确定

应税所得额是企业所得税的税基，其确定较为复杂。但其正确确定是有效适用企业所得税法的基础，因而需要重点加以介绍。

（一）应税所得额的总体确定

依据企业所得税的基本原理，企业的全部收入，扣除不征税收入的部分，为应税收入，从应税收入中再扣除享受税收优惠（如适用免税、亏损结转规定）的收入，以及法定的扣除项目金额，为企业所得税的应纳税所得额（或称应税所得额）。其计算公式为：

应税所得额＝收入总额－不征税收入
－税收优惠数额－准予扣除项目金额

上述公式，与我国《企业所得税法》的规定是一致的。依据该法规定，企业每一纳税年度的收入总额，减除不征税收入、免税收入、各项扣除以及允许弥补的以前年度亏损后的余额，为应纳税所得额。

可见，为了确定应税所得额，必须分别确定收入总额和各项应从收入总额中减除的项目的金额。

（二）应税所得额的具体确定

依据我国《企业所得税法》规定，企业以货币形式和非货币形式从各种来源取得的收入，为收入总额，包括前述征税范围中涉及的各类收入。在法律日益健全的情况下，在具体确定应税所得额时，收入总额的确定以及不征税收入和享受税收优惠的收入的确定，都相对较为容易，较为复杂的是准予扣除项目金额的确定，因此，下面有必要重点介绍扣除的基本原则，以及哪些项目允许扣除，哪些项目不许扣除，这对于正确确定应税所得额是非常重要的。

1. 扣除的基本原则

（1）真实相关合理原则，即支出必须真实，确与企业的生产经营及收入的取得相关，且具有合理性。只有与企业实际发生的与取得收入有关的、合理的支出，才可以扣除，非实际发生的、与取得收入无关的支出，不得扣除。上述所谓合理的支出，是指符合生产经营活动常规，应当计入当期损益或者有关资产成本的必要和正常的支出。

真实性原则、相关性原则和合理性原则是扣除方面的非常基本的原则，这些原则直接体现着扣除的合法性，因而在应税所得额的确定方面贯穿始终。

（2）支出与期间匹配原则，即支出要与其发生的期间相匹配，根据不同支出的性质，来确定其应在当期直接扣除，还是应分在多个期间间接扣除。为此，企业发生的支出应当区分收益性支出和资本性支出。其中，收益性支出在发生当期直接扣除；资本性支出应当分期扣除或者计入有关资产成本，不得在发生当期直接扣除。上述差异，直接影响到有关“资产的税务处理”制度的确立。

（3）权利与义务对应原则。企业所享有的税法上的权利和义务是相对应的，不能单方面地只享有权利或只承担义务。因此，企业的不征税收入用于支出所形成的费用或者财产，不得扣除，也不得计算其对应的折旧、摊销加以扣除。这同时也说明，只有应税收入才涉及扣除的问题。

（4）不得重复扣除原则。除税法另有规定外，企业实际发生的成本、费用、税金、损失和其他支出，不得重复扣除。这不仅对于保障国家的税收利益很重要，而且对于确保税收公平也很重要。

2. 准予扣除的基本项目

企业发生的与其生产经营有相关性和合理性的支出，包括成本、费用、税金、损失和其他支出，准予在计算应纳税所得额时扣除。这是一个总的原则。上述各类支出形式的具体含义是：（1）所谓成本，是指企业在生产经营活动中发生的销售成本、销货成本、业务支出以及其他耗费。（2）所谓费用，是指企业在生产经营活动中发生的销售费用、管理费用和财务费用，已经计入成本的有关费用除外。（3）所谓税金，是指企业发生的除企业所得税和允许抵扣的增值税以外的各项税金及其附加。（4）所谓损失，是指企业在生产经营活动中发生的固定资产和存货的盘亏、毁损、报废损失，转让财产损失，呆账损失，坏账损失，自然灾害等不可抗力因素造成的损失以及其他损失。（5）所谓其他支出，是指除上述成本、费用、税金、损失外，企业在生产经营活动中发生的与生产经营活动有关的、合理的支出。

但在成本、费用、税金、损失和其他支出的具体扣除方面，还有一系列的特殊规定，因此，还必须关注税法的具体规定。

3. 准予扣除的具体项目

我国《企业所得税法》及其《实施条例》所规定的准予扣除的具体项目是很多的，有些项目允许据实扣除，有些项目则通过规定一定的扣除比例予以限额扣除，现择要简介如下：

（1）工薪支出。

企业发生的合理的工资薪金支出，准予扣除。所谓工资薪金，是指企业每一纳税年度支付给在本企业任职或者受雇的员工的所有现金形式或者非现金形式的劳动报酬，包括基本工资、奖金、津贴、补贴、年终加薪、加班工资，以及与员工任职或者受雇有关的其他支出。

（2）社保支出。

企业依照国务院有关主管部门或者省级人民政府规定的范围和标准为职工缴纳的基本养老保险费、基本医疗保险费、失业保险费、工伤保险费、生育保险费等基本社会保险费和住房公积金，准予扣除。

企业为投资者或者职工支付的补充养老保险费、补充医疗保险费，在国务院财政、税务主管部门规定的范围和标准内，准予扣除。

(3) 特保支出。

除企业依照国家有关规定为特殊工种职工支付的人身安全保险费和国务院财政、税务主管部门规定可以扣除的其他商业保险费外，企业为投资者或者职工支付的商业保险费，不得扣除。

(4) 借款费用。

企业在生产经营活动中发生的合理的不需要资本化的借款费用，准予扣除。

企业为购置、建造固定资产、无形资产和经过12个月以上的建造才能达到预定可销售状态的存货发生借款的，在有关资产购置、建造期间发生的合理的借款费用，应当作为资本性支出计入有关资产的成本，并依法扣除。

(5) 利息支出。

企业在生产经营活动中发生的下列利息支出，准予扣除：

第一，非金融企业向金融企业借款的利息支出、金融企业的各项存款利息支出和同业拆借利息支出、企业经批准发行债券的利息支出；

第二，非金融企业向非金融企业借款的利息支出，不超过按照金融企业同期同类贷款利率计算的数额的部分。

(6) 汇兑损失。

企业在货币交易中，以及纳税年度终了时将人民币以外的货币性资产、负债按照期末即期人民币汇率中间价折算为人民币时产生的汇兑损失，除已经计入有关资产成本以及与向所有者进行利润分配相关的部分外，准予扣除。

(7) 三费支出。

三费支出，是指企业的职工福利费、工会经费、职工教育经费支出。对于三费支出，可以依法按比例扣除。

第一，企业发生的职工福利费支出，不超过工资薪金总额14%的部分，准予扣除。

第二，企业拨缴的工会经费，不超过工资薪金总额2%的部分，准予扣除。

第三，除国务院财政、税务主管部门另有规定外，企业发生的职工教育经费支出，不超过工资薪金总额2.5%的部分，准予扣除；超过部分，准予在以后纳税年度结转扣除。

(8) 捐赠支出。

我国《企业所得税法》规定，企业发生的公益性捐赠支出，在年度利润总额12%以内的部分，准予在计算应纳税所得额时扣除；超过年度利润总额12%的部分，准予结转以后3年内在计算应纳税所得额时扣除。此外，《企业所得税法实施条例》规定，企业当年发生以及以前年度结转的公益性捐赠支出，不超过年度利润总额12%的部分，准予扣除。

所谓公益性捐赠，是指企业通过公益性社会组织或者县级以上人民政府及其部门，用于符合法律规定的慈善活动、公益事业的捐赠。

所谓公益性社会组织，是指同时符合下列条件的慈善组织以及其他社会组织：① 依法登记，具有法人资格；② 以发展公益事业为宗旨，且不以营利为目的；③ 全部资产及其增值为该法人所有；④ 收益和营运结余主要用于符合该法人设立目的的事业；⑤ 终止后的剩余财产不归属任何个人或者营利组织；⑥ 不经营与其设立目的无关的业务；⑦ 有健全的财务会计制度；⑧ 捐赠者不以任何形式参与该法人财产的分配；⑨ 国务院财政、税务主管部门会同国务院民政部门等登记管理部门规定的其他条件 。[①]

（9）招待支出。

企业发生的与生产经营活动有关的业务招待费支出，按照发生额的60%扣除，但最高不得超过当年销售（营业）收入的5‰。

（10）宣传支出。

企业发生的符合条件的广告费和业务宣传费支出，除国务院财政、税务主管部门另有规定外，不超过当年销售（营业）收入15%的部分，准予扣除；超过部分，准予在以后纳税年度结转扣除。

（11）环保支出。

企业依照法律、行政法规有关规定提取的用于环境保护、生态恢复等方面的专项资金，准予扣除。上述专项资金提取后改变用途的，不得扣除。

（12）财保支出。

企业参加财产保险，按照规定缴纳的保险费，准予扣除。

（13）租赁支出。

企业根据生产经营活动的需要租入固定资产支付的租赁费，按照以下方法扣除：

第一，以经营租赁方式租入固定资产发生的租赁费支出，按照租赁期限均匀扣除；

第二，以融资租赁方式租入固定资产发生的租赁费支出，按照规定构成融资租入固定资产价值的部分应当提取折旧费用，分期扣除。

（14）劳保支出。

企业发生的合理的劳动保护支出，准予扣除。

4. 不得扣除的项目

基于相关性、合理性、合法性、真实性原则的考虑，一些项目的支出是不

---

① 参见2019年4月29日国务院发布的《关于修改部分行政法规的决定》（国令第714号）。

能扣除的。根据我国《企业所得税法》规定，在计算应纳税所得额时，下列支出不得扣除：

（1）向投资者支付的股息、红利等权益性投资收益款项。

（2）企业所得税税款。

（3）税收滞纳金。

（4）罚金、罚款和被没收财物的损失。

（5）上述公益性捐赠支出以外的捐赠支出。

（6）赞助支出，即企业发生的与生产经营活动无关的各种非广告性质支出。

（7）未经核定的准备金支出，即不符合国务院财政、税务主管部门规定的各项资产减值准备、风险准备等准备金支出。

（8）与取得收入无关的其他支出。

此外，企业对外投资期间，投资资产的成本在计算应纳税所得额时也不得扣除。另外，企业之间支付的管理费、企业内营业机构之间支付的租金和特许权使用费，以及非银行企业内营业机构之间支付的利息，不得扣除。

（三）资产的税务处理

如前所述，资本性支出应当分期扣除或者计入有关资产成本，不得在发生当期直接扣除。因此，在税法上需要对资产的税务处理问题作出专门规定，主要涉及资产的分类、计税基础、折旧方法、扣除等问题，下面着重介绍各类资产的折旧扣除或费用扣除问题。

企业的各项资产，包括固定资产、生物资产、无形资产、长期待摊费用、投资资产、存货等，以历史成本为计税基础。所谓历史成本，是指企业取得该项资产时实际发生的支出。企业持有各项资产期间发生的资产增值或者减值，除国务院财政、税务主管部门规定可以确认损益外，不得调整该资产的计税基础。

1. 固定资产折旧的扣除

固定资产，是指企业为生产产品、提供劳务、出租或者经营管理而持有的、使用时间超过 12 个月的非货币性资产，包括房屋、建筑物、机器、机械、运输工具以及其他与生产经营活动有关的设备、器具、工具等。

根据《企业所得税法》规定，在计算应纳税所得额时，企业按照规定计算的固定资产折旧，准予扣除。固定资产应按照直线法计算折旧。企业应当自固定资产投入使用月份的次月起计算折旧；停止使用的固定资产，应当自停止使用月份的次月起停止计算折旧。此外，企业应当根据固定资产的性质和使用情况，合理确定固定资产的预计净残值。固定资产的预计净残值一经确定，不得变更。

除国务院财政、税务主管部门另有规定外，固定资产计算折旧的最低年限如下：

（1）房屋、建筑物，为20年；

（2）飞机、火车、轮船、机器、机械和其他生产设备，为10年；

（3）与生产经营活动有关的器具、工具、家具等，为5年；

（4）飞机、火车、轮船以外的运输工具，为4年；

（5）电子设备，为3年。

从事开采石油、天然气等矿产资源的企业，在开始商业性生产前发生的费用和有关固定资产的折耗、折旧方法，由国务院财政、税务主管部门另行规定。

为了体现真实性、相关性、合理性、合法性的原则，下列固定资产不得计算折旧扣除：

（1）房屋、建筑物以外未投入使用的固定资产；

（2）以经营租赁方式租入的固定资产；

（3）以融资租赁方式租出的固定资产；

（4）已足额提取折旧仍继续使用的固定资产；

（5）与经营活动无关的固定资产；

（6）单独估价作为固定资产入账的土地；

（7）其他不得计算折旧扣除的固定资产。

2. 生物资产的折旧的扣除

生物资产是指有生命的动物和植物。生物资产可以分为生产性资产、消耗性资产（如生长中的大田作物、蔬菜、用材林等）和公益性资产（如防风固沙林、水土保持林和水源涵养林等）三大类。我国税法对生产性生物资产的税务处理作出了专门规定，对于其他两类生物资产的税务处理，则可依据会计准则的规定执行。

依据税法规定，生产性生物资产，是指企业为生产农产品、提供劳务或者出租等而持有的生物资产，包括经济林、薪炭林、产畜和役畜等。与有关固定资产的规定一致，生产性生物资产按照直线法计算的折旧，准予扣除。企业应当自生产性生物资产投入使用月份的次月起计算折旧；停止使用的生产性生物资产，应当自停止使用月份的次月起停止计算折旧。此外，企业应当根据生产性生物资产的性质和使用情况，合理确定生产性生物资产的预计净残值。生产性生物资产的预计净残值一经确定，不得变更。

生产性生物资产计算折旧的最低年限如下：

（1）林木类生产性生物资产，为10年；

（2）畜类生产性生物资产，为3年。

3. 无形资产摊销费用的扣除

无形资产，是指企业为生产产品、提供劳务、出租或者经营管理而持有的、没有实物形态的非货币性长期资产，包括专利权、商标权、著作权、土地使用权、非专利技术、商誉等。

根据我国《企业所得税法》的规定，在计算应纳税所得额时，企业按照规定计算的无形资产摊销费用，准予扣除。无形资产应按照直线法计算摊销费用。无形资产的摊销年限不得低于10年。此外，作为投资或者受让的无形资产，有关法律规定或者合同约定了使用年限的，可以按照规定或者约定的使用年限分期摊销。另外，外购商誉的支出，在企业整体转让或者清算时，准予扣除。

同样，为了体现合理性、相关性、合法性等原则，下列无形资产不得计算摊销费用扣除：

（1）自行开发的支出已在计算应纳税所得额时扣除的无形资产；

（2）自创商誉；

（3）与经营活动无关的无形资产；

（4）其他不得计算摊销费用扣除的无形资产。

4. 长期待摊费用的扣除

在计算应纳税所得额时，企业发生的下列支出作为长期待摊费用，按照规定摊销的，准予扣除：

（1）已足额提取折旧的固定资产的改建支出；

（2）租入固定资产的改建支出；

（3）固定资产的大修理支出；

（4）其他应当作为长期待摊费用的支出。

上述的固定资产的改建支出，是指改变房屋或者建筑物结构、延长使用年限等发生的支出。其中，已足额提取折旧的固定资产的改建支出，按照固定资产预计尚可使用年限分期摊销；租入固定资产的改建支出，按照合同约定的剩余租赁期限分期摊销。除上述两种情况以外，改建的固定资产延长使用年限的，应当适当延长折旧年限。

上述的固定资产的大修理支出，是指同时符合下列条件的支出：（1）修理支出达到取得固定资产时的计税基础50%以上；（2）修理后固定资产的使用年限延长2年以上。此类支出按照固定资产尚可使用年限分期摊销。

上述的其他应当作为长期待摊费用的支出，自支出发生月份的次月起，分期摊销，摊销年限不得低于3年。

5. 投资资产的成本扣除

投资资产，是指企业对外进行权益性投资和债权性投资形成的资产。我国税法规定，企业对外投资期间，投资资产的成本在计算应纳税所得额时不得扣除。但是，企业在转让或者处置投资资产时，投资资产的成本，准予扣除。

上述的投资资产按照以下方法确定成本：(1) 通过支付现金方式取得的投资资产，以购买价款为成本；(2) 通过支付现金以外的方式取得的投资资产，以该资产的公允价值和支付的相关税费为成本。

6. 存货成本的扣除

存货，是指企业持有以备出售的产品或者商品、处在生产过程中的在产品、在生产或者提供劳务过程中耗用的材料和物料等。

我国税法规定，企业使用或者销售存货，按照规定计算的存货成本，准予在计算应纳税所得额时扣除。企业使用或者销售的存货的成本计算方法一经选用，不得随意变更。

7. 转让资产净值的扣除

资产的净值是指有关资产的计税基础减除已经按照规定扣除的折旧、折耗、摊销、准备金等后的余额。依据税法规定，企业转让资产，该项资产的净值，准予在计算应纳税所得额时扣除。

（四）亏损的处理

依据我国《企业所得税法》的规定，企业在汇总计算缴纳企业所得税时，其境外营业机构的亏损不得抵减境内营业机构的盈利。也就是说，境外与境内的营业机构不得通过合并纳税来实现盈亏相抵，这对于贯彻独立纳税原则和属地纳税原则，对于保障国家的税收收入，都是很重要的。

此外，我国《企业所得税法》还规定了亏损结转制度，即企业纳税年度发生的亏损，准予向以后年度结转，用以后年度的所得弥补，但结转年限最长不得超过 5 年。对于相关企业来说，亏损结转制度是一种税收优惠，对于提高企业的竞争力，促进其持续发展是有积极的促进意义的。

（五）非居民企业应税所得额的确定

以上有关准予扣除、不准扣除、资产的税务处理，以及亏损结转等方面的规定，并不适用于非居民企业需缴纳预提所得税时的应税所得额的确定。根据我国《企业所得税法》的规定，非居民企业在中国境内未设立机构、场所的，或者虽设立机构、场所但取得的所得与其所设机构、场所没有实际联系的，属于一类特殊的情况，不能适用上述有关扣除或不准扣除等规定，而应当按照下列方法计算其应纳税所得额：

(1) 股息、红利等权益性投资收益和利息、租金、特许权使用费所得，以收入全额（即非居民企业向支付人收取的全部价款和价外费用）为应纳税所得额；

(2) 转让财产所得，以收入全额减除财产净值后的余额为应纳税所得额；

（3）其他所得，参照上述两项规定的方法计算应纳税所得额。

此外，非居民企业在中国境内设立的机构、场所，就其中国境外总机构发生的与该机构、场所生产经营有关的费用，能够提供总机构出具的费用汇集范围、定额、分配依据和方法等证明文件，并合理分摊的，准予扣除。

总之，除了非居民企业缴纳预提所得税的情况以外，在通常情况下，明确上述准予扣除的项目、不准扣除的项目、资产的税务处理，以及如何处理亏损等问题，对于确定应纳税所得额会有相当大的帮助。此外，在计算应纳税所得额时，如果企业财务、会计处理办法与税收法律、行政法规的规定不一致，则应当依照税收法律、行政法规的规定计算。这也体现了所得税会计的基本精神或税法优先的原则。

四、应纳税额的计算

（一）应纳税额的计算方法

在我国，企业的应税所得额确定以后，用应税所得额乘以适用税率，减除依照《企业所得税法》关于税收优惠的规定减免和抵免的税额后的余额，即为应纳税额。其计算公式为：

应纳税额 = 应纳税所得额 × 适用税率 − 减免税额 − 抵免税额

上述公式中的减免税额和抵免税额，是指依照企业所得税法和国务院的税收优惠规定减征、免征和抵免的应纳税额。

在应纳税额的计算方面，税收优惠是很重要的内容，对此在后面还要单独介绍。此外，上述的抵免税额，涉及企业所得税法中重要的一类制度，即税收抵免制度，有必要单独予以介绍。

（二）税收抵免制度

税收抵免制度是国际上采用较多的避免对跨国纳税人的所得进行双重征税的制度，在解决税收管辖权的冲突方面具有重要作用。税收抵免可以分为直接抵免和间接抵免，全额抵免和限额抵免等。

按照我国《企业所得税法》的规定，企业取得的下列所得已在境外缴纳的所得税税额，可以从其当期应纳税额中抵免，抵免限额为该项所得依照税法规定计算的应纳税额；超过抵免限额的部分，可以在以后5个年度内，用每年度抵免限额抵免当年应抵税额后的余额进行抵补：

（1）居民企业来源于中国境外的应税所得；

（2）非居民企业在中国境内设立机构、场所，取得发生在中国境外但与该机构、场所有实际联系的应税所得。

在上述规定中，所谓“已在境外缴纳的所得税税额”，是指企业来源于中国境外的所得依照中国境外税收法律以及相关规定应当缴纳并已经实际缴纳的企业所得税性质的税款。所谓“抵免限额”，是指企业来源于中国境外的所得，依照税法规定计算的应纳税额。除国务院财政、税务主管部门另有规定外[①]，该抵免限额应当分国（地区）不分项计算，计算公式如下：

抵免限额＝中国境内、境外所得依照税法规定计算的应纳税总额×来源于某国（地区）的应纳税所得额÷中国境内、境外应纳税所得总额

此外，上述的5个年度，是指从企业取得的来源于中国境外的所得，已经在中国境外缴纳的企业所得税性质的税额超过抵免限额的当年的次年起连续5个纳税年度。

以上规定体现的是对我国纳税人在国外已纳税款的直接抵免，此类制度适用于同一法人实体的总公司与分公司之间的抵免。同时，上述对抵免限额的规定表明，我国实行的是限额抵免。

此外，我国税法还规定了间接抵免的制度，即居民企业从其直接或者间接控制的外国企业分得的来源于中国境外的股息、红利等权益性投资收益，外国企业在境外实际缴纳的所得税税额中属于该项所得负担的部分，可以作为该居民企业的可抵免境外所得税税额，在上述的抵免限额内抵免。

上述的直接控制，是指居民企业直接持有外国企业20％以上股份。上述的间接控制，是指居民企业以间接持股方式持有外国企业20％以上股份。

企业依照税法规定抵免企业所得税税额时，应当提供中国境外税务机关出具的税款所属年度的有关纳税凭证。

五、税收优惠制度

（一）税收优惠的基本类型

在“两法”统一以前，有关税收优惠的规定是非常繁多而混乱的。我国《企业所得税法》的制定，力图改变原来税收优惠规定混乱的局面，并大量压缩优惠，以促进企业的公平竞争。从总体上说，国家对重点扶持和鼓励发展的产业和项目，要给予更多的企业所得税优惠。这就从过去侧重于地域优惠转向了侧重于产业优惠和项目优惠。

我国《企业所得税法》对税收优惠制度有了较为系统的规定，强调国家对重点扶持和鼓励发展的产业和项目，给予企业所得税优惠。其中，既包括直接确定的免税收入，也包括裁量性的可以减征、免征的情况，这两类情况所适用的范围是比较广泛的。此外，在税收优惠方面，还包括要求较为明确而具体的

---

① 根据财政部、税务总局《关于完善企业境外所得税收抵免政策问题的通知》（财税〔2017〕84号），企业可以选择“分国（地区）不分项”或者“不分国（地区）不分项”汇总计算其来源于境外的应纳税所得额。上述方式一经选择，5年内不得改变。

税率优惠、加计扣除、所得抵扣、加速折旧、减计收入、税额抵免等类型，这些类型，有的是税率上的优惠，有的是税基上的优惠，还有的是直接的税额上的优惠。下面分别予以介绍。

（二）税收优惠的具体制度

1. 免税收入

根据我国《企业所得税法》的规定，企业的下列收入为免税收入：

（1）国债利息收入，即企业持有国务院财政部门发行的国债取得的利息收入。

（2）符合条件的居民企业之间的股息、红利等权益性投资收益，即居民企业直接投资于其他居民企业取得的投资收益。

（3）在中国境内设立机构、场所的非居民企业从居民企业取得与该机构、场所有实际联系的股息、红利等权益性投资收益。

上述第（2）、（3）项的股息、红利等权益性投资收益，不包括连续持有居民企业公开发行并上市流通的股票不足12个月取得的投资收益。

（4）符合条件的非营利组织的收入。此类收入除另有规定的以外，不包括非营利组织从事营利性活动取得的收入。

上述的符合条件的非营利组织，是指同时符合下列条件的组织：第一，依法履行非营利组织登记手续；第二，从事公益性或者非营利性活动；第三，取得的收入除用于与该组织有关的、合理的支出外，全部用于登记核定或者章程规定的公益性或者非营利性事业；第四，财产及其孳息不用于分配；第五，按照登记核定或者章程规定，该组织注销后的剩余财产用于公益性或者非营利性目的，或者由登记管理机关转赠给予该组织性质、宗旨相同的组织，并向社会公告；第六，投入人对投入该组织的财产不保留或者享有任何财产权利；第七，工作人员工资福利开支控制在规定的比例内，不变相分配该组织的财产。

2. 免征减征

根据我国《企业所得税法》的规定，企业的下列所得，可以免征、减征企业所得税：

（1）从事农、林、牧、渔业项目的所得。

凡从事蔬菜、谷物等的种植，农作物新品种的选育，中药材的种植，林木的培育和种植，牲畜、家禽的饲养，林产品的采集，以及远洋捕捞等项目的所得，免征企业所得税。

企业从事花卉、茶以及其他饮料作物和香料作物的种植，以及海水养殖、内陆养殖项目的所得，减半征收企业所得税。

企业从事国家限制和禁止发展的项目，不得享受上述规定的企业所得税优惠。

（2）从事国家重点扶持的公共基础设施项目投资经营的所得。

上述国家重点扶持的公共基础设施项目，是指《公共基础设施项目企业所得税优惠目录》规定的港口码头、机场、铁路、公路、城市公共交通、电力、水利等项目。

企业从事上述项目的投资经营的所得，自项目取得第一笔生产经营收入所属纳税年度起，第一年至第三年免征企业所得税，第四年至第六年减半征收企业所得税。

企业承包经营、承包建设和内部自建自用上述项目，不得享受上述规定的企业所得税优惠。

（3）从事符合条件的环境保护、节能节水项目的所得。

上述符合条件的环境保护、节能节水项目，包括公共污水处理、公共垃圾处理、沼气综合开发利用、节能减排技术改造、海水淡化等。

企业从事前述规定的符合条件的环境保护、节能节水项目的所得，自项目取得第一笔生产经营收入所属纳税年度起，第一年至第三年免征企业所得税，第四年至第六年减半征收企业所得税。

（4）符合条件的技术转让所得。

符合条件的技术转让所得免征、减征企业所得税，是指一个纳税年度内，居民企业技术转让所得不超过500万元的部分，免征企业所得税；超过500万元的部分，减半征收企业所得税。

（5）非居民企业应缴纳预提所得税的所得。

非居民企业取得应缴纳预提所得税的所得，减按10%的税率征收企业所得税。

此外，非居民企业的下列所得可以免征企业所得税：

第一，外国政府向中国政府提供贷款取得的利息所得；

第二，国际金融组织向中国政府和居民企业提供优惠贷款取得的利息所得；

第三，经国务院批准的其他所得。

除了上述免征减征的各类情形外，民族自治地方的自治机关对本民族自治地方的企业应缴纳的企业所得税中属于地方分享的部分，也可以决定减征或者免征。自治州、自治县决定减征或者免征的，须报省、自治区、直辖市人民政府批准。对民族自治地方内国家限制和禁止行业的企业，不得减征或者免征企业所得税。

3. 税率优惠

各类企业在通常情况下，适用的是25%的一般税率，但国家为了体现相关的产业政策，还规定了如下优惠税率：

(1) 符合条件的小型微利企业，减按 20%的税率征收企业所得税。[①]

上述符合条件的小型微利企业，是指从事国家非限制和禁止行业，并符合下列条件的企业：

第一，工业企业，年度应纳税所得额不超过 30 万元，从业人数不超过 100 人，资产总额不超过 3000 万元；

第二，其他企业，年度应纳税所得额不超过 30 万元，从业人数不超过 80 人，资产总额不超过 1000 万元。

(2) 国家需要重点扶持的高新技术企业，减按 15%的税率征收企业所得税。

上述国家需要重点扶持的高新技术企业，是指拥有核心自主知识产权，并同时符合下列条件的企业：

第一，产品（服务）属于《国家重点支持的高新技术领域》规定的范围；

第二，研究开发费用占销售收入的比例不低于规定比例；

第三，高新技术产品（服务）收入占企业总收入的比例不低于规定比例；

第四，科技人员占企业职工总数的比例不低于规定比例；

第五，高新技术企业认定管理办法规定的其他条件。

4. 加计扣除

为了体现国家的相关经济政策和社会政策，企业的下列支出，可以在计算应纳税所得额时加计扣除：

(1) 开发新技术、新产品、新工艺发生的研究开发费用。这与对创新的鼓励，与研发的特殊性直接相关。

研究开发费用的加计扣除，是指企业为开发新技术、新产品、新工艺发生的研究开发费用，未形成无形资产计入当期损益的，在按照规定据实扣除的基础上，按照研究开发费用的 50%加计扣除；形成无形资产的，按照无形资产成本的 150%摊销。

(2) 安置残疾人员及国家鼓励安置的其他就业人员所支付的工资。这与国家对残疾人员的保障、就业等社会政策直接相关。

企业安置残疾人员所支付的工资的加计扣除，是指企业安置残疾人员的，在按照支付给残疾职工工资据实扣除的基础上，按照支付给残疾职工工资的 100%加计扣除。残疾人员的范围适用我国《残疾人保障法》的有关规定。安

---

① 为了鼓励小微企业的发展，国家还在此基础上进一步给小微企业更多的阶段性税收优惠。例如，对于符合条件的小型微利企业，允许其所得减按 50%计入应纳税所得额，按 20%的税率缴纳企业所得税。可参见财政部、国家税务总局《关于小型微利企业所得税优惠政策的通知》（财税〔2015〕34 号）。

置的其他就业人员所支付的工资的加计扣除办法，由国务院另行规定。

5. 所得抵扣

近些年来，国家一直鼓励创业投资。为此，在我国《企业所得税法》中规定，创业投资企业从事国家需要重点扶持和鼓励的创业投资，可以按投资额的一定比例抵扣应纳税所得额，即创业投资企业采取股权投资方式投资于未上市的中小高新技术企业 2 年以上的，可以按照其投资额的 70％在股权持有满 2 年的当年抵扣该创业投资企业的应纳税所得额；当年不足抵扣的，可以在以后纳税年度结转抵扣。

6. 加速折旧

资产的税务处理，对于企业而言是一个非常重要的问题，特别是在折旧方面，是否允许加速折旧，对于企业的生产经营和投资选择都有重要影响。为此，我国《企业所得税法》规定，企业的固定资产由于技术进步等原因，确需加速折旧的，可以缩短折旧年限或者采取加速折旧的方法。

可以采取缩短折旧年限或者采取加速折旧的方法的固定资产，包括：

（1） 由于技术进步，产品更新换代较快的固定资产；

（2） 常年处于强震动、高腐蚀状态的固定资产。

采取缩短折旧年限方法的，最低折旧年限不得低于固定资产法定折旧年限的 60％；采取加速折旧方法的，可以采取双倍余额递减法或者年数总和法。

7. 减计收入

减计收入会直接缩小税基，从而减轻企业的纳税负担。国家为了鼓励能源的综合利用，也专门规定了如下税收优惠，即企业综合利用资源，生产符合国家产业政策规定的产品所取得的收入，可以在计算应纳税所得额时减计收入。

所谓减计收入，是指企业以《资源综合利用企业所得税优惠目录》规定的资源作为主要原材料，生产国家非限制和禁止并符合国家和行业相关标准的产品取得的收入，减按 90％计入收入总额。

8. 税额抵免

在建设节约型社会的理念之下，相关的对环保、节能等方面的税收优惠也会受到重视。为此，我国《企业所得税法》规定，企业购置用于环境保护、节能节水、安全生产等专用设备的投资额，可以按一定比例实行税额抵免。

上述的税额抵免，是指企业购置并实际使用《环境保护专用设备企业所得税优惠目录》《节能节水专用设备企业所得税优惠目录》和《安全生产专用设备企业所得税优惠目录》规定的环境保护、节能节水、安全生产等专用设备的，该专用设备的投资额的 10％可以从企业当年的应纳税额中抵免；当年不足抵免的，可以在以后 5 个纳税年度结转抵免。

享受上述税收优惠的企业，应当实际购置并自身实际投入使用上述规定的专用设备；企业购置上述专用设备在5年内转让、出租的，应当停止享受企业所得税优惠，并补缴已经抵免的企业所得税税款。

以上是我国《企业所得税法》明确规定的各类税收优惠。如果企业同时从事适用不同企业所得税待遇的项目，其优惠项目应当单独计算所得，并合理分摊企业的期间费用；没有单独计算的，不得享受企业所得税优惠。

此外，根据我国国民经济和社会发展的需要，或者由于突发事件等原因对企业经营活动产生重大影响的，国务院可以制定企业所得税专项优惠政策，报全国人民代表大会常务委员会备案。

（三）税收优惠的过渡性安排

由于我国以前在内资企业所得税和涉外企业所得税领域，都曾经有大量的税收优惠的规定，因此，《企业所得税法》颁布以后，如何实现税收优惠方面的新旧制度的衔接，如何确保制度的平稳过渡，都是重要的问题。

为此，我国《企业所得税法》规定，该法公布前已经批准设立的企业，依照当时的税收法律、行政法规规定，享受低税率优惠的，按照国务院规定，可以在该法施行后5年内，逐步过渡到法律规定的税率；享受定期减免税优惠的，按照国务院规定，可以在该法施行后继续享受到期满为止，但因未获利而尚未享受优惠的，优惠期限从该法施行年度起计算。

此外，法律设置的发展对外经济合作和技术交流的特定地区内，以及国务院已规定执行上述地区特殊政策的地区内新设立的国家需要重点扶持的高新技术企业，可以享受过渡性税收优惠，具体办法由国务院规定。

六、源泉扣缴制度

根据我国《企业所得税法》的规定，在非居民企业于中国境内未设立机构、场所，或者虽设立机构、场所但取得的所得与其所设机构、场所没有实际联系的情况下，对该非居民企业的所得应缴纳的所得税，实行源泉扣缴，以支付人为扣缴义务人。这种实行源泉扣缴的所得税，又称预提所得税。其税款由扣缴义务人在每次支付或者到期应支付时，从支付或者到期应支付的款项（即按照权责发生制原则应当计入相关成本、费用的应付款项）中扣缴。

上述的支付人，是指依照有关法律规定或者合同约定对非居民企业直接负有支付相关款项义务的单位或者个人。其支付的具体形式，包括现金支付、汇拨支付、转账支付和权益兑价支付等货币支付和非货币支付。

（一）扣缴义务人的指定

对非居民企业在中国境内取得工程作业和劳务所得应缴纳的所得税，税务机关可以指定工程价款或者劳务费的支付人为扣缴义务人。可以指定扣缴义务人的情形，包括：

（1）预计工程作业或者提供劳务期限不足一个纳税年度，且有证据表明不履行纳税义务的；

（2）没有办理税务登记或者临时税务登记，且未委托中国境内的代理人履行纳税义务的；

（3）未按照规定期限办理企业所得税纳税申报或者预缴申报的。

上述的扣缴义务人，由县级以上税务机关指定，并同时告知扣缴义务人所扣税款的计算依据、计算方法、扣缴期限和扣缴方式。

（二）纳税人、扣缴义务人的义务

对于上述非居民企业依法应当扣缴的所得税，扣缴义务人应依法履行扣缴义务；未依法扣缴或者无法履行扣缴义务的，由纳税人在所得发生地缴纳。纳税人未依法缴纳的，税务机关可以从该纳税人在中国境内其他收入项目的支付人应付的款项中，追缴该纳税人的应纳税款。

上述的所得发生地，是指依照法定的所得来源的确定原则确定的所得发生地。在中国境内存在多处所得发生地的，由纳税人选择其中之一申报缴纳企业所得税。此外，税务机关在追缴该纳税人应纳税款时，应当将追缴理由、追缴数额、缴纳期限和缴纳方式等告知该纳税人。

另外，扣缴义务人每次代扣的税款，应当自代扣之日起 7 日内缴入国库，并向所在地的税务机关报送扣缴企业所得税报告表。

七、特别纳税调整制度

由于在现实的经济生活中，纳税主体及其经济行为都非常复杂，在有些情况下，可能直接影响税基和应纳税所得额。为此，针对现实经济活动中的一些特殊情况，我国《企业所得税法》还专门规定了特别纳税调整制度，以确保纳税的真实性，确保国家的税收收入，防止纳税主体从事违法的税收逃避活动。①

在特别纳税调整制度中，税法赋予了征税机关以调整权，征税机关可以依照法律规定和具体情况，据实调整或推定调整纳税人的应税所得额或应纳税额。

特别纳税调整制度，主要用于关联企业领域，并由此形成了税法上的关联企业制度。事实上，广义的关联企业制度包含多个方面的内容，如转让定价的税法规制（包括预约定价）、关联企业的信息披露制度、对通过避税地或避税港以及资本弱化手段进行避税的规制，等等。由于这些制度的重要目标是反避

---

① 为了规范和加强特别纳税调整管理，国家税务总局于 2009 年 1 月 8 日发布了《特别纳税调整实施办法（试行）》（国税发〔2009〕2 号），自 2008 年 1 月 1 日起施行。

税，因而也有人称之为反避税制度。

（一）对转让定价的反避税规制

1. 转让定价制度的一般规定

为了防止关联企业转让定价，各国一般都要求关联企业在发生经济往来时，必须遵循独立交易原则（理论上也称为独立竞争原则、公平交易原则），即要求关联企业之间的经济交往，就像在它们之间不存在关联关系一样，这样，就可以按照外部市场的公允定价（而不是内部市场的人为定价）来形成收入，从而有助于防止发生通过转让定价而逃避纳税义务的问题。

为此，我国《企业所得税法》也规定，企业与其关联方之间的业务往来，不符合独立交易原则而减少企业或者其关联方应纳税收入或者所得额的，税务机关有权按照合理方法调整。

上述的关联方，是指与企业有下列关联关系之一的企业、其他组织或者个人：

（1）在资金、经营、购销等方面存在直接或者间接的控制关系；

（2）直接或者间接地同为第三者控制；

（3）在利益上具有相关联的其他关系。

上述的独立交易原则，是指没有关联关系的交易各方，按照公平成交价格和营业常规进行业务往来遵循的原则。

上述的税务机关在行使调整权时可以运用的合理方法包括：

（1）可比非受控价格法，是指按照没有关联关系的交易各方进行相同或者类似业务往来的价格进行定价的方法；

（2）再销售价格法，是指按照从关联方购进商品再销售给没有关联关系的交易方的价格，减除相同或者类似业务的销售毛利进行定价的方法；

（3）成本加成法，是指按照成本加合理的费用和利润进行定价的方法；

（4）交易净利润法，是指按照没有关联关系的交易各方进行相同或者类似业务往来取得的净利润水平确定利润的方法；

（5）利润分割法，是指将企业与其关联方的合并利润或者亏损在各方之间采用合理标准进行分配的方法；

（6）其他符合独立交易原则的方法。

此外，企业与其关联方共同开发、受让无形资产，或者共同提供、接受劳务发生的成本，在计算应纳税所得额时应当按照独立交易原则进行分摊。据此，企业可以按照独立交易原则与其关联方分摊共同发生的成本，达成成本分摊协议。

企业与其关联方分摊成本时，应当按照成本与预期收益相配比的原则进行分摊，并在税务机关规定的期限内，按照税务机关的要求报送有关资料。

企业与其关联方分摊成本时违反税法规定的，其自行分摊的成本不得在计算应纳税所得额时扣除。

2. 预约定价制度

为了更好地解决转让定价的问题，各国一般还规定有预约定价制度，在一定程度上承认征税机关与相关企业之间的涉税协议。美国是第一个实行预约定价协议（Advance Pricing Arrangement，APA）的国家。本来，美国《国内收入法典》第 482 节对转让定价问题有明确的规定，但在实践中，由于纳税人与税务机关之间在估价等方面纠纷较多，引发了旷日持久的诉讼，同时，还激化了相关国家的矛盾，交易成本过高，因此，从 1991 年开始，美国正式实施预约定价协议制度。此后，澳大利亚、加拿大、德国、日本等许多国家也都开始实行该制度。经合组织（OECD）也将预约定价协议作为化解转让定价纠纷的一种途径。我国在 1998 年也提出可以采用预约定价协议的办法来解决转让定价方面的问题。[①]

基于各国通例和我国的实践情况，我国《企业所得税法》规定，企业可以向税务机关提出与其关联方之间业务往来的定价原则和计算方法，税务机关与企业协商、确认后，达成预约定价安排。

所谓预约定价安排，是指企业就其未来年度关联交易的定价原则和计算方法，向税务机关提出申请，与税务机关按照独立交易原则协商、确认后达成的协议。

（二）关联企业的信息披露义务

为了防止关联企业通过关联交易转让定价，税法规定关联企业负有信息披露义务，这体现在报表和资料提供等方面。为此，我国《企业所得税法》规定，企业向税务机关报送年度企业所得税纳税申报表时，应当就其与关联方之间的业务往来，附送年度关联业务往来报告表。

此外，税务机关在进行关联业务调查时，企业及其关联方，以及与关联业务调查有关的其他企业（即与被调查企业在生产经营内容和方式上相类似的企业），应当按照规定提供相关资料，具体包括：

（1）与关联业务往来有关的价格、费用的制定标准、计算方法和说明等同期资料；

（2）关联业务往来所涉及的财产、财产使用权、劳务等的再销售（转让）价格或者最终销售（转让）价格的相关资料；

（3）与关联业务调查有关的其他企业应当提供的与被调查企业可比的产品

---

① 参见国家税务总局 1998 年 4 月发布的《关联企业间业务往来税务管理规程（暂行）》。该文件已经被国家税务总局制定的《特别纳税调整实施办法（试行）》废止。

价格、定价方式以及利润水平等资料；

(4) 其他与关联业务往来有关的资料。

企业应当按照上述要求，在税务机关规定的期限内提供与关联业务往来有关的价格、费用的制定标准、计算方法和说明等资料。关联方以及与关联业务调查有关的其他企业应当在税务机关与其约定的期限内提供相关资料。

如果企业不提供与其关联方之间的业务往来资料，或者提供虚假、不完整资料，未能真实反映其关联业务往来情况的，税务机关有权采用下列核定方法，依法核定其应纳税所得额：

(1) 参照同类或者类似企业的利润率水平核定；

(2) 按照企业成本加合理的费用和利润的方法核定；

(3) 按照关联企业集团整体利润的合理比例核定；

(4) 按照其他合理方法核定。

企业对税务机关按照上述规定的方法核定的应纳税所得额有异议的，应当提供相关证据，经税务机关认定后，调整核定的应纳税所得额。

(三) 对避税地的反避税规制

国际避税地或避税港 (International Tax Heavens)，也被称为避税天堂，通常是指采取无税或低税政策，从而为其他国家企业提供避税便利的国家或地区。[①]

为了防止企业利用避税地避税，各国一般在税法中还会规定相应的反避税制度。在经济全球化的背景下，基于理性的“经济人”的趋利动机，一些企业可能会利用国外的避税地的低税负，把利润转移到自己设在避税地的关联企业，从而逃避在居民国的纳税义务。为了解决利用避税地逃避纳税义务的问题，在税法上可以采取归属原则，即把居民企业转移到避税地的不做分配或少做分配的利润，仍然归属于该居民企业，这样，就是在法律上不承认其利润的转移，从而并不因其事实上的转移而影响国家的税收收入。

为此，我国《企业所得税法》规定，由居民企业，或者由居民企业和中国居民控制的设立在实际税负明显低于税法规定的税率水平的国家（地区）的企业，并非由于合理的经营需要而对利润不做分配或者减少分配的，上述利润中应归属于该居民企业的部分，应当计入该居民企业的当期收入。上述规定的核心，是对受控外国企业利用避税地进行避税的行为进行法律规制，因而此制度

---

① 经合组织认为，避税地必须符合以下标准：(1) 有效税率为零，或者只有名义的有效税率；(2) 缺乏有效的信息交换；(3) 缺乏透明度；(4) 没有实质性经营活动的要求。据此，安道尔、巴哈马、英属维尔京群岛、多米尼加、直布罗陀、列支敦士登、马尔代夫、摩纳哥、瑙鲁等多被认为是典型的避税地。

也被称为“受控外国企业反避税制度”。

上述规定中的“中国居民”，是指根据我国《个人所得税法》的规定，就其从中国境内、境外取得的所得在中国缴纳个人所得税的个人；上述规定中所说的“控制”，直接决定着制度的适用范围，它具体包括以下情况：

（1）居民企业或者中国居民直接或者间接单一持有外国企业10%以上有表决权股份，且由其共同持有该外国企业50%以上股份；

（2）居民企业，或者居民企业和中国居民持股比例没有达到第（1）项规定的标准，但在股份、资金、经营、购销等方面对该外国企业构成实质控制。

此外，上述规定中所说的“实际税负明显低于税法规定的税率水平”，是指低于企业所得税基本税率25%的50%。

（四）对资本弱化的反避税规制

资本弱化（Thin Capitalization），是指企业为实现避税等目的而降低股本（权益性投资）的比重，提高借款（债权性投资）的比重的行为。企业的债权性投资大于权益性投资，在形式上是两者比例（或称资本结构）不合理，使资本弱化，在实质上则会增加因企业举债而发生的利息，从而增加企业所得税的税前扣除，减少股息的所得税，其避税的效果是很明显的。

由此可见，当企业从其他关联企业获取的债权性投资增加，而权益性投资下降的时候，该企业不仅存在因自身的资本弱化而带来的风险，而且还要向关联企业支付大量利息，从而会减少其应纳税所得额。因此，一些国家强调应保持债权性投资与权益性投资的比例，对于超过规定比例而发生的利息支出，必须限制其税前扣除。这是在资本弱化方面反避税的重要措施。

为此，我国《企业所得税法》规定，企业从其关联方接受的债权性投资与权益性投资的比例超过规定标准而发生的利息支出，不得在计算应纳税所得额时扣除。

上述的债权性投资，是指企业直接或者间接从关联方获得的，需要偿还本金和支付利息或者需要以其他具有支付利息性质的方式予以补偿的融资；权益性投资，是指企业接受的不需要偿还本金和支付利息，投资人对企业净资产拥有所有权的投资。

企业间接从关联方获得的债权性投资，具体包括以下几类：

（1）关联方通过无关联第三方提供的债权性投资；

（2）无关联第三方提供的、由关联方担保且负有连带责任的债权性投资；

（3）其他间接从关联方获得的具有负债实质的债权性投资。

目前，在计算应纳税所得额时，除符合其他法定条件外，企业接受关联方债权性投资与其权益性投资比例不超过以下规定比例的，其实际支付给关联方的利息支出可以在当期依法扣除①：

（1）金融企业适用的比例为5∶1；

（2）其他企业适用的比例为2∶1。

（五）对无合理商业目的行为的反避税规制

企业作为营利性组织，其行为应当具有合理的商业目的，而不应以避税为主要目的。上述的各类反避税制度，都是针对企业的某类避税目的和避税手段，因而都很有针对性。随着经济社会的发展，企业从事的以避税为目的的行为可能会层出不穷，因此，为了保障法网“不漏”，需要在法律上有兜底性条款作出规定。于是，许多国家的税法都对基于不合理的商业目的的行为加以规制。

我国《企业所得税法》规定，企业实施其他不具有合理商业目的的安排而减少其应纳税收入或者所得额的，税务机关有权按照合理方法调整。这里的“不具有合理商业目的”，是指以减少、免除或者推迟缴纳税款为主要目的。

由于企业基于不合理的商业目的所从事的避税行为，违反了税法的基本宗旨，且不具有合理的商业目的是各类避税行为的共性，因而上述规定也被称为反避税的一般条款，据此进行的反避税规制也被称为一般反避税规制。

基于反避税的一般条款，税务机关可以针对滥用税收优惠、滥用税收协定、滥用公司组织形式，以及其他不具有合理商业目的的安排等启动反避税调查，并依法行使调整权。如果企业与其关联方之间的业务往来，不符合独立交易原则，或者企业实施其他不具有合理商业目的安排，则税务机关有权在该业务发生的纳税年度起10年内，进行纳税调整。

此外，我国税法规定，在上述各种实施反避税规制措施的情况下，税务机关依《企业所得税法》作出纳税调整，需要补征税款的，应当补征税款，并按照国务院规定加收利息。具体说来，应当对补征的税款，自税款所属纳税年度的次年6月1日起至补缴税款之日止的期间，按日加收利息。加收的利息，不得在计算应纳税所得额时扣除。上述利息，应当按照税款所属纳税年度中国人民银行公布的与补税期间同期的人民币贷款基准利率加5个百分点计算。如果企业能够依法提供有关资料，则可以只按前述规定的人民币贷款基准利率计算利息。

八、征收管理

对于企业所得税的征收管理问题，我国《企业所得税法》也作出了一系列

① 参见财政部、国家税务总局于2008年9月19日发布的《关于企业关联方利息支出税前扣除标准有关税收政策问题的通知》（财税〔2008〕121号）。

的规定，这些规定与《税收征收管理法》的相关规定之间是特别法与普通法的关系。因此，在通常情况下，企业所得税的征收管理除依照《企业所得税法》的规定执行以外，还应依照《税收征收管理法》的规定执行。

（一）纳税地点与缴纳方式

1. 居民企业的纳税地点与缴纳方式

依据我国《企业所得税法》规定，除税收法律、行政法规另有规定外，居民企业以企业登记注册地为纳税地点；但登记注册地在境外的，以实际管理机构所在地为纳税地点。可见，对于居民企业来说，企业的登记注册地是最为重要的，只是对于涉外企业而言，因其注册登记地在境外，才以其设在我国境内的实际管理机构所在地为纳税地点。上述的登记注册地，是指企业依照国家有关规定登记注册的住所地。

在缴纳方式上，居民企业在中国境内设立不具有法人资格的营业机构的，应当汇总计算并缴纳企业所得税。据此，总公司与其分支机构应当实行汇总纳税的方式。企业汇总计算并缴纳企业所得税时，应当统一核算应纳税所得额。

2. 非居民企业的纳税地点与缴纳方式

依据我国《企业所得税法》的规定，非居民企业在中国境内设立机构、场所的，应当就其所设机构、场所取得的来源于中国境内的所得，以及发生在中国境外但与其所设机构、场所有实际联系的所得，缴纳企业所得税，其纳税地点为机构、场所所在地。如果非居民企业在中国境内设立了两个或者两个以上机构、场所，符合国务院税务主管部门规定条件的，可以选择由其主要机构、场所汇总缴纳企业所得税。

上述的主要机构、场所，应当同时符合下列条件：

（1）对其他各机构、场所的生产经营活动负有监督管理责任；

（2）设有完整的账簿、凭证，能够准确反映各机构、场所的收入、成本、费用和盈亏情况。

此外，非居民企业经批准汇总缴纳企业所得税后，需要增设、合并、迁移、关闭机构、场所或者停止机构、场所业务的，应当事先由负责汇总申报缴纳企业所得税的主要机构、场所向其所在地税务机关报告。

另外，非居民企业在中国境内未设立机构、场所的，或者虽设立机构、场所但取得的所得与其所设机构、场所没有实际联系的，也应当就其来源于中国境内的所得缴纳企业所得税，在这种缴纳预提所得税的情况下，其纳税地点扣缴义务人所在地。

3. 对缴纳方式的特别规定

在税款缴纳方面，依据税法原理，一般应贯彻独立纳税原则、属地纳税原则，为此，我国《企业所得税法》对各类居民企业和非居民企业的纳税地点和缴纳方式作出了专门规定。[①] 其中，对于纳税地点的规定，有助于明确征税机关的管辖权，也有助于企业依法履行纳税义务；而对于缴纳方式的规定，则不仅影响企业纳税义务的履行，有时还影响其纳税义务的多少。

事实上，在上述有关缴纳方式的规定中，规定了居民企业和非居民企业在一定的条件下可以实行汇总缴纳，这主要与分支机构的“非独立性”直接相关。此外，在非居民企业需要缴纳预提所得税的情况下，实行的是由扣缴义务人代扣代缴的方式，这与其所得同相关机构、场所的“非关联性”直接相关。

另外，还有一种特别的情况，即合并纳税的情况，它更强调具有“独立性”的关联企业，可以将其年度的盈亏相抵后再去缴纳企业所得税。这种合并缴纳的方式，是独立纳税原则和属地纳税原则的例外，它一般适用于企业集团的税款缴纳。但由于合并纳税涉及国家的税式支出，具有一定的税收优惠性质，涉及国家的产业政策以及其他诸多政策，可谓政策性极强，因此，目前我国主要是一些关系国计民生的重要产业中的企业集团，才能实行合并纳税制度。由于独立纳税是原则，合并纳税是例外，因此，我国《企业所得税法》特别规定，除国务院另有规定外，企业之间不得合并缴纳企业所得税。

（二）纳税时间

1. 税款计算期

从税法原理上说，企业所得税一般是按年计算，分月或分季预缴。因此，其税款计算期为一个纳税年度。我国纳税年度的确定，一般实行历年制，并且与我国的预算年度、会计年度的确定都是相同的。在特殊情况下，由于起止时间间隔可能不满一年，因而企业的纳税年度也可能在实际上少于一年的时间。

依据我国《企业所得税法》的规定，企业所得税按纳税年度计算。纳税年度自公历 1 月 1 日起至 12 月 31 日止。此类规定，与上述实行历年制的一般情况是一致的。

此外，如果企业在一个纳税年度中间开业，或者终止经营活动，使该纳税年度的实际经营期不足 12 个月的，则应当以其实际经营期为一个纳税年度。另外，企业依法清算时，应当以清算期间作为一个纳税年度。

2. 税款缴库期

如前所述，基于国家财政收入均衡入库等方面的考虑，企业所得税虽然是按年计算，但要分期预缴。依据我国《企业所得税法》的规定，企业所得税分月或者分季预缴。企业应当自月份或者季度终了之日起 15 日内，向税务机关报送预缴企业所得税纳税申报表，预缴税款。

---

① 对于跨地区经营汇总纳税的所得税征管问题，国家税务总局于 2008 年 3 月 10 日发布了《跨地区经营汇总纳税企业所得税征收管理暂行办法》。

企业分月或者分季预缴企业所得税时，应当按照月度或者季度的实际利润额预缴；按照月度或者季度的实际利润额预缴有困难的，可以按照上一纳税年度应纳税所得额的月度或者季度平均额预缴，或者按照经税务机关认可的其他方法预缴。预缴方法一经确定，该纳税年度内不得随意变更。

企业应当自年度终了之日起5个月内，向税务机关报送年度企业所得税纳税申报表，并汇算清缴，结清应缴应退税款。

企业在纳税年度内无论盈利或者亏损，都应当依法定的期限，向税务机关报送预缴企业所得税纳税申报表、年度企业所得税纳税申报表、财务会计报告和税务机关规定应当报送的其他有关资料。

企业在年度中间终止经营活动的，应当自实际经营终止之日起60日内，向税务机关办理当期企业所得税汇算清缴。

企业应当在办理注销登记前，就其清算所得向税务机关申报并依法缴纳企业所得税。

（三）计税本位币

在现代国家，税收以货币形式为主，但在经济全球化的形势下，货币的发行与使用亦甚为复杂。税收以何种货币为计税本位币，既涉及主权问题，也涉及利益问题，还涉及效率问题，因而需要明确。事实上，计税本位币的问题，是贯穿于税法的许多制度中的一个重要问题。

有鉴于此，我国《企业所得税法》规定，依法缴纳的企业所得税，以人民币计算。所得以人民币以外的货币计算的，应当折合成人民币计算并缴纳税款。

具体说来，企业所得以人民币以外的货币计算的，预缴企业所得税时，应当按照月度或者季度最后一日的人民币汇率中间价，折合成人民币计算应纳税所得额。年度终了汇算清缴时，对已经按照月度或者季度预缴税款的，不再重新折合计算，只就该纳税年度内未缴纳企业所得税的部分，按照纳税年度最后一日的人民币汇率中间价，折合成人民币计算应纳税所得额。

经税务机关检查确认，企业少计或者多计上述规定的所得的，应当按照检查确认补税或者退税时的上一个月最后一日的人民币汇率中间价，将少计或者多计的所得折合成人民币计算应纳税所得额，再计算应补缴或者应退的税款。

第四节　个人所得税法律制度

一、个人所得税制度概述

（一）个人所得税的概念

个人所得税是以个人所得为征税对象，并由获取所得的个人缴纳的一种税。

个人所得税是各国开征较为普遍的一种税。在人均国民生产总值（GNP）相对较高的国家，其个人所得税的收入在整个税收收入中占比亦相对较高。尤其在美国等国家，其个人所得税为收入最多的第一大税种，由此使个人所得税在整个税制中占有相当高的地位。

个人所得税在各国被广泛开征，它作为财政收入的重要来源，尤其有助于促进资源的有效配置，从而在一定程度上能更好地发挥税收的自动稳定功能，进一步促进社会公平目标的实现。应当说，经济和社会越发展，个人所得税的有效征收就越重要。

个人所得税是直接税，其税负由获取所得的个人直接承担，因而对国民权利和国民生活影响较大，征税的难度也较大。为此，必须在个人所得税领域加强法制建设，严格依法治税。

（二）我国个人所得税制度的沿革

我国在1950年由政务院颁布的《全国税政实施要则》中，曾设置薪给报酬所得税，但未能开征。1950年曾开征过利息所得税，主要是对个人的存款利息所得、公债和其他证券利息所得以及其他利息所得征收所得税，但此税已于1959年停征。

自改革开放以后，随着经济的高速增长，对外联系频繁，个人收入日渐增多。在这种情况下，全国人民代表大会于1980年9月10日通过并颁布了《个人所得税法》，并于同年12月经国务院批准，由财政部公布了该法的《实施细则》。《个人所得税法》作为我国第一部较为完整的个人所得税领域的法律，对于我国个人所得税制的建立和发展具有重要意义。该法确定的纳税主体，既包括在我国境内工作的外籍人员，也包括我国公民。但由于当时我国公民收入普遍偏低，因而实际的纳税主体主要是在我国境内工作的外籍人员。

此后，随着国内个体经济的迅速发展，对个体工商户的课税问题又日益突出。为了稳定国家与个体工商户之间的分配关系，调节个体工商户与其他居民的收入差距，国务院于1986年1月颁布了《城乡个体工商户所得税暂行条例》，并自该年度开始施行。

在我国《城乡个体工商户所得税暂行条例》颁布后不久，为了适应改革开放以后出现的公民收入水平差距拉大的情况，调节公民的收入水平，国务院又于1986年9月发布了《个人收入调节税暂行条例》，从1987年1月1日起对个人收入达到应税标准的中国公民征收个人收入调节税；并且，缴纳此税后，不再缴纳个人所得税。

上述在个人所得税领域颁行的税收法律、法规，对于调节个人收入水平起到了一定的作用，但三个税种的开征也带来了诸多问题，如导致税制和税法的不统一，使不同税种的纳税主体之间的税负差距加大，在个人所得税、个人收入调节税的课税要素方面存在着一些不科学、不合理之处等。有鉴于此，为了适应市场经济的发展要求，在个人所得税领域统一税法，公平税负，简化税制，全国人大常委会于 1993 年 10 月 31 日通过了《关于修改〈中华人民共和国个人所得税法〉的决定》，该决定自 1994 年 1 月 1 日起施行。修改后的《个人所得税法》，将上述在个人所得税领域里开征的三个税种统一为“个人所得税”一个税种，并将《个体工商户所得税暂行条例》和《个人收入调节税暂行条例》予以废止，使我国的个人所得税制度较过去大为完善。

随着经济和社会的发展，我国的《个人所得税法》亦经多次修正①，与之相关，我国的《个人所得税法实施条例》在 1994 年颁行后，亦多次修订。② 2018 年 8 月 31 日全国人大常委会对《个人所得税法》作出第七次修正，2018 年 12 月 18 日国务院对《个人所得税法实施条例》作出第四次修订。

二、我国个人所得税制度的主要内容

（一）纳税主体

我国个人所得税的纳税主体包括两类，即居民纳税人和非居民纳税人。区分这两类纳税主体的标准有两个：一个是住所标准，一个是时间标准。

1. 居民纳税人

在中国境内有住所，或者无住所而在一个纳税年度内居住于中国境内累计满 183 天的个人，为居民个人。居民个人从中国境内和境外取得的所得，依法缴纳个人所得税。

上述的“在中国境内有住所”，是指因户籍、家庭、经济利益关系而在中国境内习惯性居住；上述的“从中国境内和境外取得的所得”，分别是指来源于中国境内的所得和来源于中国境外的所得。除国务院财税主管部门另有规定外，下列所得，不论支付地点是否在中国境内，均为来源于中国境内的所得：

（1）因任职、受雇、履约等在中国境内提供劳务取得的所得；

（2）将财产出租给承租人在中国境内使用而取得的所得；

（3）许可各种特许权在中国境内使用而取得的所得；

（4）转让中国境内的不动产等财产或者在中国境内转让其他财产取得的所得；

（5）从中国境内企业、事业单位、其他组织以及居民个人取得的利息、股

---

① 该法此后分别于 1999 年 8 月 30 日、2005 年 10 月 27 日、2007 年 6 月 29 日、2007 年 12 月 29 日、2011 年 6 月 30 日、2018 年 8 月 31 日由全国人大常委会修正。

② 该条例于 1994 年 1 月 28 日由国务院发布施行，2005 年 12 月 19 日第一次修订，2008 年 2 月 18 日第二次修订，2011 年 7 月 19 日第三次修订，2018 年 12 月 18 日第四次修订。

息、红利所得。

此外，在中国境内无住所的个人，在中国境内居住累计满 183 天的年度连续不满六年的，经向主管税务机关备案，其来源于中国境外且由境外单位或者个人支付的所得，免予缴纳个人所得税；在中国境内居住累计满 183 天的任一年度中有一次离境超过 30 天的，其在中国境内居住累计满 183 天的年度的连续年限重新起算。

2. 非居民纳税人

在中国境内无住所又不居住，或者无住所而一个纳税年度内居住于中国境内累计不满 183 天的个人，为非居民个人。非居民个人从中国境内取得的所得，依法缴纳个人所得税。上述的纳税年度，自公历 1 月 1 日起至 12 月 31 日止。

在中国境内无住所的个人，在一个纳税年度内在中国境内居住累计不超过 90 天的，其来源于中国境内的所得，由境外雇主支付并且不由该雇主在中国境内的机构、场所负担的部分，免予缴纳个人所得税。

（二）征税范围

我国的个人所得税法实行分类综合所得税制。下列各项个人所得，应当缴纳个人所得：（1）工资、薪金所得；（2）劳务报酬所得；（3）稿酬所得；（4）特许权使用费所得；（5）经营所得；（6）利息、股息、红利所得；（7）财产租赁所得；（8）财产转让所得；（9）偶然所得。

居民个人取得上述第（1）项至第（4）项所得（以下称综合所得），按纳税年度合并计算个人所得税；非居民个人取得上述第（1）项至第（4）项所得，按月或者按次分项计算个人所得税。纳税人取得上述第（5）项至第（9）项所得，依法分别计算个人所得税。可见，上述取得综合所得的居民个人和非居民个人，在纳税期限的安排上不同；同时，无论是居民个人还是非居民个人，其取得的分类所得都要分别计税。

此外，上述各项个人所得的具体范围如下：

（1）工资、薪金所得，是指个人因任职或者受雇取得的工资、薪金、奖金、年终加薪、劳动分红、津贴、补贴以及与任职或者受雇有关的其他所得。

（2）劳务报酬所得，是指个人从事劳务取得的所得，包括从事设计、装潢、安装、制图、化验、测试、医疗、法律、会计、咨询、讲学、翻译、审稿、书画、雕刻、影视、录音、录像、演出、表演、广告、展览、技术服务、介绍服务、经纪服务、代办服务以及其他劳务取得的所得。

（3）稿酬所得，是指个人因其作品以图书、报刊等形式出版、发表而取得的所得。

（4）特许权使用费所得，是指个人提供专利权、商标权、著作权、非专利技术以及其他特许权的使用权取得的所得；提供著作权的使用权取得的所得，不包括稿酬所得。

（5）经营所得，是指：① 个体工商户从事生产、经营活动取得的所得，个人独资企业投资人、合伙企业的个人合伙人来源于境内注册的个人独资企业、合伙企业生产、经营的所得；② 个人依法从事办学、医疗、咨询以及其他有偿服务活动取得的所得；③ 个人对企业、事业单位承包经营、承租经营以及转包、转租取得的所得；④ 个人从事其他生产、经营活动取得的所得。

（6）利息、股息、红利所得，是指个人拥有债权、股权等而取得的利息、股息、红利所得。

（7）财产租赁所得，是指个人出租不动产、机器设备、车船以及其他财产取得的所得。

（8）财产转让所得，是指个人转让有价证券、股权、合伙企业中的财产份额、不动产、机器设备、车船以及其他财产取得的所得。

（9）偶然所得，是指个人得奖、中奖、中彩以及其他偶然性质的所得。

此外，个人取得的所得非常复杂，难以界定应纳税所得项目的，由国务院税务主管部门确定。

（三）税率

个人所得税的税率可分为两类，一类是超额累进税率，另一类是比例税率，具体规定为：

（1）综合所得，适用3％至45％的超额累进税率（见税率表一）；

（2）经营所得，适用5％至35％的超额累进税率（见税率表二）；

（3）利息、股息、红利所得，财产租赁所得，财产转让所得和偶然所得，适用比例税率，税率为20％。

个人所得税税率表一（综合所得适用）

级数	全年应纳税所得额	税率（％）
1	不超过36000元的	3
2	超过36000元至144000元的部分	10
3	超过144000元至300000元的部分	20
4	超过300000元至420000元的部分	25
5	超过420000元至660000元的部分	30
6	超过660000元至960000元的部分	35
7	超过960000元的部分	45

（注1：本表所称全年应纳税所得额是指依照个人所得税法的规定，居民个人取得综合所得以每一纳税年度收入额减除费用6万元以及专项扣除、专项附加扣除和依法确定的其他扣除后的余额。

注2：非居民个人取得工资、薪金所得，劳务报酬所得，稿酬所得和特许权使用费所得，依照本表按月换算后计算应纳税额。）

个人所得税税率表二（经营所得适用）

级数	全年应纳税所得额	税率（%）
1	不超过 30000 元的	5
2	超过 30000 元至 90000 元的部分	10
3	超过 90000 元至 300000 元的部分	20
4	超过 300000 元至 500000 元的部分	30
5	超过 500000 元的部分	35

（注：本表所称全年应纳税所得额是指依照个人所得税法的规定，以每一纳税年度的收入总额减除成本、费用以及损失后的余额。）

（四）应纳税额的计算和应纳税所得额的确定

个人所得税的应纳税额应根据应纳税所得额和税率计算，计算公式为：

应纳税额＝应纳税所得额×税率

在上述公式中，应纳税所得额的确定是关键，为此，需要注意以下几类情况：

1．各类所得的扣除项目或扣除比例

（1）居民个人的综合所得，以每一纳税年度的收入额减除费用 6 万元以及专项扣除、专项附加扣除和依法确定的其他扣除后的余额，为应纳税所得额。

上述的专项扣除，包括居民个人按照国家规定的范围和标准缴纳的基本养老保险、基本医疗保险、失业保险等社会保险费和住房公积金等；上述的专项附加扣除，包括子女教育、继续教育、大病医疗、住房贷款利息或者住房租金、赡养老人等支出，具体范围、标准和实施步骤由国务院确定，并报全国人大常委会备案。上述依法确定的其他扣除，包括个人缴付符合国家规定的企业年金、职业年金，个人购买符合国家规定的商业健康保险、税收递延型商业养老保险的支出，以及国务院规定可以扣除的其他项目。

上述的专项扣除、专项附加扣除和依法确定的其他扣除，以居民个人一个纳税年度的应纳税所得额为限额；一个纳税年度扣除不完的，不结转以后年度扣除。

（2）非居民个人的工资、薪金所得，以每月收入额减除费用 5000 元后的余额为应纳税所得额；劳务报酬所得、稿酬所得、特许权使用费所得，以每次收入额为应纳税所得额。

（3）经营所得，以每一纳税年度的收入总额减除成本、费用以及损失后的余额，为应纳税所得额。

上述的成本、费用，是指生产、经营活动中发生的各项直接支出和分配计入成本的间接费用以及销售费用、管理费用、财务费用；所称损失，是指生产、经营活动中发生的固定资产和存货的盘亏、毁损、报废损失，转让财产损失，坏账损失，自然灾害等不可抗力因素造成的损失以及其他损失。

取得经营所得的个人，没有综合所得的，计算其每一纳税年度的应纳税所得额时，应当减除费用 6 万元、专项扣除、专项附加扣除以及依法确定的其他扣除。专项附加扣除在办理汇算清缴时减除。

从事生产、经营活动，未提供完整、准确的纳税资料，不能正确计算应纳税所得额的，由主管税务机关核定应纳税所得额或者应纳税额。

(4) 财产租赁所得，每次收入不超过 4000 元的，减除费用 800 元；4000 元以上的，减除 20%的费用，其余额为应纳税所得额。

(5) 财产转让所得，以转让财产的收入额减除财产原值和合理费用后的余额，为应纳税所得额。

上述的合理费用，是指卖出财产时按照规定支付的有关税费。上述的财产原值，按照下列方法确定：① 有价证券，为买入价以及买入时按照规定交纳的有关费用；② 建筑物，为建造费或者购进价格以及其他有关费用；③ 土地使用权，为取得土地使用权所支付的金额、开发土地的费用以及其他有关费用；④ 机器设备、车船，为购进价格、运输费、安装费以及其他有关费用。

其他财产，参照上述法定方法确定财产原值。纳税人未提供完整、准确的财产原值凭证，不能按照上述法定方法确定财产原值的，由主管税务机关核定财产原值。

(6) 利息、股息、红利所得和偶然所得，以每次收入额为应纳税所得额。

此外，劳务报酬所得、稿酬所得、特许权使用费所得以收入减除 20%的费用后的余额为收入额。稿酬所得的收入额减按 70%计算。

2. "每次"收入的确定

上述的"每次"收入，分别按照下列方法确定：

(1) 劳务报酬所得、稿酬所得、特许权使用费所得，属于一次性收入的，以取得该项收入为一次；属于同一项目连续性收入的，以一个月内取得的收入为一次。

(2) 财产租赁所得，以一个月内取得的收入为一次。

(3) 利息、股息、红利所得，以支付利息、股息、红利时取得的收入为一次。

(4) 偶然所得，以每次取得该项收入为一次。

3. 非现金形式个人所得应纳税所得额的确定

个人所得的形式，包括现金、实物、有价证券和其他形式的经济利益；所得为实物的，应当按照取得的凭证上所注明的价格计算应纳税所得额，无凭证的实物或者凭证上所注明的价格明显偏低的，参照市场价格核定应纳税所得额；所得为有价证券的，根据票面价格和市场价格核定应纳税所得额；所得为其他形式的经济利益的，参照市场价格核定应纳税所得额。

4. 公益捐赠的扣除

个人将其所得对教育、扶贫、济困等公益慈善事业进行捐赠，捐赠额未超过纳税人申报的应纳税所得额30%的部分，可以从其应纳税所得额中扣除；国务院规定对公益慈善事业捐赠实行全额税前扣除的，从其规定。

上述对教育、扶贫、济困等公益慈善事业进行的捐赠，是指个人将其所得通过中国境内的公益性社会组织、国家机关向教育、扶贫、济困等公益慈善事业的捐赠；上述的应纳税所得额，是指计算扣除捐赠额之前的应纳税所得额。

5. 分别计税与合并计税

两个以上的个人共同取得同一项目收入的，应当对每个人取得的收入分别按照个人所得税法的规定计算纳税。

居民个人从中国境内和境外取得的综合所得、经营所得，应当分别合并计算应纳税额；从中国境内和境外取得的其他所得，应当分别单独计算应纳税额。

6. 税收抵免制度

居民个人从中国境外取得的所得，可以从其应纳税额中抵免已在境外缴纳的个人所得税税额，但抵免额不得超过该纳税人境外所得依照个人所得税法规定计算的应纳税额。

上述已在境外缴纳的个人所得税税额，是指居民个人来源于中国境外的所得，依照该所得来源国家（地区）的法律应当缴纳并且实际已经缴纳的所得税税额。

上述纳税人境外所得依法计算的应纳税额，是居民个人抵免已在境外缴纳的综合所得、经营所得以及其他所得的所得税税额的限额（简称抵免限额）。除国务院财政、税务主管部门另有规定外，来源于中国境外一个国家（地区）的综合所得抵免限额、经营所得抵免限额以及其他所得抵免限额之和，为来源于该国家（地区）所得的抵免限额。

居民个人在中国境外一个国家（地区）实际已经缴纳的个人所得税税额，低于依照上述规定计算出的来源于该国家（地区）所得的抵免限额的，应当在中国缴纳差额部分的税款；超过来源于该国家（地区）所得的抵免限额的，其超过部分不得在本纳税年度的应纳税额中抵免，但是可以在以后纳税年度来源于该国家（地区）所得的抵免限额的余额中补扣。补扣期限最长不得超过5年。

7. 纳税调整制度

有下列情形之一的，税务机关有权按照合理方法进行纳税调整：

(1) 个人与其关联方之间的业务往来不符合独立交易原则而减少本人或者

其关联方应纳税额，且无正当理由；

(2) 居民个人控制的，或者居民个人和居民企业共同控制的设立在实际税负明显偏低的国家（地区）的企业，无合理经营需要，对应当归属于居民个人的利润不做分配或者减少分配；

(3) 个人实施其他不具有合理商业目的的安排而获取不当税收利益。

税务机关依照上述规定作出纳税调整，需要补征税款的，应当补征税款，并依法加收利息。

（五）税收减免

1. 下列各项个人所得，免征个人所得税：

(1) 省级人民政府、国务院部委和中国人民解放军军以上单位，以及外国组织、国际组织颁发的科学、教育、技术、文化、卫生、体育、环境保护等方面的奖金。

(2) 国债和国家发行的金融债券利息。这里的国债利息，是指个人持有中华人民共和国财政部发行的债券而取得的利息；这里的国家发行的金融债券利息，是指个人持有经国务院批准发行的金融债券而取得的利息。

(3) 按照国家统一规定发给的补贴、津贴，即按照国务院规定发给的政府特殊津贴、院士津贴，以及国务院规定免予缴纳个人所得税的其他补贴、津贴。

(4) 福利费、抚恤金、救济金。这里的福利费，是指根据国家有关规定，从企业、事业单位、国家机关、社会组织提留的福利费或者工会经费中支付给个人的生活补助费；这里的救济金，是指各级人民政府民政部门支付给个人的生活困难补助费。

(5) 保险赔款。

(6) 军人的转业费、复员费、退役金。

(7) 按照国家统一规定发给干部、职工的安家费、退职费、基本养老金或者退休费、离休费、离休生活补助费。

(8) 依照有关法律规定应予免税的各国驻华使馆、领事馆的外交代表、领事官员和其他人员的所得，即依照《中华人民共和国外交特权与豁免条例》和《中华人民共和国领事特权与豁免条例》规定免税的所得。

(9) 中国政府参加的国际公约、签订的协议中规定免税的所得。

(10) 国务院规定的其他免税所得。此类免税规定由国务院报全国人大常委会备案。

2. 有下列情形之一的，可以减征个人所得税：

(1) 残疾、孤老人员和烈属的所得；

(2) 因自然灾害遭受重大损失的。

上述减税的具体幅度和期限，由省、自治区、直辖市人民政府规定，并报同级人民代表大会常务委员会备案。此外，国务院也可以规定其他减税情形，报全国人大常委会备案。

（六）税收征管

1. 纳税人与扣缴义务人的区分

个人所得税以所得人为纳税人，以支付所得的单位或者个人为扣缴义务人。纳税人要依法办纳税申报，扣缴义务人要依法办理扣缴申报。

纳税人有中国居民身份号码的，以中国居民身份号码为纳税人识别号；纳税人没有中国居民身份号码的，由税务机关赋予其纳税人识别号。扣缴义务人扣缴税款时，纳税人应当向扣缴义务人提供纳税人识别号。

2. 纳税人的纳税申报

有下列情形之一的，纳税人应当依法办理纳税申报：

（1）取得综合所得需要办理汇算清缴；

（2）取得应税所得没有扣缴义务人；

（3）取得应税所得，扣缴义务人未扣缴税款；

（4）取得境外所得；

（5）因移居境外注销中国户籍；

（6）非居民个人在中国境内从两处以上取得工资、薪金所得；

（7）国务院规定的其他情形。

3. 扣缴义务人的扣缴申报

扣缴义务人向个人支付应税款项时，应当依照个人所得税法规定预扣或者代扣税款，按时缴库，并专项记载备查。上述的“支付”，包括现金支付、汇拨支付、转账支付和以有价证券、实物以及其他形式的支付。扣缴义务人每月或者每次预扣、代扣的税款，应当在次月 15 日内缴入国库，并向税务机关报送扣缴个人所得税申报表。

扣缴义务人应当按照国家规定办理全员全额扣缴申报，并向纳税人提供其个人所得和已扣缴税款等信息。上述的全员全额扣缴申报，是指扣缴义务人在代扣税款的次月 15 日内，向主管税务机关报送其支付所得的所有个人的有关信息、支付所得数额、扣除事项和数额、扣缴税款的具体数额和总额以及其他相关涉税信息资料。

居民个人取得工资、薪金所得时，可以向扣缴义务人提供专项附加扣除有关信息，由扣缴义务人扣缴税款时减除专项附加扣除。纳税人同时从两处以上取得工资、薪金所得，并由扣缴义务人减除专项附加扣除的，对同一专项附加扣除项目，在一个纳税年度内只能选择从一处取得的所得中减除。

扣缴义务人应当按照纳税人提供的信息计算办理扣缴申报，不得擅自更改纳税人提供的信息。纳税人发现扣缴义务人提供或者扣缴申报的个人信息、所得、扣缴税款等与实际情况不符的，有权要求扣缴义务人修改。扣缴义务人拒绝修改的，纳税人应当报告税务机关，税务机关应当及时处理。

4. 预扣预缴、汇算清缴与纳税期限

纳税人取得何种类型的所得、从何处取得所得、是否有扣缴义务人、扣缴义务人是否履行义务等，都会影响相关预扣预缴、汇算清缴以及相应的纳税期限等制度安排①，具体如下：

（1）居民个人取得综合所得，按年计算个人所得税；有扣缴义务人的，由扣缴义务人按月或者按次预扣预缴税款，居民个人向扣缴义务人提供专项附加扣除信息的，扣缴义务人按月预扣预缴税款时应当按照规定予以扣除，不得拒绝；需要办理汇算清缴的，应当在取得所得的次年 3 月 1 日至 6 月 30 日内办理汇算清缴。

居民个人取得综合所得需要办理汇算清缴的情形包括：① 从两处以上取得综合所得，且综合所得年收入额减除专项扣除的余额超过 6 万元；② 取得劳务报酬所得、稿酬所得、特许权使用费所得中一项或者多项所得，且综合所得年收入额减除专项扣除的余额超过 6 万元；③ 纳税年度内预缴税额低于应纳税额；④ 纳税人申请退税。纳税人申请退税，应当提供其在中国境内开设的银行账户，并在汇算清缴地就地办理税款退库。

非居民个人取得工资、薪金所得，劳务报酬所得，稿酬所得和特许权使用费所得，有扣缴义务人的，由扣缴义务人按月或者按次代扣代缴税款，不办理汇算清缴。

（2）纳税人取得经营所得，按年计算个人所得税，由纳税人在月度或者季度终了后 15 日内向税务机关报送纳税申报表，并预缴税款；在取得所得的次年 3 月 31 日前办理汇算清缴。

（3）纳税人取得利息、股息、红利所得，财产租赁所得，财产转让所得和偶然所得，按月或者按次计算个人所得税，有扣缴义务人的，由扣缴义务人按月或者按次代扣代缴税款。

（4）纳税人取得应税所得没有扣缴义务人的，应当在取得所得的次月 15 日内向税务机关报送纳税申报表，并缴纳税款。

（5）纳税人取得应税所得，扣缴义务人未扣缴税款的，纳税人应当在取得所得的次年 6 月 30 日前，缴纳税款；税务机关通知限期缴纳的，纳税人应当按照期限缴纳税款。

---

① 有关纳税人预扣预缴的规定，可参见国家税务总局 2018 年 12 月 19 日发布的《关于全面实施新个人所得税法若干征管衔接问题的公告》。

(6) 居民个人从中国境外取得所得的，应当在取得所得的次年 3 月 1 日至 6 月 30 日内申报纳税。

(7) 非居民个人在中国境内从两处以上取得工资、薪金所得的，应当在取得所得的次月 15 日内申报纳税。

(8) 纳税人因移居境外注销中国户籍的，应当在注销中国户籍前办理税款清算。

5. 税收征管部门与相关部门的合作

我国的个人所得税制度日益复杂，需要各相关部门协力相助。为此，公安、银行、金融监督管理等相关部门应当协助税务机关确认纳税人的身份、金融账户信息。教育、卫生、医疗保障、民政、人力资源社会保障、住房城乡建设、公安、银行、金融监督管理等相关部门应当向税务机关提供纳税人子女教育、继续教育、大病医疗、住房贷款利息、住房租金、赡养老人等专项附加扣除信息。

此外，个人转让不动产的，税务机关应当根据不动产登记等相关信息核验应缴的个人所得税，登记机构办理转移登记时，应当查验与该不动产转让相关的个人所得税的完税凭证。个人转让股权办理变更登记的，市场主体登记机关应当查验与该股权交易相关的个人所得税的完税凭证。

另外，有关部门依法将纳税人、扣缴义务人遵守本法的情况纳入信用信息系统，并实施联合激励或者惩戒。其中，税务机关可以对纳税人提供的专项附加扣除信息进行抽查，如发现纳税人提供虚假信息，应当责令改正并通知扣缴义务人；情节严重的，有关部门应当依法予以处理，纳入信用信息系统并实施联合惩戒。

第十一章 财产税法律制度

第一节 财产税制度概述

一、财产税的概念

财产税，是以财产为征税对象，并由对财产进行占有、使用或收益的主体缴纳的一类税。

财产税的征税对象是财产。财产在广义上包括自然资源，以及人类创造的各种物质财富和非物质财富。但作为财产税征税对象的财产并不是广义上的全部财产，而只能是某些特定的财产。同其他税类相比，财产税主要具有以下特点：

（1）征税对象是财产。这是财产税与商品税、所得税的最根本的区别，由此引出了财产税的其他特点。

（2）属于直接税，税负不易转嫁。财产税由对财产进行占有、使用或收益的主体直接承担，并且，由于财产税主要是对使用、消费过程中的财产征收，而不是对生产、流通领域的财产征收，因而其税负很难转嫁。

（3）计税依据是占有、用益的财产的数额。财产税的计税依据不是商品流转额或所得额，而是纳税人占有、使用和收益（简称用益）的财产额，即应税财产的数量或价值。由于财产是财富的重要体现，且财产税与财产的用益密切相关，因此征收财产税能够更好地体现税收公平原则，促进社会财富的公平分配。

（4）财产税是辅助性税种。尽管财产税历史十分悠久，但由于各国通常以商品税、所得税为主体税种，因而财产税在各国税制体系中多为辅助性税种，不占有重要地位。作为一种地方税，它是地方财政收入的主要来源。

二、财产税的分类

依据不同的标准，可以对财产税作不同的分类，主要是：

（一）一般财产税和特别财产税

依据征税范围的不同，财产税可分为一般财产税和特别财产税两类，两类财产税的课征方式并不相同。

所谓一般财产税，也称综合财产税，它是对纳税人的全部财产进行综合计征的财产税。但在现实中，一般财产税并非以全部财产额为计税依据，而是要减去一定的宽免额或扣除额。例如，美国的财产税名为一般财产税，而实为有选择的财产税，并非对全部财产征税；德国等国的一般财产税则规定了免税扣除项目以减少税基；印度等国的一般财产税则以应税财产总价值额减去负债后的净值额为计税依据。

所谓特别财产税，也称个别财产税或特种财产税，是对纳税人的一种或几种财产单独或合并课征的财产税，如对土地课征的土地税，对房产课征的房产税，对土地和房产合并课征的房地产税等，均属个别财产税。个别财产税是财产税最早存在的形式，它在课征时一般不需要考虑免税和扣除。

（二）静态财产税和动态财产税

所谓静态财产税，是对在一定时期内权利未发生变动的财产征收的一种财产税。纳税人因在一定时期内保有财产的占有、用益等权利而必须依法纳税。如房产税、地产税等个别财产税和一般财产税，均属于静态财产税，即对权利处于静止状态的财产征收的财产税。

所谓动态财产税，是对在一定时期权利发生移转变动的财产征收的一种财产税。也有学者把动态财产税限定为对无偿转移所有权的财产征收的财产税。动态财产税最为典型的形式是继承税（或称遗产税）和赠与税、契税等。

除上述分类以外，还有学者作出了其他的一些分类。例如，有人按课税环节的不同，把财产税分为三类：（1）在财产持有或使用环节课征的一般财产税，如房产税、土地使用税；（2）在财产转让环节课征的财产转让税，如资本转让税、注册登记税等；（3）在财产收入环节课征的财产收益税，如土地增值税、不动产增值税等。[①] 此外，还有人把财产税分为经常财产税和临时财产税、从量财产税和从价财产税等。

尽管理论上的分类甚为多样繁复，但世界各国在现实中广泛征收的财产税大略包括土地税、房产税、房地产税、不动产税、车辆税、财产净值税、遗产税等几种。

三、财产税制度的历史沿革

（一）财产税制度的历史沿革概述

财产税是一个比商品税和所得税都要古老的税种。在古代社会，许多国家征收的“古老的直接税”，主要是财产税。据考证，早在古希腊、古罗马时期，

---

① 参见国家税务总局税收科学研究所编著：《西方税收理论》，中国财政经济出版社 1997 年版，第 214 页。

即已开征了一般财产税。随着经济和社会的发展，财产税制度也越来越发达，财产税收入逐渐成为古代社会各国财政收入的重要来源。

现代意义的财产税于 1892 年由荷兰首先开征。其后，德国等欧洲国家亦相继开征财产税。随着财产税在各国的普遍开征，财产税制度也得到了很大的发展，财产税的税种也随之发生调整。许多国家开始以个别财产税代替一般财产税，并且在个别财产税中，更侧重于对不动产征税；同时，亦注重征收遗产税和赠与税等动态财产税。

如前所述，财产税目前在各国税收体系中并不占有主导地位，它仅是一个与商品税和所得税相配合的辅助性税种，是地方政府财政收入的主要来源。尽管近些年来各国都程度不同地进行过税制改革，但财产税制度变动并不大，财产税的地位也并未改变。

（二）我国财产税制度的历史和现状

我国的财产税制度历史亦甚为悠久。早在秦汉时期，我国已征收车船税、牲畜税等个别财产税。我国是传统的农业国家，源于土地等不动产的土地税、田赋等税收收入曾是各朝代财政收入的重要来源。

中华人民共和国成立以后，在 1950 年曾开征房产税、地产税、盐税、契税等财产税，其后财产税制度几经变革，到 1994 年税改以前，仍旧开征的财产税税种主要有：房产税、城市房地产税；车船使用税、车船使用牌照税；城镇土地使用税、耕地占用税；资源税、盐税；固定资产投资方向调节税、契税、印花税等。

在 1994 年税制改革前，在财产税领域同样突出地存在着税法不统一、税种设置不够科学、税制繁复、内外有别等问题，为此应作适度归并和调整。1994 年税制改革在财产税领域较为突出的变革是将盐税并入资源税，统一征收资源税；开征土地增值税。此外，还提出了将房产税与城市房地产税、车船使用税与车船使用牌照税予以合并的设想，以解决税制不统一和内外有别的问题。另外，适时开征遗产税和赠与税也曾列入规划，契税制度的改革已经完成。

1994 年开始的税制改革的目标还没有全部完成。但财产税制度的大体轮廓已初见端倪。我国财产税应包括的税种主要有：房产税、土地税（包括土地使用税、土地增值税、耕地占用税）、契税、车船税、遗产税以及资源税、环境税等。

此外，还需加以说明的是，固定资产投资方向调节税、筵席税、印花税等，其开征均有特定的目的，并可在一定程度上调节特定的行为，因而有人称为特定目的行为税或特定行为税；也有人认为这些税种不好归类，统称为零星税种，因为各国都可能会有体现本国特色的零星税种。其实，考虑到各税种的开征均有其特定目的，也均可调节特定的行为，可以不将其列为特定目的或特定行为税；考虑到国际上通行的是按征税对象将税收分为商品税、所得税和财产税，而这几个税种又不属对商品、所得征税，但却与财产的占有、用益以及财产权利的移转变动有关，因而亦可将其大略归入财产税类中，而无须拘泥于传统法律关系客体的物与行为的分类。正因如此，本书自始至终并不单列特定行为税制度，以求体现现代财产税制度的发展要求。

在上述所列财产税的税种中，固定资产投资方向调节税、筵席税、屠宰税都是我国在特定历史时期开征的很有特色的税种，但税收效益均欠佳，现已被废止。因此，上述三个税种，本书均不予具体介绍。此外，遗产税因其立法尚未出台，因而亦不做展开介绍。在以下各节中，仅介绍有关财产税的其他几个税种的主要规定。

第二节 房产税法律制度

一、房产税制度概述

房产税是以房屋为征税对象，并由对房屋拥有所有权或使用权的主体缴纳的一种财产税。

房产税也是一个历史悠久的税种，在世界各国征收较为普遍。我国自周朝以降，各个朝代均注意对房产征税，从而使房产税制度一直绵延未绝。

我国曾于1951年颁布《城市房地产税暂行条例》，规定将房产税和地产税合并征收。其后房地产税制度几经变动，到1984年进行工商税制改革时，房产税又被重新确定为一个独立税种，国务院随即于1986年9月发布了《房产税暂行条例》（2011年修改①），规定从1986年10月1日起在全国开征房产税；但对外商投资企业等涉外企业和外籍人员的房产，仍适用1951年颁布的《城市房地产税暂行条例》征税。这样，在房产税领域便形成了内外有别的两套税制。

为了解决上述的税制不统一及由此而引发的诸多问题，在1994年进行税制改革时，国家税务总局已提出要取消对涉外企业和外籍人员征收的城市房地产税，统一实行房产税，并适当调高税率和税额，从而为确立统一适用于各类纳税人的房产税制度奠定了基础。

基于经济、社会和法律发展的现实需要，自2009年1月1日起，原政务

① 2011年1月8日根据国务院《关于废止和修改部分行政法规的决定》修改。

院颁布的《城市房地产税暂行条例》被正式废止[①]，这不仅标志着我国房产税制度实现了内外统一，也彻底结束了我国对内外资分设税种的历史，更好地体现了税收公平原则和WTO的国民待遇原则，有利于内外资企业按照市场经济规律开展公平竞争。2013年，我国提出“加快房地产税立法并适时推进改革”，其后，房地产税的立法也纳入了全国人大的立法规划。但由于房地产税立法涉及的问题非常复杂，因而我国至今仍未能开征房地产税。为此，下面仍主要结合现行《房产税暂行条例》，来介绍我国房产税制度的主要内容。

二、我国房产税制度的主要内容

（一）纳税主体

我国房产税的纳税主体，是在我国境内拥有房屋产权的单位和个人。产权属于全民所有的，以经营管理人为纳税人；产权出典的，以承典人为纳税人；产权所有人、承典人不在房产所在地，或产权未确定的，或者租典纠纷未解决的，以房产代管人或使用人为纳税人。

此外，自2009年1月1日起，外商投资企业、外国企业和组织以及外籍个人，依照我国《房产税暂行条例》缴纳房产税。

（二）征税范围

房产税的征税对象，是在我国境内用于生产经营的房屋，其具体范围包括建在城市、县城、建制镇和工矿区的房屋。对于城乡居民用于居住的房屋不征房产税，但进行房产税征收试点的城市除外。[②]

上述的城市是指国务院批准设立的市，具体区域为市区、郊区和市辖县县城；县城是指未设立建制镇的县人民政府所在地；建制镇是指经省、自治区、直辖市人民政府批准设立的建制镇；工矿区是指工商业比较发达，人口比较集中，符合国务院规定的建制镇标准，但尚未设立镇建制的大中型工矿企业所在地。

（三）计税依据和税率

房产税的计税依据是房产余值或房产租金收入。其中，房产余值是依照房产原值一次减除10%至30%后的余值；没有房产原值作为依据的，由税务机关参考同类房产核定。房产租金收入是房产所有人出租房屋所获得的报酬，包括货币收入和实物收入。在“营改增”后出租房产，计征房产税的租金收入不含增值税。[③]

---

① 参见2008年12月31日的《中华人民共和国国务院令》第546号。

② 2011年1月28日，我国开始在上海、重庆对符合规定的个人住房征收房产税。

③ 参见财政部、国家税务总局《关于营改增后契税、房产税、土地增值税、个人所得税、计税依据问题的通知》（财税〔2016〕43号）。

房产税实行比例税率，其中，依照房产余值计税的，税率为1.2%；房产出租的，以房租收入为计税依据，税率为12%。

在明确了计税依据和适用税率之后，即可计算应纳税额，其计算公式为：

应纳税额 = 房产原值×(1－扣除比例)×1.2%

或者 应纳税额 = 房租收入×12%

此外，目前对个人出租住房和企事业单位、社会团体以及其他组织按市场价格向个人出租用于居住的住房，减按4%的税率征收房产税。

（四）税收减免

下列房产免征房产税：

(1) 国家机关、人民团体、军队的房产；

(2) 由国家财政部门拨付事业费的单位的房产；

(3) 宗教寺庙、公园、名胜古迹自用的房产；

(4) 个人所有非营业用的房产；

(5) 经财政部批准免税的其他房产，如危房、地下人防设施等。

此外，目前新增的免税项目还包括：

(1) 非营利性医疗机构、疾病控制机构、妇幼保健机构等医疗、卫生机构自用的房产；

(2) 政府部门和企业、事业单位、社会团体、个人投资兴办的福利性、营利性老年服务机构自用的房产；

(3) 非营利性科研机构自用的房产。

另外，按政府规定价格出租的公有住房和廉租住房暂免征税。

（五）税收征管

房产税由房产所在地的税务机关负责征收管理。纳税人应依法向房产所在地的税务机关申报纳税。

房产税实行按年征收，分期缴纳。具体期限由各省级人民政府确定。

以人民币以外的货币为记账本位币的外资企业及外籍个人在缴纳房产税时，均应将其根据记账本位币计算的税款按照缴款上月最后一日的人民币汇率中间价折合成人民币。[①]

---

① 参见财政部、国家税务总局《关于对外资企业及外籍个人征收房产税有关问题的通知》（财税〔2009〕3号）。

第三节　土地税法律制度

一、土地税法律制度概述

土地税是以土地为征税对象，由对土地进行占有、使用、收益的主体缴纳的一类税的总称。

“土地是财富之母”，自古及今，中外各国均重视对土地征税，从而使土地税制度的历史非常悠久。各国的土地税从具体名称到课税要素都有很大的不同。例如，有的国家以土地数量为计税依据征收田赋；有的国家以土地价值为计税依据征收地价税；有的国家以土地收益额或所得额为计税依据征收土地收益税或所得税；有的国家以土地增值额为计税依据征收土地增值税，等等。

我国早在周朝时就有了以“彻”为表现形式的土地税，以后各朝代均在不同程度上征收土地税或田赋。我国现行的土地税制度包括三个税种，即土地使用税、耕地占用税和土地增值税，下面分别介绍这三个税种的有关规定。

二、土地使用税制度

（一）土地使用税制度概述

土地使用税是以应税土地为征税对象，对拥有该土地资源的使用权的单位和个人征收的一种财产税。我国目前征收的土地使用税为城镇土地使用税，但以后将把该税种的征税范围扩展到除农业用地以外的全部土地，使其成为真正的土地使用税。

在1984年进行工商税制改革时，从原来的城市房地产税中分离出了两个独立的税种，即房产税和城镇土地使用税。国务院于1988年9月正式发布了《城镇土地使用税暂行条例》，规定自同年11月1日起在全国范围内对内资企业和个人征收城镇土地使用税。随着经济和社会的发展，需要进一步加强对土地使用的控制和管理，保护土地资源，调节级差收入，促进土地的合理开发和利用。为此，2006年12月31日，国务院对该《条例》作出了修订。[①] 2013年和2019年，国务院再次对该《条例》作出修改。[②]

---

① 参见2006年12月31日国务院《关于修改〈中华人民共和国城镇土地使用税暂行条例〉的决定》。

② 参见2019年3月2日国务院《关于修改部分行政法规的决定》。

（二）现行的城镇土地使用税制度的主要内容

1. 纳税主体

城镇土地使用税的纳税主体，是指在我国境内拥有应税土地的使用权的单位和个人。作为纳税主体的单位，包括国有企业、集体企业、私营企业、股份制企业、外商投资企业、外国企业以及其他企业和事业单位、社会团体、国家机关、军队以及其他单位；作为纳税主体的个人，包括个体工商户以及其他个人。

在纳税人的具体确定方面：(1) 如果拥有土地使用权的单位和个人不在土地所在地，则以土地的实际使用人和代管人为纳税人；(2) 如果土地使用权未确定或权属纠纷未解决，则以实际使用人为纳税人；(3) 如果土地使用权为共有，则共有各方均为纳税人，由各方分别纳税。

2. 征税范围

城镇土地使用税的征税范围，包括在城市、县城、建制镇和工矿区内的国家所有和集体所有的土地。其中，城市的土地包括市区和郊区的土地；县城的土地是指县人民政府所在地的城镇的土地；建制镇的土地是指镇人民政府所在地的土地。

3. 计税依据

城镇土地使用税的计税依据，是纳税人实际占用的应税土地面积。

上述的应税土地面积，按以下办法确定：

(1) 凡由省级人民政府确定的单位组织来测定的，以测定的面积为准；

(2) 尚未组织测定，但纳税人持有政府部门核发的土地使用证书的，以证书确认的土地面积为准；

(3) 尚未核发土地使用证书的，以纳税人据实申报的土地面积为准。

4. 税率及应纳税额的计算

城镇土地使用税实行定额税率，且为幅度差别税额。不同地域每平方米土地的年税额分别为：(1) 大城市 1.5 元至 30 元；(2) 中等城市 1.2 元至 24 元；(3) 小城市 0.9 元至 18 元；(4) 县城、建制镇、工矿区 0.6 元至 12 元。

各省级人民政府，应当在上述税额幅度内，根据市政建设状况、经济繁荣程度等条件，确定所辖地区的适用税额幅度。

市、县人民政府应当根据实际情况，将本地区土地划分为若干等级，在省级人民政府确定的税额幅度内，制定相应的适用税额标准，报省级人民政府批准执行。

此外，经省级人民政府批准，经济落后地区土地使用税的适用税额标准可以适当降低，但降低额不得超过上述规定最低税额的 30%。经济发达地区土地使用税的适用税额标准可以适当提高，但须报经财政部批准。

在确定了计税依据和具体适用的税额的基础上，便可计算应纳税额，其公式为：

应纳税额 ＝ 实际占用的土地面积 × 适用税额

5. 税收减免

以下土地免缴土地使用税：(1) 国家机关、人民团体、军队自用的土地；(2) 由国家财政部门拨付事业经费的单位自用的土地；(3) 宗教寺庙、公园、名胜古迹自用的土地；(4) 市政街道、广场、绿化带等公共用地；(5) 直接用于农、林、牧、渔业的生产用地；(6) 经批准开山填海整治的土地和改造的废弃土地，从使用的月份起免缴土地使用税 5 年至 10 年；(7) 由财政部另行规定免税的能源、交通、水利设施用地和其他用地。

此外，县以上税务局有权对以下土地确定是否予以定期减免：(1) 个人所有的居住房屋及院落用地；(2) 免税单位职工家属的宿舍用地；(3) 民政部门举办的安置残疾人占一定比例的福利工厂用地；(4) 集体和个人办的各类学校、医院、托儿所、幼儿园用地。

目前，免征城镇土地使用税的项目还包括：

(1) 非营利性医疗机构、疾病控制机构、妇幼保健机构等医疗、卫生机构自用的土地；

(2) 非营利性科研机构自用的土地。

6. 税收征管

城镇土地使用税由土地所在地的税务机关征收。城镇土地使用税按年计算，分期（月、季、半年）缴纳，具体纳税期限由省级人民政府确定。但对于新征收的土地，属于耕地的，自批准征收之日起满 1 年时起缴纳土地使用税；若征收的是非耕地，自批准征收的次月起缴纳土地使用税。

此外，土地管理机关应当向土地所在地的税务机关提供土地使用权属资料，协助税务机关进行征收管理。

三、耕地占用税制度

（一）耕地占用税制度概述

耕地占用税，是对在我国境内占用耕地建房或者从事其他非农业建设的单位和个人，按其实际占用的耕地面积征收的一种财产税。

农业是我国国民经济的基础，而耕地则是农业生产的基础。我国目前正在用占世界 7% 的耕地，养活着占世界 22% 的人口。由于我国人均耕地面积非常低，而乱占滥用耕地的现象又非常普遍，因此，必须加强土地管理，合理利用土地资源，加大耕地保护的力度。为此，国务院曾于 1987 年 4 月发布了《耕地占用税暂行条例》，开征耕地占用税，对保护耕地起到了一定的积极作用。

随着近年来中国工业化速度的加快，需要通过各种途径加大耕地保护的力度，国务院又于2007年12月公布了新的《耕地占用税暂行条例》，该条例自2008年1月1日起施行。2016年1月15日，国家税务总局还发布了《耕地占用税管理规程（试行）》，对耕地占用税的征管甚至具体课税要素作出了进一步明确。为了合理利用土地资源，加强土地管理，保护耕地，2018年12月29日全国人大常委会通过了《中华人民共和国耕地占用税法》，自2019年9月1日起施行。《耕地占用税暂行条例》同时废止。

（二）我国耕地占用税制度的主要内容

1. 纳税主体

耕地占用税的纳税主体，是在中华人民共和国境内占用耕地建设建筑物、构筑物或者从事非农业建设的单位和个人。这里的耕地，是指用于种植农作物的土地。这里的单位，包括国有企业、集体企业、私营企业、股份制企业、外商投资企业、外国企业以及其他企业和事业单位、社会团体、国家机关、部队以及其他单位；这里的个人，包括个体工商户以及其他个人。

此外，占用耕地建设农田水利设施的，不缴纳耕地占用税。

经申请批准占用耕地的，纳税人为农用地转用审批文件中标明的建设用地人；农用地转用审批文件中未标明建设用地人的，纳税人为用地申请人。未经批准占用耕地的，纳税人为实际用地人。

2. 计税依据与适用税额

耕地占用税以纳税人实际占用的耕地面积为计税依据，按照规定的适用税额一次性征收，应纳税额为纳税人实际占用的耕地面积（平方米）乘以适用税额。其基本公式为：

应纳税额＝实际占用的耕地面积×适用税额

上述的适用税额，为幅度比例税率，具体如下：

（1）人均耕地不超过1亩的地区（以县、自治县、不设区的市、市辖区为单位，下同），每平方米为10元至50元；

（2）人均耕地超过1亩但不超过2亩的地区，每平方米为8元至40元；

（3）人均耕地超过2亩但不超过3亩的地区，每平方米为6元至30元；

（4）人均耕地超过3亩的地区，每平方米为5元至25元。

各地区耕地占用税的适用税额，由省级人民政府根据人均耕地面积和经济发展等情况，在上述税额幅度内提出，报同级人民代表大会常务委员会决定，并报全国人民代表大会常务委员会和国务院备案。各省、自治区、直辖市耕地占用税适用税额的平均水平，不得低于《各省、自治区、直辖市耕地占用税平均税额表》规定的平均税额。

各省、自治区、直辖市耕地占用税平均税额表

地区	每平方米平均税额（元）
上海	45
北京	40
天津	35
江苏、浙江、福建、广东	30
辽宁、湖北、湖南	25
河北、安徽、江西、山东、河南、重庆、四川	22.5
广西、海南、贵州、云南、陕西	20
山西、吉林、黑龙江	17.5
内蒙古、西藏、甘肃、青海、宁夏、新疆	12.5

此外，在人均耕地低于0.5亩的地区，省、自治区、直辖市可以根据当地经济发展情况，适当提高耕地占用税的适用税额，但提高的部分不得超过同级人大确定的适用税额的50%。

另外，占用基本农田的，应当按照依法确定的当地适用税额，加按150%征收，以体现对基本农田的特别保护。

3. 税收减免

下列情况，免征或减征耕地占用税：

（1）军事设施、学校、幼儿园、社会福利机构、医疗机构占用耕地，免征耕地占用税。

（2）铁路线路、公路线路、飞机场跑道、停机坪、港口、航道、水利工程占用耕地，减按每平方米2元的税额征收耕地占用税。

（3）农村居民在规定用地标准以内占用耕地新建自用住宅，按照当地适用税额减半征收耕地占用税；其中农村居民经批准搬迁，新建自用住宅占用耕地不超过原宅基地面积的部分，免征耕地占用税。

（4）农村烈士遗属、因公牺牲军人遗属、残疾军人以及符合农村最低生活保障条件的农村居民，在规定用地标准以内新建自用住宅，免征耕地占用税。

依照上述（1）（2）两项规定免征或者减征耕地占用税后，纳税人改变原占地用途，不再属于免征或者减征耕地占用税情形的，应当按照当地适用税额补缴耕地占用税。

此外，根据国民经济和社会发展的需要，国务院可以规定免征或者减征耕地占用税的其他情形，报全国人民代表大会常务委员会备案。

4. 征收管理

耕地占用税由税务机关依照《耕地占用税法》和《税收征收管理法》的规

定负责征收管理。具体应注意以下几个方面：

（1）耕地占用税的纳税义务发生时间为纳税人收到自然资源主管部门办理占用耕地手续的书面通知的当日。纳税人应当自纳税义务发生之日起30日内申报缴纳耕地占用税。自然资源主管部门凭耕地占用税完税凭证或者免税凭证和其他有关文件发放建设用地批准书。

（2）纳税人因建设项目施工或者地质勘查临时占用耕地，应当依法缴纳耕地占用税。纳税人在批准临时占用耕地期满之日起一年内依法复垦，恢复种植条件的，全额退还已经缴纳的耕地占用税。

（3）占用园地、林地、草地、农田水利用地、养殖水面、渔业水域滩涂以及其他农用地建设建筑物、构筑物或者从事非农业建设的，应依法缴纳耕地占用税。占用上述农用地的，适用税额可以适当低于本地区依法确定的适用税额，但降低的部分不得超过50%。具体适用税额由省、自治区、直辖市人民政府提出，报同级人民代表大会常务委员会决定，并报全国人民代表大会常务委员会和国务院备案。此外，占用上述农用地建设直接为农业生产服务的生产设施的，不缴纳耕地占用税。

（4）税务机关应当与相关部门建立耕地占用税涉税信息共享机制和工作配合机制。县级以上地方人民政府自然资源、农业农村、水利等相关部门应当定期向税务机关提供农用地转用、临时占地等信息，协助税务机关加强耕地占用税征收管理。

税务机关发现纳税人的纳税申报数据资料异常或者纳税人未按照规定期限申报纳税的，可以提请相关部门进行复核，相关部门应当自收到税务机关复核申请之日起30日内向税务机关出具复核意见。

四、土地增值税制度

（一）土地增值税制度概述

土地增值税是对转让土地权利而获取收益的主体，就其土地的增值额征收的一种财产税。

土地增值税从其名称看，貌似增值税，但它与对一般的货物和劳务征收的增值税有着明显的不同，因为其征税对象是土地这种典型的不动产。此外，土地增值税的计税依据是土地的收益增值额，因而又具有一定的所得税性质，其计税依据的确定与所得税的原理是一样的，有的国家实际上是把转让土地的所得作为资本利得，与营业所得一并征收所得税。当然，也有些国家对土地和其他不动产收益单独课税，从而形成了独立于一般的商品税、所得税之外的土地增值税制度。从征税对象的角度说，土地增值税可以归属于财产税。

土地增值税首先开征于19世纪的德国，其后意大利、韩国以及我国台湾地区等国家或地区亦开征此税。但各国或地区有关土地增值税的具体规定是不尽相同的，这与各国国情的差异密切相关。

土地是稀缺的资源，因而土地总是供不应求的，并且，随着交通等公共基础设施的不断改善，土地的级差收入会不断提高，从而使土地会不断增值。而这种增值并非由于土地经营者的投资经营而产生的，国家在这种增值中起了相当的作用，尤其是在国家作为土地的所有者的情况下，便更有权参与这种增值收益的分享。因此，开征土地增值税是有其合理性的。

我国开征土地增值税的直接目的，是为了抑制通过炒买炒卖土地来投机获取暴利的行为，加强对房地产开发和房地产市场的规范和管理，参与土地增值收益的分配，增加国家财政收入。基于上述考虑，国务院于1993年12月颁布了《土地增值税暂行条例》(2011年修改)，该《条例》于1994年1月1日起施行。此后，财政部还于1995年1月发布了该《条例》的《实施细则》，从而确立了较为完备的土地增值税制度。

（二）我国土地增值税制度的主要内容

1. 纳税主体

土地增值税的纳税主体是转让国有土地使用权、地上的建筑物及其附着物（以下简称转让房地产）并取得收入的单位和个人，具体包括各类企事业单位、国家机关和社会团体及其他组织、个体经营者等。当然，其中也包括外商投资企业、外国企业、华侨、港澳台同胞及外国公民等。

2. 征税范围

土地增值税的征税范围包括转让国有土地使用权、地上的建筑物及其附着物而取得的收入，即转让房地产的收入。这里的转让房地产，是指以出售或者其他方式有偿转让房地产的行为，不包括以继承、赠与方式无偿转让房地产的行为；也不包括出租、抵押房地产以及转让非国有土地使用权、地上建筑物及其附着物的行为。上述的地上建筑物，是指建于土地上的一切建筑物，包括地上地下的各种附属设施；附着物是指附着于土地上的不能移动、经移动即遭损坏的物品。

3. 计税依据

土地增值税的计税依据是土地增值额，即纳税人转让房地产所取得的收入减除法定扣除项目金额后的余额。

上述纳税人转让房地产的收入，是指转让房地产的全部价款及有关的经济收益，包括货币收入、实物收入和其他收入。

上述法定的扣除项目包括：(1) 取得土地使用权所支付的金额；(2) 开发土地的成本、费用；(3) 新建房及配套设施的成本、费用，或者旧房及建筑物的评估价格；(4) 与转让房地产有关的税金；(5) 财政部规定的其他扣除项目。

对于上述法定扣除项目，应注意以下几点：

（1）取得土地使用权所支付的金额，是指纳税人为取得土地使用权所支付的地价款和按国家统一规定交纳的有关费用。

（2）开发土地和新建房及配套设施（简称房地产开发）的成本，包括土地征用及拆迁补偿费、前期工程费、建筑安装工程费、基础设施费、公共配套设施费、开发间接费用。

上述的土地征用及拆迁补偿费，包括土地征用费、耕地占用税、劳动力安置费及有关地上、地下附着物拆迁补偿的净支出、安置动迁用房支出等。上述的前期工程费，包括规划、设计、项目可行性研究和水文、地质、勘察、测绘、“三通一平”等支出。上述的开发间接费用，是指直接组织、管理开发项目发生的费用，包括工资、职工福利费、办公费、水电费、折旧费等。

（3）开发土地和新建房配套设施的费用（简称房地产开发费用），是指与房地产开发项目有关的销售费用、管理费用、财务费用。

（4）旧房及建筑物的评估价格，是指在转让已使用的房屋及建筑物时，由政府批准设立的房地产评估机构评定的重置成本价乘以成新度折扣率后的价格。评估价格须经当地税务机关确认。

（5）与转让房地产有关的税金，是指在转让房地产时缴纳的城市维护建设税、印花税。因转让房地产交纳的教育费附加，也可视同税金予以扣除。

此外，土地增值税纳税人转让房地产取得的收入为不含增值税收入。我国《土地增值税暂行条例》等规定的土地增值税扣除项目涉及的增值税进项税额，允许在销项税额中计算抵扣的，不计入扣除项目，不允许在销项税额中计算抵扣的，可以计入扣除项目。①

（6）财政部规定的其他扣除项目，是指从事房地产开发的纳税人，可按取得土地使用权所支付的金额与房地产开发成本之和，作20%的扣除。

4. 税率和应纳税额的计算

土地增值税实行四级超额累进税率，具体规定为：

（1）增值额未超过扣除项目50%的部分，税率为30%；

（2）增值额超过扣除项目金额50%、未超过扣除项目金额100%的部分，税率为40%；

（3）增值额超过扣除项目金额100%、未超过扣除项目金额200%的部分，税率为50%；

---

① 可参见财政部、国家税务总局《关于营改增后契税房产税土地增值税个人所得税计税依据问题的通知》（财税〔2016〕43号），相关规定自2016年5月1日起实施。

（4）增值额超过扣除项目金额200%的部分，税率为60%。

上述每级“增值额未超过扣除项目金额”的比例，均包括本比例数。

在明确了计税依据和税率的基础上，即可计算土地增值税的应纳税额。应纳税额可按增值额乘以适用的税率减去扣除项目金额乘以速算扣除系数的简便方法计算，其基本公式是：

应纳税额＝增值额×税率－扣除项目金额×速算扣除系数

在上面公式中适用税率分别为30%、40%、50%、60%的情况下，速算扣除系数分别为0、5%、15%、35%。

5. 税收减免

有下列情形之一的，免征土地增值税：

（1）纳税人建造普通标准住宅出售，增值额未超过扣除项目金额20%的。所谓普通标准住宅，是指按所在地一般民用住宅标准建造的居住用住宅。高级公寓、别墅、度假村等不属于普通标准住宅。

（2）因国家建设需要依法征收、收回的房地产，具体是指因城市实施规划、国家建设的需要而被政府批准征用的房产或收回的土地使用权。此外，因上述原因而需要搬迁，由纳税人自行转让原房地产的，亦免征土地增值税。

另外，个人因工作调动或改善居住条件而转让原自用住房，经向税务机关申报核准，凡居住满5年或5年以上的，免征土地增值税；居住满3年未满5年的，减半征收土地增值税。居住未满3年的，按规定计征土地增值税。

目前还规定有其他的免税项目情况。例如，个人之间互换自有居住用房的，经税务机关核实后可以免税；个人转让自有普通住宅的，或者被兼并企业将房地产转让到兼并企业中的，都可以暂免征税。

6. 税收征管

土地增值税由税务机关征收。土地管理部门、房产管理部门应当向税务机关提供有关资料，包括有关房屋及建筑物产权、土地使用权、土地出让金数额、土地基准地价、房地产市场交易价格及权属变更等方面的资料，以协助税务机关依法征税。

纳税人应当自转让房地产合同签订之日起7日内向房地产所在地主管税务机关办理纳税申报，并在税务机关核定的期限内缴纳土地增值税。纳税人转让的房地产坐落在两个或两个以上地区的，应按房地产所在地分别申报纳税。

第四节 契税法律制度

一、契税法律制度概述

契税是因土地、房屋权属发生移转变更而在当事人之间订立契约时，由产权承受人缴纳的一种财产税。它属于动态财产税。

契税在我国是一个古老的税种，早在东晋时期即已对田宅买卖等征收，当时名为“估税”。其后各朝代均对房屋等不动产的买卖、典当课税，到元朝时已开始称为契税。

中华人民共和国成立后，当时的政务院曾于1950年4月发布了《契税暂行条例》，该《条例》沿用了四十多年，已不能适应经济发展的需要。为此，国务院于1997年7月发布了《契税暂行条例》，该《条例》自1997年10月1日起施行。此后，财政部又于同年10月发布了《契税暂行条例细则》，从而确立了我国新的契税制度。

二、我国契税制度的主要内容

（一）纳税主体

契税的纳税主体，是在中国境内转移土地、房屋权属的过程中，承受土地使用权、房屋所有权的单位和个人。这里的单位是指企事业单位、国家机关、军事单位和社会团体以及其他组织；个人是指个体经营者和其他个人。契税的纳税主体当然也包括涉外企业和外籍个人。

（二）征税范围

契税的征税范围包括转移土地、房屋权属的下述行为：（1）国有土地使用权出让；（2）土地使用权转让，包括出售、赠与和交换，但不包括农村集体土地承包经营权的转移；（3）房屋买卖；（4）房屋赠与；（5）房屋交换。

上述的土地、房屋权属，是指土地使用权、房屋所有权。此外，国有土地使用权的出让、转让的含义各不相同。其中，出让是土地使用者向国家交付土地使用权出让费用，国家将国有土地使用权在一定年限内让予土地使用者的行为；转让是指土地使用者以出售、赠与、交换或者其他方式将土地使用权转移给其他单位和个人的行为。

另外，上述的房屋买卖，是指房屋所有者将其房屋出售，由承受者交付货币、实物、无形资产或者其他经济利益的行为。房屋赠与，是指房屋所有者将其房屋无偿转让给受赠者的行为。房屋交换，是指房屋所有者之间相互交换房屋的行为。

土地、房屋权属以下列方式转移的，视同土地使用权转让、房屋买卖或者房屋赠与征税：（1）以土地、房屋权属作价投资、入股；（2）以土地、房屋权属抵债；（3）以获奖方式承受土地、房屋权属；（4）以预购方式或者预付集资建房款方式承受土地、房屋权属。

（三）计税依据

契税的计税依据依不同情况可能是成交价格、核定价格或价格差额，具体如下：

（1）国有土地使用权出让、土地使用权出售、房屋买卖的，计税依据为成交价格。所谓成交价格，是指土地、房屋权属转移合同确定的价格，包括承受者应交付的货币、实物、无形资产或者其他经济利益。

（2）土地使用权赠与、房屋赠与的，其计税依据由征收机关参照土地使用权出售、房屋买卖的市场价格核定。

（3）土地使用权交换、房屋交换的，其计税依据为所交换的土地使用权、房屋的价格的差额。与交换价格差额不为零时，由多交付货币、实物、无形资产或者其他经济利益的一方缴纳税款。

此外，如果上述的成交价格明显低于市场价格且无正当理由，或者所交换土地使用权、房屋的价格差额明显不合理且无正当理由，则应由征收机关参照市场价格核定。

另外，以划拨方式取得土地使用权的，经批准转让房地产时，应由房地产转让者补缴契税，其计税依据为补缴的土地使用权出让费用或者土地收益。

（四）税率和应纳税额的计算

契税实行幅度比例税率，税率为3%—5%。具体适用的税率，由省级人民政府在上述幅度内按照本地区的实际情况确定，并报财政部和国家税务总局备案。

在明确了计税依据和运用税率的基础上，即可计算契税的应纳税额，其计税公式为：

$$应纳税额 = 计税依据 \times 税率$$

（五）税收减免

1. 减征与免征

有下列情形之一的，减征或免征契税：

（1）国家机关、事业单位、社会团体、军事单位承受土地、房屋直接用于办公、教学、医疗、科研和军事设施的，免征。

（2）城镇职工按规定第一次购买公有住房的，免征。这里的第一次购买公有住房，是指经县以上人民政府批准，在国家规定标准面积以内首次购买的公有住房。超过规定标准面积的部分，仍应按照规定缴纳契税。

（3）财政部规定的其他减征、免征契税的项目。具体包括以下项目：

第一，土地、房屋被县级以上人民政府征用、占用后，重新承受土地、房屋权属的，是否减免契税，由省级人民政府确定。

第二，纳税人承受荒山、荒沟、荒丘、荒滩土地使用权，用于农、林、牧、渔业生产的，免征契税。

第三，依照我国有关法律规定以及我国缔结或参加的双边和多边条约或协定的规定应当予以免税的外国驻华使馆、领事馆、联合国驻华机构及其外交代表、领事官员和其他外交人员承受土地、房屋权属的，经外交部确认，可以免征契税。

经批准减免契税的纳税人改变有关土地、房屋的用途，不再属于上述的减免范围的，应当补缴已经减征或免征的税款。

2. 对于个人购买家庭住房的规定①

（1）对个人购买家庭唯一住房（家庭成员范围包括购房人、配偶以及未成年子女，下同），面积为90平方米及以下的，减按1%的税率征收契税；面积为90平方米以上的，减按1.5%的税率征收契税。

（2）除北京、上海、广州、深圳四个城市以外，对个人购买家庭第二套改善性住房，面积为90平方米及以下的，减按1%的税率征收契税；面积为90平方米以上的，减按2%的税率征收契税。这里的家庭第二套改善性住房，是指已拥有一套住房的家庭，购买的家庭第二套住房。

（六）税收征管

契税的纳税义务发生时间，为纳税人签订土地、房屋权属转移合同的当天，或者纳税人取得其他具有土地、房屋权属转移合同性质凭证的当天。纳税人因改变土地、房屋用途应当补缴已减免税款的，其纳税义务发生时间为改变有关土地、房屋用途的当天。

纳税人应当自纳税义务发生之日起10日内，向土地、房屋所在地的契税征收机关办理纳税申报，并在契税征收机关核定的期限内缴纳税款。纳税人办理纳税事宜后，契税征收机关应当向纳税人开具契税完税凭证。

契税的征收机关为土地、房屋所在地的税务机关。

另外，土地管理部门、房产管理部门应当向契税征收机关提供有关资料，包括有关土地、房屋权属、土地出让费用、成交价格以及其他权属变更方面的资料，协助契税征收机关依法征收契税。

纳税人应当持契税完税凭证和其他规定的文件材料，依法向土地管理部

① 参见2016年2月22日实施的财政部、国家税务总局、住房城乡建设部《关于调整房地产交易环节契税、营业税优惠政策的通知》。

门、房产管理部门办理有关土地、房屋的权属变更登记手续；未出具契税完税凭证的，上述部门不予办理有关土地、房屋的权属变更登记手续。

第五节　车船税与船舶吨税法律制度

车船税和船舶吨税，都是与车辆或船舶直接相关的一类财产税。目前，车船税和船舶吨税方面的立法相对较为健全，下面分别加以介绍。

一、车船税法律制度

（一）车船税制度概述

车船税，是以车辆、船舶为征税对象，对拥有或管理车船的单位和个人征收的一种财产税。

车船税是各国开征较为普遍的税种。我国曾于1950年9月由政务院颁布过《车船使用牌照税暂行条例》，正式开征车船使用牌照税。该税后来亦几经变动，到1984年进行工商税制改革时，国务院决定对车船的使用全面征税，考虑到原来的税种名称容易被人误解为是对牌照征税，从而会混淆“税”与“费”的界限，故删去了“牌照”二字，定名为车船使用税。为此，国务院于1986年9月发布了《车船使用税暂行条例》，该《条例》自1986年10月1日起开始实施，从而形成了车船使用税制度。与此同时，对涉外企业和外籍人员继续征收车船使用牌照税，从而形成了内外有别的两套税制。

为了解决税制不统一及由此带来的其他问题，非常有必要把“车船使用税”和“车船使用牌照税”这两个税种予以合并。为此，2006年12月27日国务院通过了《车船税暂行条例》，实现了车船税制度的统一。此后，为了进一步提升车船税的立法级次，更好地发挥车船税制度的作用，第十一届全国人大常委会第十九次会议于2011年2月25日通过了《车船税法》，2011年12月5日国务院公布了《车船税法实施条例》（2019年3月2日修改），《车船税法》及其《实施条例》均自2012年1月1日起实施。

我国《车船税法》的实施，对于加强车船管理，提高车船使用效益，开辟地方财源，加强基础设施建设，促进节能减排等，均具有重要意义。为了更好地实施《车船税法》，国家税务总局还发布了《车船税管理规程（试行）》，自2016年1月1日起施行。

（二）我国车船税制度的主要内容

依据《车船税法》的规定，我国车船税制度主要包括以下内容：

1. 纳税主体

车船税的纳税主体，是在中华人民共和国境内符合税法规定的车辆、船舶的所有人或者管理人，亦即在我国境内拥有车船的单位和个人。其中，单位是指各类国家机关、事业单位、社会团体以及各类内资企业和涉外企业等；个人是指我国境内的居民和外籍个人。

此外，上述的税法规定的车辆、船舶，是指《车船税法》所附《车船税税目税额表》规定的车辆、船舶。具体包括：(1) 依法应当在车船登记管理部门登记的机动车辆和船舶；(2) 依法不需要在车船登记管理部门登记的在单位内部场所行驶或者作业的机动车辆和船舶。

2. 征税范围

车船税的征税对象是车辆和船舶。其中，车辆的类型主要是乘用车、商用车（包括客车、货车）、挂车、其他车辆（包括专用作业车、轮式专用机械车）、摩托车；船舶的类型主要是机动船舶和游艇。

上述的乘用车是核定载客人数 9 人（含）以下的车辆；上述的客车是核定载客人数 9 人（含）以上的车辆，包括电车；上述的货车具体包括半挂牵引车、三轮汽车和低速载货汽车等；上述的其他车辆不包括拖拉机。

临时入境的外国车船和香港特别行政区、澳门特别行政区、台湾地区的车船，不征收车船税。

3. 计税依据

车船税是从量税，其计税单位为“每辆”或“整备质量（即自重）每吨”，以及“净吨位每吨”“艇身长度”等。具体说来，乘用车和客车、摩托车的计税单位为“每辆”；货车、挂车和其他车辆的计税单位为“整备质量每吨”；机动船舶的计税单位为“净吨位每吨”，游艇的计税单位为“艇身长度每米”。

在具体的计税依据方面，乘用车按发动机汽缸容量（排气量）分档计算。拖船、非机动驳船分别按照机动船舶税额的 50％计算。

4. 税率及应纳税额的计算

车船税实行定额税率，需要依照《车船税法》所附的《车船税税目税额表》的规定（参见附表），从量定额计征。为了体现区别对待的精神，乘用车税目按照排气量的不同分 7 档适用不同的幅度税额。例如，排气量 1.0 升（含）以下的乘用车，每辆的年基准税额是 60 元至 360 元，排气量 1.0 升至 1.6 升（含）的乘用车，每辆的年基准税额是 300 元至 540 元，等等。车船税的其他税目及子目虽然也适用幅度税额，但并不分档计征。

基于上述的幅度税额，车辆的具体适用税额由省、自治区、直辖市人民政府依照《车船税税目税额表》规定的税额幅度和国务院的规定确定。船舶的具体适用税额由国务院在《车船税税目税额表》规定的税额幅度内确定。

省级人民政府确定车辆具体适用税额，应当报国务院备案，并应遵循以下原则：

（1）乘用车依排气量从小到大递增税额；

（2）客车按照核定载客人数 20 人以下和 20 人（含）以上两档划分，递增税额。

此外，排气量、整备质量、核定载客人数、净吨位、千瓦、艇身长度，以车船登记管理部门核发的车船登记证书或者行驶证所载数据为准。

依法不需要办理登记的车船和依法应当登记而未办理登记或者不能提供车船登记证书、行驶证的车船，以车船出厂合格证明或者进口凭证标注的技术参数、数据为准；不能提供车船出厂合格证明或者进口凭证的，由主管税务机关参照国家相关标准核定，没有国家相关标准的参照同类车船核定。

在明确了计税依据和适用的税额的基础上，即可计算应纳税额，其计算公式为：

$$应纳税额＝车船计税依据\times适用税额$$

5. 税收减免

依据《车船税法》规定，下列车船免征车船税：

（1）捕捞、养殖渔船，即在渔业船舶登记管理部门登记为捕捞船或者养殖船的船舶。

（2）军队、武装警察部队专用的车船，即按照规定在军队、武装警察部队车船登记管理部门登记，并领取军队、武警牌照的车船。

（3）警用车船，即公安机关、国家安全机关、监狱、劳动教养管理机关和人民法院、人民检察院领取警用牌照的车辆和执行警务的专用船舶。

（4）悬挂应急救援专用号牌的国家综合性消防救援车辆和国家综合性消防救援专用船舶[①]；

（5）依照法律规定应当予以免税的外国驻华使领馆、国际组织驻华代表机构及其有关人员的车船。

依据《车船税法实施条例》的规定，下列车船自《车船税法》实施之日起 5 年内免征车船税：

（1）按照规定缴纳船舶吨税的机动船舶。

（2）依法不需要在车船登记管理部门登记的机场、港口、铁路站场内部行驶或者作业的车船。

此外，节约能源、使用新能源的车船可以免征或者减半征收车船税。免征或者减半征收车船税的车船的范围，由国务院财政、税务主管部门商国务院有关部门制订，报国务院批准。

---

① 依据 2019 年 4 月 23 日全国人大常委会通过的《关于修改〈中华人民共和国建筑法〉等八部法律的决定》增加该条款。

对受地震、洪涝等严重自然灾害影响纳税困难以及其他特殊原因确需减免税的车船，可以在一定期限内减征或者免征车船税。具体减免期限和数额由省、自治区、直辖市人民政府确定，报国务院备案。

另外，省、自治区、直辖市人民政府根据当地实际情况，可以对公共交通车船，农村居民拥有并主要在农村地区使用的摩托车、三轮汽车和低速载货汽车定期减征或者免征车船税。

6. 税收退还

(1) 已经缴纳车船税的车船，因质量原因，车船被退回生产企业或者经销商的，纳税人可以向纳税所在地的主管税务机关申请退还自退货月份起至该纳税年度终了期间的税款，退货月份以退货发票所载日期的当月为准。

(2) 已完税车辆被盗抢、报废、灭失而申请车船税退税的，由纳税人纳税所在地的主管税务机关按照有关规定办理。已办理退税的被盗抢车船失而复得的，纳税人应当从公安机关出具相关证明的当月起计算缴纳车船税。

(3) 已缴纳车船税的车船在同一纳税年度内办理转让过户的，不另纳税，也不退税。

(4) 纳税人在车辆登记地之外购买机动车第三者责任强制保险，由保险机构代收代缴车船税的，凭注明已收税款信息的机动车第三者责任强制保险单或保费发票，车辆登记地的主管税务机关不再征收该纳税年度的车船税，已经征收的应予退还。

7. 税收征管

车船税由税务机关负责征收。税务机关可以在车船登记管理部门、车船检验机构的办公场所集中办理车船税征收事宜。车船税的纳税义务发生时间，为取得车船所有权或者管理权的当月。车船税按年申报，分月计算，一次性缴纳。具体申报纳税期限由省、自治区、直辖市人民政府规定。

车船税的纳税地点，为车船的登记地或者车船税扣缴义务人所在地。依法不需要办理登记的车船，车船税的纳税地点为车船的所有人或者管理人所在地。

此外，从事机动车第三者责任强制保险业务的保险机构，为机动车车船税的扣缴义务人，应当在收取保险费时依法代收车船税，并出具代收税款凭证。

在协助征收方面，公安、交通运输、农业、渔业等车船登记管理部门、船舶检验机构和车船税扣缴义务人的行业主管部门，应当在提供车船有关信息等方面，协助税务机关加强车船税的征收管理。

车辆所有人或者管理人在申请办理车辆相关登记、定期检验手续时，应当向公安机关交通管理部门提交依法纳税或者免税证明，公安机关交通管理部门核查后办理相关手续。

车船税税目税额表

税目		计税单位	年基准税额	备注
乘用车〔按发动机汽缸容量（排气量）分档〕	1.0升（含）以下的	每辆	60元至360元	核定载客人数9人（含）以下
	1.0升以上至1.6升（含）的		300元至540元	
	1.6升以上至2.0升（含）的		360元至660元	
	2.0升以上至2.5升（含）的		660元至1200元	
	2.5升以上至3.0升（含）的		1200元至2400元	
	3.0升以上至4.0升（含）的		2400元至3600元	
	4.0升以上的		3600元至5400元	
商用车	客车	每辆	480元至1440元	核定载客人数9人以上，包括电车
	货车	整备质量每吨	16元至120元	包括半挂牵引车、三轮汽车和低速载货汽车等
挂车		整备质量每吨	按照货车税额的50%计算	
其他车辆	专用作业车	整备质量每吨	16元至120元	不包括拖拉机
	轮式专用机械车		16元至120元	
摩托车		每辆	36元至180元	
船舶	净吨位每吨	3元至6元	拖船、非机动驳船分别按照机动船舶税额的50%计算	
	游艇	艇身长度每米	600元至2000元	

二、船舶吨税法律制度

（一）船舶吨税概述

船舶吨税，是对从境外港口进入境内港口的船舶，基于其对港口设施的使用，而依据其吨位征收的一种财产税。

从这个定义看，船舶吨税的征税对象是船舶，这与车船税的征税对象是类似的，只不过车船税主要是基于在一国范围内对车船这种特定的财产的用益，以及对相关基础设施的使用而征税，而船舶吨税则针对从境外港口进入境内港口的船舶对相关基础设施的使用而征税，并因船舶的来源地是境外港口而具有一定的涉外因素。此外，与前述的车辆购置税相比，车船税和船舶吨税都是具有一定的“费”的性质的“税”，只不过车辆购置税是以单纯的车辆为征税对象，而船舶吨税是以单纯的船舶为征税对象，从而不同于车船税。

从历史上看，我国在清朝曾开征过的“梁头税”“船钞”“船例”等，都是船舶吨税的重要形式。我国海关在1870年施行的《征免洋商船钞章程》、1882年施行的《通商口岸海关征免船钞章程》、1945年实施的《征收船舶吨税办法》，以及经政务院财政经济委员会批准、1952年9月29日由海关总署发布的《中华人民共和国海关船舶吨税暂行办法》等，都是征收船舶吨税的重要立法例。2011年11月23日国务院常务会议通过了《中华人民共和国船舶吨税暂行条例》，自2012年1月1日起施行。在落实税收法定原则，将暂行条例上升为法律的过程中，考虑到既往船舶吨税税制要素基本合理、运行稳定，可按照税制平移的思路，保持税制框架和税负水平不变，2017年12月27日全国人大常委会通过了《中华人民共和国船舶吨税法》（简称《船舶吨税法》），这是我国船舶吨税制度建设的一个重要里程碑。

（二）我国船舶吨税制度的主要内容

根据《船舶吨税法》的规定，我国船舶吨税制度主要包括以下内容：

1. 纳税主体和征税主体

自中华人民共和国境外港口进入境内港口的船舶（以下称应税船舶），应当依法缴纳船舶吨税（以下简称吨税），由应税船舶负责人申报纳税。这里的船舶包括中华人民共和国国籍的船舶，也包括其他国家和地区的船舶。

与车船税或车辆购置税不同，吨税由海关负责征收。海关征收吨税应当制发缴款凭证。

2. 征税对象

吨税的征税对象包括各类应税船舶，如客船和货船、机动船舶和非机动船舶，等等。其中，非机动船舶，是指自身没有动力装置，依靠外力驱动的船舶；非机动驳船，是指在船舶管理部门登记为驳船的非机动船舶；捕捞、养殖渔船，是指在中华人民共和国渔业船舶管理部门登记为捕捞船或者养殖船的船舶；拖船，是指专门用于拖（推）动运输船舶的专业作业船舶。征收吨税的具体税目，依照《船舶吨税法》所附的“吨税税目税率表”执行。

吨税税目税率表

税目 （按船舶净吨位划分）	税率（元/净吨）						备注
	普通税率 （按执照期限划分）			优惠税率 （按执照期限划分）			
	1年	90日	30日	1年	90日	30日	
不超过2000净吨	12.6	4.2	2.1	9.0	3.0	1.5	1. 拖船按照发动机功率每千瓦折合净吨位0.67吨。 2. 无法提供净吨位的游艇，按照发动机功率每千瓦折合净吨位0.05吨。 3. 拖船和非机动驳船分别按相同净吨位船舶税率的50%计征税款。
超过2000净吨，但不超过10000净吨	24.0	8.0	4.0	17.4	5.8	2.9	
超过10000净吨，但不超过50000净吨	27.6	9.2	4.6	19.8	6.6	3.3	
超过50000净吨	31.8	10.6	5.3	22.8	7.6	3.8	

3. 适用税率

吨税适用的税率分为优惠税率和普通税率两类。其中，中华人民共和国籍的应税船舶，船籍国（地区）与中华人民共和国签订含有相互给予船舶税费最惠国待遇条款的条约或者协定的应税船舶，适用优惠税率。其他应税船舶，适用普通税率。

吨税的具体适用税率依照《船舶吨税法》所附的“吨税税目税率表”执行。“吨税税目税率表”的调整，由国务院决定。

4. 计税依据和应纳税额的计算

吨税按照船舶净吨位和吨税执照期限征收。所谓净吨位，是指由船籍国（地区）政府授权签发的船舶吨位证明书上标明的净吨位。拖船和非机动驳船分别按相同净吨位船舶税率的50%计征税款，拖船按照发动机功率每1千瓦折合净吨位0.67吨。

此外，应税船舶负责人在每次申报纳税时，可以按照“吨税税目税率表”选择申领一种期限的吨税执照。吨税执照期限，是指按照公历年、日计算的期间，分为30日、90日和1年三种。执照期限不同，对应的净吨位所适用的税率不同，从而应纳税额也不同。

吨税的应纳税额按照船舶净吨位乘以适用税率计算，计算公式为：

$$应纳税额 = 船舶净吨位 \times 适用税率$$

5. 吨税执照的管理

吨税执照对于吨税的征纳和证明纳税义务的履行非常重要。为此，《船舶吨税法》规定，吨税纳税义务发生时间为应税船舶进入港口的当日。应税船舶在进入港口办理入境手续时，应当向海关申报纳税领取吨税执照，或者交验吨税执照（或者申请核验吨税执照电子信息）。应税船舶在离开港口办理出境手续时，应当交验吨税执照（或者申请核验吨税执照电子信息）。

应税船舶负责人申领吨税执照时，应当向海关提供下列文件：(1) 船舶国籍证书或者海事部门签发的船舶国籍证书收存证明；(2) 船舶吨位证明。应税船舶负责人缴纳吨税或者提供担保后，海关按照其申领的执照期限填发吨税执照。如果应税船舶在吨税执照期满后尚未离开港口，则应当申领新的吨税执照，自上一次执照期满的次日起续缴吨税。

在吨税执照期限内，应税船舶发生下列情形之一的，海关按照实际发生的天数批注延长吨税执照期限：(1) 避难、防疫隔离、修理，并不上下客货；(2) 军队、武装警察部队征用。

6. 税收减免

根据《船舶吨税法》规定，下列船舶免征吨税：

(1) 应纳税额在人民币 50 元以下的船舶；

(2) 自境外以购买、受赠、继承等方式取得船舶所有权的初次进口到港的空载船舶；

(3) 吨税执照期满后 24 小时内不上下客货的船舶；

(4) 非机动船舶（不包括非机动驳船）；

(5) 捕捞、养殖渔船；

(6) 避难、防疫隔离、修理、改造、终止运营或者拆解，并不上下客货的船舶；

(7) 军队、武装警察部队专用或者征用的船舶；

(8) 警用船舶；

(9) 依照法律规定应当予以免税的外国驻华使领馆、国际组织驻华代表机构及其有关人员的船舶；

(10) 国务院规定的其他船舶。此项国务院规定的免税内容，由国务院报全国人民代表大会常务委员会备案。

符合上述第 (5) 项至第 (9) 项规定的船舶，以及海关批注延长吨税执照期限的船舶，应当提供海事部门、渔业船舶管理部门等部门、机构出具的具有法律效力的证明文件或者使用关系证明文件，申明免税或者延长吨税执照期限的依据和理由。

7. 纳税期限与纳税担保

应税船舶负责人应当自海关填发吨税缴款凭证之日起 15 日内缴清税款。未按期缴清税款的，自滞纳税款之日起至缴清税款之日止，按日加收滞纳税款 0.5‰的税款滞纳金。

此外，应税船舶因不可抗力在未设立海关地点停泊的，船舶负责人应当立即向附近海关报告，并在不可抗力原因消除后，依法向海关申报纳税。

另外，应税船舶到达港口前，经海关核准先行申报并办结出入境手续的，应税船舶负责人应当向海关提供与其依法履行吨税缴纳义务相适应的担保；应税船舶到达港口后，依照本法规定向海关申报纳税。

可以用于上述纳税担保的财产、权利包括：（1）人民币、可自由兑换货币；（2）汇票、本票、支票、债券、存单；（3）银行、非银行金融机构的保函；（4）海关依法认可的其他财产、权利。

8. 影响纳税的要素变化

（1）应税船舶在吨税执照期限内，因修理导致净吨位变化的，吨税执照继续有效。应税船舶办理出入境手续时，应当提供船舶经过修理的证明文件。

（2）应税船舶在吨税执照期限内，因税目税率调整或者船籍改变而导致适用税率变化的，吨税执照继续有效。

（3）因船籍改变而导致适用税率变化的，应税船舶在办理出入境手续时，应当提供船籍改变的证明文件。

9. 税款的追补与退还

海关发现少征或者漏征税款的，应当自应税船舶应当缴纳税款之日起 1 年内，补征税款。但因应税船舶违反规定造成少征或者漏征税款的，海关可以自应当缴纳税款之日起 3 年内追征税款，并自应当缴纳税款之日起按日加征少征或者漏征税款 0.5‰的滞纳金。

此外，吨税执照在期满前毁损或者遗失的，应当向原发照海关书面申请核发吨税执照副本，不再补税。

海关发现多征税款的，应当在 24 小时内通知应税船舶办理退还手续，并加算银行同期活期存款利息。应税船舶发现多缴税款的，可以自缴纳税款之日起 3 年内以书面形式要求海关退还多缴的税款并加算银行同期活期存款利息；海关应当自受理退税申请之日起 30 日内查实并通知应税船舶办理退还手续。在上述两类情况下，应税船舶应当自收到退还多缴税款通知之日起 3 个月内办理有关退还手续。

第六节　印花税法律制度

一、印花税制度概述

印花税是以在经济活动中书立、领受的凭证为征税对象，而向凭证的书立、领受者征收的一种财产税。由于该税通过在应税凭证上粘贴印花税票（简称贴花）的方式来完成税款缴纳，因而被称为印花税。

印花税在形式上是对凭证征税，而这些凭证则记载着权利的取得、让与或转移，且这些权利都程度不同地与财产有关，因此，印花税实质上也是在对财产权利的移转、变更等征税，可以在广义上归为动态的财产税。[①]

印花税于1624年首先在荷兰开征，其后世界上的许多国家亦陆续开征。我国曾于1913年1月1日由当时的北洋政府开征印花税。中华人民共和国成立后，当时的政务院于1950年颁布了《印花税暂行条例》，正式开征印花税，但到1958年时，又将印花税并入工商统一税，不再单独征收。直到1988年8月，国务院发布《印花税暂行条例》，印花税才又作为一个独立税种于同年10月1日开征。

我国的印花税具有税源广、税负轻、征管方便等特点。征收印花税不仅有助于增加地方财政收入，而且能在一定程度上加强对经济活动的约束，提高纳税人的纳税意识。

二、我国印花税制度的主要内容

（一）纳税主体

印花税的纳税主体是在中国境内书立、领受应税凭证的单位和个人，包括国内各类企业、事业、机关、团体、部队以及外商投资企业和其他经济组织及其在华机构等单位和个人。

（二）征税范围

印花税的征税范围包括13个税目，可概括为以下几个方面的凭证：

（1）合同或者具有合同性质的凭证。包括依法订立的各类合同，以及具有合同效力的协议、契约、合约、单据、确认书及其他各种名称的凭证。上述依法订立的各类合同，即购销合同、加工承揽合同、技术合同等十大有名合同，它们构成了印花税的10个税目。

（2）产权转移书据。包括财产所有权、著作权、商标专用权、专利权和专有技术使用权等产权在买卖、继承、赠与、交换、分割时所立的书据。

（3）营业账簿，即单位或者个人记载生产经营活动的财务会计核算账簿，包括记载资金的账簿和其他账簿。

（4）权利许可证照。包括政府部门发给的房屋产权证、工商营业执照、商标注册证、专利证、土地使用证。

（5）经财政部确定征税的其他凭证。

（三）计税依据和税率及应纳税额的计算

1. 计税依据

印花税的计税依据是凭证上所载明的应税金额或应税凭证的件数，具体到

① 有的学者把印花税归入流通税系，也有的将其归为行为税类。

各个税目，包括合同的标的额或合同当事人收取费用的数额、产权转移书据和记载资金的账簿所记载的金额、权利、许可证照的件数等。

2. 税率

印花税的税率有两种，即比例税率和定额税率。凡计税依据为凭证所载明的金额的，适用比例税率，其中，各类有名合同均适用比例税率，从借款合同所适用的万分之零点五的最低税率，一直到财产租赁合同、仓储保管合同适用的万分之十的最高税率，共分为四档。[①] 产权转移书据按其所载金额的万分之五贴花。记载资金的营业账簿，按实收资本和资本公积的合计金额的万分之零点五贴花。股份转让书据，按其书立时证券市场当日实际成交价格计算的金额，由立据双方当事人分别按千分之一的税率缴纳印花税。

此外，凡计税依据为应税凭证的件数的，适用定额税率。上述记载资金的账簿以外的其他账簿，以及权利、许可证照，实行定额税率，原来是按件贴花5元，自2018年5月1日起免征印花税。[②]

3. 应纳税额的计算

在明确了计税依据和适用税率的基础上，即可计算应纳税额，其计算公式为：

应纳税额＝应税金额或凭证件数×适用税率

应纳税额不足1角的，免纳印花税；应纳税额在1角以上的，其税额尾数不满5分的不计，满5分的按1角计算缴纳。

同一凭证，因载有两个或者两个以上经济事项而适用不同税目税率，如分别记载金额，则应分别计算应纳税额，相加后按合计税额贴花；如未分别记载金额的，按税率高的计税贴花。

（四）税收减免

下列凭证，免征印花税：

（1）已缴纳印花税的凭证的副本或者抄本；

（2）财产所有人将财产赠给政府、社会福利单位、学校所立的书据；

（3）经财政部批准免税的其他凭证。包括：① 国家指定的收购部门与村民委员会、农民个人书立的农副产品收购合同；② 无息、贴息贷款合同；③ 外国政府或者国际金融组织向我国政府及国家金融机构提供优惠贷款所书立的合同。

---

① 购销合同、建筑安装工程承包合同、技术合同适用的税率为万分之三；加工承揽合同、货物运输合同适用的税率为万分之五；财产保险合同适用的税率为万分之十。

② 参见财政部、税务总局《关于对营业账簿减免印花税的通知》（财税〔2018〕50号）。

（五）税收征管

1. 税款的缴纳

印花税实行由纳税人根据规定自行计算应纳税额，购买并一次贴足印花税票（简称贴花）的缴纳办法。

为简化贴花手续，应纳税额较大（超过500元）的，或者贴花次数频繁的，纳税人可向税务机关提出申请，采取以缴款书代替贴花或者按期汇总缴纳的办法。

印花税票应当粘贴在应纳税凭证上，并由纳税人在每枚税票的骑缝处盖戳注销或者画销。已贴用的印花税票不得重用。此外，已贴花的凭证，修改后所载金额增加的，其增加部分应当补贴印花税票。凡多贴印花税票者，不得申请退税或抵用。

2. 纳税时间和纳税人的具体确定

应纳税凭证应当于书立或者领受时贴花，即应在合同的签订时、书据的立据时、账簿的启用时和证照的领受时贴花。

同一凭证，由两方或两方以上当事人签订并各执一份的，应当由各方就所执的一份各自全额贴花。因此，合同、书据等凭证，其当事人（担保人、证人、鉴定人除外）各方都是纳税人。若凭证由当事人的代理人代为书立，则代理人有代理纳税的义务。此外，营业账簿的主账簿人以及权利、许可证照的领受人，均为具体的纳税人。

3. 印花税的管理

印花税由税务机关负责征收管理。印花税票由国家税务总局监制。发放或者办理应税凭证的单位，负有监督纳税人依法纳税的义务。

如果纳税人未按规定注销或画销印花税票，未贴或少贴税票，或者重用已贴用的印花税票，则税务机关根据情节轻重，可分别处以违法金额1倍至3倍、3倍至5倍，以及5倍或2000元至1万元的罚款①，对于伪造印花税票的，由税务机关提请司法机关依法追究刑事责任。

第七节 资源税法律制度

一、资源税制度概述

资源税是对在我国境内开发、利用自然资源的单位和个人，就其开发、利用资源的数量或价值征收的一种财产税。

① 我国《印花税暂行条例》中有关10倍、20倍、30倍的罚款的规定，已被修改为以上规定。

资源在广义上包括自然资源、人力资源等，在狭义上仅指自然资源。而资源税的征税对象就是狭义上的自然资源。自然资源是一种重要的财产，它是财富的一种体现。对自然资源的开发、利用，就是通过对自然资源的占有、使用来获得收益，因而对资源的征税应划入财产税。

由于自然资源具有稀缺性，且在不同地域的贮存状况亦不相同，因而不同地域、种类的资源的开发、利用会形成级差收入。资源税的开征，不仅有利于获取财政收入，加强对资源开发的引导和监督，变资源的无偿使用为有偿使用，而且也有利于调节相关企业之间因资源开采条件的不同所形成的级差收入，从而也有利于企业之间的公平竞争，进而更好地促进经济与社会的可持续发展。

我国自春秋时期即有盐铁专卖，这被认为是资源税的萌芽。此后各朝代均重视通过盐、铁等资源获取收入。

中华人民共和国成立后，从 1950 年开始，就一直对盐征税。到 1984 年，还开征了不包含盐税的资源税，当时的资源税只对原油、天然气、煤炭三种资源课征。1993 年 12 月 25 日，国务院又重新颁布了修改后的《资源税暂行条例》，自 1994 年 1 月 1 日起施行。2011 年，国务院对《资源税暂行条例》作出修改，同时，财政部和国家税务总局制定了相应的《实施细则》，自 2011 年 11 月 1 日起施行。

随着国家对生态文明建设的高度重视，以及对绿色发展等发展理念的强调，资源税制度的完善备受瞩目。为此，在多年资源税改革试点的基础上，2016 年 7 月 1 日，国家又启动了更大范围的资源税改革，主要是扩大征税范围，对大部分税目实行从价计征。下面就结合我国《资源税暂行条例》及其《实施细则》的主要规定，以及资源税的改革，介绍我国资源税制度的主要内容。

二、我国的资源税制度

（一）纳税主体

资源税的纳税主体，是在中华人民共和国领域及管辖海域开采符合规定的矿产品或者生产盐（以下称开采或者生产应税产品）的单位和个人。这里的单位，是指企业、行政单位、事业单位、军事单位、社会团体及其他单位；这里的个人，是指个体工商户和其他个人。

在既往的资源税费体制之下，上述主体的负担是偏重的。为此，在资源税制度改革方面，要遵循两个重要原则，一是清费立税，二是合理负担。

所谓清费立税，就是要着力解决以往存在的税费重叠、功能交叉问题，为此，应将矿产资源补偿费等收费基金适当并入资源税，取缔违规、越权设立的各项收费基金，进一步理顺税费关系。

所谓合理负担，就是要兼顾企业经营的实际情况和承受能力，借鉴以往煤炭等资源税费改革经验，合理确定资源税计税依据和税率水平，增强税收弹性，总体上不增加企业税费负担。

在实施资源税从价计征改革的同时，国家将全部资源品目矿产资源补偿费费率降为零，停止征收价格调节基金，取缔地方针对矿产资源违规设立的各种收费基金项目。

（二）征税范围

按照我国《资源税暂行条例》的规定，资源税的征税范围包括以下应税矿产品和盐：

（1）原油，是指开采的天然原油，不包括人造石油；

（2）天然气，是指专门开采或者与原油同时开采的天然气；

（3）煤炭，是指原煤，包括焦煤和其他煤炭，不包括洗煤、选煤及其他煤炭制品；

（4）其他非金属矿原矿，是指上列产品和井矿盐以外的非金属矿原矿，包括普通非金属矿原矿和贵重非金属矿原矿；

（5）黑色金属矿原矿；

（6）有色金属矿原矿，包括稀土矿和其他有色金属矿原矿；

（7）盐，包括固体盐和液体盐。固体盐，是指海盐原盐、湖盐原盐和井矿盐；液体盐，是指卤水。

随着经济和社会的发展，仅对上述资源征税已显不足，为此，2016 年的资源税改革，特别强调在如下领域扩大资源税征收范围：

（1）对水资源征税。鉴于取用水资源涉及面广、情况复杂，为确保改革平稳有序实施，先在河北省开展水资源税试点，即采取水资源费改税方式，将地表水和地下水纳入征税范围，实行从量定额计征，对高耗水行业、超计划用水以及在地下水超采地区取用地下水，适当提高税额标准，正常生产生活用水维持原有负担水平不变。在总结试点经验基础上，在条件成熟后，对水资源的征税将在全国推开。①

（2）逐步将其他自然资源纳入征收范围。鉴于森林、草场、滩涂等资源在各地区的市场开发利用情况不尽相同，对其全面开征资源税条件尚不成熟，各省级人民政府可以结合本地实际，根据森林、草场、滩涂等资源开发利用情况提出征收资源税的具体方案建议，报国务院批准后实施。

---

① 财政部、税务总局、水利部印发了《扩大水资源税改革试点实施办法》，将水资源税改革试点扩大到北京、天津等 9 个省、自治区和直辖市，该《办法》自 2017 年 12 月 1 日起实施。

（三）税率

我国的资源税过去主要是实行定额税率，但其弊端逐渐显现，因此，近年来资源税制度改革的重点，是逐渐转为实行比例税率，从价计征。随着改革的推进，我国《资源税暂行条例》所附的《资源税税目税率表》已经发生了很大变化，先结合近年来的改革，总结如下：

资源税税目税率表 1

税目		税率
一、原油		销售额的5%—10%
二、天然气		销售额的5%—10%
三、煤炭	焦煤	每吨8—20元
	其他煤炭	每吨0.3—5元

2016年的资源税改革，着重对金属矿、非金属矿、海盐的具体税目、税率等作出了如下调整：

第一，对《资源税税目税率表2》中列举名称的21种资源品目和未列举名称的其他金属矿实行从价计征，计税依据由原矿销售量调整为原矿、精矿（或原矿加工品）、氯化钠初级产品或金锭的销售额。列举名称的21种资源品目包括：铁矿、金矿、铜矿、铝土矿、铅锌矿、镍矿、锡矿、石墨、硅藻土、高岭土、萤石、石灰石、硫铁矿、磷矿、氯化钾、硫酸钾、井矿盐、湖盐、提取地下卤水晒制的盐、煤层（成）气、海盐。

对经营分散、多为现金交易且难以控管的粘土、砂石，按照便利征管原则，仍实行从量定额计征。

第二，对《资源税税目税率表2》中未列举名称的其他非金属矿产品，按照从价计征为主、从量计征为辅的原则，由省级人民政府确定计征方式。

资源税税目税率表 2

序号	税目		征税对象	税率幅度
1	金属矿	铁矿	精矿	1%—6%
2		金矿	金锭	1%—4%
3		铜矿	精矿	2%—8%
4		铝土矿	原矿	3%—9%
5		铅锌矿	精矿	2%—6%
6		镍矿	精矿	2%—6%
7		锡矿	精矿	2%—6%
8		未列举名称的其他金属矿产品	原矿或精矿	税率不超过20%

（续表）

序号	税目		征税对象	税率幅度
9	非金属矿	石墨	精矿	3%—10%
10		硅藻土	精矿	1%—6%
11		高岭土	原矿	1%—6%
12		萤石	精矿	1%—6%
13		石灰石	原矿	1%—6%
14		硫铁矿	精矿	1%—6%
15		磷矿	原矿	3%—8%
16		氯化钾	精矿	3%—8%
17		硫酸钾	精矿	6%—12%
18		井矿盐	氯化钠初级产品	1%—6%
19		湖盐	氯化钠初级产品	1%—6%
20		提取地下卤水晒制的盐	氯化钠初级产品	3%—15%
21		煤层（成）气	原矿	1%—2%
22		粘土、砂石	原矿	每吨或立方米 0.1 元—5 元
23		未列举名称的其他非金属矿产品	原矿或精矿	从量税率每吨或立方米不超过 30 元；从价税率不超过 20%
24	海盐		氯化钠初级产品	1%—5%

备注：

1. 铝土矿包括耐火级矾土、研磨级矾土等高铝粘土。

2. 氯化钠初级产品是指井矿盐、湖盐原盐、提取地下卤水晒制的盐和海盐原盐，包括固体和液体形态的初级产品。

3. 海盐是指海水晒制的盐，不包括提取地下卤水晒制的盐。

2016 年的资源税制度改革的一个重要原则是适度分权，强调结合我国资源分布不均衡、地域差异较大等实际情况，在不影响全国统一市场秩序前提下，适当赋予地方税权。据此，对《资源税税目税率表》中列举名称的资源品目，由省级人民政府在规定的税率幅度内提出具体适用税率建议，报财政部、国家税务总局确定核准。对未列举名称的其他金属和非金属矿产品，由省级人民政府根据实际情况确定具体税目和适用税率，报财政部、国家税务总局备案。

（四）应纳税额的计算

资源税的应纳税额，按照从价定率或者从量定额的办法，分别以应税产品的销售额乘以纳税人具体适用的比例税率或者以应税产品的销售数量乘以纳税人具体适用的定额税率计算。

1. 销售额的确定

上述的销售额为纳税人销售应税产品向购买方收取的全部价款和价外费用，但不包括收取的增值税销项税额。

上述的价外费用，包括价外向购买方收取的手续费、补贴、基金、集资费、返还利润、奖励费、违约金、滞纳金、延期付款利息、赔偿金、代收款项、代垫款项、包装费、包装物租金、储备费、优质费、运输装卸费以及其他各种性质的价外收费。

此外，纳税人申报的应税产品销售额明显偏低并且无正当理由的、有视同销售应税产品行为而无销售额的，除财政部、国家税务总局另有规定外，按下列顺序确定销售额：

（1）按纳税人最近时期同类产品的平均销售价格确定；

（2）按其他纳税人最近时期同类产品的平均销售价格确定；

（3）按组成计税价格确定。组成计税价格为：

$$组成计税价格 = 成本 \times (1 + 成本利润率) \div (1 - 税率)$$

公式中的成本是指应税产品的实际生产成本。公式中的成本利润率由省、自治区、直辖市税务机关确定。

2. 销售数量的确定

上述的销售数量，包括纳税人开采或者生产应税产品的实际销售数量和视同销售的自用数量。

纳税人不能准确提供应税产品销售数量的，以应税产品的产量或者主管税务机关确定的折算比换算成的数量为计征资源税的销售数量。

3. 税基对税率适用的影响

纳税人开采或者生产不同税目应税产品的，应当分别核算不同税目应税产品的销售额或者销售数量；未分别核算或者不能准确提供不同税目应税产品的销售额或者销售数量的，从高适用税率。

（五）税收减免

由于资源税是建立在受益原则的基础上，具有一定的有偿性或补偿性，因此对于资源税的减免限制较为严格。目前我国税法规定，有下列情形之一的，减征或者免征资源税：

（1）开采原油过程中用于加热、修井的原油，免税。

（2）纳税人开采或者生产应税产品过程中，因意外事故或者自然灾害等原因遭受重大损失的，由省、自治区、直辖市人民政府酌情决定减税或者免税。

（3）国务院规定的其他减税、免税项目。

纳税人的减税、免税项目，应当单独核算销售额或者销售数量；未单独核算或者不能准确提供销售额或者销售数量的，不予减税或者免税。

此外，纳税人开采或者生产应税产品，自用于连续生产应税产品的，不缴纳资源税；自用于其他方面的，视同销售，依法缴纳资源税。

（六）纳税义务的发生时间

纳税人销售应税产品，纳税义务发生时间为收讫销售款或者取得索取销售款凭据的当天；自产自用应税产品，纳税义务发生时间为移送使用的当天。具体规定如下：

第一，纳税人销售应税产品，其纳税义务发生时间是：

（1）纳税人采取分期收款结算方式的，其纳税义务发生时间，为销售合同规定的收款日期的当天；

（2）纳税人采取预收货款结算方式的，其纳税义务发生时间，为发出应税产品的当天；

（3）纳税人采取其他结算方式的，其纳税义务发生时间，为收讫销售款或者取得索取销售款凭据的当天。

第二，纳税人自产自用应税产品的纳税义务发生时间，为移送使用应税产品的当天。

第三，扣缴义务人代扣代缴税款的纳税义务发生时间，为支付货款的当天。

（七）纳税地点和纳税时间

1. 纳税地点

资源税由税务机关征收。纳税人应纳的资源税，应当向应税产品的开采或者生产所在地主管税务机关缴纳。纳税人在本省、自治区、直辖市范围内开采或者生产应税产品，其纳税地点需要调整的，由省、自治区、直辖市税务机关决定。

跨省、自治区、直辖市开采或者生产资源税应税产品的纳税人，其下属生产单位与核算单位不在同一省、自治区、直辖市的，对其开采或者生产的应税产品，一律在开采地或者生产地纳税。实行从量计征的应税产品，其应纳税款一律由独立核算的单位按照每个开采地或者生产地的销售量及适用税率计算划拨；实行从价计征的应税产品，其应纳税款一律由独立核算的单位按照每个开采地或者生产地的销售量、单位销售价格及适用税率计算划拨。

扣缴义务人代扣代缴的资源税，应当向收购地主管税务机关缴纳。资源税的扣缴义务人，是指独立矿山、联合企业及其他收购未税矿产品的单位。规定上述扣缴义务人在收购未税矿产品时负责代扣代缴资源税，主要是为了加强资源税的征管，适用于税源小、零散、不定期开采、易漏税等税务机关认为不易控管的情况。

2. 纳税期限

纳税人的纳税期限为1日、3日、5日、10日、15日或者1个月，由主管税务机关根据实际情况具体核定。不能按固定期限计算纳税的，可以按次计算纳税。

纳税人以1个月为一期纳税的，自期满之日起10日内申报纳税；以1日、3日、5日、10日或者15日为一期纳税的，自期满之日起5日内预缴税款，于次月1日起10日内申报纳税并结清上月税款。

第八节　环境税法律制度

一、环境税制度概述

环境税是对在我国境内和我国管辖的其他海域，直接向环境排放应税污染物的法定主体征收的一种财产税。

环境税与资源税密切相关，与传统的财产税相比，它们有自己的特殊性，可以构成“资源与环境税类”；但与此同时，它们又与广义的财产有关，因而又可以归入广义的“财产税类”。从理论上说，环境被视为一种重要的共有财产或公共财产（common property）[①]，向环境排污的行为，实质上是通过对环境这种公共财产的消极占有和使用来获取收益的行为。为了体现“寓禁于征”的精神，更好地保护环境，各国一般都对排污行为进行收费或征税，于是就有了普遍施行的排污费制度或环境税制度。

我国自改革开放以来，特别在实行市场经济体制以后，伴随着经济总量的持续攀升，环境问题亦愈演愈烈。无所不在的环境污染，已成为人们无法躲避的“公害”，严重影响了社会公益。如何有效解决严峻的环境问题，实现环境正义，已成为社会公众的共同期盼。在此背景下，开征环境税被普遍视为解决环境问题的重要手段[②]，并引发了法学、经济学等领域的诸多讨论。

对于向环境排放污染物的行为，我国曾长期征收排污费。2013年，国家

---

① 美国学者萨克斯（Joseph L. Sax）曾提出“环境公共财产论”，强调空气、水、阳光等是人类生活所必需的环境要素，就其自然属性和对人类的极端重要性来说，应该是全体公民的“共享资源”“公共财产”或“共有财产”，政府和公民之间的关系是一种财产信托关系。萨克斯由此构建了他的环境权理论。参见侯宇：《美国公共信托理论的形成和发展》，载《中外法学》2009年第4期。

② 虽然福利经济学的奠基人庇古（Pigou）早已提出可用征税的手段矫正负外部性，但直至20世纪80年代以来，有关环境税的探讨才蔚然成风。其中，皮尔斯（Pearce）、鲍温伯格（Bovenberg）、威廉姆斯（Williams）等学者的研究影响较大。基于学界的研究成果，许多国家纷纷开征环境税，我国亦将其作为解决环境问题的重要手段。

明确提出“推动环境保护费改税”①，强调通过环境领域的“费改税”，进一步促进生态文明建设，体现绿色发展理念，推动整体的税制改革。

2016年12月25日，全国人大常委会通过了《中华人民共和国环境保护税法》，该法自2018年1月1日起实施。作为我国“落实税收法定原则”后制定的第一部税收法律，《环境保护税法》折射着中国改革、法治与发展的方方面面，浓缩了中国税制改革、税收法治建设和经济社会发展的诸多问题。此外，国务院已于2017年12月25日发布了《中华人民共和国环境保护税法实施条例》。下面就结合《环境保护税法》及其《实施条例》的主要规定②，简要介绍我国环境税制度的主要内容。

二、我国的环境税制度

通常，环境税的立法宗旨应包含环境目标和非环境目标等“双重目标”。我国《环境保护税法》的立法宗旨，是保护和改善环境，减少污染物排放，推进生态文明建设，因此，其具体的制度规定也都围绕实现上述目标展开。

对于我国的环境税应如何确定其税种名称，曾存在不同认识。例如，从征税旨在解决环境问题的角度，可将税种名称定为“环境税”；从征税主要针对污染环境行为的角度，亦可称之为“污染税”或“排污税”，等等。目前，我国最终通过的法律文本，以及之前通过的《环境保护法》，均将税种名称定为“环境保护税”，强调其开征意在实现“环境保护”的目的。当然，对于该税种名称的合理性问题，至今仍然有不同看法。

（一）纳税主体

环境保护税的纳税主体，是在中华人民共和国领域和管辖的其他海域，直接向环境排放应税污染物的企业事业单位和其他生产经营者。

上述的纳税主体，有下列情形之一的，不属于直接向环境排放污染物，不缴纳相应污染物的环境保护税：

（1）企业事业单位和其他生产经营者向依法设立的污水集中处理、生活垃圾集中处理场所排放应税污染物的；

（2）企业事业单位和其他生产经营者在符合国家和地方环境保护标准的设施、场所贮存或者处置固体废物的。

此外，依法设立的城乡污水集中处理、生活垃圾集中处理场所超过国家和

---

① 在2013年中共中央《关于全面深化改革若干重大问题的决定》中，明确提出要“加快资源税改革，推动环境保护费改税”。自此，环境领域的费改税步伐大大加快。

② 依据2018年10月26日全国人民代表大会常务委员会通过的《关于修改〈中华人民共和国野生动物保护法〉等十五部法律的决定》，《环境保护税法》中原来规定的“环境保护主管部门”改为“生态环境主管部门”。

地方规定的排放标准向环境排放应税污染物的，应当缴纳环境保护税。[①]

另外，企业事业单位和其他生产经营者贮存或者处置固体废物不符合国家和地方环境保护标准的，应当缴纳环境保护税。[②]

（二）征税对象和适用税额

我国环境保护税的征税对象是排污行为，而排污行为的客体，则是法定的应税污染物，包括大气污染物、水污染物、固体废物和噪声四类。上述不同税目的计税单位和适用税额各不相同。例如，大气污染物和水污染物的计税单位是“污染当量”，其中，大气污染物每污染当量适用的税额是 1.2 元至 12 元，而水污染物每污染当量的使用税额是 1.4 元至 14 元。上述四大类污染物的具体税目、计税单位、适用税额，都规定于《环境保护税税目税额表》《应税污染物和当量值表》中。

基于环境问题的专业性和排污行为的特殊性，需要确定科学合理的税率体系，才能更好地发挥环境保护税的调节功能，有效规范和引导相关主体的行为，实现税法的多元调整目标。目前，《环境保护税法》规定的税率体系由固定税额构成，其中并不包含比例税率，并且，基于原来缴纳排污费的情况，在使用税额的设计上遵循了“负担平移”的原则，因而并未加重纳税人的总体负担。

环境保护税税目税额表

税目		计税单位	税额	备注
大气污染物		每污染当量	1.2 元至 12 元	
水污染物		每污染当量	1.4 元至 14 元	
固体废物	煤矸石	每吨	5 元	
	尾矿	每吨	15 元	
	危险废物	每吨	1000 元	
	冶炼渣、粉煤灰、炉渣、其他固体废物（含半固态、液态废物）	每吨	25 元	

① 上述城乡污水集中处理场所，是指为社会公众提供生活污水处理服务的场所，不包括为工业园区、开发区等工业聚集区域内的企业事业单位和其他生产经营者提供污水处理服务的场所，以及企业事业单位和其他生产经营者自建自用的污水处理场所。

② 达到省级人民政府确定的规模标准并且有污染物排放口的畜禽养殖场，应当依法缴纳环境保护税；依法对畜禽养殖废弃物进行综合利用和无害化处理的，不属于直接向环境排放污染物，不缴纳环境保护税。

（续表）

<table>
<tr><th colspan="2">税目</th><th>计税单位</th><th>税额</th><th>备注</th></tr>
<tr><td rowspan="6">噪声</td><td rowspan="6">工业噪声</td><td>超标 1—3 分贝</td><td>每月 350 元</td><td rowspan="6">1. 一个单位边界上有多处噪声超标，根据最高一处超标声级计算应纳税额；当沿边界长度超过 100 米有两处以上噪声超标，按照两个单位计算应纳税额。
2. 一个单位有不同地点作业场所的，应当分别计算应纳税额，合并计征。
3. 昼、夜均超标的环境噪声，昼、夜分别计算应纳税额，累计计征。
4. 声源一个月内超标不足 15 天的，减半计算应纳税额。
5. 夜间频繁突发和夜间偶然突发厂界超标噪声，按等效声级和峰值噪声两种指标中超标分贝值高的一项计算应纳税额。</td></tr>
<tr><td>超标 4—6 分贝</td><td>每月 700 元</td></tr>
<tr><td>超标 7—9 分贝</td><td>每月 1400 元</td></tr>
<tr><td>超标 10—12 分贝</td><td>每月 2800 元</td></tr>
<tr><td>超标 13—15 分贝</td><td>每月 5600 元</td></tr>
<tr><td>超标 16 分贝以上</td><td>每月 11200 元</td></tr>
</table>

应税污染物和当量值表

一、第一类水污染物污染当量值

污染物	污染当量值（千克）
1. 总汞	0.0005
2. 总镉	0.005
3. 总铬	0.04
4. 六价铬	0.02
5. 总砷	0.02
6. 总铅	0.025
7. 总镍	0.025
8. 苯并(a)芘	0.0000003
9. 总铍	0.01
10. 总银	0.02

二、第二类水污染物污染当量值

污染物	污染当量值（千克）	备注
11. 悬浮物(SS)	4	
12. 生化需氧量(BODs)	0.5	同一排放口中的化学需氧量、生化需氧量和总有机碳，只征收一项。
13. 化学需氧量(CODcr)	1	
14. 总有机碳(TOC)	0.49	
15. 石油类	0.1	
16. 动植物油	0.16	
17. 挥发酚	0.08	
18. 总氰化物	0.05	
19. 硫化物	0.125	
20. 氨氮	0.8	
21. 氟化物	0.5	
22. 甲醛	0.125	
23. 苯胺类	0.2	
24. 硝基苯类	0.2	
25. 阴离子表面活性剂(LAS)	0.2	
26. 总铜	0.1	
27. 总锌	0.2	
28. 总锰	0.2	
29. 彩色显影剂(CD—2)	0.2	
30. 总磷	0.25	
31. 单质磷(以 P 计)	0.05	
32. 有机磷农药(以 P 计)	0.05	
33. 乐果	0.05	
34. 甲基对硫磷	0.05	
35. 马拉硫磷	0.05	
36. 对硫磷	0.05	
37. 五氯酚及五氯酚钠(以五氯酚计)	0.25	
38. 三氯甲烷	0.04	
39. 可吸附有机卤化物(AOX)(以 Cl 计)	0.25	
40. 四氯化碳	0.04	
41. 三氯乙烯	0.04	

（续表）

污染物	污染当量值（千克）	备注
42. 四氯乙烯	0.04	
43. 苯	0.02	
44. 甲苯	0.02	
45. 乙苯	0.02	
46. 邻—二甲苯	0.02	
47. 对—二甲苯	0.02	
48. 间—二甲苯	0.02	
49. 氯苯	0.02	
50. 邻二氯苯	0.02	
51. 对二氯苯	0.02	
52. 对硝基氯苯	0.02	
53. 2，4—二硝基氯苯	0.02	
54. 苯酚	0.02	
55. 间—甲酚	0.02	
56. 2，4—二氯酚	0.02	
57. 2，4，6—三氯酚	0.02	
58. 邻苯二甲酸二丁酯	0.02	
59. 邻苯二甲酸二辛酯	0.02	
60. 丙烯腈	0.125	
61. 总硒	0.02	

三、pH 值、色度、大肠菌群数、余氯量水污染物污染当量值

污染物		污染当量值	备注
1. pH 值	1. 0—1，13—14 2. 1—2，12—13 3. 2—3，11—12 4. 3—4，10—11 5. 4—5，9—10 6. 5—6	0.06 吨污水 0.125 吨污水 0.25 吨污水 0.5 吨污水 1 吨污水 5 吨污水	pH 值 5—6 指大于等于 5，小于 6；pH 值 9—10 指大于 9，小于等于 10，其余类推。
2. 色度		5 吨水·倍	
3. 大肠菌群数（超标）		3.3 吨污水	大肠菌群数和余氯量只征收一项。
4. 余氯量(用氯消毒的医院废水）		3.3 吨污水	

四、禽畜养殖业、小型企业和第三产业水污染物污染当量值

（本表仅适用于计算无法进行实际监测或者物料衡算的禽畜养殖业、小型企业和第三产业等小型排污者的水污染物污染当量数）

类型		污染当量值	备注
禽畜养殖场	1. 牛	0.1 头	仅对存栏规模大于 50 头牛、500 头猪、5000 羽鸡鸭等的禽畜养殖场征收。
	2. 猪	1 头	
	3. 鸡、鸭等家禽	30 羽	
4. 小型企业		1.8 吨污水	
5. 饮食娱乐服务业		0.5 吨污水	
6. 医院	消毒	0.14 床	医院病床数大于 20 张的按照本表计算污染当量数。
		2.8 吨污水	
	不消毒	0.07 床	
		1.4 吨污水	

五、大气污染物污染当量值

污染物	污染当量值（千克）
1. 二氧化硫	0.95
2. 氮氧化物	0.95
3. 一氧化碳	16.7
4. 氯气	0.34
5. 氯化氢	10.75
6. 氟化物	0.87
7. 氰化氢	0.005
8. 硫酸雾	0.6
9. 铬酸雾	0.0007
10. 汞及其化合物	0.0001
11. 一般性粉尘	4
12. 石棉尘	0.53
13. 玻璃棉尘	2.13
14. 碳黑尘	0.59
15. 铅及其化合物	0.02
16. 镉及其化合物	0.03
17. 铍及其化合物	0.0004
18. 镍及其化合物	0.13

（续表）

污染物	污染当量值（千克）
19. 锡及其化合物	0.27
20. 烟尘	2.18
21. 苯	0.05
22. 甲苯	0.18
23. 二甲苯	0.27
24. 苯并(a)芘	0.000002
25. 甲醛	0.09
26. 乙醛	0.45
27. 丙烯醛	0.06
28. 甲醇	0.67
29. 酚类	0.35
30. 沥青烟	0.19
31. 苯胺类	0.21
32. 氯苯类	0.72
33. 硝基苯	0.17
34. 丙烯腈	0.22
35. 氯乙烯	0.55
36. 光气	0.04
37. 硫化氢	0.29
38. 氨	9.09
39. 三甲胺	0.32
40. 甲硫醇	0.04
41. 甲硫醚	0.28
42. 二甲二硫	0.28
43. 苯乙烯	25
44. 二硫化碳	20

上述表中的污染当量，是指根据污染物或者污染排放活动对环境的有害程度以及处理的技术经济性，衡量不同污染物对环境污染的综合性指标或者计量单位。同一介质相同污染当量的不同污染物，其污染程度基本相当。

上述应税大气污染物和水污染物的具体适用税额的确定和调整，由省级人民政府统筹考虑本地区环境承载能力、污染物排放现状和经济社会生态发展目标要求，在上述《环境保护税税目税额表》规定的税额幅度内提出，报同级人民代表大会常务委员会决定，并报全国人民代表大会常务委员会和国务院备案。

（三）计税依据和应纳税额

1. 应税固体废物的计税依据

应税固体废物的计税依据，按照固体废物的排放量确定。固体废物的排放量为当期应税固体废物的产生量减去当期应税固体废物的贮存量、处置量、综合利用量的余额。

上述固体废物的贮存量、处置量，是指在符合国家和地方环境保护标准的设施、场所贮存或者处置的固体废物数量；固体废物的综合利用量，是指按照国务院发展改革、工业和信息化主管部门关于资源综合利用要求以及国家和地方环境保护标准进行综合利用的固体废物数量。

纳税人有非法倾倒应税固体废物，或者进行虚假纳税申报的情形之一的，以其当期应税固体废物的产生量作为固体废物的排放量。

2. 应税大气污染物、水污染物的计税依据

应税大气污染物、水污染物的计税依据，按照污染物排放量折合的污染当量数确定。

纳税人有下列情形之一的，以其当期应税大气污染物、水污染物的产生量作为污染物的排放量：

（1）未依法安装使用污染物自动监测设备或者未将污染物自动监测设备与生态环境主管部门的监控设备联网；

（2）损毁或者擅自移动、改变污染物自动监测设备；

（3）篡改、伪造污染物监测数据；

（4）通过暗管、渗井、渗坑、灌注或者稀释排放以及不正常运行防治污染设施等方式违法排放应税污染物；

（5）进行虚假纳税申报。

此外，从两个以上排放口排放应税污染物的，对每一排放口排放的应税污染物分别计算征收环境保护税；纳税人持有排污许可证的，其污染物排放口按照排污许可证载明的污染物排放口确定。

3. 各类应税污染物的具体计税依据

基于上述总体原则，各类应税污染物的具体计税依据，按照下列方法确定：

（1）应税大气污染物按照污染物排放量折合的污染当量数确定；

（2）应税水污染物按照污染物排放量折合的污染当量数确定；

（3）应税固体废物按照固体废物的排放量确定；

（4）应税噪声按照超过国家规定标准的分贝数确定。

其中，应税大气污染物、水污染物的污染当量数，以该污染物的排放量除以该污染物的污染当量值计算。每种应税大气污染物、水污染物的具体污染当

量值，依照《应税污染物和当量值表》执行。

每一排放口或者没有排放口的应税大气污染物，按照污染当量数从大到小排序，对前三项污染物征收环境保护税。

每一排放口的应税水污染物，按照《应税污染物和当量值表》，区分第一类水污染物和其他类水污染物，按照污染当量数从大到小排序，对第一类水污染物按照前五项征收环境保护税，对其他类水污染物按照前三项征收环境保护税。

省级人民政府根据本地区污染物减排的特殊需要，可以增加同一排放口征收环境保护税的应税污染物项目数，报同级人大常委会决定，并报全国人大常委会和国务院备案。

应税大气污染物、水污染物、固体废物的排放量和噪声的分贝数，按照下列方法和顺序计算：

（1）纳税人安装使用符合国家规定和监测规范的污染物自动监测设备的，按照污染物自动监测数据计算。

（2）纳税人未安装使用污染物自动监测设备的，按照监测机构出具的符合国家有关规定和监测规范的监测数据计算。①

（3）因排放污染物种类多等原因不具备监测条件的，按照国务院生态环境主管部门规定的排污系数、物料衡算方法计算。所谓排污系数，是指在正常技术经济和管理条件下，生产单位产品所应排放的污染物量的统计平均值。所谓物料衡算，是指根据物质质量守恒原理对生产过程中使用的原料、生产的产品和产生的废物等进行测算的一种方法。

此外，不能按照上述方法计算的，按照省级人民政府生态环境主管部门规定的抽样测算的方法核定计算。具体由税务机关会同环保主管部门核定污染物排放种类、数量和应纳税额。

4. 应纳税额的计算

环境保护税应纳税额按照下列方法计算：

（1）应税大气污染物的应纳税额为污染当量数乘以具体适用税额；

（2）应税水污染物的应纳税额为污染当量数乘以具体适用税额；

（3）应税固体废物的应纳税额为固体废物排放量乘以具体适用税额；

（4）应税噪声的应纳税额为超过国家规定标准的分贝数对应的具体适用税额。

① 纳税人自行对污染物进行监测所获取的监测数据，符合国家有关规定和监测规范的，视同监测机构出具的监测数据。

(四) 税收减免

依据《环境保护税法》规定，下列情形，暂予免征环境保护税：

(1) 农业生产(不包括规模化养殖)排放应税污染物的；

(2) 机动车、铁路机车、非道路移动机械、船舶和航空器等流动污染源排放应税污染物的；

(3) 依法设立的城乡污水集中处理、生活垃圾集中处理场所排放相应应税污染物，不超过国家和地方规定的排放标准的；

(4) 纳税人综合利用的固体废物，符合国家和地方环境保护标准的；

(5) 国务院批准免税的其他情形。此类情形须由国务院报全国人大常委会备案。

此外，纳税人排放应税大气污染物或者水污染物的浓度值低于国家和地方规定的污染物排放标准30%的，减按75%征税。纳税人排放应税大气污染物或者水污染物的浓度值低于国家和地方规定的污染物排放标准50%的，减按50%征税。

上述应税大气污染物或者水污染物的浓度值，是指纳税人安装使用的污染物自动监测设备当月自动监测的应税大气污染物浓度值的小时平均值再平均所得数值或者应税水污染物浓度值的日平均值再平均所得数值，或者监测机构当月监测的应税大气污染物、水污染物浓度值的平均值。在对每一排放口排放的不同应税污染物分别计算，且上述数值不超过国家和地方规定的污染物排放标准的情况下，方可予以减税。

(五) 征收管理

1. 分工与协调

环境保护税由税务机关依照《税收征收管理法》和《环境保护税法》的有关规定征收管理，生态环境主管部门依法负责对污染物的监测管理，即税务机关要依法履行环境保护税纳税申报受理、涉税信息比对、组织税款入库等职责；生态环境主管部门要依法负责应税污染物监测管理，制定和完善污染物监测规范。

在相互协调方面，县级以上地方人民政府应当加强对环境保护税征收管理工作的领导，及时协调、解决环境保护税征收管理工作中的重大问题，应当建立税务机关、生态环境主管部门和其他相关单位分工协作工作机制，加强环境保护税征收管理，保障税款及时足额入库。

此外，生态环境主管部门和税务机关应当建立涉税信息共享平台和工作配合机制。一方面，生态环境主管部门应当将排污单位的排污许可、污染物排放数据、环境违法和受行政处罚情况等环境保护相关信息，定期交送税务机关。另一方面，税务机关应当将纳税人的纳税申报、税款入库、减免税额、欠缴税款以及风险疑点等环境保护税涉税信息，定期交送生态环境主管部门。

具体说来，生态环境主管部门应当通过涉税信息共享平台向税务机关交送在环境保护监督管理中获取的下列信息：

(1) 排污单位的名称、统一社会信用代码以及污染物排放口、排放污染物种类等基本信息；

(2) 排污单位的污染物排放数据（包括污染物排放量以及大气污染物、水污染物的浓度值等数据）；

(3) 排污单位环境违法和受行政处罚情况；

(4) 对税务机关提请复核的纳税人的纳税申报数据资料异常或者纳税人未按照规定期限办理纳税申报的复核意见；

(5) 与税务机关商定交送的其他信息。

税务机关应当通过涉税信息共享平台向环保主管部门交送下列环境保护税涉税信息：

(1) 纳税人基本信息；

(2) 纳税申报信息；

(3) 税款入库、减免税额、欠缴税款以及风险疑点等信息；

(4) 纳税人涉税违法和受行政处罚情况；

(5) 纳税人的纳税申报数据资料异常或者纳税人未按照规定期限办理纳税申报的信息；

(6) 与生态环境主管部门商定交送的其他信息。

2. 纳税时间和地点

纳税义务发生时间为纳税人排放应税污染物的当日。环境保护税按月计算，按季申报缴纳。不能按固定期限计算缴纳的，可以按次申报缴纳。

纳税人应当向应税污染物排放地的税务机关申报缴纳。这里的应税污染物排放地是指：(1) 应税大气污染物、水污染物排放口所在地；(2) 应税固体废物产生地；(3) 应税噪声产生地。纳税人跨区域排放应税污染物，税务机关对税收征收管辖有争议的，由争议各方按照有利于征收管理的原则协商解决；不能协商一致的，报请共同的上级税务机关决定。

纳税人申报缴纳时，应当向税务机关报送所排放应税污染物的种类、数量，大气污染物、水污染物的浓度值，以及税务机关根据实际需要要求纳税人报送的其他纳税资料。

纳税人按季申报缴纳的，应当自季度终了之日起 15 日内，向税务机关办理纳税申报并缴纳税款。纳税人按次申报缴纳的，应当自纳税义务发生之日起 15 日内，向税务机关办理纳税申报并缴纳税款。

3. 纳税申报

纳税人应当依法如实办理纳税申报，对申报的真实性和完整性承担责任。同时，税务机关应当将纳税人的纳税申报数据资料与环保主管部门交送的相关数据资料进行比对。

税务机关应当依据环保主管部门交送的排污单位信息进行纳税人识别。如果在环保部门交送的信息中没有对应信息的纳税人，则由税务机关在纳税人首次办理纳税申报时进行纳税人识别，并将相关信息交送生态环境主管部门。

如果税务机关发现纳税人的纳税申报数据资料异常（例如，纳税人无正当理由，当期申报的应税污染物排放量与上一年同期相比明显偏低，或者纳税人单位产品污染物排放量与同类型纳税人相比明显偏低），或者纳税人未按照规定期限办理纳税申报，可以提请环保主管部门进行复核，环保主管部门应当自收到税务机关的数据资料之日起 15 日内，向税务机关出具复核意见。税务机关应当按照环保主管部门复核的数据资料调整纳税人的应纳税额。

第十二章　税收管理制度

前面几章，着重介绍了税收征纳实体法制度的主要内容。从本章开始，将着重介绍税收征纳程序法制度的主要内容，其中，最为重要的是税收管理制度和税收征收制度。由于税收管理制度是税收征收制度的基础，没有有效的税收管理制度，就不可能有效地进行税款的征收，因此，本章先介绍税收管理制度。

在介绍各类具体的税收管理制度之前，有必要先从总体上对整个税收征管制度加以概述，这既有助于把握整个税收征管制度的全貌，又有助于明晰税收管理制度在整体税收征管制度中的地位或定位。

第一节　税收征管制度概述

我国的税收征管制度，集中地体现为《税收征收管理法》及其《实施细则》[①] 等配套法律、法规的相关规定。其中，《税收征收管理法》是最为重要的，因此，下面先从总体上对该法着重予以介绍。

一、税收征管法的概念和适用范围

所谓税收征管法，是调整在税收征纳及其管理过程中发生的社会关系的法律规范的总称。形式意义上的税收征管法，在我国是指 1992 年 9 月 4 日由全国人大常委会通过、并于 1993 年 1 月 1 日起施行的《税收征收管理法》，该法于 1995 年、2001 年、2013 年、2015 年作出了修改。

在适用范围方面，我国《税收征收管理法》规定，凡依法由税务机关征收的各种税收的征收管理，均适用该法及其《实施细则》。

可见，我国的《税收征收管理法》并非完全适用于各类税收的征管，它并不适用于海关负责的各类税收的征管方面。为此，在认识税收征管制度时，应注意区分包括各类税种征管的广义上的税收征管制度，以及仅适用于税务机关征收的各种税收的狭义上的税收征管制度。

我国的《税收征收管理法》在整个税收征管法律制度中占有十分重要的地

---

① 我国《税收征收管理法实施细则》，由国务院于 2002 年 9 月 7 日发布，自 2002 年 10 月 15 日起施行。此后，2012 年、2013 年、2016 年国务院进行了三次修订。

位。但尽管如此，在研究税收征管法律制度时，仍不能仅局限于该法中的相关规范，而应对其他法律、法规中有关税收征管的法律规范一并进行研究，因为这些法律规范同样是整个税收征管制度中不可缺少的组成部分。同时，尤其应注意对构成税收征管制度整体的各个具体制度及其中蕴涵的原理做深入研究。

二、税收征管法的主要内容

我国《税收征收管理法》的立法宗旨，是通过规范税收征纳行为，加强税收征管，来保护征纳双方的权利，从而保障国家的税收收入，促进经济和社会发展。正因为如此，有关税收征纳活动的规范必然是税收征管法的主要内容，即使是税收管理活动，也是围绕着税收征纳活动展开的。

在我国形式意义上的《税收征收管理法》中，主要规定了三大方面的制度，即税务管理制度、税款征收制度和税务检查制度。上述三大制度再加上相应的法律责任制度，就构成了该法的主要内容。

作为实质意义上的税收征管法（税收征管法律制度），其主要内容并不仅限于上述三大制度及其所包含的具体制度，而是同时也包含着其他一些相关的制度。这些相关制度在一部法律中是难以涵盖的，但却是税法学应予研究的，因而在后面对于其他的相关制度也将予以介绍。

上述各类制度所规定的核心内容，是相关主体的权利和义务。如前所述，在税收征纳、管理活动中，征纳双方均享有一定的权利，同时，也都要履行一定的义务。例如，在纳税人的权利方面，我国《税收征收管理法》确定了纳税人的知情权、保密权、税收减免申请权、多纳税款的退还请求权、延期纳税申请权、委托税务代理权、对税务机关的损害赔偿请求权、申请复议权，等等。同时，该法亦相应地规定了征税机关的各项义务。上述征纳双方的各项权利、义务，是各类具体税收征管制度的主要内容，也是整个税收征管法的主要内容。

在征纳双方诸多的权利、义务中，征税主体的税款征收权和税务管理权，以及纳税主体的依法纳税的义务，通常是最受关注的，它们也是整个税收征管制度存续的基础。事实上，没有纳税人的纳税义务的存在，没有征税主体的征管权的存在，整个税收征管制度也就不会存在。

三、税收管理制度的地位

税收管理制度在我国《税收征收管理法》及其配套制度中均居于重要地位。从一定的意义上说，没有税收管理，就很难有效地进行税款征收。有关税收管理的规定，是进行税款征收的重要制度基础和有力保障。正因为如此，在我国《税收征收管理法》及相关规范性文件中，有大量的规范是有关税收管理制度方面的规定，足见此类制度在税收征纳程序方面的重要价值。

一般说来，税收管理制度主要包括税务登记制度、账簿凭证管理制度、纳税申报管理制度、涉税发票管理制度、海关监督管理制度等。这些制度相互之间密切相关，在税收管理方面都是不可或缺的。在下面的各节中，将对上述制度择要予以介绍。

第二节 税务登记管理制度

税务登记管理制度在整个税收征纳制度中具有非常基础的意义，在我国，它同账簿凭证管理制度、纳税申报管理制度一样，在《税收征收管理法》中都有较为集中的规定。

为了规范税务登记管理，加强税源监控，根据我国《税收征收管理法》及其《实施细则》的规定，国家税务总局制定和发布了《税务登记管理办法》，该《办法》自2004年2月1日起施行，由此确立了较为完备的税务登记制度。2014年12月27日，该《办法》由国家税务总局作出较大修改，自2015年3月1日起施行。[①] 下面就以该《办法》为主要依据，来介绍我国税务登记制度的主要内容。

一、登记主体与登记管理体制

企业，企业在外地设立的分支机构和从事生产、经营的场所，个体工商户和从事生产、经营的事业单位（以下统称从事生产、经营的纳税人），均应依法办理税务登记。其他类型的纳税人，除国家机关、个人和无固定生产、经营场所的流动性农村小商贩以外，也都应当依法办理税务登记。

此外，根据税收法律、行政法规的规定负有扣缴税款义务的扣缴义务人（国家机关除外），应当依法办理扣缴税款登记。

上述的税务登记，包括设立登记、变更登记、注销登记和税务登记证验证、换证以及非正常户处理、报验登记等有关事项，这些事项由负责税务登记工作的主管税务机关承担。县以上（含本级，下同）国家税务局（分局）、地方税务局（分局）是税务登记的主管机关。

在管理体制方面，县以上税务局（分局）按照国务院规定的税收征收管理范围，实施属地管理。有条件的城市，可以按照“各区分散受理、全市集中处理”的原则办理税务登记。

---

① 依据2018年6月5日发布的《国家税务总局关于修改部分税务部门规章的决定》，该《办法》的相关条款已被修改。

为了加强管理，提高效率，税务局（分局）执行统一纳税人识别号。纳税人识别号由省、自治区、直辖市和计划单列市国家税务局、地方税务局按照纳税人识别号代码行业标准联合编制，统一下发各地执行。纳税人识别号具有唯一性。

已领取组织机构代码的纳税人，其纳税人识别号共15位，由纳税人登记所在地6位行政区划码＋9位组织机构代码组成。以业主身份证件为有效身份证明的组织，即未取得组织机构代码证书的个体工商户以及持回乡证、通行证、护照办理税务登记的纳税人，其纳税人识别号由身份证件号码＋2位顺序码组成。

近年来，国家大力推动“三证合一”为基础的登记制度改革，这对税务登记制度具有较大影响。基于简政放权、方便纳税人的思路，未来的税务登记制度还将作出进一步调整。

二、设立登记

一般说来，税务登记主要包括设立登记、变更登记和注销登记，这与工商登记的情况是对应的或类似的。此外，税务登记还包括相对较为特殊的停业、复业登记，以及外出经营报验登记。在各类税务登记中，设立登记是基础性、原初性的登记，因而下面先介绍设立登记制度的主要内容。

1. 设立登记的期限

从事生产、经营的纳税人，向生产、经营所在地税务机关申报办理税务登记。由于纳税人的情况千差万别，因此，不同类别的纳税人在办理设立登记方面的期限要求也不尽相同，依据现行《税务登记管理办法》的规定，主要有以下几种情形：

（1）从事生产、经营的纳税人领取工商营业执照的，应当自领取工商营业执照之日起30日内申报办理税务登记，税务机关发放税务登记证及副本；

（2）从事生产、经营的纳税人未办理工商营业执照但经有关部门批准设立的，应当自有关部门批准设立之日起30日内申报办理税务登记，税务机关发放税务登记证及副本；

（3）从事生产、经营的纳税人未办理工商营业执照也未经有关部门批准设立的，应当自纳税义务发生之日起30日内申报办理税务登记，税务机关发放临时税务登记证及副本；

（4）有独立的生产经营权、在财务上独立核算并定期向发包人或者出租人上交承包费或租金的承包承租人，应当自承包承租合同签订之日起30日内，向其承包承租业务发生地税务机关申报办理税务登记，税务机关发放临时税务登记证及副本；

(5) 境外企业在中国境内承包建筑、安装、装配、勘探工程和提供劳务的，应当自项目合同或协议签订之日起 30 日内，向项目所在地税务机关申报办理税务登记，税务机关发放临时税务登记证及副本。

(6) 上述纳税人以外的其他纳税人，除国家机关、个人和无固定生产、经营场所的流动性农村小商贩外，均应当自纳税义务发生之日起 30 日内，向纳税义务发生地税务机关申报办理税务登记，税务机关发放税务登记证及副本。

税务机关对纳税人税务登记地点发生争议的，由其共同的上级税务机关指定管辖。

2. 办理设立登记的手续

纳税人在申报办理税务登记时，应当根据不同情况向税务机关如实提供以下证件和资料：(1) 工商营业执照或其他核准执业证件；(2) 有关合同、章程、协议书；(3) 组织机构统一代码证书；(4) 法定代表人或负责人或业主的居民身份证、护照或者其他合法证件。除了上述的证件、资料以外，其他需要提供的有关证件、资料，由省、自治区、直辖市税务机关确定。

纳税人在申报办理税务登记时，应当如实填写税务登记表，其主要内容包括：(1) 单位名称、法定代表人或者业主姓名及其居民身份证、护照或者其他合法证件的号码；(2) 住所、经营地点；(3) 登记类型；(4) 核算方式；(5) 生产经营方式；(6) 生产经营范围；(7) 注册资金（资本）、投资总额；(8) 生产经营期限；(9) 财务负责人、联系电话；(10) 国家税务总局确定的其他有关事项。

3. 税务登记证件的发放与使用

纳税人提交的证件和资料齐全且税务登记表的填写内容符合规定的，税务机关应当日办理并发放税务登记证件。纳税人提交的证件和资料不齐全或税务登记表的填写内容不符合规定的，税务机关应当场通知其补正或重新填报。

税务登记证件的主要内容包括：纳税人名称、税务登记代码、法定代表人或负责人、生产经营地址、登记类型、核算方式、生产经营范围（主营、兼营）、发证日期、证件有效期等。

在税务登记证件的使用方面，纳税人开立银行账户或领购发票时，必须提供税务登记证件。纳税人办理其他税务事项时，应当出示税务登记证件，经税务机关核准相关信息后办理手续。

税务机关应当加强税务登记证件的管理，采取实地调查、上门验证等方法，进行税务登记证件的管理。纳税人、扣缴义务人遗失税务登记证件的，应当自遗失税务登记证件之日起 15 日内，书面报告主管税务机关，如实填写《税务登记证件遗失报告表》，并将纳税人的名称、税务登记证件名称、税务登记证件号码、税务登记证件有效期、发证机关名称在税务机关认可的报刊上做遗失声明，凭报刊上刊登的遗失声明向主管税务机关申请补办税务登记证件。

三、变更登记

纳税人办理了设立登记以后，可能会发生相关事项变更的情况。如果纳税人税务登记的内容发生了变化，则应当向原税务登记机关申报办理变更税务登记。变更登记的具体要求如下：

（1）纳税人已在工商行政管理机关办理变更登记的，应当自工商行政管理机关变更登记之日起 30 日内，向原税务登记机关如实提供下列证件、资料，申报办理变更税务登记：

第一，工商登记变更表及工商营业执照；

第二，纳税人变更登记内容的有关证明文件；

第三，税务机关发放的原税务登记证件（登记证正、副本和登记表等）；

第四，其他有关资料。

（2）纳税人按照规定不需要在工商行政管理机关办理变更登记，或者其变更登记的内容与工商登记内容无关的，应当自税务登记内容实际发生变化之日起 30 日内，或者自有关机关批准或者宣布变更之日起 30 日内，持下列证件到原税务登记机关申报办理变更税务登记：

第一，纳税人变更登记内容的有关证明文件；

第二，税务机关发放的原税务登记证件（登记证正、副本和税务登记表等）；

第三，其他有关资料。

纳税人提交的有关变更登记的证件、资料齐全的，应如实填写税务登记变更表，符合规定的，税务机关应当日办理；不符合规定的，税务机关应通知其补正。

税务机关应当于受理当日办理变更税务登记。纳税人税务登记表和税务登记证中的内容都发生变更的，税务机关按变更后的内容重新发放税务登记证件；纳税人税务登记表的内容发生变更而税务登记证中的内容未发生变更的，税务机关不重新发放税务登记证件。

四、注销登记

纳税人发生解散、破产、撤销以及其他情形，依法终止纳税义务的，应当在向工商行政管理机关或者其他机关办理注销登记前，持有关证件和资料向原税务登记机关申报办理注销税务登记；按规定不需要在工商行政管理机关或者其他机关办理注销登记的，应当自有关机关批准或者宣告终止之日起 15 日内，持有关证件和资料向原税务登记机关申报办理注销税务登记。

纳税人被工商行政管理机关吊销营业执照或者被其他机关予以撤销登记

的，应当自营业执照被吊销或者被撤销登记之日起15日内，向原税务登记机关申报办理注销税务登记。

纳税人因住所、经营地点变动，涉及改变税务登记机关的，应当在向工商行政管理机关或者其他机关申请办理变更、注销登记前，或者住所、经营地点变动前，持有关证件和资料，向原税务登记机关申报办理注销税务登记，并自注销税务登记之日起30日内向迁达地税务机关申报办理税务登记。

境外企业在中国境内承包建筑、安装、装配、勘探工程和提供劳务的，应当在项目完工、离开中国前15日内，持有关证件和资料，向原税务登记机关申报办理注销税务登记。

纳税人办理注销税务登记前，应当向税务机关提交相关证明文件和资料，结清应纳税款、多退（免）税款、滞纳金和罚款，缴销发票、税务登记证件和其他税务证件，经税务机关核准后，办理注销税务登记手续。

五、停业、复业登记

（一）停业登记

实行定期定额征收方式的个体工商户需要停业的，应当在停业前向税务机关申报办理停业登记。纳税人的停业期限不得超过一年。

纳税人在申报办理停业登记时，应如实填写停业申请登记表，说明停业理由、停业期限、停业前的纳税情况和发票的领、用、存情况，并结清应纳税款、滞纳金、罚款。税务机关应收存其税务登记证件及副本、发票领购簿、未使用完的发票和其他税务证件。

纳税人在停业期间发生纳税义务的，应当按照税收法律、行政法规的规定申报缴纳税款。

（二）复业登记

纳税人应当于恢复生产经营之前，向税务机关申报办理复业登记，如实填写“停、复业报告书”，领回并启用税务登记证件、发票领购簿及其停业前领购的发票。

纳税人停业期满不能及时恢复生产经营的，应当在停业期满前到税务机关办理延长停业登记，并如实填写《停业复业报告书》。

六、外出经营报验登记

纳税人到外县（市）临时从事生产经营活动的，应当在外出生产经营以前，持税务登记证向主管税务机关申请开具“外出经营活动税收管理证明”（以下简称“外管证”）。

税务机关按照一地一证的原则，发放《外管证》，《外管证》的有效期限一般为30日，最长不得超过180天。

纳税人应当在《外管证》注明地进行生产经营前向当地税务机关报验登记，并提交税务登记证件副本和《外管证》。如果纳税人在《外管证》注明地销售货物的，还应当如实填写《外出经营货物报验单》，申报查验货物。

纳税人外出经营活动结束，应当向经营地税务机关填报《外出经营活动情况申报表》，并结清税款、缴销发票。纳税人应当在《外管证》有效期届满后10日内，持《外管证》回原税务登记地税务机关办理《外管证》缴销手续。

七、登记协助制度

为了确保税务登记信息的准确完整，防止税收逃避，工商行政管理机关和金融机构等相关主体依法负有一定的协助义务，主要体现为以下方面：

（1）工商登记方面的协助。工商行政管理机关应当将办理登记注册、核发营业执照的情况，定期向税务机关通报。具体说来，各级工商行政管理机关尤其应当向同级税务局定期通报办理开业、变更、注销登记以及吊销营业执照的情况。

（2）金融开户方面的协助。从事生产、经营的纳税人，应当按照国家有关规定，持税务登记证件，在银行或者其他金融机构开立基本存款账户和其他存款账户，并将其全部账号向税务机关报告。这是纳税人在税务登记方面应尽的义务。

银行和其他金融机构应当在从事生产、经营的纳税人的账户中登录税务登记证件号码，并在税务登记证件中登录从事生产、经营的纳税人的账户账号。税务机关依法查询从事生产、经营的纳税人开立账户的情况时，有关银行和其他金融机构应当予以协助。这是金融机构在开户方面的协助义务。

第三节　账簿凭证管理制度

账簿、凭证管理是直接影响到税收征纳的一种基础性管理。由于账簿、凭证所反映出的纳税人的纳税能力会直接影响到计税基数的确定，从而会影响到应纳税额的计算，因而账簿、凭证所反映的会计信息必须真实、准确、可靠，为此就必须加强对账簿、凭证的管理。

一、设置账簿的管理

账簿包括总账、明细账、日记账以及其他辅助性账簿等，也称账册，是由具有一定格式而又相互联系的账页所组成的、用以记录各项经济业务的簿籍。

从事生产、经营的纳税人，应当自领取营业执照或发生纳税义务之日起

15日内，按照国务院财政、税务主管部门的规定设置账簿，根据合法、有效的凭证记账和进行核算。

生产、经营规模小又确无建账能力的纳税人，可以聘请经批准从事会计代理记账业务的专业机构或者财会人员代为建账和办理账务。①

除纳税义务人以外，扣缴义务人，即依据法律、行政法规规定负有代扣代缴、代收代缴税款义务的单位和个人，应当自法律、法规规定的扣缴义务发生之日起10日内，按照所代扣、代收的税种，分别设置代扣代缴、代收代缴税款账簿。

此外，随着信息社会和现代科技的发展，又出现了对计算机记账如何认定的问题。根据我国《税收征收管理法实施细则》的规定，纳税人采用计算机记账的，应当在使用前将会计电算化系统的会计核算软件、使用说明书及有关资料报送主管税务机关备案。与此同时，纳税人、扣缴义务人会计制度健全，能够通过计算机正确、完整计算其收入等税基情况的，其计算机输出的完整的书面会计记录，可视同会计账簿；否则，应当建立总账和与纳税活动有关的其他账簿。

二、账簿、凭证的使用和保管

账簿、凭证必须依据有关的法律规定进行使用和保管。这里的凭证即会计凭证，它是形成账簿内容的依据，是记载经济活动的书面证明。因此会计凭证等涉税资料必须真实、合法、完整。

会计凭证可分为原始凭证和记账凭证两类。原始凭证是指经济业务发生时所取得或填制的凭证。例如，由税务机关监制的发票、经由财税机关认可的其他凭证等，均属于原始凭证。记账凭证是根据原始凭证加以归类整理，并据以进行会计分录和账簿登记的凭证。为了加强对凭证，尤其是其中的发票的管理，财政部专门发布了《发票管理办法》，足见发票在整个税收征管中的重要地位。对此，在后面还将做专门介绍。

此外，在账簿、凭证的保管方面，除法律、行政法规另有规定的以外，账簿、记账凭证、报表、完税凭证、发票、出口凭证以及其他有关涉税资料应当保存10年，并且，这些涉税资料应当合法、真实、完整。

另外，在使用的文字方面，账簿、会计凭证和报表，应当使用中文。民族自治地方可以同时使用当地通用的一种民族文字。外商投资企业和外国企业可以同时使用一种外国文字。

---

① 参见我国2013年修订的《税收征收管理法实施细则》第23条。

三、税务会计的决定权

一般说来，企业会计是税务会计的重要基础，但当两者存在冲突时，应当依据税务会计的制度和方法来确定税基，即税务会计具有最终的决定权，因为它是由税法加以确定的。体现公益的税务会计当然要高于与私益相关的企业会计。

有鉴于此，与上述的账簿、凭证管理相一致，我国《税收征收管理法》规定，从事生产、经营的纳税人的财务、会计制度或者财务、会计处理办法和会计核算软件，应当报送税务机关备案。上述制度或处理办法与国务院或国务院财税主管部门有关税收的规定相抵触的，应依照后者有关税收的规定计算纳税。

第四节　纳税申报管理制度

纳税申报是在纳税义务发生后，纳税人按期向征税机关申报与纳税有关的各类事项的一种制度。从管理的角度说，纳税申报制度是税务管理制度的重要组成部分；从税收征纳程序的角度来说，纳税申报是税收征纳程序中的一个重要环节，因而纳税申报制度同样也是税收征纳程序制度的重要组成部分。

纳税申报是连接税务机关与纳税人的重要纽带，是建立上述双方的税收征纳关系的重要环节。纳税申报不仅是纳税义务人、扣缴义务人等履行其相关义务的法定程序，而且也是税务机关依据形式课税原则行使其税款征收权的微观的、现实的基础。

一、纳税申报的主体

纳税申报的主体是纳税人，只有纳税人才负有此义务。根据我国《税收征收管理法》及其《实施细则》规定，纳税人必须在法律、行政法规规定或者税务机关依照法律、行政法规的规定确定的申报期限、申报内容如实办理纳税申报，报送纳税申报表、财务会计报表以及税务机关根据实际需要要求纳税人报送的其他纳税资料。即使是享受减税、免税待遇的纳税人，在减税、免税期间也应当按照规定办理纳税申报。可见，无论纳税人在实体上是否应缴纳税款，在程序上均应履行纳税申报的义务。

此外，扣缴义务人也必须依照法律、行政法规规定或者税务机关依照法律、行政法规的规定确定的申报期限、申报内容如实报送代扣代缴、代收代缴税款报告表以及税务机关根据实际需要要求扣缴义务人报送的其他有关资料。扣缴义务人的这种报表和报送资料的行为也可视为一种广义的申报。

二、纳税申报的主要内容

纳税人进行纳税申报的主要内容包括：（1）税种、税目；（2）应纳税项目；（3）适用税率或者单位税额；（4）计税依据；（5）扣除项目及标准；（6）应纳税额；（7）应退税或应减免税的项目及税额；（8）税款所属期限，等等。此外，扣缴义务人的代扣代缴、代收代缴税款表的主要内容亦与上述纳税申报的主要内容基本相同，只需将上述内容中的第（2）、（6）项分别改为应代扣代缴、代收代缴税款项目，以及应代扣代缴、代收代缴税额即可。

另外，纳税人在办理纳税申报时，不仅应如实填写纳税申报表，而且还应根据不同情况报送相应的有关证件、资料：（1）财务、会计报表及其说明材料；（2）与纳税有关的合同、协议书及凭证；（3）税控装置的电子报税资料；（4）外出经营活动税收管理证明和异地完税凭证；（5）境内或者境外公证机构出具的有关证明文件；（6）税务机关规定应当报送的其他有关证件、资料。

三、纳税申报的延期

纳税人通常应严格按照法定的或税务机关依法确定的申报期限进行纳税申报，但这并不排除在特殊情况下的纳税人的延期申报的请求权。纳税人按照规定的期限办理纳税申报确有困难，需要延期的，应当在规定的期限内向税务机关提出书面延期申请，经税务机关核准，在核准的期限内办理。

此外，纳税人因不可抗力不能按期办理纳税申报的，可以延期办理；但是，应当在不可抗力情形消除后立即向税务机关报告。税务机关应当查明事实，予以核准。另外，扣缴义务人申报有困难，或因不可抗力受阻而需要延期办理的，与上述纳税人延期申报的做法相同。

四、纳税申报的方式

我国《税收征收管理法》第 26 条规定，纳税人可以直接到税务机关办理纳税申报，也可以按照规定采取邮寄、数据电文或者其他方式办理上述申报、报送事项。据此，纳税申报的方式主要是直接申报、邮寄申报、电子申报等方式。扣缴义务人报送代扣代缴、代收代缴税款报告表作为一种广义的纳税申报，也可以采取以上几种申报方式。

在上述各类申报方式中，直接申报所占的比例是较大的。因此，税务机关应当建立、健全纳税人自行申报纳税制度，以确保大量的直接申报得以高效率地进行。

此外，纳税人也可以采取邮寄方式、数据电文方式（或称电子方式）办理纳税申报。[1]

纳税人采取邮寄方式办理纳税申报的，应当使用统一的纳税申报专用信封，并以邮政部门收据作为申报凭据。邮寄申报以寄出的邮戳日期为实际申报日期。

纳税人采取电子方式办理纳税申报的，应当按照税务机关规定的期限和要求保存有关资料，并定期书面报送主管税务机关。所谓电子方式，或称数据电文方式，是指税务机关确定的电话语音、电子数据交换和网络传输等电子方式。

除了上述几种主要的申报方式以外，对于实行定期定额缴纳税款的纳税人，可以实行简易申报、简并征期等申报纳税方式。

第五节　涉税发票管理制度

发票管理是广义上的税务管理的组成部分，它与账簿、凭证管理密切相关，并具有相对的独立性。由于加强发票管理对于控制税源，防止和杜绝税收逃避，保障税款征收等均具有重要意义，因而对于发票管理法律制度有必要在广义的税收征管制度中作单独的介绍。

所谓发票，是指在购销商品、提供或者接受服务以及从事其他经营活动中，开具、收取的收付款凭证。发票是记载相关主体经济往来的商事凭证，它能够证明相关主体之间的款项收付和资金流向，因而它不仅是会计核算的原始凭证，而且也是征税机关进行税款征收和税务检查的重要依据。正因为如此，加强发票管理甚为重要。

我国对发票管理非常重视。财政部于1993年12月发布了《发票管理办法》（以下简称《办法》）及其《实施细则》，国家税务总局亦于同期发布了《增值税专用发票使用规定》，对发票的印刷、领购、开具、保管等方面的管理做了明确规定，从而确立了我国的发票管理法律制度。为了加强发票管理和财务监督，保障国家税收收入，维护经济秩序，2010年12月，国务院又作出了《关于修改〈发票管理办法〉的决定》[2]，规定凡是在中华人民共和国境内印制、领购、开具、取得、保管、缴销发票的单位和个人，必须遵守该《办法》。

一、发票的印制与领购制度

（一）发票的印制制度

在发票管理体制方面，国务院税务主管部门统一负责全国的发票管理工

① 参见我国《税收征收管理法实施细则》第30条。

② 该《决定》自2011年2月1日起施行。

作。省、自治区、直辖市税务机关依据职责做好本行政区域内的发票管理工作。此外，财政、审计、市场监督管理、公安等有关部门在各自的职责范围内，配合税务机关做好发票管理工作。[①] 这种发票管理体制也影响到对发票印制的管理。

在发票的印制方面，增值税专用发票由国务院税务主管部门确定的企业印制；其他发票，按照国务院税务主管部门的规定，由省级税务机关确定的企业印制。禁止私自印制、伪造、变造发票。

印制发票的企业必须按照税务机关批准的式样和数量印制发票。发票应当套印全国统一发票监制章。全国统一发票监制章的式样和发票版面印刷的要求，由国务院税务主管部门规定。发票监制章由省级税务机关制作。禁止伪造发票监制章。发票实行不定期换版制度。

发票应当使用中文印制。民族自治地方的发票，可以加印当地一种通用的民族文字。有实际需要的，也可以同时使用中外两种文字印制。禁止在境外印制发票。

（二）发票的领购制度

发票的领购是用票单位和个人取得发票的必经程序。对发票的领购加以规制，不仅能更好地方便用票单位和个人取得和使用发票，而且也有利于防止和减少发票的流失，从而有利于加强税收征管，维护税收秩序，防止和减少经济犯罪。

1. 发票领购的一般程序

需要领购发票的单位和个人，应当持税务登记证件、经办人身份证明、按照国务院税务主管部门规定式样制作的发票专用章的印模，向主管税务机关办理发票领购手续。主管税务机关根据领购单位和个人的经营范围和规模，确认领购发票的种类、数量以及领购方式，在5个工作日内发给发票领购簿。

单位和个人领购发票时，应当按照税务机关的规定报告发票使用情况，税务机关应当按照规定进行查验。

2. 临时使用的发票的领购

需要临时使用发票的单位和个人，可以凭购销商品、提供或者接受服务以及从事其他经营活动的书面证明、经办人身份证明，直接向经营地税务机关申请代开发票。依照税收法律、行政法规规定应当缴纳税款的，税务机关应当先征收税款，再开具发票。税务机关根据发票管理的需要，可以按照国务院税务主管部门的规定委托其他单位代开发票。

临时到本省级行政区以外从事经营活动的单位或者个人，应当凭所在地税

① 参见2019年3月2日国务院公布的《关于修改部分行政法规的决定》（国令第709号）。

务机关的证明，向经营地税务机关领购经营地的发票。税务机关对外省来本辖区从事临时经营活动的单位和个人领购发票的，可以要求其提供保证人或者根据所领购发票的票面限额以及数量交纳不超过 1 万元的保证金，并限期缴销发票。

按期缴销发票的，解除保证人的担保义务或者退还保证金；未按期缴销发票的，由保证人或者以保证金承担法律责任。

二、发票的开具与使用、保管制度

（一）发票的开具制度

发票的开具对于发票能否真实、准确地反映经济活动有着直接的影响，因而对于整个税收征管亦至为重要。为了保障国家的税收收入，维护正常的税收秩序，必须加强对发票开具的管理。

对发票开具有如下要求：

（1）开票主体。销售商品、提供服务以及从事其他经营活动的单位和个人，对外发生经营业务收取款项，收款方应当向付款方开具发票；但在特殊情况下，由付款方向收款方开具发票。例如，收购单位和扣缴义务人向个人支付款项时开具的发票即属此种情况。

所有单位和从事生产、经营活动的个人在购买商品、接受服务以及从事其他经营活动支付款项，应当向收款方取得发票。

（2）开票程序。开具发票应当按照规定的时限、顺序、栏目，全部联次一次性如实开具，并加盖发票专用章。

安装税控装置的单位和个人，应当按照规定使用税控装置开具发票，并按期向主管税务机关报送开具发票的数据。

使用非税控电子器具开具发票的，应当将非税控电子器具使用的软件程序说明资料报主管税务机关备案，并按照规定保存、报送开具发票的数据。

（3）开票地域。除国务院税务主管部门规定的特殊情形外，发票限于领购单位和个人在本省、自治区、直辖市内开具。

（4）禁止性规定。第一，开票主体开出的不符合规定的发票，不得作为财务报销凭证，任何单位和个人有权拒收。第二，取得发票的主体不得要求开票主体违背事实变更品名和金额。第三，任何单位和个人不得虚开发票，包括：为他人、为自己开具与实际经营业务情况不符的发票，让他人为自己开具与实际经营业务情况不符的发票，以及介绍他人开具与实际经营业务情况不符的发票。

(二) 发票的使用、保管制度

1. 发票的使用制度

开具发票的单位和个人应当建立发票使用登记制度，设置发票登记簿，并定期向主管税务机关报告发票使用情况。

除国务院税务主管部门规定的特殊情形外，任何单位和个人不得跨规定的使用区域携带、邮寄、运输空白发票。禁止携带、邮寄或者运输空白发票出入境。

此外，任何单位和个人应当按照发票管理规定使用发票，不得有下列行为：

(1) 转借、转让、介绍他人转让发票、发票监制章和发票防伪专用品；

(2) 知道或者应当知道是私自印制、伪造、变造、非法取得或者废止的发票而受让、开具、存放、携带、邮寄、运输；

(3) 拆本使用发票；

(4) 扩大发票使用范围；

(5) 以其他凭证代替发票使用。

2. 发票的保管制度

开具发票的单位和个人应当按照税务机关的规定存放和保管发票，不得擅自损毁。已经开具的发票存根联和发票登记簿，应当保存5年。保存期满，报经税务机关查验后销毁。

三、发票的检查制度

发票的检查是税务机关对相关单位和个人执行发票管理规定情况予以监督、核查的活动，它是发票管理的重要组成部分。在发票检查过程中，税务机关与被检查人均享有一定的权力或权利，同时又都需履行一定的职责或义务。下面从税务机关的权责的角度来加以说明。

(一) 税务机关的发票检查权

税务机关在发票管理中有权进行下列检查：(1) 检查印制、领购、开具、取得、保管和缴销发票的情况；(2) 调出发票查验；(3) 查阅、复制与发票有关的凭证、资料；(4) 向当事各方询问与发票有关的问题和情况；(5) 在查处发票案件时，对与案件有关的情况和资料，可以记录、录音、录像、照相和复制。

针对税务机关依法进行的发票检查，印制、使用发票的单位和个人必须接受，如实反映情况，提供有关资料，不得拒绝、隐瞒。

此外，单位和个人从中国境外取得的与纳税有关的发票或者凭证，税务机关在纳税审查时有疑义的，可以要求其提供境外公证机构或者注册会计师的确认证明，经税务机关审核认可后，方可作为记账核算的凭证。

税务机关在发票检查中需要核对发票存根联与发票联填写情况时，可以向持有发票或者发票存根联的单位发出发票填写情况核对卡，有关单位应当如实填写，按期报回。

（二）税务机关的发票检查职责

税务机关必须履行依法检查发票的职责，主要包括以下几个方面：

（1）税务机关在进行发票检查时，应当出示税务检查证。

（2）税务机关需要将已开具的发票调出查验时，应当向被查验的单位和个人开具发票换票证（发票换票证与所调出查验的发票有同等的效力）。

（3）税务机关需要将空白发票调出查验时，应当开具收据；经查无问题的，应当及时返还。

第六节　海关监督管理制度

为了维护国家的主权和利益，加强海关监督管理，促进对外经济贸易和科技文化交往，保障社会主义现代化建设，全国人大常委会于 1987 年 1 月 22 日通过了《海关法》，并于 2000 年 7 月 8 日、2013 年 6 月 29 日、2013 年 12 月 28 日、2016 年 11 月 7 日、2017 年 11 月 4 日对该法作出了修改。由于海关是重要的征税机关，在具体的职能和适用的程序上与税务机关有所不同，因此，有必要对海关为征收进出口税收而执行的各类监督管理制度做单独的介绍。

根据我国《海关法》规定，中华人民共和国海关是国家的进出关境（以下简称进出境）监督管理机关。国务院设立海关总署，统一管理全国海关。国家在对外开放的口岸和海关监管业务集中的地点设立海关。海关依法独立行使职权，其隶属关系，不受行政区划的限制。

海关的主要任务是：依法监管进出境的运输工具、货物、行李物品、邮递物品和其他物品（以下简称进出境运输工具、货物、物品），征收关税和其他税、费，查缉走私，并编制海关统计报表和办理其他海关业务。其中，监管、征税、缉私这三项任务或称职能是非常重要的，并且，监管是征税的基础，缉私则是对征税的重要保障。

一、报关纳税管理制度

与前面的纳税申报管理制度类似，在进出口税收的征收管理方面，有专门的报关纳税管理制度。由于报关纳税离不开海关的监管，因而往往也被看成是广义的海关监督管理制度的一部分。

（一）办理报关纳税手续的主体

根据我国《海关法》规定，报关纳税因征税对象的不同而有一定的区别。进出口货物，除另有规定的外，可以由进出口货物收发货人自行办理报关纳税手续，也可以由其委托海关准予注册登记的报关企业办理报关纳税手续。与此类似，进出境物品的所有人既可以自行办理报关纳税手续，也可以委托他人办理报关纳税手续。

在进出口货物收发货人委托报关企业办理报关纳税手续时，如果报关企业以委托人的名义办理报关手续，则应当向海关提交由委托人签署的授权委托书，遵守我国《海关法》对委托人的各项规定；如果接受委托的报关企业是以自己的名义办理报关手续，则应当承担与收发货人相同的法律责任。

此外，上述各类委托人委托报关企业办理报关手续时，应当向报关企业提供所委托报关事项的真实情况；报关企业在接受委托人的委托办理报关手续时，应当对委托人所提供情况的真实性进行合理审查。

另外，为了加强对报关纳税的监督管理，我国《海关法》还规定，进出口货物收发货人、报关企业办理报关手续，必须依法经海关注册登记。报关人员必须依法取得报关从业资格。未依法经海关注册登记的企业和未依法取得报关从业资格的人员，不得从事报关业务。报关企业和报关人员不得非法代理他人报关，或者超出其业务范围进行报关活动。

（二）进出境货物的申报监管制度

进出境货物需要依法向海关进行申报，同时要接受海关的监管。为此，我国《海关法》规定，进口货物自进境起到办结海关手续止，出口货物自向海关申报起到出境止，过境、转运和通运货物自进境起到出境止，应当接受海关监管。下面依据我国《海关法》的规定，分别介绍进出境货物的申报与监管制度。

1. 进出境货物的申报制度

进口货物的收货人、出口货物的发货人应当向海关如实申报，交验进出口许可证件和有关单证。国家限制进出口的货物，没有进出口许可证件的，不予放行。过境、转运和通运货物，运输工具负责人应当向进境地海关如实申报，并应当在规定期限内运输出境。

除法律另有规定的以外，进口货物应当由收货人在货物的进境地海关办理海关手续，出口货物应当由发货人在货物的出境地海关办理海关手续。进口货物的收货人应当自运输工具申报进境之日起 14 日内，出口货物的发货人除海关特准的外应当在货物运抵海关监管区后、装货的 24 小时以前，向海关申报。进口货物的收货人超过上述规定期限向海关申报的，由海关征收滞报金。

办理进出口货物的海关申报手续，应当采用纸质报关单和电子数据报关单的形式。海关接受申报后，报关单证及其内容不得修改或者撤销，但符合海关规定的情形的除外。

进口货物的收货人自运输工具申报进境之日起超过3个月未向海关申报的，其进口货物由海关提取依法变卖处理，所得价款在扣除运输、装卸、储存等费用和税款后，尚有余款的，自货物依法变卖之日起1年内，经收货人申请，予以发还；其中属于国家对进口有限制性规定，应当提交许可证件而不能提供的，不予发还。逾期无人申请或者不予发还的，上缴国库。此外，收货人或者货物所有人声明放弃的进口货物，由海关提取依法变卖处理；所得价款在扣除运输、装卸、储存等费用后，上缴国库。

2. 进出境货物的监管制度

依据我国《海关法》规定，海关监管货物，未经海关许可，不得开拆、提取、交付、发运、调换、改装、抵押、质押、留置、转让、更换标记、移作他用或者进行其他处置。对于海关加施的封志，任何人不得擅自开启或者损毁。此外，人民法院判决、裁定或者有关行政执法部门决定处理海关监管货物的，应当责令当事人办结海关手续。

经营海关监管货物仓储业务的企业，应当经海关注册，并按照海关规定，办理收存、交付手续。在海关监管区外存放海关监管货物，应当经海关同意，并接受海关监管。违反上述规定或者在保管海关监管货物期间造成海关监管货物损毁或者灭失的，除不可抗力外，对海关监管货物负有保管义务的人应当承担相应的纳税义务和法律责任。

国家对进出境货物、物品有禁止性或者限制性规定的，海关依据法律、行政法规、国务院的规定或者国务院有关部门依据法律、行政法规的授权作出的规定实施监管。具体监管办法由海关总署制定。

二、进出境物品的申报监管制度

个人携带进出境的行李物品、邮寄进出境的物品，应当以自用、合理数量为限，并接受海关监管。进出境物品的所有人应当向海关如实申报，并接受海关查验。

进出境邮袋的装卸、转运和过境，应当接受海关监管。邮政企业应当向海关递交邮件路单。邮政企业应当将开拆及封发国际邮袋的时间事先通知海关，海关应当按时派员到场监管查验。邮运进出境的物品，经海关查验放行后，有关经营单位方可投递或者交付。

经海关登记准予暂时免税进境或者暂时免税出境的物品，应当由本人复带出境或者复带进境。过境人员未经海关批准，不得将其所带物品留在境内。

进出境物品所有人声明放弃的物品、在海关规定期限内未办理海关手续或者无人认领的物品，以及无法投递又无法退回的进境邮递物品，由海关依法进行变卖处理。

享有外交特权和豁免的外国机构或者人员的公务用品或者自用物品进出境，依照有关法律、行政法规的规定办理。

第十三章　税款征收制度

在税收征纳程序制度中，税收管理制度是基础，而税款征收制度则是核心和关键。所谓税款征收，通常是指征税机关依法将纳税人的应纳税款征收入库的各类活动的总称。以税款征收为核心，在税法上设置了一系列相关制度，总称为税款征收制度。税款征收制度可分为如下四类：税款征收基本制度、税款征收特殊制度、税款征收保障制度、税款征收辅助制度。而上述四类制度又各自包含着一系列具体制度。本章分四节，分别介绍上述四类制度。

第一节　税款征收基本制度

税款征收基本制度，是在税款征收方面通行的一般制度。它主要包括征纳主体制度、税务管辖制度、征收方式制度、税额确定制度、征纳期限制度、文书送达制度等。由于这些制度对于国家税收债权的实现和纳税主体的纳税义务的履行都非常重要，因而下面有必要做较为具体的探讨。

一、征纳主体制度

征纳主体制度在整个税款征收制度中非常重要，对此前面已有述及。由于征税机关的税款征收活动与纳税人的税款缴纳活动密不可分，因此必须从征纳双方的角度分别规定征纳主体各自的资格、权利、义务等，从而形成征纳主体制度。

征税主体即前述的征税机关，无论是税务机关还是海关，在税款征收环节都享有最为重要的税款征收权，以及相应的税款入库权。尽管如此，它们仍必须严格遵循税收法定原则，依法征收。根据我国《税收征收管理法》等法律、法规规定，征税机关应依照法律、行政法规的规定征收税款，不得违反法律、行政法规的规定开征、停征、多征或者少征、提前征收、延缓征收或者摊派税款。这些规定应是对征税机关行使税款征收权的最基本的要求。

纳税主体在这里是指缴纳税款的主体，即纳税人。纳税主体在税款征收阶段最主要的义务就是缴纳税款，这是与征税主体的税款征收权相对应的。

我国《税收征收管理法》规定，纳税人、扣缴义务人必须依照法律、行政法规的规定缴纳税款、代扣代缴、代收代缴税款。但对于法律、行政法规没有规定负有代扣、代收税款义务的单位和个人，税务机关不得要求其履行代扣、代收税款义务。此外，扣缴义务人依法履行代扣、代收税款义务时，纳税人不得拒绝。如果纳税人拒绝，则扣缴义务人应当及时报告税务机关处理。

无论是上述的征税主体还是纳税主体，其权利、义务、主体资格均需依税收法律、法规的规定加以确定；不符合相关法律、法规规定的主体，不能作征税主体或纳税主体，当然也不能享有其权利，也无须履行其义务。

二、税务管辖制度

税务管辖也称征收管辖，是对征税主体的税款征收权的进一步具体化。从纳税主体的角度来说，税务管辖是纳税主体应向哪里的哪个征税机关申报并缴纳税款的问题；从征税主体的角度来说，税务管辖是哪里的哪个征税机关有权受理纳税主体的申报和缴纳税款的事宜，以及依法保障应收税款及时、足额入库的问题，因此是征税机关在税款征收方面的管辖权划分问题。

税务管辖的主体是征税机关。如前所述，不同类别的征税机关之间各自负责一系列的税种的征收，这是“主管”的问题；而相同类别的征税机关之间各自的征收范围如何确定，这是“管辖”的问题。在法律上明确税务管辖，其至为重要的法律意义就是防止偷漏税和避免重复征税，因而对于贯彻税收法定原则、税收公平原则和税收效率原则等亦具有重要意义。

如前所述，税务管辖从纳税主体的角度来说是一个纳税地点的问题。在税法上确定为纳税地点的主要有：纳税人所在地（包括其机构所在地和住所所在地等)、商品销售地、劳务发生地或营业地、财产所在地、报关地等。纳税主体一般应根据具体情况，到上述地点的征税机关申报纳税。

在税务管辖中，最为重要的是地域管辖，此类管辖最为普遍，是税务管辖的基本形式。此外，在地域管辖中也包括专属管辖，它排除了一般地域管辖，明确规定某些征收事宜仅由特定的征税机关管辖。例如，进口环节增值税、消费税由海关代征；作为共享税的增值税由国税局征收，等等。

三、征收方式制度

征收方式是指征税主体在税款征收活动中所采取的具体征收方法和征收形式。由于纳税人的情况千差万别，因而税款征收方式也不可能整齐划一，而是必须要针对不同类别的情况，采取不同的征收方式。我国原《税收征收管理法实施细则》曾规定，税务机关可以采取查账征收、查定征收、查验征收、定期定额征收以及其他方式征收税款，从而为税款征收方式的选择提供了法律依据。但是，现行的《税收征收管理法》及其《实施细则》并未对税款征收方式作出很具体的规定，只是强调了确定税款征收方式的原则。这些原则是：(1) 保证国家税款及时足额入库原则；(2) 方便纳税人原则；(3) 降低税收成本的原则。这些具体原则既体现了传统的确保收入的财政原则的要求，也体现了现代的保护纳税人权利原则以及税收效率原则的要求。

为了贯彻上述原则，现行税法还规定，税务机关根据有利于税收控管和方便纳税的原则，可以按照国家有关规定委托有关单位和人员代征零星分散和异地缴纳的税收，并发给委托代征证书。受托单位和人员按照代征证书的要求，以税务机关的名义依法征收税款，纳税人不得拒绝；纳税人拒绝的，受托代征单位和人员应当及时报告税务机关。

此外，税务机关应当根据方便、快捷、安全的原则，积极推广使用支票、银行卡、电子结算方式缴纳税额。这也是体现上述原则的具体措施。

无论采取何种征收方式，在税务机关征收税款和扣缴义务人代扣、代收税款时，必须给纳税人开具完税凭证。完税凭证包括各种完税证、缴款书、印花税票、扣（收）税凭证以及其他完税证明。

四、税额确定制度

如前所述，纳税人的纳税义务有具体与抽象之分，只是在经过相应的确定程序后，纳税人的应纳税额一般才能得到具体化，税款征收也才有直接的依据。正因为如此，在税法理论上往往亦注意研究应纳税额的确定制度，这对于不断完善现行的立法亦甚有裨益。

（一）应纳税额的确定方式

应纳税额的确定方式主要有两种，即申报确定方式和官方确定方式。

所谓申报确定方式是指原则上应根据纳税人的申报确定应纳税额，只是在纳税人未自动申报或申报不适当的情况下，才由征税机关再重新确定的方式。

申报确定方式作为一种传统的应纳税额确定方式，在美国等国被广泛采用。由于该方式不仅符合民主纳税思想，而且还有利于提高税收征收的效率，因而流传甚广。如前所述，我国也采取申报纳税的方式，并把它作为确定应纳税额的基本方式，还在税务管理方面作出了一系列的规定。此外，我国现在正在建立以申报纳税和优化服务为基础，以计算机网络为依托，集中征收，重点稽查的新的征管模式。因此，无论从税务管理的角度还是从征收程序的角度，认真研究纳税申报制度都是很有意义的。

所谓官方确定方式，是指纳税人的应纳税额完全根据征税机关的行政处分来加以确定的方式。一般说来，税收法律、法规未规定纳税人负有纳税申报义务的，都采用该方式来确定纳税人的应纳税额。此种方式曾为欧洲诸国普遍采用，作为一种传统的确定应纳税额的方式，其合理性和合法性很值得研究。

（二）申报确定方式的相关法律问题

纳税申报作为一种私人公法行为，是一种由私人进行的，以产生公法上的效果为目的的行为，它具有确定应纳税额的效力。[①] 纳税申报是一种要式行为，必须使用统一印制的纳税申报表或申报书，因而与无形式要求的一般申请和普通报告是不同的。

此外，在申报纳税程序中还应注意修正申报与更正请求的区别。所谓修正申报，是指纳税人在申报后，发现申报的应纳税额过少或存在不应减少应纳税额的情况，在征税机关作出更正之前而作出的修正其应纳税额的申报。这种申报实际上是对申报内容做不利于自己的变更。

所谓更正请求，是指为了减少已确定的应纳税额而以申报的方式向征税机关作出的请求。这种更正请求实际上是纳税人作出的力求有利于自己的变更的请求。可以作出更正请求的理由主要有两类：其一是原来申报的应纳税额有误，超过了依法应缴纳的税额，从而涉及纳税人的退还请求权的实现问题；其二是由于后发原因而导致应纳税额的计算基础产生变动，如诉讼的结果使应纳税额减少，或者影响应纳税额的课税对象实际上归属于他人，等等。在上述两类理由存在的情况下，纳税人可以在法定期间内，依法向征税机关提出更正请求。

事实上，对于应纳税额的更正，征税机关不仅可依纳税人的更正请求作出，而且也可依职权自行作出，由此涉及征税机关的确定权问题。

（三）征税机关的确定权

征税机关对于纳税人的应纳税额享有确定权。由于应纳税额的确定是税款征收的前提，因而应纳税额的确定权作为广义的税款征收权所内含的权力，同样十分重要。

在申报确定的方式下，征税机关对纳税人申报的应纳税额享有确定权，若申报的应纳税额与依实际情况应缴纳的税额有出入，则征税机关有权依法重新进行核定、调整、更正，这些都是行使应纳税额确定权的表现。此外，在官方确定的方式下，应纳税额就由征税机关的行政处分来确定，因而征税机关的确定权更是可以充分实现。

我国的《税收征收管理法》对征税机关的应纳税额确定权中的核定权、调整权还做了具体规定，并在该法的《实施细则》中进一步加以细化。

1. 征税机关的核定权

在征税机关的核定权方面，该法规定，纳税人有下列情形之一的，税务机关有权核定其应纳税额：（1）依照法律、行政法规规定可以不设置账簿的；（2）依照法律、行政法规规定应当设置但未设置账簿的；（3）擅自销毁账簿或拒不提供纳税资料的；（4）虽设置账簿，但账目混乱或者成本资料、收入凭

① 参见〔日〕金子宏：《日本税法原理》，刘多田等译，中国财政经济出版社 1989 年版，第 301 页。

证、费用凭证残缺不全，难以查账的；（5）发生纳税义务，未按照规定的期限办理纳税申报，经税务机关责令限期申报，逾期仍不申报的；（6）纳税人申报的计税依据明显偏低，又无正当理由的。

对于以上各种情形，税务机关有权采用以下任何一种方式核定其应纳税额：

（1）参照当地同类行业或者类似行业中经营规模和收入水平相近的纳税人的税负核定；

（2）按照营业收入或者成本加合理的费用和利润的方法核定；

（3）按照耗用的原材料、燃料、动力等推算或者测算核定；

（4）按照其他合理的方法核定。

如果采用上述一种方法不足以正确核定应纳税额时，可以同时采用两种以上的方法核定。

此外，在其他一些具体的税收法律、法规中，也有关于税务机关的核定权的规定。例如，在增值税、消费税的《暂行条例》中就规定，纳税人销售货物或者应税劳务的价格明显偏低并无正当理由的，由主管税务机关核定其销售额。纳税人应税消费品的计税价格明显偏低又无正当理由的，由主管税务机关核定其计税价格。

2. 征税机关的调整权

我国的税收法律、法规在规定征税机关对税基的核定权的同时，也规定了在某些情况下征税机关对税基的调整权，这也是征税机关对应纳税额的确定权的具体体现。

例如，我国《税收征收管理法》及其《实施细则》规定了在因关联企业转移定价而减少税基时征税机关所享有的调整权。所谓关联企业，是指有下列关系之一的公司、企业、其他经济组织：（1）在资金、经营、购销等方面，存在直接或者间接的拥有或者控制关系；（2）直接或者间接地同为第三者所拥有或者控制；（3）在利益上具有相关联的其他关系。

依据法律规定，企业或者外国企业在中国境内设立的从事生产、经营的机构、场所与其关联企业之间的业务往来，应当按照独立企业之间的业务往来收取或者支付价款、费用。所谓独立企业之间的业务往来，是指没有关联关系的企业之间，按照公平成交价格和营业常规所进行的业务往来。如果上述企业及其分支机构等不按照独立企业之间的业务往来收取或者支付价款、费用，从而减少其应纳税的收入或者所得额，有下列情形之一的，税务机关可以行使其对应纳税额的合理调整权：

（1）购销业务未按照独立企业之间的业务往来作价；

（2）融通资金所支付或者收取的利息超过或者低于没有关联关系的企业之间所能同意的数额，或者利率超过或者低于同类业务的正常利率；

(3) 提供劳务，未按照独立企业之间业务往来收取或者支付劳务费用；

(4) 转让财产、提供财产使用权等业务往来，未按照独立企业之间业务往来作价或者收取、支付费用；

(5) 未按照独立企业之间业务往来作价的其他情形。

针对上述各种情形，税务机关可以按照下列标准和方法调整计税收入额或者所得额：

(1) 按照独立企业之间进行的相同或者类似业务活动的价格；

(2) 按照再销售给无关联关系的第三者的价格所应取得的收入和利润水平；

(3) 按照成本加合理的费用和利润；

(4) 按照其他合理的方法。

纳税人与其关联企业未按照独立企业之间的业务往来支付价款、费用的，税务机关自该业务往来发生的纳税年度起 3 年内进行调整；有特殊情况的，可以自该业务往来发生的纳税年度起 10 年内进行调整。

此外，为了有效地解决转让定价问题，现行税法还规定了预约定价制度，即纳税人可以向主管税务机关提出与其关联企业之间业务往来的定价原则和计算方法，主管税务机关审核、批准后，与纳税人预先约定有关定价事项，监督纳税人执行。

上述税务机关对税基的调整权，主要是针对纳税人的转让定价行为而实施的一种确定权，以避免因纳税人不实行“独立交易原则”（或称“独立竞争原则”）而使应纳税额发生减少，从而有助于防止和杜绝纳税人通过转让定价而进行的税收逃避行为。尽管纳税人转让定价的动机不限于税收逃避，但其主要目的一般是为了逃税、避税，以减轻税负，这在所得税领域里尤为突出。正因为如此，不管是在国际税法领域还是在国内税法领域，都要赋予相关的税收机关以税基调整权。我国在有关所得税的法律、法规中也都规定有关联企业制度，专门赋予税务机关以税基调整权。

五、征纳期限制度

（一）两种期限的法律意义

征税期限是征税机关行使税款征收权的期限；纳税期限是纳税主体在税收征纳活动中履行纳税义务的期限。两种期限有着密切的联系。如前所述，纳税期限有其重要的法律意义：在纳税期限之前，征税机关不得违法提前征税，纳税主体亦无提前申报纳税之义务；在纳税期限届满后，纳税主体不得违法拖欠税款，否则将被作为税收违法行为而被加收滞纳金，这同样也是税款征收权的一种体现。此外，纳税期限还与纳税义务的消灭时效期间的计算等密切相关。

在纳税期限内，征税机关当然享有征收权，因而纳税期限是内含于征税期限之中的。在逾越纳税期限而未履行纳税义务的情况下，征税机关仍然享有征收权，并且，为弥补因纳税人未纳税而造成的损失，征税机关还有权加收未纳税款部分的滞纳金。

例如，依据我国《税收征收管理法》的规定，纳税人、扣缴义务人应按照法律、行政法规规定的期限，或者税务机关依照法律、行政法规的规定确定的期限，缴纳或者解缴税款。纳税人、扣缴义务人未按照上述期限缴纳或解缴税款的，税务机关除责令限期缴纳外，从滞纳税款之日起，按日加收滞纳税款万分之五的滞纳金。

（二）纳税期限的延长

纳税主体要严格按纳税期限履行其纳税义务，这是通常情况下的一般原则。但在立法上也必须对某些特殊情况予以考虑，在纳税期限上给予一定的宽缓期或称恩惠期，此即纳税期限的延长。这种延期实际是上述严格按期纳税的一般原则的例外。

例如，我国《税收征收管理法》规定，纳税人因有特殊困难，不能按期缴纳税款的，经省级税务机关批准，可以延期缴纳税款，但最长不得超过 3 个月。这就是说，在经批准延期纳税的情况下，如果纳税人最长超过 3 个月的期限仍未纳税，同样属税收违法行为，应加收滞纳金。此外，上述特殊困难是指以下情形：(1) 因不可抗力，导致纳税人发生较大损失，正常生产经营活动受到较大影响的；(2) 当期货币资金在扣除应付职工工资、社会保险费后，不足以缴纳税款的。

纳税人需要延期缴纳税款的，应当在缴纳税款期限届满前提出申请，并报送下列材料：申请延期缴纳税款报告，当期货币资金余额情况及所有银行存款账户的对账单，资产负债表，应付职工工资和社会保险费等税务机关要求提供的支出预算。税务机关应当自收到申请延期缴纳税款报告之日起 20 日内作出批准或者不予批准的决定；不予批准的，从缴纳税款期限届满之日起加收滞纳金。

（三）征税权的除斥期间

征税机关的征税权在整个纳税期间及其以后的一段合理期间都是应该存续的，这是保障税收征管目的实现所必需的。但是，从公平地保护征纳双方的合法权利，以及从保护税法秩序的稳定的角度来说，征税权不应无限期地存续下去，从而涉及针对具体纳税义务的征税权的除斥期间问题。

除斥期间通常是指法律规定的能够使某种权利被除斥的预定期间。除斥期间与消灭时效极为相似，也是不行使权利的事实状态经过一定的期间就会发生权利消灭或称被除斥的法律后果。但两者也有差别，主要是除斥期间届满会使实体权利归于消灭，因而法院可直接适用有关规定予以判定，同时，除斥期间是一种不变期间，一般不存在中止、中断或延长等问题。

对于应纳税额的确定权和税款的征收权，一些国家在税法中规定了除斥期间，以结束因征税机关怠于行使权利而导致的征收环节上的不确定状态，从而保障税法秩序的稳定，公平地保护征纳双方的权利。可见，在税法上规定除斥期间，甚为必要。

我国在税法中虽未明确规定除斥期间制度，但实际上亦有相关规定。例如，在我国《税收征收管理法》有关税款的补缴和追征制度中，即有这方面的规定。在税款的补缴方面，该法规定，因税务机关的责任，致使纳税人、扣缴义务人未缴或者少缴税款的，税务机关在 3 年内可以要求纳税人、扣缴义务人补缴税款，但是不得加收滞纳金。在税款的追征方面，该法规定，因纳税人、扣缴义务人计算错误等失误，未缴或者少缴税款的，税务机关在 3 年内可以追征；有特殊情况的，追征期可以延长到 5 年。所谓特殊情况，是指纳税人或者扣缴义务人因计算错误等失误，未缴或者少缴、未扣或者少扣、未收或者少收税款，累计数额在 10 万元以上的。此外，对于偷税、抗税、骗税的，税务机关追征其未缴或者少缴的税款、滞纳金或骗取的税款，可以无限期追征。

上述规定表明，税务机关享有补征权和追征权的期限一般为 3 年，此即补征权、追征权这两种征收权的除斥期间，该期间自纳税人、扣缴义务人应缴未缴或者少缴税款之日起计算。如果征税机关在 3 年内不行使其补征权和追征权，则不再享有这两种征收权。此外，在税款的追征权的行使方面，有时除斥期间被规定为 5 年，有时甚至不存在除斥期间的问题，这与纳税主体未缴或少缴税款的主观恶性的大小是密切相关的。

除了上述的《税收征收管理法》以外，我国的《海关法》等也有有关除斥期间的规定。例如，依据《海关法》第 62 条的规定，海关发现少征税款或漏征税款的，应当自缴纳税款或者货物、物品放行之日起 1 年内，向纳税人补征；因纳税人违反规定而造成的少征或漏征税款，海关可以在 3 年内追征。不难看出，对关税税款的补征权的除斥期间仅为 1 年，比上述税务机关的补征权的除斥期间（3 年）要短，这也是关税征收方面的特殊性的一个体现。

六、文书送达制度

文书送达制度是在税收征管活动中由征税机关向纳税主体传递相关信息的一项重要的制度，在整个税收程序法中都是不可或缺的。该制度对于保护征纳双方的权利同样具有重要作用。

在文书送达制度中，征税机关需送达的文书通常主要包括：（1）税务事项通知书；（2）责令限期改正通知书；（3）税收保全措施决定书；（4）税收强制执行决定书；（5）税务检查通知书；（6）税务处理决定书；（7）税务行政处罚决定书；（8）行政复议决定书；（9）其他税务文书。

税务文书的送达方式主要包括直接送达、留置送达、邮寄送达、委托送达、公告送达等。其中，直接送达是最基本的送达方式，其他送达方式是在直接送达有困难时才采取的方式。对于上述各种送达方式，我国《税收征管法实施细则》均有规定。

（1）直接送达。税务机关送达税务文书，应当直接送交受送达人。受送达人是公民的，应当由本人直接签收；本人不在的，交其同住成年家属签收。受送达人是法人或者其他组织的，应当由法人的法定代表人、其他组织的主要负责人或者该法人、组织的财务负责人、负责收件的人签收。受送达人有代理人的，可以送交其代理人签收。

此外，送达税务文书必须有送达回证，并由受送达人或者其他有权签收的人在送达回证上记明收到日期，签名或者盖章，即为送达。

（2）留置送达。受送达人或者其他有权签收的人拒绝签收税务文书的，送达人应当在送达回证上记明拒收理由和日期，并由送达人和见证人签名或者盖章，将税务文书留置于受送达人处，即视为送达。

（3）委托送达和邮寄送达。在直接送达税务文书有困难的情况下，税务机关可以委托有关机关或其他单位代为送达，也可以邮寄送达。委托送达与直接送达一样，均以签收人或者见证人在送达回证上的签收或者注明的收件日期为送达日期；若是邮寄送达，则以挂号函件回执上注明的收件日期为收件日期，并视为已送达。

（4）公告送达。如果同一送达事项的受送达人众多，或者采用其他送达方式无法送达，则税务机关可以公告送达税务文书。并且，自公告之日起满30日，即视为送达。

第二节　税款征收特殊制度

税款征收特殊制度，是为了解决在税收征纳活动中发生的一些特殊问题而设立的一些制度。这些制度包括税收减免制度、退税制度、缓征制度和补税制度、追征制度等。由于上述后三项制度在前面有关基本制度的介绍中已顺便提及，因而下面着重介绍税收减免制度和退税制度。

一、税收减免制度

税收减免作为一种税收特别措施，是税收实体法的重要内容；同时，如何进行税收减免，则涉及税收减免的具体程序规定。这些规定不仅构成了税收程序法中的重要制度，而且还直接关系着征纳双方的税收实体权利的实现。

税收是应普遍征收、平等征收的，因而税法的一般规定通常是应普遍适用的。但由于现实生活中纳税人的情况千差万别，错综复杂，变化多端，因此，如果不加区分地一概严格适用税法的某些成文规定，有时便不能完全适应具体的客观情况的变化要求，从而会出现有悖于税收公平原则的情形。在这种情况下，根据纳税人纳税能力的变化，依法进行税收减免，以体现量能纳税原则，便显得非常重要。

在理论上，税收减免依其性质和原因，可分为困难性减免和调控性减免。前者是指纳税人因灾情等原因而发生应予照顾的困难时，经征税机关审批而实施的税收减免。后者是指国家为实现一定的经济调控目标而实施的税收减免。调控性的减免还包括补贴性减免和鼓励性减免等。

此外，税收减免依其条件和程序，还可分为法定减免和裁量减免两类。法定减免是指在税法已对减免条件有明确规定的情况下，只要符合法定条件即可实施的减免。法定减免的项目通常在税法中均予明确列举，除采取列举方式外，在立法上还可采取直接规定起征点和免征额的方式。法定减免也有人称之为固定性减免。

裁量减免或称审批性减免，通常是指由纳税人依法向征税机关提出申请，经征税机关审批同意后所实施的税收减免。裁量减免与法定减免不同，是否减免、如何减免，均需由征税机关依法作出裁量，并作出决定。一般说来，法定减免是长期性的，裁量减免是临时性的，审批减免期满即应恢复征税。

我国《税收征收管理法》规定，纳税人可以依照法律、行政法规的规定向税务机关书面申请减税、免税。减税、免税的申请须经法律、行政法规规定的减税、免税审查批准机关审批；地方各级人民政府及其主管部门、单位和个人违反法律、行政法规规定，擅自作出的减税、免税决定无效，税务机关不得执行。

此外，我国多年来对税收减免一直努力严格控制，尤其在实行新税制以后，更是高度上收税收减免权限，反对越权减免税。在国务院及其税收主管部门下发的有关税收减免的各类通知中，一贯要求税收减免必须依照税法规定执行，即使是地方税的减免，也要在中央授权的范围内办理，不得自立章程，自行其是。凡未经批准擅自减免税收的，一经查出，除纳税人须如数补缴税款外，还要追究当事人和主管领导的责任。[①]

---

① 可参见1998年3月国务院下发的《关于加强依法治税严格税收管理权限的通知》等。

二、退税制度

在上述的税收减免制度中，纳税人的税收减免权是最为重要的；而在退税制度中，纳税人的退还请求权则是应着重强调的。

所谓退还请求权，又称还付请求权或返还请求权，它是在纳税人履行纳税义务的过程中，由于征税主体对纳税人缴付的全部或部分款项的税收没有法律根据，因而纳税人可以请求予以退还的权利。纳税人的退还请求权以及征税主体的退还义务，构成了整个退税制度的基础。

退税制度在狭义上是为解决在税收征纳中普遍存在的超纳、误纳的情况而设立的制度，在广义上还包括出口退税制度以及其他为实施鼓励政策而实施的退税制度。对于广义上的退税制度，在有关具体的税收制度中还会谈到，在此不赘。

退税制度存在的根据是不当得利的法理，即如果征税机关不退税，法律不赋予纳税人以退还请求权，就会存在征税主体不当得利的问题。

在税收征纳活动中，纳税人超纳税款、误纳税款的情况是极可能发生的。纳税人超纳的税款，也称超纳金或溢纳款，是纳税人超过其应履行的纳税义务的部分，因该部分无法律依据，因而应予返还。纳税人误纳的税款，或称误纳金，它与超纳金不同，它是在没有法律根据的情况下，基于一方或双方的错误而缴纳的税金，因而应全部退还纳税人。

我国的税收法律、法规对退税制度亦有规定。例如，我国的《税收征收管理法》规定，退税、补税须依照法律和行政法规的规定执行。纳税人超过应纳税额缴纳的税款，税务机关发现后应当立即退还。此外，该法还规定了行使退还请求权的除斥期间，即纳税人自结算缴纳税款之日起 3 年内发现的，可以向税务机关要求退还多缴的税款并加算银行同期存款利息，税务机关及时查实后应当立即退还。

另外，我国《海关法》还规定，海关多征的税款，海关发现后应当立即退还；纳税人自缴纳税款之日起 1 年内，可以要求海关退还。在这里，关税纳税人的退还请求权的除斥期间之所以规定为 1 年而不是通常的 3 年，主要是基于经济效率以及关税征管的特殊性而作的规定。

第三节　税款征收保障制度

为了确保税收征纳活动的顺利进行，特别是为了确保应纳税款的及时、足额入库，必须建立税款征收保障制度。税款征收保障制度主要包括纳税担保制度、税收保全制度、强制执行制度、欠税回收保障制度、税务检查制度、海关稽查制度等。此外，从广义上说，税款征收的司法保障也很重要，因此税务警察制度等也属于此类保障制度。但限于篇幅和我国的实际情况，下面将着重介绍主要的税款征收保障制度。

一、纳税担保制度

纳税担保制度对于保障税款的及时、足额入库是较为重要的。由于该制度同后面要介绍的税收保全制度、离境清税制度等都直接相关，甚至是相关制度有效实施的重要基础，因而有必要在前面加以介绍。

所谓纳税担保，是指经税务机关同意或确认，纳税人或其他自然人、法人、经济组织以保证、抵押、质押的方式，为纳税人应当缴纳的税款及滞纳金提供担保的行为。

（一）纳税担保适用的领域及其形式①

纳税担保适用于以下几类情况：

（1）税务机关有根据认为从事生产、经营的纳税人有逃避纳税义务行为，在规定的纳税期之前经责令其限期缴纳应纳税款，在限期内发现纳税人有明显的转移、隐匿其应纳税的商品、货物以及其他财产或者应纳税收入的迹象，责成纳税人提供纳税担保的；

（2）欠缴税款、滞纳金的纳税人或者其法定代表人需要出境的；

（3）纳税人同税务机关在纳税上发生争议而未缴清税款，需要申请复议的；

（4）税收法律、行政法规规定可以提供纳税担保的其他情形。

（二）纳税担保人与担保范围、担保形式

纳税担保人包括两类：一类是以保证方式为纳税人提供纳税担保的纳税保证人，一类是以未设置或者未全部设置担保物权的财产为纳税人提供纳税担保的第三人。

纳税担保的范围包括税款、滞纳金和实现税款、滞纳金的费用。费用包括抵押、质押登记费用，质押保管费用，以及保管、拍卖、变卖担保财产等相关费用支出。

用于纳税担保的财产、权利的价值不得低于应当缴纳的税款、滞纳金，并应考虑相关的费用。纳税担保的财产价值不足以抵缴税款、滞纳金的，税务机关应当向提供担保的纳税人或纳税担保人继续追缴。

纳税担保的形式包括纳税保证、纳税抵押、纳税质押等，这同担保的一般形式是一致的，只不过由于这些担保属于公法性质的纳税担保，所担保的债务

① 相关内容参见国家税务总局发布的《纳税担保试行办法》，该办法自 2005 年 7 月 1 日起施行。

是公法上的债务，因而具有其特殊性。下面就分别介绍这几类税收担保的具体制度。

（三）纳税保证制度

所谓纳税保证，是指纳税保证人向税务机关保证，当纳税人未按照税收法律、行政法规规定或者税务机关确定的期限缴清税款、滞纳金时，由纳税保证人按照约定履行缴纳税款及滞纳金的行为。纳税保证需由税务机关认可，税务机关不认可的，保证不成立。

在纳税保证成立的情况下，纳税人和纳税保证人对所担保的税款及滞纳金承担连带责任。当纳税人在税收法律、行政法规或税务机关确定的期限届满未缴清税款及滞纳金的，税务机关即可要求纳税保证人在其担保范围内承担保证责任，缴纳担保的税款及滞纳金。

纳税保证人，可以是中国境内具有纳税担保能力的自然人、法人或者其他经济组织。国家机关，学校、幼儿园、医院等事业单位、社会团体不得作为纳税保证人。企业法人的职能部门也不得作纳税保证人。企业法人的分支机构如果有法人书面授权，则可以在授权范围内提供纳税担保。

纳税保证人同意为纳税人提供纳税担保的，应当填写纳税担保书。纳税保证从税务机关在纳税担保书签字盖章之日起生效。税务机关自纳税人应缴纳税款的期限届满之日起 60 日内有权要求纳税保证人承担保证责任，缴纳税款、滞纳金。

（四）纳税抵押制度

所谓纳税抵押，是指纳税人或纳税担保人在不转移对某类财产的占有的情况下，将该财产作为缴纳税款及滞纳金的担保，如果纳税人逾期未履行纳税义务，则税务机关有权依法处置该财产以抵缴税款及滞纳金。

在上述的纳税抵押关系中，纳税人或者纳税担保人为抵押人，税务机关为抵押权人，提供担保的财产为抵押物。可以设定抵押的财产应当符合有关规定。

纳税人提供抵押担保的，应当填写纳税担保书和纳税担保财产清单，且须经税务机关确认。纳税抵押自抵押物登记之日起生效。

纳税担保人未按规定期限缴纳所担保的税款、滞纳金的，由税务机关责令限期在 15 日内缴纳；逾期仍未缴纳的，经县以上税务局（分局）局长批准，税务机关依法拍卖、变卖抵押物，抵缴税款、滞纳金。

（五）纳税质押制度

所谓纳税质押，是指经税务机关同意，纳税人或纳税担保人将其动产或权利凭证移交税务机关占有，将该动产或权利凭证作为缴纳税款及滞纳金的担保。纳税人逾期未缴清税款及滞纳金的，税务机关有权依法处置该动产或权利凭证以抵缴税款及滞纳金。

纳税质押分为动产质押和权利质押。动产质押包括现金以及其他除不动产以外的财产提供的质押。汇票、支票、本票、债券、存款单等权利凭证可以质押。

纳税人提供质押担保的，应当填写纳税担保书和纳税担保财产清单并签字盖章。纳税质押自纳税担保书和纳税担保财产清单经税务机关确认和质物移交之日起生效。

纳税担保人未按照规定期限缴纳所担保的税款、滞纳金，由税务机关责令限期在15日内缴纳；逾期仍未缴纳的，经县以上税务局（分局）局长批准，税务机关依法拍卖、变卖质物，抵缴税款、滞纳金。

二、税收保全制度与强制执行制度

（一）税收保全制度

税收保全制度是指为了维护正常的税收秩序，预防纳税人逃避税款缴纳义务，以使税收收入得以保全而制定的各项制度。税收保全制度具体表现为各类税收保全措施的实行以及征纳双方在税收保全方面所享有的权利和承担的义务。

根据我国《税收征收管理法》规定，为了实现保全税收的目的，税务机关可以依法采取以下依次递进的各项税收保全措施：

（1）责令限期缴纳税款，即当税务机关有根据认为从事生产经营的纳税人有逃避纳税的义务的行为时，可以在规定的纳税期之前，责令限期缴纳应纳税款。因此，这种缴纳是一种期前缴纳、提前缴纳，与前述的延期缴纳是大不相同的。

（2）责成提供纳税担保，即在上述限期缴纳的期间内，若发现纳税人有明显的转移、隐匿其应税商品、收入或财产的迹象，则税务机关可以责成纳税人提供纳税担保。

纳税担保包括人的担保，也包括物的担保。人的担保是指由纳税人提供经税务机关认可的纳税担保人。纳税担保人应是在中国境内的具有纳税担保能力的自然人、法人或者其他经济组织，但国家机关不得作纳税担保人。纳税担保人同意为纳税人提供纳税担保的，应当填写纳税担保书，写明担保对象、担保范围、担保期限和担保责任以及其他有关事项。担保书须经纳税人、纳税担保人签字盖章并经税务机关同意方为有效。

物的担保是指由纳税人或第三人以其未设置或未全部设置担保物权的财产提供的担保。纳税人提供物的担保时，应当填写作为纳税担保的财产清单，并写明担保财产的价值以及其他有关事项。纳税担保财产清单须经纳税人、第三人签字盖章，并经税务机关同意方为有效。

(3) 通知冻结等额存款，即如果纳税人不能提供纳税担保，则经县以上税务局（分局）批准，税务机关可以书面通知纳税人的开户银行或者其他金融机构，冻结纳税人的相当于应纳税款金额的存款。

(4) 扣押查封等额财产，即如果纳税人不能提供纳税担保，则经县以上税务局（分局）批准，税务机关可以扣押、查封纳税人的价值相当于应纳税款的商品、货物或者其他财产。

上述各项税收保全措施的实行，主要是体现了征税机关的税收保全权，但与此相对应，纳税主体同样享有相应的权利。例如，在责令限期缴纳税款的情况下，如果纳税人在限期内缴纳了税款，则税务机关必须立即解除税收保全措施。反之，如果纳税人限期期满仍未缴纳税款的，则经县以上税务局（分局）局长批准，税务机关可以书面通知纳税人开户银行或者其他金融机构从其冻结的存款中扣缴税款，或者依法拍卖或变卖所扣押、查封的商品、货物或者其他财产，以拍卖或变卖所得抵缴税款。

此外，因税务机关采取税收保全措施不当，或者纳税人在限期内已缴纳税款，税务机关未立即解除税收保全措施，使纳税人的合法利益遭受损失的，税务机关应当承担赔偿责任。

（二）强制执行制度

强制执行制度是指在纳税主体未履行其纳税义务，经由征税机关采取一般的税收征管措施仍然无效的情况下，通过采取强制执行措施，以保障税收征纳秩序和税款入库的制度。实行强制执行措施是实现强制执行制度的目标的关键，但在具体实行时必须严格遵循税收程序法的有关规范。

强制执行措施与前述的税收保全措施不同，它并不是通过期前征收来实现防止和杜绝纳税人逃避纳税义务的目的，而是在纳税人未按期履行纳税义务的情况下，对纳税人的资财予以强制执行的一种特别措施。在实行此类特别措施时，必须要严格遵循法定的条件和程序，以使纳税人的合法权益亦得到切实保障。

依据我国《税收征收管理法》及其《实施细则》的规定，从事生产、经营的纳税人、扣缴义务人未按照规定的期限缴纳或者解缴税款，纳税担保人未按照规定的期限缴纳所担保的税款的，在税务机关责令其限期缴纳，但逾期仍未缴纳时，经县以上税务局（分局）局长批准，税务机关可以采取强制执行措施。以上是税法对采取强制执行措施的条件的一般规定。

税务机关依法可采取的强制执行措施包括：(1) 书面通知被执行人的开户银行或者其他金融机构从其存款中扣缴税款。(2) 扣押、查封、依法拍卖或变卖被执行人的价值相当于应纳税款的商品、货物或者其他财产，以拍卖或变卖所得抵缴税款。此外，在采取强制执行措施时，税务机关对被执行人未缴纳的滞纳金亦同时强制执行。这是税法对强制执行措施的种类及实施范围的一般规定。

税务机关执行扣押、查封商品、货物或者其他财产时，必须开付收据或清单；必须由两名以上税务人员执行，并通知被执行人。被执行人是自然人的，应当通知被执行人本人或其成年家属到场；被执行人是法人或者其他组织的，应当通知其法定代表人或者主要负责人到场，拒不到场的，不影响执行。

（三）两类制度的共通问题

税收保全制度与强制执行制度，虽然存在着一些差别，但作为保障税款征收的重要制度，仍然有一些共通之处，这主要体现为以下方面：

1. 对基本人权的保护问题

个人及其所扶养家属维持生活必需的住房和用品，既不在税收保全措施的范围之内，也不在强制执行的范围之内。这是对两类制度实施范围的一种限制，体现了对基本人权的重视和保护。为此，我国《税收征收管理法》专门规定，税务机关采取税收保全措施和强制执行措施必须依照法定权限和法定程序，不得查封、扣押纳税人个人及其所扶养家属维持生活必需的住房和用品。如果税务机关滥用职权违法采取税收保全措施、强制执行措施，或者采取税收保全措施、强制执行措施不当，使纳税人、扣缴义务人或者纳税担保人的合法权益遭受损失，则应当依法承担赔偿责任。

上述的个人所扶养家属，是指与纳税人共同居住生活的配偶、直系亲属以及无生活来源并由纳税人扶养的其他亲属。机动车辆、金银饰品、古玩字画、豪华住宅或者一处以外的住房，不属于个人及其所扶养家属维持生活必需的住房和用品。税务机关对单价 5000 元以下的其他生活用品，不采取税收保全措施和强制执行措施。

此外，纳税人在税务机关采取税收保全措施后，按照税务机关规定的期限缴纳税款的，税务机关应当自收到税款或者银行转回的完税凭证之日起 1 日内解除税收保全。

2. 扣押、查封、拍卖方面的共通问题

无论是税收保全措施还是强制执行措施，在估价方面，扣押、查封价值相当于应纳税款的商品、货物或者其他财产（包括纳税人的房地产、现金、有价证券等不动产和动产）时，都应参照同类商品的市场价、出厂价或者评估价估算，同时，还应当包括滞纳金和扣押、查封、保管、拍卖、变卖所发生的费用。

对价值超过应纳税额且不可分割的商品、货物或者其他财产，税务机关在纳税人、扣缴义务人或者纳税担保人无其他可供强制执行的财产的情况下，可以整体扣押、查封、拍卖，以拍卖所得抵缴税款、滞纳金、罚款以及扣押、查封、保管、拍卖等费用。

实施扣押、查封时，对有产权证件的动产或者不动产，税务机关可以责令当事人将产权证件交税务机关保管，同时可以向有关机关发出协助执行通知书，有关机关在扣押、查封期间不再办理该动产或者不动产的过户手续。

此外，对查封的商品、货物或者其他财产，税务机关可以指令被执行人负责保管，保管责任由被执行人承担。如果存在继续使用被查封的财产不会减少其价值的情况，税务机关可以允许被执行人继续使用；因被执行人保管或者使用的过错造成的损失，由被执行人承担责任。

另外，税务机关将扣押、查封的商品、货物或者其他财产变价抵缴税款时，应当交由依法成立的拍卖机构拍卖；无法委托拍卖或者不适于拍卖的，可以交由当地商业企业代为销售，也可以责令纳税人限期处理；无法委托商业企业销售，纳税人也无法处理的，可以由税务机关变价处理。国家禁止自由买卖的商品，应当交由有关单位按照国家规定的价格收购。

拍卖或者变卖所得抵缴税款、滞纳金、罚款以及扣押、查封、保管、拍卖、变卖等费用后，剩余部分应当在3日内退还被执行人。

三、欠税回收保障制度

税款征收制度的实施目标就是及时足额地把应收的税款收归国库，但在现实生活中，由于种种复杂的原因，欠税的问题却普遍地存在着。因此，必须建立一套解决欠税问题的税款征收保障制度，由此就形成了欠税回收保障制度。

欠税回收保障制度由一系列具体制度构成，如离境清税制度、税收优先权制度、欠税告知制度、代位权与撤销权制度等。下面分别予以简要介绍。

（一）离境清税制度

欠缴税款的纳税人或者其法定代表人需要出境的，应当在出境前向税务机关结清应纳税款、滞纳金或者提供担保。未结清税款、滞纳金，又不提供担保的，税务机关可以通知出境管理机关阻止其出境。此即“离境清税制度”。

（二）税收优先权制度

税务机关征收税款，除法律另有规定的以外，税收优先于无担保债权，此即税收的“一般优先权”。纳税人欠缴的税款发生在纳税人以其财产设定抵押、质押或者纳税人的财产被留置之前的，税收应当先于抵押权、质权、留置权执行。

纳税人欠缴税款，同时又被行政机关决定处以罚款、没收违法所得的，税收优先于罚款、没收违法所得。

(三) 欠税告知制度

欠税告知制度，包括纳税人将欠税情况及相关重大经济活动向其权利人的告知或者向税务机关的报告等制度，也包括税务机关对欠税情况的公告制度。该制度有助于充分保护第三人的经济利益和国家的税收利益。

根据我国《税收征收管理法》及其《实施细则》的规定，纳税人有欠税情形而以其财产设定抵押、质押的，应当向抵押权人、质权人说明其欠税情况。抵押权人、质权人可以请求税务机关提供有关的欠税情况。

此外，纳税人有合并、分立情形的，应当向税务机关报告，并依法缴清税款。纳税人合并时未缴清税款的，应当由合并后的纳税人继续履行未履行的纳税义务；纳税人分立时未缴清税款的，分立后的纳税人对未履行的纳税义务应当承担连带责任。

另外，欠缴税款数额较大（欠缴税款在5万元以上）的纳税人在处分其不动产或者大额资产之前，应当向税务机关报告。县级以上各级税务机关应当将纳税人的欠税情况，在办税场所或者广播、电视、报纸、期刊、网络等新闻媒体上定期公告。

(四) 代位权与撤销权制度

由于税款的缴纳同样是一种金钱给付，因而征税机关同样可以作为税收债权人，行使公法上的代位权和撤销权。据此，在欠缴税款的纳税人因怠于行使到期债权，或者放弃到期债权，或者无偿转让财产，或者以明显不合理的低价转让财产而受让人知道该情形，对国家税收造成损害的情况下，税务机关就可以依法行使代位权、撤销权。同时，欠缴税款的纳税人尚未履行的纳税义务和应承担的法律责任，也并不因此而免除。

四、税务检查制度

(一) 税务检查的概念

税务检查通常是指征税机关根据税法及其他有关法律的规定而对纳税主体履行纳税义务的情况进行检验、核查的活动。

税务检查制度是整个税收征管制度的重要组成部分，它由有关税务检查的一系列法律规范所构成，反映了征纳双方在税务检查活动中的权利与义务。在日益强调以纳税申报为基础的新的税收征管模式的情况下，税务检查制度也日益凸显出其重要性。

税务检查制度的有效施行，有利于征税机关及时了解和发现纳税主体履行纳税义务的情况及存在的问题，从而可以及时纠正和处理税收违法行为，确保税收收入足额入库；有利于帮助纳税人严格依法纳税，提高其经营管理水平；有利于发现税收征管漏洞，维护税收秩序，促使税收征管制度进一步优化和完善。

（二）征税机关的税务检查权

征税机关的税务检查权必须依法定的范围和程序行使，不得滥用，也不得越权。依据我国《税收征收管理法》及其《实施细则》规定，税务机关的税务检查权主要包括以下几个方面：

1. 资料检查权

税务机关有权检查纳税人的账簿、记账凭证、报表和有关资料，检查扣缴义务人代扣代缴、代收代缴税款账簿、记账凭证和有关资料。税务机关既可以在纳税人、扣缴义务人的业务场所行使资料检查权，也可以在必要时，经县以上税务局（分局）局长批准，将上述纳税主体以往会计年度的账簿、记账凭证、报表和其他有关资料调回税务机关检查。

2. 实地检查权

税务机关有权到纳税人的生产、经营场所和货物存放地实地检查纳税人应纳税的商品、货物或者其他财产，检查扣缴义务人与代扣代缴、代收代缴税款有关的经营情况。

3. 资料取得权

税务机关有权责成纳税人、扣缴义务人提供与纳税或者代扣代缴、代收代缴税款有关的文件、证明材料和有关资料。

4. 税情询问权

税务机关有权询问纳税人、扣缴义务人与纳税或者代扣代缴、代收代缴税款有关的问题和情况。

5. 单证查核权

税务机关有权到车站、码头、机场、邮政企业及其分支机构检查纳税人托运、邮寄应纳税商品、货物或者其他财产的有关单据、凭证和有关资料。

6. 存款查核权

经县以上税务局（分局）局长批准，凭全国统一格式的检查存款账户许可证明，税务机关有权查核从事生产经营的纳税人、扣缴义务人在金融机构的存款账户。此外，税务机关可以依法查询案件涉嫌人员的储蓄存款。

为了保障税务机关的上述税务检查权的有效实现，相关的主体须承担相应的义务。依据我国《税收征收管理法》规定，纳税人、扣缴义务人必须接受税务机关依法进行的税务检查，如实反映情况，提供有关资料，不得拒绝、隐瞒。此外，在税务机关依法进行税务检查时，有关单位和个人应当支持、协助其调查，向税务机关如实反映纳税人、扣缴义务人和其他当事人的与纳税或者代扣代缴、代收代缴税款有关的情况，提供有关资料及证明材料。

（三）税务机关在税务检查方面的义务

税务机关在行使其税务检查权的同时，必须履行相应的义务，这是防止其滥用职权、促使其依法检查所必需的。依据我国《税收征收管理法》及其《实施细则》的规定，税务机关在税务检查方面的义务主要有以下几项：

1. 资料退还的义务

税务机关把纳税人、扣缴义务人以前会计年度的账簿、记账凭证、报表和其他有关资料调回税务机关检查的，税务机关必须向纳税人、扣缴义务人开付清单，并在3个月内完整退还；若调取当年的会计资料，则须于30日内退还。

2. 保守秘密的义务

税务机关派出的人员在进行税务检查时，有义务为被检查人保守秘密。尤其是在行使存款查核权时，税务机关应当指定专人负责，凭全国统一格式的检查存款账户许可证明进行检查，并应为被检查人保守秘密。

3. 持证检查的义务

税务人员进行税务检查时，应当出示税务检查证和税务检查通知书，否则，纳税人、扣缴义务人及其他当事人有权拒绝检查。

（四）税务稽查制度

在强调一般的税务检查的同时，我国还非常重视专门的税务稽查。税务稽查的基本任务，是依法查处税收违法行为，保障税收收入，维护税收秩序，促进依法纳税。为此，国家税务总局专门制定了《税务稽查工作规程》，该《规程》自2010年1月1日起施行。这对于规范税务稽查行为非常重要。

1. 稽查体制

税务稽查由税务局稽查局依法实施。稽查局在所属税务局领导下开展税务稽查工作。上级稽查局对下级稽查局的稽查业务进行管理、指导、考核和监督，对执法办案进行指挥和协调。各级稽查局应当加强联系和协作，及时进行信息交流与共享，对同一被查对象尽量实施联合检查，并分别作出处理决定。

稽查局的主要职责，是依法对纳税人、扣缴义务人和其他涉税当事人履行纳税义务、扣缴义务情况及涉税事项进行检查处理，以及围绕检查处理开展的其他相关工作。

稽查局设立选案、检查、审理、执行部门，分别实施选案、检查、审理、执行工作。

2. 稽查原则

（1）税务稽查应当以事实为根据，以法律为准绳，坚持公平、公开、公正、效率的原则。

（2）稽查局查处税收违法案件时，实行选案、检查、审理、执行分工制约原则。

(3) 税务稽查人员应当依法为纳税人、扣缴义务人的商业秘密、个人隐私保密。但纳税人、扣缴义务人的税收违法行为不属于保密范围。

(4) 税务稽查人员符合规定回避情形的，应当回避。

(5) 税务稽查人员应当依法办事，遵守工作纪律，恪守职业道德。

3. 稽查管辖

稽查局应当在所属税务局的征收管理范围内实施税务稽查。超出上述征管范围的税收违法行为，由违法行为发生地或者发现地的稽查局查处。此外，上级稽查局可以根据税收违法案件性质、复杂程度、查处难度以及社会影响等情况，组织查处或者直接查处管辖区域内发生的税收违法案件。下级稽查局查处有困难的重大税收违法案件，可以报请上级稽查局查处。

对于税务稽查管辖有争议的，由争议各方本着有利于案件查处的原则逐级协商解决；不能协商一致的，报请共同的上级税务机关协调或者决定。

省、自治区、直辖市和计划单列市税务局稽查局可以结合本地实际，按照纳税规模、税负水平、税收违法行为发生频度及轻重程度、税收违法案件复杂程度等标准在管辖区域范围内实施分级分类稽查。

4. 选案规则

稽查局应当通过多种渠道（包括大数据）获取案源信息，集体研究，合理、准确地选择和确定稽查对象。稽查局必须有计划地实施稽查，严格控制对纳税人、扣缴义务人的税务检查次数。

稽查局的选案部门负责稽查对象的选取，并对税收违法案件查处情况进行跟踪管理。选案部门应当建立案源信息档案，对所获取的案源信息实行分类管理。案源信息主要包括：(1) 财务指标、税收征管资料、稽查资料、情报交换和协查线索；(2) 上级税务机关交办的税收违法案件；(3) 上级税务机关安排的税收专项检查；(4) 税务局相关部门移交的税收违法信息；(5) 检举的涉税违法信息；(6) 其他部门和单位转来的涉税违法信息，等等。

国家税务总局和地方各级税务局在稽查局设立税收违法案件举报中心，负责受理单位和个人对税收违法行为的检举，并对检举信息进行分析筛选，区分下列不同情形，经稽查局局长批准后分别处理：

(1) 线索清楚，涉嫌偷税、逃避追缴欠税、骗税、虚开发票、制售假发票或者其他严重税收违法行为的，由选案部门列入案源信息；

(2) 检举内容不详，无明确线索或者内容重复的，暂存待办；

(3) 属于税务局其他部门工作职责范围的，转交相关部门处理；

(4) 不属于自己受理范围的检举，将检举材料转送有处理权的单位。

选案部门对案源信息进行筛选后，发现有税收违法嫌疑的，应当确定为待查对象，经稽查局局长批准后立案检查。对于税务局相关部门移交的税收违法信息，稽查局经筛选未立案检查的，应当及时告知移交信息的部门；移交信息的部门仍然认为需要立案检查的，经所属税务局领导批准后，由稽查局立案检查。此外，对上级税务机关指定和税收专项检查安排的检查对象，应当立案检查。

经批准立案检查的，由选案部门制作《税务稽查任务通知书》，连同有关资料一并移交检查部门。

5. 检查规则

稽查局的检查部门接到《税务稽查任务通知书》后，应当及时安排人员实施检查。在检查前，应当告知被查对象检查时间、需要准备的资料等，但预先通知有碍检查的除外。

检查应当由两名以上检查人员共同实施，并向被查对象出示税务检查证和《税务检查通知书》。实施检查时，依照法定权限和程序，可以采取实地检查、调取账簿资料、询问、查询存款账户或者储蓄存款、异地协查等方法。调查取证时，不得违反法定程序收集证据材料；不得以偷拍、偷录、窃听等手段获取侵害他人合法权益的证据材料；不得以利诱、欺诈、胁迫、暴力等不正当手段获取证据材料。检查应当自实施检查之日起 60 日内完成；确需延长检查时间的，应当经稽查局局长批准。

此外，在检查过程中，在符合法定条件的情况下，稽查局可以依法采取税收保全措施。采取税收保全措施的期限一般不得超过 6 个月；查处重大税收违法案件中，需要延长税收保全期限的，应当逐级报请国家税务总局批准。

检查结束后，检查部门应当将本部门制作的“税务稽查报告”“税务稽查工作底稿”及相关证据材料移交审理部门审理。

6. 审理规则

稽查局的审理部门应当依法对检查部门移交的“税务稽查报告”及相关材料进行逐项审核。其中，案情复杂的，稽查局应当集体审理；案情重大的，稽查局应当报请所属税务局集体审理。

审理人员应当着重审核以下内容：(1) 被查对象是否准确；(2) 税收违法事实是否清楚、证据是否充分； (3) 适用法律是否适当，定性是否正确；(4) 是否符合法定程序；(5) 是否超越或者滥用职权；(6) 税务处理、处罚建议是否适当，等等。

审理完毕，审理部门应当制作“税务稽查审理报告”，并区分下列情形分别作出处理：

(1) 认为有税收违法行为，应当进行税务处理的，拟制《税务处理决定书》；

(2) 认为有税收违法行为，应当进行税务行政处罚的，拟制《税务行政处罚决定书》；

（3）认为税收违法行为轻微，依法可以不予税务行政处罚的，拟制《不予税务行政处罚决定书》；

（4）认为没有税收违法行为的，拟制“税务稽查结论”。

上述税务文书经稽查局局长或者所属税务局领导批准后由执行部门送达执行。

此外，税收违法行为涉嫌犯罪的，填制《涉嫌犯罪案件移送书》，经所属税务局局长批准后，依法移送公安机关。

7. 执行规则

执行部门接到审理部门制作的税务文书后，应当依法及时送达被执行人。同时，应区分以下情况分别处理：

（1）被执行人未按照《税务处理决定书》确定的期限缴纳或者解缴税款的，稽查局经所属税务局局长批准，可以依法采取强制执行措施，或者依法申请人民法院强制执行。

（2）被执行人对《税务行政处罚决定书》确定的行政处罚事项，逾期不申请行政复议也不向人民法院起诉、又不履行的，稽查局经所属税务局局长批准，可以依法采取强制执行措施，或者依法申请人民法院强制执行。

（3）执行过程中发现涉嫌犯罪的，执行部门应当及时将执行情况通知审理部门，并提出向公安机关移送的建议。

（4）被执行人确实没有财产抵缴税款或者依照破产清算程序确实无法清缴税款，或者有其他法定终结执行情形的，稽查局可以填制“税收违法案件终结执行审批表”，经税务局相关部门审核并报所属税务局局长批准后，终结执行。

五、海关稽查制度

如同税务机关的税务检查或税务稽查制度一样，海关的稽查制度也是非常重要的。为了建立、健全海关稽查制度，加强海关监督管理，维护正常的进出口秩序和当事人的合法权益，保障国家税收收入，促进对外贸易的发展，国务院于 1997 年 1 月 3 日制定和发布了《海关稽查条例》，2016 年 6 月，该《条例》又被国务院修改，自 2016 年 10 月 1 日起实施。

所谓海关稽查，是指海关在法定期限内，对相关主体的会计账簿、会计凭证、报关单证以及其他有关资料（以下简称账证资料）和有关进出口货物进行核查，对其进出口活动的真实性和合法性进行监督的行为。上述的法定期限，是指海关自进出口货物放行之日起 3 年内或者在保税货物、减免税进口货物的海关监管期限内及其后的 3 年内；上述的相关主体，是指与进出口货物直接有关的企业、单位。

海关稽查的对象是下列与进出口活动直接有关的主体：（1）从事对外贸易的企业、单位；（2）从事对外加工贸易的企业；（3）经营保税业务的企业；（4）使用或者经营减免税进口货物的企业、单位；（5）从事报关业务的企业；（6）海关总署规定的从事与进出口活动直接有关的其他企业、单位。

海关根据稽查工作需要，可以向有关行业协会、政府部门和相关企业等收集特定商品、行业与进出口活动有关的信息。收集的信息涉及商业秘密的，海关应当予以保密。

（一）海关在稽查方面的权力和义务

海关应当按照海关监管的要求，根据进出口企业、单位和进出口货物的具体情况，确定海关稽查重点，制定年度海关稽查工作计划。海关进行稽查时，应当在实施稽查的3日前，书面通知被稽查企业、单位（以下简称被稽查人）。在特殊情况下，经海关关长批准，海关可以不经事先通知进行稽查。

海关进行稽查时，可以行使下列职权：（1）查阅、复制被稽查人的账簿、单证等有关资料；（2）进入被稽查人的生产经营场所、货物存放场所，检查与进出口活动有关的生产经营情况和货物；（3）询问被稽查人的法定代表人、主要负责人员和其他有关人员与进出口活动有关的情况和问题；（4）经海关关长批准，查询被稽查人在商业银行或者其他金融机构的存款账户。

此外，海关进行稽查时，发现被稽查人有可能转移、隐匿、篡改、毁弃账簿、单证等有关资料的，经海关关长批准，可以暂时封存其账簿、单证等有关资料。采取该项措施时，不得妨碍被稽查人正常的生产经营活动。另外，海关进行稽查时，发现被稽查人的进出口货物有违法的嫌疑的，经海关关长批准，可以封存有关进出口货物。

海关进行稽查的义务主要是：（1）进行稽查应当组成稽查组。稽查组的组成人员不得少于二人。（2）进行稽查时，海关工作人员应当出示统一制发的海关稽查证。（3）海关工作人员与被稽查人有直接利害关系的，应当回避。（4）海关和海关工作人员执行海关稽查职务，应当客观公正，实事求是，廉洁奉公。（5）为被稽查人保守商业秘密，不得侵犯被稽查人的合法权益。

（二）被稽查人的义务与权利

与进出口货物直接有关的主体所设置、编制的账证资料，应当真实、准确、完整地记录和反映进出口业务的有关情况，并应当依照有关法律、行政法规规定的保管期限和完整性的要求进行保管。

在海关稽查时，被稽查人的义务主要是：（1）配合海关稽查工作，并提供必要的工作条件。（2）接受海关稽查，如实反映情况，提供账簿、单证等有关资料，不得拒绝、拖延、隐瞒。（3）被稽查人使用计算机记账的，应当向海关提供记账软件、使用说明书及有关资料。（4）海关查阅、复制被稽查人的账簿、单证等有关资料或者进入被稽查人的生产经营场所、货物存放场所检查时，被稽查人的法定代表人或者主要负责人员或其指定的代表应当到场，并按照海关的要求清点账簿、打开货物存放场所、搬移货物或者开启货物包装。(5) 与被稽查人有财务往来或者其他商务往来的企业、单位应当向海关如实反映被稽查人的有关情况，提供有关资料和证明材料。

被稽查人的权利与上述进行稽查活动的海关的义务是相对应的，在此不再展开。需要说明的是，海关稽查组实施稽查后，应当向海关报送稽查报告。稽查报告认定被稽查人涉嫌违法的，在报送海关前应当就稽查报告认定的事实征求被稽查人的意见，被稽查人应当自收到相关材料之日起 7 日内，将其书面意见送交海关。海关应当自收到稽查报告之日起 30 日内，作出海关稽查结论并送达被稽查人。海关应当在稽查结论中说明作出结论的理由，并告知被稽查人的权利。

（三）海关稽查的处理

海关稽查的结果有多种情况，其中对于涉及进出口税款征收及其保障的情况，主要应做如下处理：

经海关稽查，发现关税或者其他进口环节的税收少征或者漏征的，由海关依法向被稽查人补征；因被稽查人违法而造成少征或者漏征的，由海关依法追征。如果被稽查人在海关规定的期限内仍未缴纳税款的，海关可以依照海关法的规定采取强制执行措施。

海关通过稽查决定补征或者追征的税款、没收的走私货物和违法所得以及收缴的罚款，全部上缴国库。如果被稽查人同海关发生纳税争议的，依照海关法的有关规定办理。

第四节　税款征收辅助制度

为了确保税款的有效征收，提高征税的经济效率和行政效率，在税法上还设立了相关的税款征收辅助制度。这些辅助制度主要包括税务代理、税务咨询、税务顾问、税收筹划等涉税专业服务制度。

涉税专业服务与国家税收利益、纳税人合法权益均直接相关，该服务直接影响税款征收，需要国家加强对此类业务的监管，以实现其辅助税款征收的功能，为此，我国确立了涉税专业服务监管制度，作为税款征收的辅助制度。现简要介绍涉税专业服务及其监管制度的发展历程和主要内容。

一、涉税专业服务及其监管制度的发展历程

涉税专业服务是指涉税专业服务机构接受委托，利用专业知识和技能，就

涉税事项向委托人提供的税务代理等服务。

上述的税务代理是指代理人接受纳税主体的委托，在法定的代理范围内依法代其办理相关税务事宜的行为。税务代理是涉税专业服务的主要形式，它是联系纳税主体与征税主体的中介和纽带。通过税务代理，纳税主体不仅可以降低因日益繁杂的税制而造成的奉行费用，分享中介机构的专业分工所带来的好处，还可以在依法纳税的前提下尽量降低自己的税负；与此同时，征税主体的征税成本亦会因税务代理活动而降低，税法的执行实效随之提高，从而有利于保障国家的税收利益和税法秩序。

税务代理制度在其他一些国家早已推行，有的国家还制定了有关税务代理的专门法律。例如，日本早在 1942 年即已经制定了《税务代理士法》，并于 1951 年将其修订为《税理士法》；此外，韩国也于 1961 年公布了《税务士法》，等等。各国有关税务代理的法律、法规的颁行，使税务代理制度逐渐成为整个税收征管制度中的重要组成部分。

税务代理有两种基本模式，一种是普通代理型，即由律师事务所、会计师事务所等中介机构的执业人员直接作税务代理人，政府对代理人的资格不作专门认定，也不进行集中管理。另一种是专门代理型，即政府对税务代理的业务范围、代理人的资格认定等都有专门的严格规定。前一种模式以美国、加拿大等国为代表，后一种模式以日本、韩国等国为代表。

我国在 20 世纪 80 年代初已在涉外税收领域推行代理纳税申报，其后税务代理有了一定的发展，税务代理的业务也进一步扩展到代理账务处理、税收筹划等领域。此外，在税务代理的制度建设上也取得了长足的进步。依据我国《税收征收管理法》规定，纳税人、扣缴义务人可以委托税务代理人代为办理税务事宜。这一规定为我国税务代理制度的建立和发展提供了重要的法律依据。以此为基础，国家税务总局还于 1994 年 9 月制定和发布了《税务代理试行办法》，对税务代理的原则、业务范围、代理人资格等做了较为具体的规定，2001 年，国家税务总局又制定了《税务代理业务规程（试行）》，从而使我国的税务代理制度亦初具规模。此后，国家税务总局还于 2005 年发布了《注册税务师管理暂行办法》，从而使我国的税务代理制度更趋完备。而国家税务总局制定的《涉税专业服务监管办法（试行）》（自 2017 年 9 月 1 日起施行），则使我国的涉税专业服务制度发展到了新的历史阶段。

二、涉税专业服务及其监管制度的主要内容

（一）从业机构及其业务范围

涉税专业服务机构，是指税务师事务所和从事涉税专业服务的会计师事务所、律师事务所、代理记账机构、税务代理公司、财税类咨询公司等机构。

涉税专业服务机构可以从事下列涉税业务：

（1）纳税申报代理。对纳税人、扣缴义务人提供的资料进行归集和专业判断，代理纳税人、扣缴义务人进行纳税申报准备和签署纳税申报表、扣缴税款报告表以及相关文件。

（2）一般税务咨询。对纳税人、扣缴义务人的日常办税事项提供税务咨询服务。

（3）专业税务顾问。对纳税人、扣缴义务人的涉税事项提供长期的专业税务顾问服务。

（4）税收策划。对纳税人、扣缴义务人的经营和投资活动提供符合税收法律法规及相关规定的纳税计划、纳税方案。

（5）涉税鉴证。按照法律、法规以及依据法律、法规制定的相关规定要求，对涉税事项真实性和合法性出具鉴定和证明。

（6）纳税情况审查。接受行政机关、司法机关委托，依法对企业纳税情况进行审查，作出专业结论。

（7）其他税务事项代理。接受纳税人、扣缴义务人的委托，代理建账记账、发票领用、减免退税申请等税务事项。

（8）其他涉税服务。

上述第（3）项至第（6）项涉税业务，应当由具有税务师事务所、会计师事务所、律师事务所资质的涉税专业服务机构从事，相关文书应由税务师、注册会计师、律师签字，并承担相应的责任。

（二）从业机构的主要义务

（1）合规守法义务。涉税专业服务机构从事涉税业务，应当遵守税收法律、法规及相关税收规定，遵循涉税专业服务业务规范。

（2）备查报送义务。涉税专业服务机构为委托人出具的各类涉税报告和文书，由双方留存备查，其中，税收法律、法规及国家税务总局规定报送的，应当向税务机关报送。

（3）行政登记义务。税务机关应当对税务师事务所实施行政登记管理。未经行政登记不得使用“税务师事务所”名称，不能享有税务师事务所的合法权益。

（4）符合资质义务。税务师事务所合伙人或者股东由税务师、注册会计师、律师担任，税务师占比应高于50%，国家税务总局另有规定的除外。

（三）行政登记与实名制管理

1. 行政登记

税务师事务所办理商事登记后，应当向省税务机关办理行政登记，即应当进行“双重登记”，这是税务监管的重要手段。省税务机关准予行政登记的，颁发《税务师事务所行政登记证书》，并将相关资料报送国家税务总局，抄送省税务师行业协会。不予行政登记的，书面通知申请人，说明不予行政登记的理由。

从事涉税专业服务的会计师事务所和律师事务所，依法取得会计师事务所执业证书或律师事务所执业许可证，视同行政登记。

2. 实名制管理

税务机关对涉税专业服务机构及其从事涉税服务人员进行实名制管理。

税务机关依托金税三期应用系统，建立涉税专业服务管理信息库。综合运用从金税三期核心征管系统采集的涉税专业服务机构的基本信息、涉税专业服务机构报送的人员信息和经纳税人（扣缴义务人）确认的实名办税（自有办税人员和涉税专业服务机构代理办税人员）信息，建立对涉税专业服务机构及其从事涉税服务人员的分类管理，确立涉税专业服务机构及其从事涉税服务人员与纳税人（扣缴义务人）的代理关系，区分纳税人自有办税人员和涉税专业服务机构代理办税人员，实现对涉税专业服务机构及其从事涉税服务人员和纳税人（扣缴义务人）的全面动态实名信息管理。

涉税专业服务机构应当向税务机关提供机构和从事涉税服务人员的姓名、身份证号、专业资格证书编号、业务委托协议等实名信息。

（四）税务机关的信息监管与信用评价

税务机关除了有权对涉税专业服务的执业情况进行检查，以及根据举报、投诉情况进行调查以外，还可以进行信息监管和信用评价。

1. 信息监管

税务机关应当建立业务信息采集制度，利用现有的信息化平台分类采集业务信息，加强内部信息共享，提高分析利用水平。

涉税专业服务机构应当以年度报告形式，向税务机关报送从事涉税专业服务的总体情况。税务师事务所、会计师事务所、律师事务所从事专业税务顾问、税收策划、涉税鉴证、纳税情况审查业务，应当在完成业务的次月向税务机关单独报送相关业务信息。

2. 信用评价

税务机关应当建立信用评价管理制度，对涉税专业服务机构从事涉税专业服务情况进行信用评价，对其从事涉税服务人员进行信用记录。

税务机关应以涉税专业服务机构的纳税信用为基础，结合委托人纳税信用、纳税人评价、税务机关评价、实名办税、业务规模、服务质量、执业质量检查、业务信息质量等情况，建立科学合理的信用评价指标体系，进行信用等级评价或信用记录。

税务机关应当在门户网站、电子税务局和办税服务场所公告纳入监管的涉税专业服务机构名单及其信用情况，同时公告未经行政登记的税务师事务所名单。

（五）通过行业协会的监管

税务师事务所自愿加入税务师行业协会。从事涉税专业服务的会计师事务所、律师事务所、代理记账机构除加入各自行业协会接受行业自律管理外，可自愿加入税务师行业协会税务代理人分会；鼓励其他没有加入任何行业协会的涉税专业服务机构自愿加入税务师行业协会税务代理人分会。

税务师行业协会应当加强税务师行业自律管理，提高服务能力、强化培训服务，促进转型升级和行业健康发展。全国税务师行业协会负责拟制涉税专业服务业务规范（准则、规则），报国家税务总局批准后施行。

税务机关应当加强对税务师行业协会的监督指导，与其他相关行业协会建立工作联系制度。此外，税务机关可以委托行业协会对涉税专业服务机构从事涉税专业服务的执业质量进行评价。

（六）违反监管规定的法律责任

涉税专业服务机构及其涉税服务人员有下列情形之一的，由税务机关责令限期改正或予以约谈；逾期不改正的，由税务机关降低信用等级或纳入信用记录，暂停受理所代理的涉税业务（暂停时间不超过6个月）；情节严重的，由税务机关纳入涉税服务失信名录，予以公告并向社会信用平台推送，其所代理的涉税业务，税务机关不予受理：

（1）使用税务师事务所名称未办理行政登记的；

（2）未按照办税实名制要求提供涉税专业服务机构和从事涉税服务人员实名信息的；

（3）未按照业务信息采集要求报送从事涉税专业服务有关情况的；

（4）报送信息与实际不符的；

（5）拒不配合税务机关检查、调查的；

（6）其他违反税务机关监管规定的行为。

税务师事务所有上述第（1）项情形且逾期不改正的，省税务机关应当提请工商部门吊销其营业执照。

此外，涉税专业服务机构及其涉税服务人员有下列情形之一的，由税务机关列为重点监管对象，降低信用等级或纳入信用记录，暂停受理所代理的涉税业务（暂停时间不超过6个月）；情节较重的，由税务机关纳入涉税服务失信名录，予以公告并向社会信用平台推送，其所代理的涉税业务，税务机关不予受理；情节严重的，其中，税务师事务所由省税务机关宣布《税务师事务所行政登记证书》无效，提请工商部门吊销其营业执照，提请全国税务师行业协会取消税务师职业资格证书登记、收回其职业资格证书并向社会公告，其他涉税服务机构及其从事涉税服务人员由税务机关提请其他行业主管部门及行业协会予以相应处理：

（1）违反税收法律、行政法规，造成委托人未缴或者少缴税款，按照《税收征收管理法》及其实施细则相关规定被处罚的；

（2）未按涉税专业服务相关业务规范执业，出具虚假意见的；

（3）采取隐瞒、欺诈、贿赂、串通、回扣等不正当竞争手段承揽业务，损害委托人或他人利益的；

（4）利用服务之便，谋取不正当利益的；

（5）以税务机关和税务人员的名义敲诈纳税人、扣缴义务人的；

（6）向税务机关工作人员行贿或者指使、诱导委托人行贿的；

（7）其他违反税收法律法规的行为。

第十四章　税收法律责任

前面几章着重介绍了各类在税收征纳实体法和税收征纳程序法上的权利和义务，如果税法主体违反了这些义务，同样要依法承担相应的税收法律责任。为此，本书专设一章对违反征纳制度的主体应承担的各类具体责任集中予以介绍。

税法主体违反税收征纳制度应承担的责任有多种类型，主要包括违反税收征管制度的法律责任、违反发票管理制度的法律责任、违反海关税收制度的法律责任。下面分别介绍这些类型的法律责任。

第一节　违反税收征管制度的法律责任

我国《税收征收管理法》规定了征纳双方的相关义务，对于这些义务，征纳双方均必须依法履行，否则即应承担相应的法律责任。一般说来，违反税收征管法应承担的法律责任可分为两类，即一般违法责任和严重违法责任。

依据我国《税收征收管理法》及其《实施细则》的规定，对于违反税收征管法的一般违法行为，其主要的制裁方式是罚款和其他行政处罚；对于违反税收征管法的严重违法行为，其主要的制裁方式则是罚金和其他刑事处罚。对于不同主体的不同违法行为，法律规定了不同的制裁手段，从而使违法主体承担的具体法律责任也各不相同。现根据现行立法规定，择要介绍如下。

一、纳税人违反税收征管制度的法律责任

（一）纳税人违反税务管理制度的法律责任

税务管理制度包括税务登记、账簿及凭证管理、纳税申报等具体制度，违反这些具体制度规定，多属一般违法行为，纳税人即应承担相应的法律责任。具体包括以下两种情况：

1. 违反税务登记、账证管理制度规定的法律责任

如果纳税人有下述行为：（1）未按照规定的期限申报办理税务登记、变更或者注销登记；（2）未按照规定设置、保管账簿或者保管记账凭证和有关资料；（3）未按照规定将财务、会计制度或者财务、会计处理办法报送税务机关备查；（4）未按照规定将其全部银行账号向税务机关报告的；（5）未按照规定安装、使用税控装置，或者损毁或擅自改动税控装置，只要具备其中的一种行

为，税务机关即有权责令其限期改正，逾期不改正的，可处以 2000 元以下的罚款；情节严重的，处以 2000 元以上 1 万元以下的罚款。

此外，纳税人未按照规定使用税务登记证件，或者转借、涂改、损毁、买卖、伪造税务登记证件的，处 2000 元以上 1 万元以下的罚款；情节严重的，处 1 万元以上 5 万元以下的罚款。另外，纳税人未按照法律规定保管账簿、记账凭证和有关资料的，由税务机关责令限期改正，可以处以 2000 元以下的罚款；情节严重的，处 2000 元以上 5000 元以下的罚款。

2. 违反纳税申报制度的法律责任

纳税人未按照规定的期限办理纳税申报和报送纳税资料的，由税务机关责令限期改正，可处以 2000 元以下的罚款；情节严重的，可处以 2000 元以上 1 万元以下的罚款。

（二）纳税人违反税款征收制度的法律责任

1. 偷税行为的法律责任

依据我国《税收征收管理法》的规定，偷税是指纳税人伪造、变造、隐匿、擅自销毁账簿、记账凭证，或者在账簿上多列支出或者不列、少列收入，或者经税务机关通知申报而拒不申报或者进行虚假的纳税申报，不缴或者少缴应纳税款的行为。偷税是一种故意采取某些欺骗性的手段逃避纳税义务的行为，因而也称逃税。它与狭义上的避税、节税都是不同的。由于偷税行为的主观恶性较大，社会危害较为严重，因而历来都是各国打击的重点。我国的《税收征收管理法》和《刑法修正案（七）》对偷税行为均明确规定了处罚措施，具体规定如下：

（1）对一般偷税行为的处罚。纳税人偷税未构成犯罪的，由税务机关追缴其不缴或者少缴的税款、滞纳金，并处以不缴或者少缴税款 50%以上 5 倍以下的罚款。

（2）对逃避缴纳税款罪（简称逃税罪）的处罚。依据《刑法修正案（七）》的规定，纳税人采取欺骗、隐瞒手段进行虚假纳税申报或者不申报，逃避缴纳税款数额较大并且占应纳税额 10%以上的，处 3 年以下有期徒刑或者拘役，并处罚金；数额巨大并且占应纳税额 30%以上的，处 3 年以上 7 年以下有期徒刑，并处罚金。

有上述逃税行为，经税务机关依法下达追缴通知后，补缴应纳税款，缴纳滞纳金，已受行政处罚的，不予追究刑事责任；但是，5 年内因逃避缴纳税款受过刑事处罚或者被税务机关给予二次以上行政处罚的除外。另外，对多次实施逃税行为，未经处理的，按照累计数额计算。

2. 欠税行为的法律责任

欠税是指纳税人在纳税期限届满后，仍未缴或少缴应纳税款的行为。拖欠税款的纳税人通常在主观上没有逃避纳税义务的故意，只是由于种种原因而未能如期缴纳税款，因而与偷税是有区别的。对于欠税行为，征税机关一般是责令其限期缴纳并加收滞纳金；逾期仍未缴纳的，征税机关可通过强制执行措施等迫使其缴纳那些未缴或少缴的税款。

但是，欠税人如果采取转移、隐匿财产的手段，妨碍税务机关追缴其所欠税款，则欠税人已存在偷税故意，而其行为应视同偷税行为，从而应承担不同于一般欠税行为（也有人把这种情况称为逃税）的责任。为此，法律规定：

纳税人欠缴应纳税款，采取转移或者隐匿财产的手段，妨碍税务机关追缴欠缴的税款，（1）数额不满 1 万元的，由税务机关追缴欠缴的税款，处以欠缴税款 50%以上 5 倍以下的罚款；（2）数额在 1 万元以上不满 10 万元的，处 3 年以下有期徒刑或者拘役，并处欠缴税款 1 倍以上 5 倍以下的罚金；（3）欠税数额在 10 万元以上的，处 3 年以上 7 年以下有期徒刑，并处欠缴税款 1 倍以上 5 倍以下的罚金；（4）企业、事业单位有上述偷税性的欠税行为的，判处罚金，并对负有直接责任的主管人员和其他直接责任人员处 3 年以下有期徒刑或者拘役。①

3. 抗税行为的法律责任

抗税是指以暴力、威胁方法拒不缴纳税款的行为。抗税行为的主观恶性和社会危害性较大，应承担如下法律责任：

（1）抗税行为情节轻微，未构成犯罪的，由税务机关追缴其拒缴的税款、滞纳金，并处以拒缴税款 1 倍以上 5 倍以下的罚款。

（2）抗税行为构成犯罪的，除由税务机关追缴其拒缴的税款、滞纳金外，处 3 年以下有期徒刑或者拘役，并处拒缴税款 1 倍以上 5 倍以下的罚金；情节严重的，处 3 年以上 7 年以下有期徒刑，并处拒缴税款 1 倍以上 5 倍以下的罚金。

4. 骗税行为的法律责任

骗税行为即骗取出口退税的行为，它是指企事业单位或者个人通过采取对所生产或者经营的商品假报出口等欺骗手段，骗取国家出口退税款的行为。骗税行为主要包括三种情况：（1）生产、经营出口产品的企事业单位，在出口退税申报中多报已纳税额骗取退税款；（2）生产、经营内销产品的企事业单位通过假报出口的办法骗取退税款；（3）不从事生产、经营的单位和个人采取伪造票证等手段骗取退税款。

骗取出口退税的行为未构成犯罪的，由税务机关追缴其骗取的退税款，并

① 可参见全国人大常委会于 1992 年 9 月 4 日公布的《关于惩治偷税、抗税犯罪的补充规定》或《刑法》的有关规定。

处以骗取税款1倍以上5倍以下的罚款；骗税行为构成犯罪的，应依法追究刑事责任。

二、扣缴义务人违反税收征管制度的法律责任

（一）违反税务管理制度的法律责任

依据我国《税收征收管理法》及全国人大常委会《关于惩治偷税、抗税的补充规定》，扣缴义务人对其违法行为应承担如下责任：

（1）扣缴义务人未按规定设置、保管代扣代缴、代收代缴税款账簿或者保管代扣代缴、代收代缴税款记账凭证及有关资料的，由税务机关责令限期改正，可处以2000元以下的罚款；情节严重的，处以2000元以上5000元以下的罚款。

（2）扣缴义务人未按规定的期限向税务机关报送代扣代缴、代收代缴税款报告表的，由税务机关责令限期改正，可以处2000元以下的罚款；情节严重的，可以处以2000元以上1万元以下的罚款。

（二）违反税款征收制度的法律责任

（1）扣缴义务人采取偷税手段，不缴或者少缴已扣、已收税款，亦属偷税行为，其应承担的法律责任与前述纳税人的偷税行为应承担的法律责任相同。

（2）扣缴义务人应扣未扣、应收未收税款的，由税务机关向纳税人追缴税款，对扣缴义务人处应扣未扣、应收未收税款50%以上3倍以下的罚款。但是，扣缴义务人已将纳税人拒绝代扣、代收的情况及时报告税务机关的除外。

三、税务人员违反税收征管制度的法律责任

我国《税收征收管理法》规定，税务机关和税务人员必须秉公执法，忠于职守；不得索贿、徇私舞弊、玩忽职守、不征或少征应征税款；不得滥用职权多征税款或者故意刁难纳税人和扣缴义务人。税务人员对其各类违法行为，均应具体承担法律责任，例如：

（1）税务人员与纳税人、扣缴义务人勾结，唆使或者协助纳税人、扣缴义务人实施偷税或者采取偷税性手段妨碍所欠税款的追缴以及骗取国家出口退税的行为，构成犯罪的，应按照刑法关于共同犯罪的规定对税务人员予以刑事处罚；未构成犯罪的，给予行政处分。

（2）税务人员利用职务上的便利，收受或者索取纳税人、扣缴义务人财物，或者谋取其他不正当利益，构成犯罪的，依法追究刑事责任；未构成犯罪的，给予行政处分。

（3）税务人员徇私舞弊或者玩忽职守，不征或者少征应征税款，致使国家税收遭受重大损失，构成犯罪的，依法追究刑事责任；未构成犯罪的，给予行

政处分。

（4）税务机关违反规定擅自改变税收征收管理范围和税款入库预算级次的，责令限期改正，对直接负责的主管人员和其他直接责任人员依法给予降级或者撤职的行政处分。

（5）违反法律、行政法规的规定提前征收、延缓征收或者摊派税款的，由其上级机关或者行政监察机关责令改正，对直接负责的主管人员和其他直接责任人员依法给予行政处分。

（6）违反法律、行政法规的规定，擅自作出税收的开征、停征或者减税、免税、退税、补税以及其他同税收法律、行政法规相抵触的决定的，除依法撤销其擅自作出的决定外，还应补征应征未征税款，退还不应征收而征收的税款，并由上级机关追究直接负责的主管人员和其他直接责任人员的行政责任；构成犯罪的，依法追究刑事责任。

（7）税务人员违反法律、行政法规的规定，故意高估或者低估农业税计税产量，致使多征或者少征税款，侵犯农民合法权益或者损害国家利益，构成犯罪的，依法追究刑事责任；尚不构成犯罪的，依法给予行政处分。

（8）税务机关、税务人员查封、扣押纳税人个人及其所扶养家属维持生活必需的住房和用品的，责令退还，依法给予行政处分；构成犯罪的，依法追究刑事责任。

（9）税务人员滥用职权，故意刁难纳税人、扣缴义务人的，调离税收工作岗位，并依法给予行政处分。税务人员对控告、检举税收违法违纪行为的纳税人、扣缴义务人以及其他检举人进行打击报复的，依法给予行政处分；构成犯罪的，依法追究刑事责任。

（10）税务人员在征收税款或者查处税收违法案件时，未按照有关法律规定进行回避的，对直接负责的主管人员和其他直接责任人员，依法给予行政处分；未依法为纳税人、扣缴义务人、检举人保密的，对直接负责的主管人员和其他直接责任人员，由所在单位或者有关单位依法给予行政处分。

四、其他主体违反税收征管制度的法律责任

（一）税务代理人的法律责任

税务代理人违反税收法律、行政法规，造成纳税人未缴或者少缴税款的，除由纳税人缴纳或者补缴应纳税款、滞纳金外，对税务代理人处纳税人未缴或者少缴税款50％以上3倍以下的罚款。

（二）为纳税主体的违法行为提供便利者的法律责任

为纳税人、扣缴义务人非法提供银行账户、发票、证明或者其他方便，导致未缴、少缴税款或者骗取国家出口退税款的，税务机关除没收其非法所得

外，并可以处以未缴、少缴或者骗取的税款1倍以下的罚款。

此外，非法印刷、转借、倒卖、变造或者伪造完税凭证的，由税务机关责令改正，处2000元以上1万元以下的罚款；情节严重的，处1万元以上5万元以下的罚款；构成犯罪的，依法追究刑事责任。

（三）金融机构的法律责任

银行和其他金融机构未依照税收征管法的规定在从事生产、经营的纳税人的账户中登录税务登记证件号码，或者未按规定在税务登记证件中登录从事生产、经营的纳税人的账户账号的，由税务机关责令其限期改正，处2000元以上2万元以下的罚款；情节严重的，处2万元以上5万元以下的罚款。

纳税人、扣缴义务人的开户银行或者其他金融机构拒绝接受税务机关依法检查纳税人、扣缴义务人存款账户，或者拒绝执行税务机关作出的冻结存款或者扣缴税款的决定，或者在接到税务机关的书面通知后帮助纳税人、扣缴义务人转移存款，造成税款流失的，由税务机关处10万元以上50万元以下的罚款，对直接负责的主管人员和其他直接责任人员处1000元以上1万元以下的罚款。

第二节　违反发票管理制度的法律责任

违反发票管理制度的行为，可能构成一般违法行为，也可能构成犯罪行为。对于一般违法行为，应主要由税务机关依法作出处罚；对于发票犯罪行为，则应由司法机关依法追究刑事责任。

一、违反发票管理法规的法律责任

（一）违反发票的开具、使用、缴销、保管规定的法律责任

有下列情形之一的，由税务机关责令改正，可以处1万元以下的罚款；有违法所得的予以没收：

（1）应当开具而未开具发票，或者未按照规定的时限、顺序、栏目，全部联次一次性开具发票，或者未加盖发票专用章的；

（2）使用税控装置开具发票，未按期向主管税务机关报送开具发票的数据的；

（3）使用非税控电子器具开具发票，未将非税控电子器具使用的软件程序说明资料报主管税务机关备案，或者未按照规定保存、报送开具发票的数据的；

（4）拆本使用发票的；

（5）扩大发票使用范围的；

(6) 以其他凭证代替发票使用的；

(7) 跨规定区域开具发票的；

(8) 未按照规定缴销发票的；

(9) 未按照规定存放和保管发票的。

此外，有下列情形之一的，由税务机关处 1 万元以上 5 万元以下的罚款；情节严重的，处 5 万元以上 50 万元以下的罚款；有违法所得的予以没收：

(1) 转借、转让、介绍他人转让发票、发票监制章和发票防伪专用品的；

(2) 知道或者应当知道是私自印制、伪造、变造、非法取得或者废止的发票而受让、开具、存放、携带、邮寄、运输的。

(二) 违反空白发票管理规定的法律责任

跨规定的使用区域携带、邮寄、运输空白发票，以及携带、邮寄或者运输空白发票出入境的，由税务机关责令改正，可以处 1 万元以下的罚款；情节严重的，处 1 万元以上 3 万元以下的罚款；有违法所得的予以没收。

此外，丢失发票或者擅自损毁发票的，也依照上述规定处罚。

(三) 违法虚开、代开发票的法律责任

违反规定虚开发票的，由税务机关没收违法所得；虚开金额在 1 万元以下的，可以并处 5 万元以下的罚款；虚开金额超过 1 万元的，并处 5 万元以上 50 万元以下的罚款；构成犯罪的，依法追究刑事责任。

此外，非法代开发票的，依照上述规定处罚。

(四) 违反发票防伪规定的法律责任

私自印制、伪造、变造发票，非法制造发票防伪专用品，伪造发票监制章的，由税务机关没收违法所得，没收、销毁作案工具和非法物品，并处 1 万元以上 5 万元以下的罚款；情节严重的，并处 5 万元以上 50 万元以下的罚款；对印制发票的企业，可以并处吊销发票准印证；构成犯罪的，依法追究刑事责任。

此外，对于上述违法行为《税收征收管理法》另有规定的，依照其规定执行。

(五) 导致税款流失的发票违法行为的法律责任

违反发票管理法规，导致其他单位或者个人未缴、少缴或者骗取税款的，由税务机关没收违法所得，可以并处未缴、少缴或者骗取的税款 1 倍以下的罚款。

(六) 税务人员违反发票管理规定的法律责任

税务人员利用职权之便，故意刁难印制、使用发票的单位和个人，或者有违反发票管理法规行为的，依照国家有关规定给予处分；构成犯罪的，依法追究刑事责任。

二、增值税专用发票犯罪及其处罚

违反发票管理制度的行为，构成犯罪的，应依据我国《刑法》的有关规定处罚。其中，上述的违反发票防伪规定的行为，以及税务人员违反发票管理规定的行为，如果构成犯罪，就应当依法追究刑事责任。此外，由于近些年来，我国在增值税专用发票方面的犯罪非常突出，因此，在我国《刑法》中，对于各类增值税专用发票方面的犯罪行为，有许多具体的处罚规定。现择要介绍如下：

（一）虚开发票罪

所谓虚开发票，在此指虚开增值税专用发票或者虚开用于骗取出口退税、抵扣税款的其他发票，包括为他人虚开、为自己虚开、让他人为自己虚开、介绍他人虚开行为这几类行为中的任何一种。有上述行为的，处 3 年以下有期徒刑或者拘役，并处 2 万元以上 20 万元以下罚金；虚开的税款数额较大或者有其他严重情节的，处 3 年以上 10 年以下有期徒刑，并处 5 万元以上 50 万元以下罚金；虚开的税款数额巨大或者有其他特别严重情节的，处 10 年以上有期徒刑或者无期徒刑，并处 5 万元以上 50 万元以下罚金或者没收财产。通过虚开发票来骗取国家税款，数额特别巨大，情节特别严重，给国家利益造成特别重大损失的，处无期徒刑或者死刑，并处没收财产。

单位犯虚开发票罪的，对单位判处罚金，并对其直接负责的主管人员和其他直接责任人员，处 3 年以下有期徒刑或者拘役；虚开的税款数额较大或者有其他严重情节的，处 3 年以上 10 年以下有期徒刑；虚开的税款数额巨大或者有其他特别严重情节的，处 10 年以上有期徒刑或者无期徒刑。

（二）伪造发票罪

所谓伪造发票，在此是指伪造或者出售伪造的增值税专用发票的行为。凡有此类行为者，处 3 年以下有期徒刑、拘役或者管制，并处 2 万元以上 20 万元以下罚金；数量较大或者有其他严重情节的，处 3 年以上 10 年以下有期徒刑，并处 5 万元以上 50 万元以下罚金；数量巨大或者有其他特别严重情节的，处 10 年以上有期徒刑或者无期徒刑，并处 5 万元以上 50 万元以下罚金或者没收财产。

伪造并出售伪造的增值税专用发票，数量特别巨大，情节特别严重，严重破坏经济秩序的，处无期徒刑或者死刑，并处没收财产。

单位犯伪造发票罪的，对单位判处罚金，并对其直接负责的主管人员和其他直接责任人员，处 3 年以下有期徒刑、拘役或者管制；数量较大或者有其他严重情节的，处 3 年以上 10 年以下有期徒刑；数量巨大或者有其他特别严重情节的，处 10 年以上有期徒刑或者无期徒刑。

（三）非法出售发票罪

非法出售增值税专用发票的，处 3 年以下有期徒刑、拘役或者管制，并处 2 万元以上 20 万元以下罚金；数量较大的，处 3 年以上 10 年以下有期徒刑，并处 5 万元以上 50 万元以下罚金；数量巨大的，处 10 年以上有期徒刑或者无期徒刑，并处 5 万元以上 50 万元以下罚金或者没收财产。

（四）非法购买发票罪

非法购买增值税专用发票或者购买伪造的增值税专用发票的，处 5 年以下有期徒刑或者拘役，并处或者单处 2 万元以上 20 万元以下罚金。

非法购买增值税专用发票或者购买伪造的增值税专用发票又虚开或者出售的，分别依照我国《刑法》的有关规定定罪处罚。

三、其他发票犯罪及其处罚

除对增值税专用发票犯罪作出处罚规定以外，我国《刑法》还对其他发票犯罪的处罚作出了规定。依据该法规定，对于伪造、擅自制造或者出售伪造、擅自制造的可以用于骗取出口退税、抵扣税款的其他发票的犯罪行为，处 3 年以下有期徒刑、拘役或者管制，并处 2 万元以上 20 万元以下罚金；数量巨大的，处 3 年以上 7 年以下有期徒刑，并处 5 万元以上 50 万元以下罚金；数量特别巨大的，处 7 年以上有期徒刑，并处 5 万元以上 50 万元以下罚金或者没收财产。

此外，对伪造、擅自制造或者出售伪造、擅自制造上述规定以外的其他发票的犯罪行为，处 2 年以下有期徒刑、拘役或者管制，并处或者单处 1 万元以上 5 万元以下罚金；情节严重的，处 2 年以上 7 年以下有期徒刑，并处 5 万元以上 50 万元以下罚金。

第三节　违反海关税收制度的法律责任

在海关税收领域，征税主体和纳税主体违反相关税收制度的，都应依法承担相应的法律责任。其中，纳税人以及其他相关主体违反海关税收制度的行为，主要可以分为两大类，一类是走私行为，一类是其他违法行为。其中，走私行为直接关系到海关税收，因而历来非常受重视；其他违法行为则直接或间接地与海关税收有关。为此，下面先介绍这两类违法行为应承担的法律责任，然后再介绍海关违反相关规定应承担的法律责任，最后介绍在这些违法行为构成犯罪时应受到的刑罚制裁。

一、走私行为的法律责任

根据我国《海关法》规定，违反该法及有关法律、行政法规，逃避海关监管，偷逃应纳税款、逃避国家有关进出境的禁止性或者限制性管理，有下列情形之一的，是走私行为：

(1) 运输、携带、邮寄国家禁止或者限制进出境货物、物品或者依法应当缴纳税款的货物、物品进出境的；

(2) 未经海关许可并且未缴纳应纳税款、交验有关许可证件，擅自将保税货物、特定减免税货物以及其他海关监管货物、物品、进境的境外运输工具，在境内销售的；

(3) 有逃避海关监管，构成走私的其他行为的。

此外，有下列行为之一的，也按走私行为论处：

(1) 直接向走私人非法收购走私进口的货物、物品的；

(2) 在内海、领海、界河、界湖，船舶及所载人员运输、收购、贩卖国家禁止或者限制进出境的货物、物品，或者运输、收购、贩卖依法应当缴纳税款的货物，没有合法证明的。

无论是上述的走私行为，还是按走私论处的行为，尚不构成犯罪的，由海关没收走私货物、物品及违法所得，可以并处罚款；专门或者多次用于掩护走私的货物、物品，专门或者多次用于走私的运输工具，予以没收，藏匿走私货物、物品的特制设备，责令拆毁或者没收。上述行为构成犯罪的，应依法追究刑事责任。

二、其他违法行为应承担的法律责任

(一) 与走私相关的违法行为的法律责任

相关主体伪造、变造、买卖海关单证，与走私人通谋为走私人提供贷款、资金、账号、发票、证明、海关单证，与走私人通谋为走私人提供运输、保管、邮寄或者其他方便，构成犯罪的，依法追究刑事责任；尚不构成犯罪的，由海关没收违法所得，并处罚款。

(二) 物品超量不报行为的法律责任

个人携带、邮寄超过合理数量的自用物品进出境，未依法向海关申报的，责令补缴关税，可以处以罚款。

(三) 违反海关监管行为的法律责任

由于某些违反海关监管的行为会直接或间接地影响海关税收，为此，我国《海关法》规定，违反该法规定有下列行为之一的，可以处以罚款，有违法所得的，没收违法所得：

（1）运输工具不经设立海关的地点进出境的；

（2）进出口货物、物品或者过境、转运、通运货物向海关申报不实的；

（3）不按照规定接受海关对进出境运输工具、货物、物品进行检查、查验的；

（4）在设立海关的地点停留的进出境运输工具未经海关同意，擅自驶离的；

（5）进出境运输工具从一个设立海关的地点驶往另一个设立海关的地点，尚未办结海关手续又未经海关批准，中途擅自改驶境外或者境内未设立海关的地点的；

（6）进出境运输工具，未经海关同意，擅自兼营或者改营境内运输的；

（7）未经海关许可，擅自将海关监管货物开拆、提取、交付、发运、调换、改装、抵押、质押、留置、转让、更换标记、移作他用或者进行其他处置的；

（8）经营海关监管货物的运输、储存、加工等业务，有关货物灭失或者有关记录不真实，不能提供正当理由的；

（9）有违反海关监管规定的其他行为的。

三、我国《刑法》的有关规定

我国《刑法》专设一节“走私罪”，规定对诸多走私行为的处罚。其中，特别规定了对下列行为的严厉处罚：（1）走私武器、弹药、核材料或者伪造的货币的行为；（2）走私国家禁止出口的文物、黄金、白银和其他贵重金属或者国家禁止进出口的珍贵动物及其制品的行为；（3）走私国家禁止进出口的珍稀植物及其制品的行为；（4）以牟利或者传播为目的，走私淫秽的影片、录像带、录音带、图片、书刊或者其他淫秽物品的行为。

此外，我国《刑法》还规定，对走私毒品以及上述规定以外的普通货物、物品的，根据情节轻重，分别依照下列规定处罚[①]：

（1）走私货物、物品偷逃应缴税额较大或者 1 年内曾因走私被给予两次行政处罚后又走私的，处 3 年以下有期徒刑或者拘役，并处偷逃应缴税额 1 倍以上 5 倍以下罚金。

（2）走私货物、物品偷逃应缴税额巨大或者有其他严重情节的，处 3 年以上 10 年以下有期徒刑，并处偷逃应缴税额 1 倍以上 5 倍以下罚金。

（3）走私货物、物品偷逃应缴税额特别巨大或者有其他特别严重情节的，处 10 年以上有期徒刑或者无期徒刑，并处偷逃应缴税额 1 倍以上 5 倍以下罚

① 相关修改可参见 2011 年 5 月 1 日起实施的《刑法修正案（八）》。

金或者没收财产。

单位犯前款罪的，对单位判处罚金，并对其直接负责的主管人员和其他直接责任人员，处 3 年以下有期徒刑或者拘役；情节严重的，处 3 年以上 10 年以下有期徒刑；情节特别严重的，处 10 年以上有期徒刑。

对多次走私未经处理的，按照累计走私货物、物品的偷逃应缴税额处罚。

另外，依据我国《刑法》规定，下列走私行为，构成犯罪的，也依照上述规定定罪处罚：

（1）未经海关许可并且未补缴应缴税额，擅自将批准进口的来料加工、来件装配、补偿贸易的原材料、零件、制成品、设备等保税货物，在境内销售牟利的；

（2）未经海关许可并且未补缴应缴税额，擅自将特定减税、免税进口的货物、物品，在境内销售牟利的。

第三编　争讼制度

如前所述，由于税法是分配法，直接关系到国家与相关主体的利益分配，与国民的财产权的保障密切相关，因而在税权和利益分配方面，不可避免地会发生冲突，从而产生争讼。尽管在征纳双方都严格依法行事的情况下会减少纷争，但由于引发涉税争讼的原因众多，各类税收争议总是绵延不绝，因而征纳双方对争讼制度的建立和完善一直有较高的期望。事实上，确立完善的争讼制度恰恰是税法制度有效实施的保障。

从纯粹的税法制度的结构来看，税收体制制度是整个税法制度的基础和主导，税收征纳制度则是税法制度的核心和主体，这些制度共同构成了通常的税法制度，也构成了税法的体系。此外，上述税法制度的有效实施，离不开处理争端的制度，并且，税法制度越完善，相应的处理争端的制度也要越健全，从而使争讼制度也逐渐成为广义上的税法制度的一个组成部分，或者说，是税法制度的一个必要延伸。

之所以对争讼制度作出上述定位，是因为它并不是像通常的税法制度或税法体系那样，包括了税法所独有的一些内容，而是与其他制度存在着共通共用的情况。因此，税法上所涉及的争讼制度，有些是与其他相关部门法的争讼制度类似或一致的，这是程序法上的共通性的体现。为了对整个税法的运行作出尽量完整的介绍，本书把争讼制度作为一编，置于书末。

对于税收争讼，可以作出多种分类：从地域上说，可以分为国际税收争讼和国内税收争讼；从主体上说，可以分为国家的税收争讼和广义的纳税主体的税收争讼，等等。但由于一般说来，国际的问题可以转化为国内的问题，国家的问题可以转化为广义的纳税主体的问题，因而通常主要探讨的是广义的纳税主体向国家提出的税收争讼问题，因而主要是征纳双方的问题。

有鉴于此，可以认为，争讼制度是处理在征纳双方之间发生的各类争讼的制度的总称。由于解决各类争讼的渠道主要是税收复议和税收诉讼，因此，下面两章主要介绍两类制度，即税收复议制度和税收诉讼制度。

第十五章　税收复议制度

税收复议制度，作为税收争讼制度的一个重要组成部分，是解决税收争议的重要制度。本章在介绍税收复议制度的基本原理的基础上，将着重介绍税务复议制度和海关复议制度的主要内容。

第一节　税收复议概述

一、税收争议与税收复议

税收复议是以税收争议为前提的。所谓税收争议，就是由于相关主体对征税机关的涉税执法行为不服而产生的纠纷。税收争议包括相关主体与税务机关之间的涉税纠纷，也包括相关主体与海关之间的涉税纠纷。上述的相关主体，或称广义上的纳税主体，不仅包括狭义的纳税义务人，还包括代扣代缴义务人、纳税担保人等。

所谓税收复议，是指作为税收争议一方的相关主体向征税机关提出再次审议所争议问题的申请，并由征税机关作出决定的一系列活动的总称。税收复议包括由税务机关作为复议机关的税收复议，也包括由海关作为复议机关的税收复议，这两类复议可以分别简称为税务复议和海关复议，对于这两类复议制度的具体内容，在后面还要分节专门介绍。

二、设立税收复议制度的宗旨和意义

设立税收复议制度，主要是为了维护和监督征税机关依法行使税权，防止和纠正征税机关的违法或者不当的涉税行为，保护纳税人和其他税务当事人的合法权益。

可见，设立税收复议制度，实际上有双重的直接意义：从纳税人等相关主体的角度说，税收复议制度实际上是一种法律上的救济制度，是对自己的财产权可能遭到侵犯的一种保障和补救，是对征税机关恣意滥用权力行为的一种排斥，因而对于保护私权和私益，定分止争，确保稳定的社会经济基础，是非常重要的。此外，从征税机关的角度说，税收复议制度是防止和纠正自身的违法和错误行为一项重要的制度设计，通过复议制度的有效运作，可以最大限度地在系统内解决自身的执法缺欠，弥补漏洞，匡谬纠偏，从而能够确保税权行使

的合法性和合理性，真正做到依法治税。

此外，从总体上看，通过税收复议制度的“过滤网”作用，查处征税机关自身的违法和错误，有利于保护相关主体的利益；通过税收复议制度的“减震器”作用，真正依法分清征纳双方各自的权利、义务和责任，使税收争议的解决建立在制度化、法治化的轨道上，对于缓解社会矛盾，建立良好的征纳关系，确立有效的主从博弈规则，提高税法意识，均衡地保护各类主体的税收利益，构建协调的税收关系，都是非常重要的。

三、税收复议制度的沿革

我国的税收复议制度是随着税法以及其他相关法律的发展而不断建立和发展起来的。在中华人民共和国成立之初，政务院曾于1950年通过了《税务复议委员会组织通则》，对税务复议的内容和具体办法作出了较为详尽的规定，从而使税收复议制度得以建立。此后，在陆续通过的一些税收条例中对税务复议也有所规定。但是，由于当时的税法尚不健全，特别是后来受到“非税论”和“法律虚无主义”思想的影响，税收法制建设曾一度遭到很大破坏，税务复议制度也被停止施行。只是在改革开放以后，随着整个法制建设的发展，特别是税收和税法的重要地位的日益凸显，税收复议制度才又日益受到重视，并在解决税收争议的实践中发挥着重要的作用。

由于税收复议包括税务复议和海关复议，因此，从税收和税法的角度说，在我国，对税收复议制度有直接影响的法律是《税收征收管理法》和《海关法》以及其他相关的税收法律、法规、规章。此外，由于税收复议一般也被归入行政复议，因而对税收复议制度影响较大的还有《行政复议法》等法律、法规。目前，依据上述的法律、法规，国家税务总局于2010年4月1日开始实施《税务行政复议规则》，该《规则》于2015年、2018年被修改。此外，海关总署于2007年11月1日实施《海关行政复议办法》，该《办法》于2014年3月13日被修改。上述的《规则》和《办法》规定了税务复议和海关复议的具体制度，在后面两节将着重介绍这些内容。

第二节 税务复议制度

为了防止和纠正违法的或不当的税收执法行为，保护纳税人及其他税务当事人的合法权益，监督和保障税务机关依法行使职权，根据我国《行政复议法》《税收征收管理法》等法律、法规的规定，国家税务总局制定了《税务行政复议规则》，对税务复议制度作出了较为全面的规定。

一、复议主体与复议原则

（一）复议主体

复议主体包括受理复议的主体和申请复议的主体。其中，受理复议的主体是依法受理复议申请、对税收执法的具体行为进行审查并作出复议决定的税务机关（简称复议机关）。申请复议的主体是认为税务机关的具体行为侵犯其合法权益，而向复议机关申请复议的公民、法人和其他组织（简称申请人）。

各级复议机关负责法制工作的机构（简称复议机构）依法办理复议事项，并履行下列职责：（1）受理复议申请；（2）向有关组织和人员调查取证，查阅文件和资料；（3）审查申请复议的具体行为是否合法和适当，起草复议决定；（4）对被申请人违法行为向相关部门提出处理建议；（5）办理或者组织办理行政诉讼案件应诉事项；（6）办理复议案件的赔偿事项，等等。

此外，各级复议机关可以成立复议委员会，研究重大、疑难案件，提出处理建议。复议委员会可以邀请本机关以外的具有相关专业知识的人员参加。

（二）复议原则

税务复议应当遵循以下原则：（1）合法、公正、公开、及时和便民的原则。（2）依法行政，有错必纠，确保法律正确实施。（3）在申请人的复议请求范围内，不得作出对申请人更为不利的复议决定。（4）受理复议申请，不得向申请人收取任何费用。

二、复议范围

申请人对税务机关的下列具体行为不服，可以提出复议申请：

（1）征税行为，包括确认纳税主体、征税对象、征税范围、减税、免税、退税、抵扣税款、适用税率、计税依据、纳税环节、纳税期限、纳税地点和税款征收方式等具体行为，征收税款、加收滞纳金，扣缴义务人、受税务机关委托的单位和个人作出的代扣代缴、代收代缴、代征行为等。

（2）行政许可、行政审批行为。

（3）发票管理行为，包括发售、收缴、代开发票等。

（4）税收保全措施、强制执行措施。

（5）行政处罚行为，包括① 罚款；② 没收财物和违法所得；③ 停止出口退税权。

（6）不依法履行下列职责的行为，包括① 颁发税务登记；② 开具、出具完税凭证、外出经营活动税收管理证明；③ 行政赔偿；④ 行政奖励；⑤ 其他不依法履行职责的行为。

（7）资格认定行为。

(8) 不依法确认纳税担保行为。

(9) 政府信息公开工作中的具体行为。

(10) 纳税信用等级评定行为。

(11) 通知出入境管理机关阻止出境行为。

(12) 其他具体行为。

可见，税务复议的范围是较为广泛的，这对于确保纳税人等相关主体的合法权益，督促税务机关正确执法，是非常重要的。

此外，为了更好地保护纳税人等相关主体的合法权益，在其依照上述复议范围申请税务复议时，如果申请人认为税务机关的具体行为所依据的各级税务机关的规定或各级政府部门的规定（不包括规章）不合法，则在申请复议时，可以一并提出对上述规定的审查申请；申请人在提出复议申请时不知道具体行为所依据的规定的，可以在作出复议决定以前提出审查申请。

三、复议管辖

复议管辖，是明确复议申请人应当向哪一级税务机关申请复议，以及应当由哪一级税务机关受理的制度。税务复议管辖作为在税务系统内部确立的受理税务复议案件的分工制度，对于税务复议的具体展开和实现是非常重要的。我国一般实行“上级复议”的原则。由于我国的税务机关实行分设，因此在复议管辖方面也是各自分开的，主要包括以下几种情况：

(1) 对各级税务局的具体行为不服的，向其上一级税务局申请复议。

(2) 对计划单列市税务局的具体行政行为不服的，向国家税务总局申请行政复议。

(3) 对税务所（分局）、各级税务局的稽查局的具体行政行为不服的，向其所属税务局申请行政复议。

(4) 对国家税务总局的具体行政行为不服的，向国家税务总局申请行政复议。

对行政复议决定不服，申请人可以向人民法院提起行政诉讼，也可以向国务院申请裁决。国务院的裁决为最终裁决。

除了上述情况以外，对下列税务机关的具体行为不服的，具有一定的特殊性，按照下列规定申请复议：

(1) 对两个以上税务机关以共同的名义作出的具体行政行为不服的，向共同上一级税务机关申请行政复议；对税务机关与其他行政机关以共同的名义作出的具体行政行为不服的，向其共同上一级行政机关申请行政复议。

(2) 对被撤销的税务机关在撤销以前所作出的具体行政行为不服的，向继续行使其职权的税务机关的上一级税务机关申请行政复议。

（3）对税务机关作出逾期不缴纳罚款加处罚款的决定不服的，向作出行政处罚决定的税务机关申请行政复议。但是对已处罚款和加处罚款都不服的，一并向作出行政处罚决定的税务机关的上一级税务机关申请行政复议。

（4）申请人向具体行政行为发生地的县级地方人民政府提交行政复议申请的，由接受申请的县级地方人民政府依照行政复议法的规定予以转送。

四、申请人和被申请人的具体确定

（一）复议申请人的具体确定

（1）合伙企业申请行政复议的，应当以核准登记的企业为申请人，由执行合伙事务的合伙人代表该企业参加行政复议；其他合伙组织申请行政复议的，由合伙人共同申请行政复议。

（2）股份制企业的股东大会、股东代表大会、董事会认为税务机关的具体行为侵犯企业合法权益的，可以以企业的名义申请复议。

（3）有权申请复议的公民死亡的，其近亲属可以申请复议；有权申请复议的公民为无行为能力人或者限制行为能力人，其法定代理人可以代理申请复议。

（4）有权申请复议的法人或者其他组织发生合并、分立或终止的，承受其权利义务的法人或者其他组织可以申请复议。

此外，在复议期间，复议机关认为申请人以外的主体与被审查的具体行为有利害关系的，可以通知其作为第三人参加复议；申请人以外的主体与被审查的具体行为有利害关系的，可以向复议机关申请作为第三人参加复议。第三人不参加复议，不影响复议案件的审理。

（二）被申请人的具体确定

（1）申请人对具体行为不服申请复议的，作出该具体行为的税务机关为被申请人。

（2）申请人对扣缴义务人的扣缴税款行为不服的，主管该扣缴义务人的税务机关为被申请人；对税务机关委托的单位和个人的代征行为不服的，委托税务机关为被申请人。

（3）税务机关与法律、法规授权的组织以共同的名义作出具体行为的，税务机关和法律、法规授权的组织为共同被申请人。税务机关与其他组织以共同名义作出具体行为的，税务机关为被申请人。

（4）税务机关依照法律、法规和规章规定，经上级税务机关批准作出具体行为的，批准机关为被申请人。

（5）申请人对经重大税务案件审理程序作出的决定不服的，审理委员会所在税务机关为被申请人。

(6) 税务机关设立的派出机构、内设机构或者其他组织，未经法律、法规授权，以自己名义对外作出具体行为的，税务机关为被申请人。

五、复议申请

税务机关作出的具体行为对申请人的权利、义务可能产生不利影响的，应当告知其申请复议的权利、复议机关和复议申请期限。

(一) 申请期限

申请人可以在知道税务机关作出具体行为之日起 60 日内提出复议申请。因不可抗力或者被申请人设置障碍等原因耽误法定申请期限的，申请期限的计算应当扣除被耽误时间。

(二) 申请条件

申请人可以申请复议的具体行为有多种类型，其中，对有些行为的复议申请是有条件限制的，具体如下：

(1) 申请人对征税行为不服的，目前实行“复议前置”制度，即申请人应当先向复议机关申请复议；对复议决定不服的，可以向人民法院提起行政诉讼。但申请人对征税行为不服而申请复议的，必须依照税务机关根据法律、法规确定的税额、期限，先行缴纳或者解缴税款和滞纳金，或者提供相应的担保，才可以在缴清税款和滞纳金以后或者所提供的担保得到作出具体行为的税务机关确认之日起 60 日内提出复议申请。简单地说，就是“先税后议”，只有在国家的税收权益得到保障之后，相关主体才能依法提出复议申请。对于上述制度安排，从保护纳税人权益的角度，学界多年来提出了许多批评意见。

(2) 申请人对上述征税行为以外的其他具体行为不服，可以申请复议，也可以直接向人民法院提起行政诉讼。但申请人对税务机关作出逾期不缴纳罚款加处罚款的决定不服的，应当先缴纳罚款和加处罚款，再申请复议。

(三) 申请方式

申请人可以采取书面或口头的方式申请复议。书面申请复议的，可以采取当面递交、邮寄或者传真等方式提出复议申请。有条件的复议机关可以接受以电子邮件形式提出的复议申请。申请人口头申请复议的，复议机构应当场制作复议申请笔录，交申请人核对或者向申请人宣读，并由申请人确认。

六、复议受理

(一) 受理期限和条件

复议机关收到复议申请以后，应当在 5 日内审查，决定是否受理。对不符合规定的复议申请，决定不予受理，并书面告知申请人。此外，对不属于本机关受理的复议申请，应当告知申请人向有关复议机关提出。

复议机关收到复议申请以后未按照规定期限审查并作出不予受理决定的，视为受理。

复议机关受理复议申请的主要条件是：(1) 属于规定的复议范围；(2) 在法定申请期限内提出；(3) 有明确的申请人和符合规定的被申请人；(4) 申请人与具体行为有利害关系；(5) 有具体的复议请求和理由，等等。

凡复议机关已经受理的，在法定复议期限内，申请人不得向人民法院提起行政诉讼；申请人向人民法院提起行政诉讼，人民法院已经依法受理的，不得申请复议。

此外，除非有法定情形，复议期间具体行为不停止执行。

(二) 上级税务机关的监督

(1) 上级税务机关认为复议机关不受理复议申请的理由不成立的，可以督促其受理；经督促仍然不受理的，责令其限期受理。

(2) 上级税务机关认为有必要的，可以直接受理或者提审由下级税务机关管辖的复议案件。

(三) 对不予受理的救济

对于应先申请复议，不服复议决定才能向人民法院起诉的具体行为，复议机关决定不予受理或者受理以后超过复议期限不做答复的，申请人可以自收到不予受理决定书之日起或者复议期满之日起 15 日内，依法向人民法院提起行政诉讼。

七、复议审查

(一) 审查的启动

复议机构应当自受理申请之日起 7 日内，将复议申请书副本或者复议申请笔录复印件发送被申请人；被申请人应当自收到之日起 10 日内提出书面答复，并提交当初作出具体行为的证据、依据和其他有关材料。

(二) 审查的方式

复议机构审理复议案件，应当由 2 名以上复议工作人员参加。复议原则上采用书面审查的办法，但是申请人提出要求或者复议机构认为有必要时，应当听取申请人、被申请人和第三人的意见，并可以向有关组织和人员调查了解情况。对重大、复杂的案件，申请人提出要求或者复议机构认为必要时，可以采取听证的方式审理。

复议机关应当全面审查被申请人的具体行为所依据的事实证据、法律程序、法律依据和设定的权利义务内容的合法性、适当性。

(三) 证据的审查

复议机关应当依法全面审查相关证据。

行政复议证据包括以下类别：（1）书证；（2）物证；（3）视听资料；（4）电子数据；（5）证人证言；（6）当事人的陈述；（7）鉴定意见；（8）勘验笔录、现场笔录。

复议机关审查复议案件，应当以证据证明的案件事实为依据。定案证据应当具有合法性、真实性和关联性。

在复议过程中，被申请人对其作出的具体行为负有举证责任，不得自行向申请人和其他有关组织或者个人收集证据。复议机构认为必要时，可以调查取证。

（四）对行为依据的审查

申请人在申请复议时，一并提出对有关具体行为所依据的规定的审查申请的，或者复议机关审查被申请人的具体行为时，认为其依据不合法的，如果复议机关对该规定有权处理，则应当在 30 日内依法处理；如果无权处理，则应当在 7 日内按照法定程序逐级转送有权处理的行政机关依法处理，有权处理的行政机关应当在 60 日内依法处理。处理期间，中止对具体行为的审查。

（五）申请的撤回

申请人在复议决定作出以前撤回复议申请的，经复议机构同意，可以撤回，但不得再以同一事实和理由提出复议申请，除非申请人能够证明撤回复议申请违背其真实意思表示。

（六）复议决定的作出

复议机关应当自受理申请之日起 60 日内作出复议决定。情况复杂，不能在规定期限内作出复议决定的，经复议机关负责人批准，可以适当延期，但延期不得超过 30 日。

复议机构应当对被申请人的具体行为提出审查意见，经复议机关负责人批准，作出如下复议决定：

（1）具体行为认定事实清楚，证据确凿，适用依据正确，程序合法，内容适当的，决定维持。

（2）被申请人不履行法定职责的，决定其在一定期限内履行。

（3）具体行为有下列情形之一的，决定撤销、变更或者确认该具体行为违法；决定撤销或者确认该具体行为违法的，可以责令被申请人在一定期限内重新作出具体行为：① 主要事实不清、证据不足的；② 适用依据错误的；③ 违反法定程序的；④ 超越职权或者滥用职权的；⑤ 具体行为明显不当的。

（4）被申请人不按规定提出书面答复，不提交当初作出具体行为的证据、依据和其他有关材料的，视为该具体行为没有证据、依据，决定撤销该具体行为。

此外，复议机关责令被申请人重新作出具体行为的，被申请人不得以同一事实和理由作出与原行为相同或者基本相同的具体行为；但复议机关以原行为违反法定程序决定撤销的，被申请人重新作出具体行为的除外。

另外，复议机关责令被申请人重新作出具体行为的，被申请人不得作出对申请人更为不利的决定；但复议机关以原具体行为主要事实不清、证据不足或适用依据错误决定撤销的，被申请人重新作出具体行为的除外。

（七）复议的中止

在复议期间，有下列情形之一的，复议中止：

（1）作为申请人的公民死亡，其近亲属尚未确定是否参加复议的。

（2）作为申请人的公民丧失参加复议的能力，尚未确定法定代理人参加复议的。

（3）作为申请人的法人或者其他组织终止，尚未确定权利义务承受人的。

（4）作为申请人的公民下落不明或者被宣告失踪的。

（5）申请人、被申请人因不可抗力，不能参加复议的。

（6）复议机关因不可抗力原因暂时不能履行工作职责的。

（7）案件涉及法律适用问题，需要有权机关作出解释或者确认的。

（8）案件审理需要以其他案件的审理结果为依据，而其他案件尚未审结的。

（9）其他需要中止复议的情形。

复议中止的原因消除以后，应当及时恢复复议案件的审理。复议机构中止、恢复复议案件的审理，应当告知申请人、被申请人、第三人。

（八）复议的终止

在复议期间，有下列情形之一的，复议终止：

（1）申请人要求撤回复议申请，复议机构准予撤回的。

（2）作为申请人的公民死亡，没有近亲属，或者其近亲属放弃复议权利的。

（3）作为申请人的法人或者其他组织终止，其权利义务的承受人放弃复议权利的。

（4）申请人与被申请人经复议机构准许达成和解的。

（5）复议申请受理以后，发现其他复议机关已经先于本机关受理，或者人民法院已经受理的。

（九）行为的重新作出

复议机关责令被申请人重新作出具体行为的，被申请人应当在 60 日内重新作出具体行为；情况复杂，不能在规定期限内重新作出具体行为的，经复议机关批准，可以适当延期，但是延期不得超过 30 日。

公民、法人或者其他组织对被申请人重新作出的具体行为不服，可以依法申请复议，或者提起行政诉讼。

（十）对申请人的赔偿

申请人在申请复议时可以一并提出赔偿请求，复议机关对符合国家赔偿法的规定应当赔偿的，在决定撤销、变更具体行为或者确认具体行为违法时，应当同时决定被申请人依法赔偿。

申请人在申请复议时没有提出赔偿请求的，复议机关在依法决定撤销、变更原具体行为确定的税款、滞纳金、罚款和对财产的扣押、查封等强制措施时，应当同时责令被申请人退还税款、滞纳金和罚款，解除对财产的扣押、查封等强制措施，或者赔偿相应的价款。

（十一）复议决定的履行

复议决定书一经送达，即发生法律效力。被申请人不履行、无正当理由拖延履行复议决定的，复议机关或者有关上级税务机关应当责令其限期履行。

申请人、第三人逾期不起诉又不履行复议决定的，或者不履行最终裁决的复议决定的，按照下列规定分别处理：

（1）维持具体行为的复议决定，由作出具体行为的税务机关依法强制执行，或者申请人民法院强制执行。

（2）变更具体行为的复议决定，由复议机关依法强制执行，或者申请人民法院强制执行。

八、复议和解与调解

对下列复议事项，按照自愿、合法的原则，申请人和被申请人在复议机关作出复议决定以前可以达成和解，复议机关也可以调解：（1）行使自由裁量权作出的具体行为，如行政处罚、核定税额、确定应税所得率等；（2）行政赔偿；（3）行政奖励；（4）存在其他合理性问题的具体行为。在和解、调解期间，行政复议审理期限中止计算。

调解应当符合下列要求：（1）尊重申请人和被申请人的意愿；（2）在查明案件事实的基础上进行；（3）遵循客观、公正和合理原则；（4）不得损害社会公共利益和他人合法权益。调解未达成协议，或者复议调解书不生效的，复议机关应当及时作出复议决定。

申请人和被申请人达成和解的，应当向复议机构提交书面和解协议。和解内容不损害社会公共利益和他人合法权益的，复议机构应当准许。经复议机构准许和解终止复议的，申请人不得以同一事实和理由再次申请复议。此外，申请人不履行复议调解书的，由被申请人依法强制执行，或者申请人民法院强制执行。

第三节　海关复议制度

为了规范海关复议行为，发挥复议制度在解决争议方面的重要作用，根据我国《行政复议法》《海关法》和《行政复议法实施条例》的规定，海关总署制定了《海关行政复议办法》（以下简称《办法》），该《办法》自 2007 年 11 月 1 日起施行。[①] 由于海关征税的数额逐年增加，且涉及的纳税人非常广泛[②]，因而海关的复议制度对于解决税务争议同样具有重要作用。为此，下面依据《办法》的相关规定，介绍我国海关复议制度的主要内容。

一、海关复议机构的职责

各级海关负责法制工作的机构作为海关复议机构，应依法履行多项职责，以下各项尤其重要：（1）受理复议申请；（2）调查取证，查阅文件和资料，组织复议听证；（3）审查被申请复议的具体行为是否合法与适当，主持复议调解，审查和准许复议和解；（4）办理海关行政赔偿事项；（5）依法办理强制执行事项；（6）处理或者转送申请人提出的对有关规定的审查申请；（7）对下级海关的复议违法行为提出处理建议。

海关复议机关履行复议职责，应当遵循合法、公正、公开、及时、便民的原则，坚持依法行政、有错必纠，保障法律、行政法规和海关规章的正确实施。

另外，海关复议机构应当对申请人、第三人就有关复议受理条件、审理方式和期限、作出复议处理决定的理由和依据、复议决定的执行等复议事项提出的疑问予以解释说明。

二、海关复议范围

海关复议范围的大小，直接决定纳税人等相关主体在多大程度上可能得到救济。依据《办法》规定，在多种情形下，公民、法人或者其他组织都可以向海关申请复议，其中，与纳税人权益相关的较为重要的情形有：

（1）对海关作出的警告，罚款，没收货物、物品和运输工具，没收违法所得及其他行政处罚决定不服的；

（2）对海关作出的收缴有关货物、物品、违法所得、运输工具的决定不服的；

---

① 该《办法》于 2014 年 3 月 13 日被修改。

② 外国人、无国籍人、外国组织在中华人民共和国境内向海关申请复议，亦适用该《办法》。

(3) 对海关作出的扣留有关货物、物品、运输工具、账册、单证或者其他财产，封存有关进出口货物、账簿、单证等行政强制措施不服的；

(4) 对海关采取的强制执行措施不服的；

(5) 对海关确定纳税义务人、确定完税价格、商品归类、确定原产地、适用税率或者汇率、减征或者免征税款、补税、退税、征收滞纳金、确定计征方式以及确定纳税地点等其他涉及税款征收的具体行政行为有异议的（以下简称纳税争议）；

(6) 对海关检查运输工具和场所，查验货物、物品或者采取其他监管措施不服的；

(7) 对海关作出的责令退运、不予放行、责令改正、责令拆毁和变卖等行政决定不服的；

(8) 认为海关没有依法履行保护人身权利、财产权利的法定职责的。

上述第 (5) 项规定的纳税争议事项，直接关系到税收争议的解决。要解决纳税争议，公民、法人或者其他组织应当依据《海关法》的规定先向海关复议机关申请复议，对海关复议决定不服的，再向人民法院提起行政诉讼。可见，纳税争议的复议，实行的是“复议前置”原则，海关复议是起诉的前置程序或必经阶段。

三、海关复议的申请

（一）申请人和第三人

海关复议的申请人包括依法提出复议申请的公民、法人或者其他组织。有权申请复议的公民死亡的，其近亲属可以申请复议。有权申请复议的法人或者其他组织终止的，承受其权利的公民、法人或者其他组织可以申请复议。

在复议期间，海关复议机构认为申请人以外的公民、法人或者其他组织与被审查的具体行政行为有利害关系的，应当通知其作为第三人参加复议。同时，申请人以外的公民、法人或者其他组织认为与被审查的海关具体行为有利害关系的，可以向海关复议机构申请作为第三人参加复议。申请作为第三人参加复议的，应当对其与被审查的海关具体行政行为有利害关系负举证责任。第三人不参加复议，不影响复议案件的审理。

（二）被申请人和复议机关

公民、法人或者其他组织对海关作出的具体行为不服而申请复议的，作出该具体行为的海关是被申请人。

为了保障复议的公正性和有效性，一般实行“上级复议下级”的原则，即对海关具体行为不服的，向作出该具体行为的海关的上一级海关提出复议申请，由上级海关作为复议机关。但是，对海关总署作出的具体行为不服的，只能向海关总署提出复议申请。

在“共同行为”的情况下，被申请人和复议机关的确定办法是：第一，两个以上海关以共同的名义作出具体行为的，以作出具体行为的海关为共同被申请人，向其共同的上一级海关申请复议。第二，海关与其他行政机关以共同的名义作出具体行为的，海关和其他行政机关为共同被申请人，向海关和其他行政机关的共同上一级行政机关申请复议。第三，申请人对海关总署与国务院其他部门共同作出的具体行政行为不服，向海关总署或者国务院其他部门提出复议申请，由海关总署、国务院其他部门共同作出处理决定。

此外，还应注意以下情况：（1）依照法律、行政法规或者海关规章的规定，下级海关经上级海关批准后以自己的名义作出具体行为的，以作出批准的上级海关为被申请人。（2）根据海关法和有关行政法规、海关规章的规定，经直属海关关长或者其授权的隶属海关关长批准后作出的具体行政行为，以直属海关为被申请人。（3）海关设立的派出机构、内设机构或者其他组织，未经法律、行政法规授权，对外以自己名义作出具体行为的，以该海关为被申请人，向该海关的上一级海关申请复议。

（三）复议申请期限

公民、法人或者其他组织认为海关具体行为侵犯其合法权益的，可以自知道该具体行为之日起 60 日内提出复议申请，具体起算日期如下：

（1）当场作出具体行为的，自具体行为作出之日起计算；

（2）载明具体行为的法律文书直接送达的，自受送达人签收之日起计算；

（3）载明具体行为的法律文书依法留置送达的，自送达人和见证人在送达回证上签注的留置送达之日起计算；

（4）载明具体行为的法律文书邮寄送达的，自受送达人在邮政签收单上签收之日起计算；没有邮政签收单的，自受送达人在送达回执上签名之日起计算；

（5）具体行为依法通过公告形式告知受送达人的，自公告规定的期限届满之日起计算；

（6）被申请人作出具体行为时未告知有关公民、法人或者其他组织，事后补充告知的，自公民、法人或者其他组织收到补充告知的通知之日起计算；

（7）被申请人作出具体行为时未告知有关公民、法人或者其他组织，但是有证据材料能够证明有关公民、法人或者其他组织知道该具体行为的，自证据材料证明其知道具体行为之日起计算。

具体行为具有持续状态的，自该具体行为终了之日起计算。海关作出具体行为，依法应当送达法律文书而未送达的，视为有关权利主体不知道该具体行为。申请人因不可抗力或者其他正当理由耽误法定申请期限的，申请期限自障碍消除之日起继续计算。

对于纳税争议事项，申请人未经复议直接向人民法院提起行政诉讼的，人民法院依法驳回后申请人再向海关申请复议的，从申请人起诉之日起至人民法院驳回的法律文书生效之日止的期间不计算在申请复议的期限内，但是海关作出有关具体行为时已经告知申请人应当先经海关复议的除外。

（四）复议申请的提出

申请人书面申请复议的，可以采取当面递交、邮寄、传真、电子邮件等方式递交复议申请书。

申请人提出复议申请时错列被申请人的，海关复议机构应当告知申请人变更被申请人。申请人变更被申请人的期间不计入复议审理期限。

申请人认为海关的具体行为所依据的规定不合法，可以依据行政复议法的规定，在对具体行为申请复议时一并提出对该规定的审查申请。

申请人在对具体行为提起复议申请时尚不知道该具体行为所依据的规定的，可以在海关复议机关作出复议决定前提出。

四、海关复议的受理

（一）受理的条件

海关复议机关收到复议申请后，应当在5日内进行审查。复议申请符合下列规定的，应当予以受理：（1）有明确的申请人和符合规定的被申请人；（2）申请人与具体行为有利害关系；（3）有具体的复议请求和理由；（4）在法定申请期限内提出；（5）属于海关复议的范围；（6）属于收到复议申请的海关复议机构的职责范围；（7）其他复议机关尚未受理同一复议申请，人民法院尚未受理同一主体就同一事实提起的行政诉讼。

海关复议机关受理复议申请，不得向申请人收取任何费用。对符合规定条件，决定受理复议申请的，应当制作《复议申请受理通知书》和《复议答复通知书》分别送达申请人和被申请人。

对不符合规定条件，决定不予受理的，应当说明不予受理的理由和法律依据，告知申请人主张权利的其他途径。

复议申请材料不齐全或者表述不清楚的，海关复议机构可以自收到该复议申请之日起5日内书面通知申请人补正。申请人应当在收到补正通知之日起10日内向海关复议机构提交需要补正的材料。补正申请材料所用时间不计入复议审理期限。申请人无正当理由逾期不补正的，视为其放弃复议申请。

对符合规定且属于海关受理的复议申请，自海关复议机构收到之日起即为受理。

（二）受理复议的分工

申请人就同一事项向两个或者两个以上有权受理的海关申请复议的，由最先收到复议申请的海关受理；同时收到复议申请的，由收到复议申请的海关在10日内协商确定；协商不成的，由其共同上一级海关在10日内指定受理海关。协商确定或者指定受理海关所用时间不计入复议审理期限。

申请人依法提出复议申请，海关复议机关无正当理由不予受理的，上一级海关可以根据申请人的申请或者依职权先行督促其受理；经督促仍不受理的，应当责令其限期受理；必要时，上一级海关也可以直接受理。

五、海关复议审理与决定

（一）复议答复

海关复议机构应当自受理复议申请之日起7日内，将复议申请书副本或者复议申请笔录复印件以及申请人提交的证据、有关材料的副本发送被申请人。

被申请人应当自收到申请书副本或者复议申请笔录复印件之日起10日内，向海关复议机构提交《复议答复书》，并且提交当初作出具体行为的证据、依据和其他有关材料。

海关复议机构应当在收到被申请人提交的《复议答复书》之日起7日内，将《复议答复书》副本发送申请人。

（二）复议审理

1. 合议制度

海关复议案件实行合议制审理。合议人员为不得少于3人的单数。合议人员由海关复议机构负责人指定的复议人员或者海关复议机构聘任或者特邀的其他具有专业知识的人员担任。

被申请人所属人员不得担任合议人员。对海关总署作出的具体行为不服向海关总署申请复议的，原具体行为经办部门的人员不得担任合议人员。

对于事实清楚、案情简单、争议不大的海关复议案件，也可以不适用合议制，但是应当由2名以上复议人员参加审理。

海关复议机构负责人应当指定一名复议人员担任主审，具体负责对复议案件事实的审查，并且对所认定案件事实的真实性和适用法律的准确性承担主要责任。

合议人员应当根据复议查明的事实，依据有关法律、行政法规和海关规章的规定，提出合议意见，并且对提出的合议意见的正确性负责。

2. 回避制度

申请人、被申请人或者第三人认为合议人员或者案件审理人员与本案有利害关系或者有其他关系可能影响公正审理复议案件的，可以申请合议人员或者案件审理人员回避，同时应当说明理由。

合议人员或者案件审理人员认为自己与本案有利害关系或者有其他关系的，应当主动申请回避。海关复议机构负责人也可以指令合议人员或者案件审理人员回避。

复议人员的回避由海关复议机构负责人决定。海关复议机构负责人的回避由海关复议机关负责人决定。

3. 证据制度

海关复议机构审理复议案件应当向有关组织和人员调查情况，听取申请人、被申请人和第三人的意见；海关复议机构认为必要时可以实地调查核实证据；对于事实清楚、案情简单、争议不大的案件，可以采取书面审查的方式进行审理。

海关复议机构向有关组织和人员调查取证时，可以查阅、复制、调取有关文件和资料，向有关人员进行询问。

复议期间涉及专门事项需要鉴定的，申请人、第三人可以自行委托鉴定机构进行鉴定，也可以申请复议机构委托鉴定机构进行鉴定。鉴定费用由申请人、第三人承担。鉴定所用时间不计入复议审理期限。

海关复议机构认为必要时也可以委托鉴定机构进行鉴定。鉴定应当委托国家认可的鉴定机构进行。需要现场勘验的，现场勘验所用时间不计入复议审理期限。

申请人、第三人可以查阅被申请人提出的书面答复、提交的作出具体行为的证据、依据和其他有关材料，除涉及国家秘密、商业秘密、海关工作秘密或者个人隐私外，海关复议机关不得拒绝，并且应当为申请人、第三人查阅有关材料提供必要条件。

4. 复议中止

复议期间，如果发生了法定的情形，影响复议案件审理的，则复议中止，这些情形主要有：

（1）作为申请人的自然人死亡，其近亲属尚未确定是否参加复议的；

（2）作为申请人的自然人丧失参加复议的能力，尚未确定法定代理人参加复议的；

（3）作为申请人的法人或者其他组织终止，尚未确定权利义务承受人的；

（4）作为申请人的自然人下落不明或者被宣告失踪的；

（5）申请人、被申请人因不可抗力，不能参加复议的；

（6）案件涉及法律适用问题，需要有权机关作出解释或者确认的；

（7）案件审理需要以其他案件的审理结果为依据，而其他案件尚未审结的。

复议中止的原因消除后，海关复议机构应当及时恢复复议案件的审理。

（三）复议听证

有下列情形之一的，海关复议机构可以采取听证的方式审理：(1) 申请人提出听证要求的；(2) 申请人、被申请人对事实争议较大的；(3) 申请人对具体行为适用依据有异议的；(4) 案件重大、复杂或者争议的标的价值较大的；(5) 海关复议机构认为有必要听证的其他情形。

海关复议机构决定举行听证的，应当将举行听证的时间、地点、具体要求等事项事先通知申请人、被申请人和第三人。第三人不参加听证的，不影响听证的举行。

听证可以在海关复议机构所在地举行，也可以在被申请人或者申请人所在地举行。除涉及国家秘密、商业秘密、海关工作秘密或者个人隐私的以外，复议听证应当公开举行。

复议听证人员为不得少于 3 人的单数，由海关复议机构负责人确定，并且指定其中 1 人为听证主持人。听证可以另指定专人为记录员。复议听证应当按照规定程序进行。复议听证笔录和听证认定的事实应当作为作出复议决定的依据。复议参加人在听证后的举证未经质证或者未经海关复议机构重新调查认可的，不得作为作出复议决定的证据。

（四）复议附带抽象行为审查

申请人认为海关的具体行为所依据的规定不合法并在复议时附带提出对该规定进行审查申请的，海关复议机关对该规定有权处理的，应当在 30 日内依照下列程序处理：

(1) 依法确认该规定是否与法律、行政法规、规章相抵触；

(2) 依法确认该规定能否作为被申请人作出具体行为的依据；

(3) 书面告知申请人对该规定的审查结果。

海关复议机关对申请人申请审查的有关规定无权处理的，应当在 7 日内按照程序转送有权处理的上级海关或者其他行政机关依法处理。有权处理的上级海关应当在 60 日内依法确认该规定是否合法、有效，以及该规定能否作为被申请人作出具体行为的依据，并制作《抽象行政行为审查告知书》，送达海关复议机关、申请人和被申请人。

（五）复议决定

1. 复议决定的作出和延长

海关复议机构提出案件处理意见，经海关复议机关负责人审查批准后，作出复议决定。海关复议机关应当自受理申请之日起 60 日内作出复议决定，制作《复议决定书》，送达申请人、被申请人和第三人。《复议决定书》一经送达，即发生法律效力。

但是，有下列情况之一的，经海关复议机关负责人批准，可以延长30日：

（1）复议案件案情重大、复杂、疑难的；

（2）决定举行复议听证的；

（3）经申请人同意的；

（4）有第三人参加复议的；

（5）申请人、第三人提出新的事实或者证据需进一步调查的。

2. 对具体行为的认定和处理

具体行为认定事实清楚，证据确凿，适用依据正确，程序合法，内容适当的，海关复议机关应当决定维持。

具体行为有下列情形之一的，海关复议机关应当决定撤销、变更或者确认该具体行为违法：（1）主要事实不清、证据不足的；（2）适用依据错误的；（3）违反法定程序的；（4）超越或者滥用职权的；（5）具体行为明显不当的。

海关复议机关决定撤销或者确认具体行为违法的，可以责令被申请人在一定期限内重新作出具体行为。被申请人应当在法律、行政法规、海关规章规定的期限内重新作出具体行为；法律、行政法规、海关规章未规定期限的，重新作出具体行为的期限为60日。公民、法人或者其他组织对被申请人重新作出的具体行为不服，可以依法申请复议或者提起行政诉讼。

被申请人未按照规定提出书面答复、提交当初作出具体行为的证据、依据和其他有关材料的，视为该具体行为没有证据、依据，海关复议机关应当决定撤销该具体行为。

具体行为有下列情形之一，海关复议机关可以决定变更：（1）认定事实清楚，证据确凿，程序合法，但是明显不当或者适用依据错误的；（2）认定事实不清，证据不足，但是经海关复议机关审理查明事实清楚，证据确凿的。

3. 不得对申请人更为不利

整个复议制度，是为了防止适用法律错误，给当事人提供救济，不得使申请人因复议而更为不利，这样才能使当事人敢于主张权利，敢于提出复议。为此，《办法》也强调了“不得对申请人更为不利”的精神，即海关复议机关在申请人的复议请求范围内，不得作出对申请人更为不利的复议决定。

此外，海关复议机关依据规定责令被申请人重新作出具体行为的，除以下情形外，被申请人不得作出对申请人更为不利的具体行为：

（1）不作出对申请人更为不利的具体行为将损害国家利益、社会公共利益或者他人合法权益的；

（2）原具体行为适用法律依据错误，适用正确的法律依据需要依法作出对申请人更为不利的具体行为的；

（3）被申请人查明新的事实，根据新的事实和有关法律、行政法规、海关规章的强制性规定，需要作出对申请人更为不利的具体行为的；

（4）其他依照法律、行政法规或者海关规章规定应当作出对申请人更为不利的具体行为的。

4. 复议申请的撤回

申请人在复议决定作出前自愿撤回复议申请的，经海关复议机构同意，可以撤回。申请人撤回复议申请的，不得再以同一事实和理由提出复议申请。但是，申请人能够证明撤回复议申请违背其真实意思表示的除外。

复议期间被申请人改变原具体行为，但是申请人未依法撤回复议申请的，不影响复议案件的审理。

5. 复议终止

复议期间发生法定情形之一的，复议即可终止，例如：（1）申请人要求撤回复议申请，海关复议机构准予撤回的；（2）作为申请人的自然人死亡，没有近亲属或者其近亲属放弃复议权利的；（3）作为申请人的法人或者其他组织终止，其权利义务的承受人放弃复议权利的；（4）申请人与被申请人达成和解，并且经海关复议机构准许的。

（六）复议和解与调解

1. 复议和解

公民、法人或者其他组织对海关行使自由裁量权作出的具体行为不服申请复议，在复议决定作出之前，申请人和被申请人可以在自愿、合法基础上达成和解。

申请人和被申请人达成和解的，应当向海关复议机构提交书面和解协议。和解协议应当载明复议请求、事实、理由和达成和解的结果，并且由申请人和被申请人签字或者盖章。

海关复议机构应当对和解协议进行审查，和解确属申请人和被申请人的真实意思表示，和解内容不违反法律、行政法规或者海关规章的强制性规定，不损害国家利益、社会公共利益和他人合法权益的，应当准许和解，并且终止复议案件的审理。经海关复议机关准许和解的，申请人和被申请人应当履行和解协议。

此外，经海关复议机关准许和解并且终止复议的，申请人以同一事实和理由再次申请复议的，不予受理。但是，申请人提出证据证明和解违反自愿原则或者和解内容违反法律、行政法规或者海关规章的强制性规定的除外。

2. 复议调解

有下列情形之一的，海关复议机关可以按照自愿、合法的原则进行调解：

(1) 公民、法人或者其他组织对海关行使自由裁量权作出的具体行为不服申请复议的；(2) 行政赔偿、查验赔偿或者行政补偿纠纷。

海关复议机关主持调解应当符合以下要求：(1) 调解应当在查明案件事实的基础上进行；(2) 海关复议机关应当充分尊重申请人和被申请人的意愿；(3) 组织调解应当遵循公正、合理原则；(4) 调解结果应当符合有关法律、行政法规和海关规章的规定，不得违背法律精神和原则；(5) 调解结果不得损害国家利益、社会公共利益或者他人合法权益。

调解期间申请人或者被申请人明确提出不进行调解的，应当终止调解。终止调解后，申请人、被申请人再次请求海关复议机关主持调解的，应当准许。

申请人和被申请人经调解达成协议的，海关复议机关应当制作《复议调解书》。《复议调解书》经申请人、被申请人签字或者盖章，即具有法律效力。调解未达成协议或者复议调解书生效前一方反悔的，海关复议机关应当及时作出复议决定。

（七）复议决定的执行

复议决定的执行，对于确保相关主体的合法权益是非常重要的。如果申请人认为被申请人不履行或者无正当理由拖延履行复议决定书、复议调解书，则可以申请海关复议机关责令被申请人履行。此外，海关复议机关发现被申请人不履行或者无正当理由拖延履行复议决定书、复议调解书的，应当责令其限期履行。

申请人在法定期限内未提起行政诉讼又不履行海关复议决定的，按照下列规定分别处理：

(1) 维持具体行为的海关复议决定，由作出具体行为的海关依法强制执行或者申请人民法院强制执行；

(2) 变更具体行为的海关复议决定，由海关复议机关依法强制执行或者申请人民法院强制执行。海关复议机关也可以指定作出具体行为的海关依法强制执行。

另外，申请人不履行复议调解书的，由作出具体行为的海关依法强制执行或者申请人民法院强制执行。

第十六章　税收诉讼制度

同税收复议一样，税收诉讼也是解决税收争议的重要途径。由于各国的司法体制不尽相同，因而相关的税收诉讼制度也存在一定的差异。本章主要从我国的税收诉讼的角度，介绍税收诉讼的一般原理和具体制度。

第一节　税收诉讼概述

一、税收诉讼的概念

税收诉讼，是指在税收争议发生后，由于相关主体对征税机关的涉税执法行为不服而直接向法院提起并展开的诉讼活动，以及在对税收争议提起税收复议后，对复议决定仍然不服而向法院提起并展开的诉讼活动。

税收诉讼是对征税机关的涉税执法行为不服而提起的诉讼，提起诉讼的主体是相关主体，包括纳税义务人、代扣代缴义务人、纳税担保人等；而被起诉的主体则包括税务机关、海关等征税机关。因此，从广义上说，税收诉讼并不限于以税务机关为被告的狭义的“税务诉讼”，同时，也并不仅限于在把征税机关当作行政机关看待的情况下所形成的狭义的“行政诉讼”，而是可以包括更加广泛的内容，如税收利益的赔偿、刑事责任的追究等。当然，传统的行政诉讼所包括的内容仍然是最为主要的，因而也有许多学者把税收诉讼等质于行政诉讼，并把税收诉讼看作是行政诉讼的一部分。

税收诉讼的提起是法院得以进行税收审判活动的前提。税收审判是法院在税收争议当事人的参加下，审理和裁判征税机关与相关主体之间的税收争议的司法活动。无论是当事人的税收诉讼活动，还是法院的税收审判活动，都应当严格依据相关的程序法进行。

二、税收诉讼与税收复议的关系

税收诉讼与税收复议的关系问题，在前面有关税收复议制度的部分已经有所论及。两者的关系主要涉及两个方面的特点：一个是兼容性，一个是依赖性。

从救济途径来看，如果在发生税收争议后，法律规定可以采取税收复议和税收诉讼两种方式得到救济，则可认为在两者关系上存在兼容性；如果法律规定只能通过其中一种途径获取救济，非此即彼，则可认为税收复议与税收诉讼不具有兼容性。由于我国的法律规定税收争议可以通过两种途径来解决，因而我国的税收复议与税收诉讼具有兼容性。

从救济的维度来看，如果在发生税收争议后，相关主体寻求救济的途径是一维的，即只有在进行税收复议以后才能提起税收诉讼，则可以认为存在一种“路径依赖”，即税收诉讼需要依赖于税收复议的完成，这种立法模式也称“复议前置模式”，在两者的关系上体现为税收诉讼对税收复议具有依赖性。反之，如果无须以税收复议为必要前提，相关主体可以自由选择直接采取哪种救济途径，则可以认为税收诉讼对税收复议不具有依赖性。

从保护弱者、保护相关主体的权益的角度说，各国在立法上更注意提高税收诉讼与税收复议的兼容性；同时，一般说来，为了使相关主体在寻求救济时有更大的选择自由，各国往往可能降低税收诉讼对税收复议的依赖性。结合各国的制度实践和我国国情，我国目前在立法中确立了“以复议选择为主，以复议前置为例外”的立法模式，以求更好地兼顾税收诉讼与税收复议的关系。

依据我国《税收征收管理法》和《税务行政复议规则》的规定，除了当事人对征税决定不服的税收争议仍然实行“先复议，后起诉”的程序外，当事人对税务机关的处罚决定、强制执行措施或者税收保全措施不服的，都实行自由选择救济途径的模式。

三、税收诉讼的分类

从当事人的愿望和诉讼结果的角度，可以从理论上把税收诉讼大略分为如下几类：

（一）撤销之诉

所谓撤销之诉，就是相关主体对征税机关的涉税行为不服，希望通过法院的审判来撤销该行为的税收诉讼。事实上，在税收诉讼中，法院的一项重要任务就是通过审查征税机关行为的合法性来决定是否撤销征税机关的涉税行为，而相关主体提出的撤销之诉也较为普遍。

此外，由于征税机关的涉税行为如果无效，则同样具有导致该行为被撤销的后果，因而有人认为，在撤销之诉中，可以包括征税机关涉税行为无效的确认之诉。但也有学者认为，无效的确认之诉与撤销之诉还有所不同，因而仍应加以区别。

（二）确认之诉

确认之诉，就是相关主体认为征税机关的行为无效或违法，意图通过法院的审判来对此加以确认的税收诉讼。它主要包括对征税机关涉税行为的效力的确认之诉，以及对相关主体与征税机关之间是否存在税收征纳关系的确认之诉。

（三）履行之诉

所谓履行之诉，就是相关主体认为征税机关没有履行或者拖延履行自己的法定职责，因而力图通过法院的审判来促使征税机关如期履行其法定职责的税收诉讼。这种税收诉讼主要是针对征税机关的不作为而提起的。

（四）赔偿之诉

所谓赔偿之诉，即相关主体认为征税机关的违法行为给自己的合法权益造成了损害，因而请求法院判决征税机关赔偿其损失的税收诉讼。在赔偿之诉中涉及国家赔偿的问题。

上述各类税收诉讼，都与法院在税收诉讼方面的具体受案范围有关，因而下面有必要对受案范围的问题再作简要介绍。

四、法院在税收诉讼方面的受案范围

本来，法院的受案范围是具体的税收诉讼制度的内容，但由于它具有总体上的意义，因而有必要先作出概述。由于税收诉讼与税收复议都是解决税收争议的重要途径，因而两者在受案范围上大略是相同的，只不过在许多情况下，如果相关主体不服复议决定，也可以提出税收诉讼，从而使税收诉讼的受案范围更宽。

根据我国的税收法律、法规、规章以及《行政诉讼法》、最高人民法院的司法解释，我国的税收诉讼的受案范围大略包括征税机关的以下行为：

（1）征税行为，包括征收税款、加收滞纳金等。

（2）给惠行为，包括税收减免、出口退税等。

（3）保全行为，包括税收保全、责令提供担保等。

（4）强制行为，包括税收强制执行措施、通知阻止出境等。

（5）处罚行为，包括罚款、没收违法所得、限制人身自由等。

（6）消极行为，或称不作为，包括拒发相关证件、发票、不予答复等。

随着司法体制改革的推进，特别是立案登记制的推行，当事人行使诉权会更加方便。人民法院应当保障公民、法人和其他组织的起诉权利，对应当受理的涉税案件依法受理。征税机关及其工作人员不得干预、阻碍人民法院受理涉税案件。

此外，对于征税机关的某些行为不服的，人民法院仍然不能受理。这些行为主要包括：（1）税收行政法规、规章或者征税机关制定、发布的具有普遍约束力的决定、命令；（2）征税机关对其工作人员的奖惩、任免等决定。

五、税收诉讼的原则

在税收诉讼中，当然要遵从各类诉讼的一般原则，如法院独立行使审判权原则，以事实为根据、以法律为准绳原则，程序公正原则，当事人诉讼地位平等原则等。此外，也有一些较为具体的特殊原则，主要包括以下几个方面：

（1）税收公定原则，即征税机关的征税行为在依法作出最终的审判以前，被推定为具有合法性，对社会公众具有公共确定力，因而在诉讼期间不停止执行。这对于稳定公法秩序，提高行政效率和公信力是很重要的。

（2）排除调解原则。税收争议不同于一般的民事争议，具有突出的公法性，除涉及赔偿的事项以外，一般排除调解方法在审判中的适用，即法院在总体上不能适用调解的方法来结案。

（3）被告举证原则。为了实现税收诉讼中当事人之间地位的实质上的平等，有效地保护实力较弱的相关主体的权益，在税收诉讼中，由作为被告的征税机关负举证责任。如果征税机关在税收诉讼过程中不举证或不能举证，则应承担败诉的后果。

（4）有限变更原则，即人民法院对征税机关的涉税行为的合法性进行司法审查后，只有在处罚显失公平的情况下，才能改变原处罚的内容，因而法院的变更是很有限的。

六、法院在税收诉讼中的审查范围

法院在税收诉讼中的审查范围，与税收诉讼的受案范围不同。依据法律规定，法院在税收诉讼中的主要任务是对具体的涉税执法行为的合法性进行审查，包括征税机关的法定职权、作出具体涉税执法行为的事实和法律依据等内容。

在税收诉讼的过程中，法院审查征税机关的法定职权，有助于判断征税机关是否存在越权、滥用职权或不作为的情况，从而有助于判断相关主体所不服的具体执法行为是否具有违法性。此外，由于征税机关的执法行为的作出，离不开相关的事实，因此，法院对相关的事实作出审查，也有助于认定征税机关的具体执法行为是否合法。另外，由于适用法律如何，直接影响到征税机关的执法行为的合法性，因此，对于征税机关作出具体执法行为的法律依据进行审查，对于判断该执法行为本身的合法性，无疑是很有助益的。

事实上，在具体的税收诉讼中，法院行使其审判权的过程，主要就是对上述三个方面进行审查的过程。

第二节　税收诉讼制度

随着经济和社会的发展，税收活动影响的广泛和深入，税收争议也越来越多，其中的一些争议需要通过诉讼的渠道来解决，由此使税收诉讼制度也日显重要。目前，在一些国家已经设有税务法院或者类似的专门法院，来审理税收案件，解决税收争议。由于立法等诸多方面的原因，我国尚未单独建立一套独立的税收诉讼制度，也没有独立的税务法院系统。因此，税收诉讼活动仍然要依据既有的诉讼制度来展开。下面依据相关的诉讼原理和诉讼制度，结合税收诉讼的特殊性，简要介绍一下税收诉讼制度。

一、税收诉讼参加人及其权利、义务

在一审程序中，税收诉讼的参加人主要包括原告、被告、第三人等。其中，原告是认为征税机关侵犯其权益，因而提起税收诉讼，请求法院保护其权益的一方当事人，即前述的纳税义务人等相关主体。被告则是被相关主体起诉的征税机关。第三人是指与双方当事人发生争议的具体执法行为有利害关系，而申请参加或由人民法院通知参加税收诉讼的其他主体。在上述几类主体中，原告和被告在诉讼中的权利、义务的配置是非常重要的，现择要介绍如下：

（一）原告的权利和义务

在诉讼的不同阶段，原告的权利主要有：起诉权、申请回避权、申请撤诉权、争议行为停止执行的申请权、辩论权、请求赔偿权、材料查阅权、上诉权、申请强制执行权，等等。

原告的义务主要有：按照法定程序进行诉讼活动的义务；不伪造、隐藏、转移、变卖、毁损已被查封、扣押、冻结的财产的义务；依法执行已生效的判决、裁定的义务，等等。

（二）被告的权利和义务

被告的权利主要有：答辩权、申请回避权、材料查阅权、上诉权，等等。

被告的义务主要有：按照法定程序进行诉讼活动的义务；举证的义务；履行已发生法律效力的判决、裁定的义务，等等。

在被告的诸多义务中，举证的义务是较为引人注目的。同民事诉讼不同，在行政诉讼中，由被告承担举证责任是一项基本的原则。在税收诉讼中，由于作为被告的征税机关对于征税的事实和法律依据最清楚，同时，在取证的权力、手段、保存证据的制度等方面都有保障，因而其举证能力要比原告强得多。让举证能力强的被告承担举证责任，不仅较为公平，而且也有利于促进征税机关依法治税。

此外，被告承担举证责任，并不排除原告的举证权利。原告有权向法院提供有利于自己的证据。

二、税收诉讼的管辖

税收诉讼的管辖，是指法院受理第一审涉税案件的分工或称权限划分，它明确了相关主体应向哪一级的哪个法院起诉的问题。由于我国没有设立专门的税务法院，因而税收诉讼案件由普通法院来管辖。根据一般的诉讼法理论，可以把税收诉讼的管辖分为法定管辖和裁定管辖。其中，法定管辖又主要包括级别管辖和地域管辖。

涉税案件的级别管辖，在我国主要是：(1) 基层人民法院管辖本辖区内一般的税收诉讼案件。(2) 中级人民法院管辖的一审税收案件，包括对国家税务总局所作的涉税行为提起诉讼的案件、海关处理的案件，以及本辖区内重大、复杂的案件、海关处理的案件。上述“重大、复杂的案件”，主要是指基层人民法院不适宜审理的案件，社会影响重大的共同诉讼、集团诉讼案件，以及重大涉外或者涉及香港特别行政区、澳门特别行政区、台湾地区的案件。(3) 高级人民法院管辖本辖区内重大、复杂的一审案件。(4) 最高人民法院管辖全国范围内重大、复杂的一审案件。

涉税案件的地域管辖，包括一般地域管辖和特殊地域管辖。一般地域管辖适用“原告就被告”原则，由最初作出税收执法行为的征税机关所在地人民法院管辖。经复议的案件，也可以由复议机关所在地人民法院管辖。

一般地域管辖之外的地域管辖，在此统称为特殊地域管辖。如因不动产提起的税收诉讼，由不动产所在地的人民法院专属管辖；因对征税机关通知出境机关阻止出境行为不服而起诉的，由该征税机关所在地或者原告所在地人民法院管辖等。此外，两个以上人民法院都有管辖权的案件，原告可以选择其中一个人民法院提起诉讼。原告向两个以上有管辖权的人民法院提起诉讼的，由最先立案的人民法院管辖。

涉税案件的裁定管辖，包括通常的移送管辖、指定管辖和移转管辖，由于其基本内容与一般诉讼法理论一致，故此不做展开。需要注意的是，人民法院发现受理的案件不属于本院管辖的，应当移送有管辖权的人民法院，受移送的人民法院应当受理。受移送的人民法院认为受移送的案件按照规定不属于本院管辖的，应当报请上级人民法院指定管辖，不得再自行移送。此外，我国的专门人民法院、人民法庭不审理税收诉讼案件。

当事人提出管辖异议，应当在接到人民法院应诉通知之日起10日内以书面形式提出。对当事人提出的管辖异议，人民法院应当进行审查。异议成立的，裁定将案件移送有管辖权的人民法院；异议不成立的，裁定驳回。

三、被告的确定

在税收诉讼中，被告的确定是很重要的。特别是在某些主体资格不够明确的情况下，如何确定被告，直接关系到对相关主体的合法权益的保护。根据我国的法律和有关司法解释，以下几种情况需要注意：

（1）公民、法人或者其他组织直接向人民法院提起诉讼的，作出税收执法行为的征税机关是被告。

经复议的案件，复议机关决定维持原税收执法行为的，作出原税收执法行为的征税机关和复议机关是共同被告；复议机关改变原税收执法行为的，复议机关是被告。

复议机关在法定期限内未作出复议决定，公民、法人或者其他组织起诉原税收执法行为的，作出原税收执法行为的行政机关是被告；起诉复议机关不作为的，复议机关是被告。

（2）征税机关的内设机构或者派出机构在没有法律、法规或者规章授权的情况下，以自己的名义作出具体执法行为，当事人不服提起诉讼的，应当以该征税机关为被告。

法律、法规或者规章授权行使职权的征税机关内设机构、派出机构或者其他组织，超出法定授权范围实施执法行为，当事人不服提起诉讼的，应当以实施该行为的机构或者组织为被告。

（3）征税机关在没有法律、法规或者规章规定的情况下，授权其内设机构、派出机构或者其他组织行使行政职权的，应当视为委托。当事人不服提起诉讼的，应当以该征税机关为被告。

此外，原告所起诉的被告不适格，人民法院应当告知原告变更被告；原告不同意变更的，裁定驳回起诉。另外，应当追加被告而原告不同意追加的，人民法院应当通知其以第三人的身份参加诉讼。

四、证据的取得与认定

在税收诉讼中，证据的取得主要源于被告、原告以及法院自己的获取。根据法律规定，证据包括：（1）书证；（2）物证；（3）视听资料；（4）电子数据；（5）证人证言；（6）当事人的陈述；（7）鉴定意见；（8）勘验笔录、现场笔录。以上证据经法庭审查属实，才能作为认定案件事实的根据。

（一）源于被告的证据

如前所述，在税收诉讼中，被告对其作出的具体执法行为承担举证责任。

被告对作出的具体税收执法行为负有举证责任，应当提供作出该行为的证据和所依据的规范性文件。被告不提供或者无正当理由逾期提供证据，视为没有相应证据。但是，被诉行政行为涉及第三人合法权益，第三人提供证据的除外。

在诉讼过程中，被告及其诉讼代理人不得自行向原告、第三人和证人收集证据。但在下列情况下，被告可以延期或补充提供证据：

（1）被告在作出税收执法行为时已经收集了证据，但因不可抗力等正当事由不能提供的，经人民法院准许，可以延期提供；

（2）原告或者第三人提出了其在税务执法程序中没有提出的理由或者证据的，经人民法院准许，被告可以补充证据。

（二）源于原告的证据

原告可以提供证明行政行为违法的证据。原告提供的证据不成立的，不免除被告的举证责任。

在起诉被告不履行法定职责的案件中，原告应当提供其向被告提出申请的证据。但有下列情形之一的除外：

（1）被告应当依职权主动履行法定职责的；

（2）原告因正当理由不能提供证据的。

（三）源于法院的证据

人民法院有权要求当事人提供或者补充证据，有权向有关征税机关以及其他组织、公民调取证据。但是，不得为证明税收执法行为的合法性调取被告作出税收执法行为时未收集的证据。

此外，与本案有关的下列证据，原告或者第三人不能自行收集的，可以申请人民法院调取：

（1）由国家机关保存而须由人民法院调取的证据；

（2）涉及国家秘密、商业秘密和个人隐私的证据；

（3）确因客观原因不能自行收集的其他证据。

（四）证据的认定

证据应当在法庭上出示，并由当事人互相质证。对涉及国家秘密、商业秘密和个人隐私的证据，不得在公开开庭时出示。

人民法院应当按照法定程序，全面、客观地审查核实证据。对未采纳的证据应当在裁判文书中说明理由。以非法手段取得的证据，不得作为认定案件事实的根据。

五、税收诉讼案件的受理

人民法院在接到起诉状时对符合法定起诉条件的，应当登记立案。对当场不能判定是否符合法定起诉条件的，应当接收起诉状，出具注明收到日期的书面凭证，并在 7 日内决定是否立案。不符合起诉条件的，作出不予立案的裁定。裁定书应当载明不予立案的理由。原告对裁定不服的，可以提起上诉。

对于起诉状内容欠缺或者有其他错误的，人民法院应当给予指导和释明，并一次性告知当事人需要补正的内容。不得未经指导和释明即以起诉不符合条件为由不接收起诉状。

对于不接收起诉状、接收起诉状后不出具书面凭证，以及不一次性告知当事人需要补正的起诉状内容的，当事人可以向上级人民法院投诉，上级人民法院应当责令改正，并对直接负责的主管人员和其他直接责任人员依法给予处分。

此外，在案件受理方面还有以下几种特殊情况：

（一）与税收复议有关的案件的受理

税收法律、法规规定应当先向征税机关申请复议，对复议决定不服再向人民法院提起诉讼的，应依照该法律、法规的规定执行。公民、法人或者其他组织不服复议决定的，可以在收到复议决定书之日起 15 日内向人民法院提起诉讼。复议机关逾期不作决定的，申请人可以在复议期满之日起 15 日内向人民法院提起诉讼。

税收法律、法规未规定复议为提起诉讼必经程序，相关主体既提起诉讼又申请复议的，由先受理的机关管辖；同时受理的，由公民、法人或者其他组织选择。相关主体已经申请复议，在法定复议期间内又向人民法院提起诉讼的，人民法院不予受理。

税收法律、法规未规定复议为提起诉讼必经程序，相关主体向复议机关申请复议后，又经复议机关同意撤回复议申请，在法定起诉期限内对原具体执法行为提起诉讼的，人民法院应当依法受理。

（二）与撤诉有关的案件的受理

人民法院裁定准许原告撤诉后，原告以同一事实和理由重新起诉的，人民法院不予受理。

准予撤诉的裁定确有错误，原告申请再审的，人民法院应当通过审判监督程序撤销原准予撤诉的裁定，重新对案件进行审理。

原告或者上诉人未按规定的期限预交案件受理费，又不提出缓交、减交、免交申请，或者提出申请未获批准的，按自动撤诉处理。在按撤诉处理后，原告或者上诉人在法定期限内再次起诉或者上诉，并依法解决诉讼费预交问题的，人民法院应予受理。

（三）对不服征税机关的重作行为的案件的受理

人民法院判决撤销征税机关的具体执法行为后，相关主体对征税机关重新作出的具体执法行为不服向人民法院起诉的，人民法院应当依法受理。

（四）对征税机关不履行法定职责案件的受理

相关主体申请征税机关履行法定职责，征税机关在接到申请之日起 60 日内不履行的，相关主体向人民法院提起诉讼，人民法院应当依法受理。法律、法规、规章和其他规范性文件对征税机关履行职责的期限另有规定的，从其规定。

相关主体作出具体执法行为时，没有制作或者没有送达法律文书，公民、法人或者其他组织不服向人民法院起诉的，只要能证明具体执法行为存在，人民法院应当依法受理。

（五）起诉期限对案件受理的影响

公民、法人或者其他组织直接向人民法院提起诉讼的，应当自知道或者应当知道作出税收执法行为之日起 6 个月内提出。法律另有规定的除外。

根据我国《行政诉讼法》规定，因不动产提起诉讼的案件自行政行为作出之日起超过 20 年，其他案件自行政行为作出之日起超过 5 年提起诉讼的，人民法院不予受理。

征税机关作出具体执法行为时，未向相关主体告知诉权或者起诉期限的，起诉期限从相关主体知道或者应当知道诉权或者起诉期限之日起计算。这对于复议决定未向相关主体告知诉权或者法定起诉期限的情况也适用。

（六）对审查规范性文件请求的受理

依据我国《行政诉讼法》规定，公民、法人或者其他组织认为行政行为所依据的国务院部门和地方人民政府及其部门制定的规范性文件不合法，在对行政行为提起诉讼时，可以一并请求对该规范性文件进行审查。上述的规范性文件不含规章。因此，对于各级征税机关所制定的大量规范性文件，法院都可以应当事人的请求进行审查。

（七）不予受理的情况

有下列情形之一的，应当裁定不予受理；已经受理的，裁定驳回起诉：

（1）请求事项不属于法院审判权限范围的；

（2）起诉人无原告诉讼主体资格的；

（3）起诉人错列被告且拒绝变更的；

（4）由诉讼代理人代为起诉，其代理不符合法定要求的；

（5）起诉超过法定期限且无正当理由的；

（6）税收法律、法规规定行政复议为提起诉讼必经程序而未申请复议的；

（7）起诉人重复起诉的；

（8）已撤回起诉，无正当理由再行起诉的；

（9）诉讼标的为生效判决的效力所羁束的；

（10）起诉不具备其他法定要件的。

上述情形可以补正或者更正的，人民法院应当指定期间责令补正或者更正；在指定期间已经补正或者更正的，应当依法受理。

六、税收诉讼案件的审理

人民法院应当在立案之日起5日内，将起诉状副本发送被告。被告应当在收到起诉状副本之日起15日内向人民法院提交作出税收执法行为的证据和所依据的规范性文件，并提出答辩状。人民法院应当在收到答辩状之日起5日内，将答辩状副本发送原告。

除法律另有规定的以外，人民法院审理涉税案件要公开进行，并应由审判员组成合议庭，或者由审判员、陪审员组成合议庭。合议庭的成员，应当是3人以上的单数。在案件的审理过程中，除涉及行政赔偿、补偿以及行政机关行使法律、法规规定的自由裁量权的案件以外，不适用调解。此外，在案件审理过程中，还应注意以下几个方面的问题：

（一）税收诉讼案件的合并审理

有下列情形之一的，人民法院可以决定合并审理：

（1）两个以上征税机关分别依据不同的法律、法规对同一事实作出具体执法行为，相关主体不服向同一人民法院起诉的；

（2）征税机关就同一事实对若干公民、法人或者其他组织分别作出具体执法行为，相关主体不服分别向同一人民法院起诉的；

（3）在诉讼过程中，被告对原告作出新的具体执法行为，原告不服向同一人民法院起诉的；

（4）人民法院认为可以合并审理的其他情形。

（二）税收诉讼过程中的回避

当事人申请回避，应当说明理由，在案件开始审理时提出；回避事由在案件开始审理后知道的，应当在法庭辩论终结前提出。

被申请回避的人员，在人民法院作出是否回避的决定前，应当暂停参与本案的工作，但案件需要采取紧急措施的除外。

对当事人提出的回避申请，人民法院应当在3日内以口头或者书面形式作出决定。

申请人对驳回回避申请决定不服的，可以向作出决定的人民法院申请复议一次。复议期间，被申请回避的人员不停止参与本案的工作。对申请人的复议申请，人民法院应当在3日内作出复议决定，并通知复议申请人。

（三）财产保全

人民法院对于因一方当事人的行为或者其他原因，可能使具体执法行为或者人民法院生效裁判不能或者难以执行的案件，可以根据对方当事人的申请作出财产保全的裁定；当事人没有提出申请的，人民法院在必要时也可以依法采取财产保全措施。当事人对财产保全的裁定不服的，可以申请复议。复议期间不停止裁定的执行。

（四）撤诉与缺席判决

经人民法院传票传唤，原告无正当理由拒不到庭，或者未经法庭许可中途退庭的，可以按照撤诉处理；被告无正当理由拒不到庭，或者未经法庭许可中途退庭的，可以缺席判决。

人民法院对被告经传票传唤无正当理由拒不到庭，或者未经法庭许可中途退庭的，可以将被告拒不到庭或者中途退庭的情况予以公告，并可以向监察机关或者被告的上一级行政机关提出依法给予其主要负责人或者直接责任人员处分的司法建议。

（五）变更具体执法行为的影响

被告在一审期间改变被诉具体执法行为的，应当书面告知人民法院。

原告或者第三人对改变后的行为不服提起诉讼的，人民法院应当就改变后的具体执法行为进行审理。

被告改变原具体行政行为，原告不撤诉，人民法院经审查认为原具体行政行为违法的，应当作出确认其违法的判决；认为原具体行政行为合法的，应当判决驳回原告的诉讼请求。此外，原告起诉被告不作为，在诉讼中被告作出具体执法行为，原告不撤诉的，也参照上述规定处理。

（六）诉讼中止与诉讼终结

在税收诉讼过程中，有下列情形之一的，中止诉讼，但中止原因消除后，应恢复诉讼：

（1）原告死亡，须等待其近亲属表明是否参加诉讼的；

（2）原告丧失诉讼行为能力，尚未确定法定代理人的；

（3）作为一方当事人的组织体终止，尚未确定权利义务承受人的；

（4）一方当事人因不可抗力不能参加诉讼的；

（5）案件涉及法律适用问题，需送请有权机关作出解释或者确认的；

（6）案件的审判须以相关案件的审理结果为依据，而相关案件尚未审结的；

（7）其他应当中止诉讼的情形。

此外，在税收诉讼过程中，有下列情形之一的，终结诉讼：

（1）原告死亡，没有近亲属或者近亲属放弃诉讼权利的；

（2）作为原告的组织体终止后，其权利义务的承受人放弃诉讼权利的。

（七）审理的依据

人民法院审理案件，以法律和行政法规、地方性法规为依据。地方性法规适用于本行政区域内发生的涉税案件。

人民法院审理民族自治地方的案件，并以该民族自治地方的自治条例和单行条例为依据。此外，人民法院审理涉税案件，参照规章。

另外，人民法院在审理涉税案件中，经审查认为征税机关制定的规范性文件不合法的，不作为认定税收执法行为合法的依据，并向制定机关提出处理建议。

（八）审理期间的税收执法行为的执行

法院审理期间，不停止税收执法行为的执行。但有下列情形之一的，裁定停止执行：

（1）被告认为需要停止执行的；

（2）原告或者利害关系人申请停止执行，人民法院认为该执法行为的执行会造成难以弥补的损失，并且停止执行不损害国家利益、社会公共利益的；

（3）人民法院认为该税收执法行为的执行会给国家利益、社会公共利益造成重大损害的；

（4）法律、法规规定停止执行的。

当事人对停止执行或者不停止执行的裁定不服的，可以申请复议一次。

七、税收诉讼案件的判决

（一）法院可能作出的几种判决

人民法院经过审理，根据不同情况，分别作出以下判决：

（1）执法行为证据确凿，适用法律、法规正确，符合法定程序的，判决维持。

（2）执法行为有下列情形之一的，判决撤销或者部分撤销，并可以判决被告重新作出具体执法行为：① 主要证据不足的；② 适用法律、法规错误的；③ 违反法定程序的；④ 超越职权的；⑤ 滥用职权以及明显不当的。

（3）被告不履行或者拖延履行法定职责的，判决其在一定期限内履行。

（4）处罚显失公正的，可以判决变更。

（二）判决对当事人的具体影响

复议决定维持原具体执法行为的，人民法院判决撤销原具体执法行为，复议决定自然无效。复议决定改变原具体执法行为错误，人民法院判决撤销复议决定时，应当令复议机关重新作出复议决定。

人民法院判决被告重新作出具体执法行为，如果改变了原来依据的主要事实和重要理由，或者使程序符合了法律的规定，则即使被告重新作出的具体执法行为与原行为的结果相同，也不违反行政诉讼法的有关限制性规定。

此外，人民法院审理涉税案件，不得对征税机关未予处罚的人直接给予行政处罚。

（三）驳回诉讼请求的判决

有下列情形之一的，人民法院应当判决驳回原告的诉讼请求：

（1）起诉被告不作为理由不能成立的；

（2）被诉具体执法行为合法但存在合理性问题的；

（3）被诉具体执法行为合法，但因法律、政策变化需要变更或者废止的；

（4）其他应当判决驳回诉讼请求的情形。

人民法院认为被诉具体执法行为合法，但不适宜判决维持或者驳回诉讼请求的，可以作出确认其合法或者有效的判决。

（四）确认违法或无效的判决

税收执法行为有下列情形之一的，人民法院判决确认违法，但不撤销税收执法行为：

（1）税收执法行为依法应当撤销，但撤销会给国家利益、社会公共利益造成重大损害的；

（2）税收执法行为程序轻微违法，但对原告权利不产生实际影响的。

此外，税收执法行为有下列情形之一，不需要撤销或者判决履行的，人民法院判决确认违法：

（1）税收执法行为违法，但不具有可撤销内容的；

（2）被告改变原违法的税收执法行为，原告仍要求确认原税收执法行为违法的；

（3）被告不履行或者拖延履行法定职责，判决履行没有意义的。

另外，税收执法行为有实施主体不具有主体资格或者没有依据等重大且明显违法情形，原告申请确认税收执法行为无效的，人民法院判决确认无效。

人民法院判决确认违法或者无效的，可以同时判决责令被告采取补救措施；给原告造成损失的，依法判决被告承担赔偿责任。

（五）作出变更的判决

征税机关作出的处罚明显不当，或者其他税收执法行为涉及对款额的确定、认定确有错误的，人民法院可以判决变更。

人民法院判决变更，不得加重原告的义务或者减损原告的权益。但利害关系人同为原告，且诉讼请求相反的除外。

（六）撤销违法行为的判决

根据行政诉讼法规定判决撤销违法的具体执法行为，将会给国家利益、公共利益或者他人合法权益造成损失的，人民法院在判决撤销的同时，可以分别采取以下方式处理：

（1）判决被告重新作出具体执法行为；

（2）责令被诉机关采取相应的补救措施；

（3）向被告和有关机关提出司法建议；

（4）发现违法犯罪行为的，建议有权机关依法处理。

人民法院判决被告重新作出具体执法行为，如不及时重新作出该行为，将会给国家利益、公共利益或者当事人利益造成损失的，可以限定重新作出具体执法行为的期限。

八、税收案件的上诉

当事人不服一审法院判决的，有权在判决书送达之日起 15 日内向上一级人民法院提起上诉。当事人不服人民法院第一审裁定的，有权在裁定书送达之日起 10 日内向上一级人民法院提起上诉。逾期不提起上诉的，一审判决或者裁定发生法律效力。

一审法院作出判决和裁定后，当事人均提起上诉的，上诉各方均为上诉人。诉讼当事人中的一部分人提出上诉，没有提出上诉的对方当事人为被上诉人，其他当事人依原审诉讼地位列明。

原审法院收到上诉状，应当在 5 日内将上诉状副本送达其他当事人，对方当事人应当在收到上诉状副本之日起 10 日内提出答辩状。原审法院收到上诉状、答辩状，应当在 5 日内连同全部案卷和证据，送二审法院。

人民法院对上诉案件，认为事实清楚的，可以实行书面审理，但应当对原审法院的裁判和被诉具体行政行为是否合法进行全面审查。并且，应当在收到上诉状之日起 3 个月内作出终审判决。有特殊情况需要延长的，由高级人民法院批准，高级人民法院审理上诉案件需要延长的，由最高人民法院批准。

人民法院审理上诉案件，按照下列情形，分别处理：

（1）原判决、裁定认定事实清楚，适用法律、法规正确的，判决或者裁定驳回上诉，维持原判决、裁定；

（2）原判决、裁定认定事实错误或者适用法律、法规错误的，依法改判、撤销或者变更；

（3）原判决认定基本事实不清、证据不足的，发回原审人民法院重审，或者查清事实后改判；

（4）原判决遗漏当事人或者违法缺席判决等严重违反法定程序的，裁定撤销原判决，发回原审人民法院重审。

原审人民法院对发回重审的案件作出判决后，当事人提起上诉的，第二审人民法院不得再次发回重审。

人民法院审理上诉案件，需要改变原审判决的，应当同时对被诉税收执法行为作出判决。

九、涉税案件的再审

当事人对已经发生法律效力的判决、裁定，认为确有错误的，可以向上一级人民法院申请再审，但判决、裁定不停止执行。根据我国现行法律的规定，当事人的申请符合下列情形之一的，人民法院应当再审：

（1）不予立案或者驳回起诉确有错误的；

（2）有新的证据，足以推翻原判决、裁定的；

（3）原判决、裁定认定事实的主要证据不足、未经质证或者系伪造的；

（4）原判决、裁定适用法律、法规确有错误的；

（5）违反法律规定的诉讼程序，可能影响公正审判的；

（6）原判决、裁定遗漏诉讼请求的；

（7）据以作出原判决、裁定的法律文书被撤销或者变更的；

（8）审判人员在审理该案件时有贪污受贿、徇私舞弊、枉法裁判行为的。

各级人民法院院长对本院已经发生法律效力的判决、裁定，发现有法定的应当再审的情形之一，或者发现调解违反自愿原则或者调解书内容违法，认为需要再审的，应当提交审判委员会讨论决定。

最高人民法院对地方各级人民法院已经发生法律效力的判决、裁定，上级人民法院对下级人民法院已经发生法律效力的判决、裁定，发现有法定的应当再审的情形之一，或者发现调解违反自愿原则或者调解书内容违法的，有权提审或者指令下级人民法院再审。

此外，最高人民检察院对各级人民法院已经发生法律效力的判决、裁定，上级人民检察院对下级人民法院已经发生法律效力的判决、裁定，发现有本法法定的应当再审的情形之一，或者发现调解书损害国家利益、社会公共利益的，应当提出抗诉。

地方各级人民检察院对同级人民法院已经发生法律效力的判决、裁定，发现有法定的再审情形之一，或者发现调解书损害国家利益、社会公共利益的，可以向同级人民法院提出检察建议，并报上级人民检察院备案；也可以提请上级人民检察院向同级人民法院提出抗诉。

根据有关的司法解释，当事人申请再审，应当在判决、裁定发生法律效力后两年内提出。当事人对已经发生法律效力的行政赔偿调解书，提出证据证明调解违反自愿原则或者调解协议的内容违反法律规定的，可以在两年内申请再审。人民法院接到当事人的再审申请后，经审查，符合再审条件的，应当立案并及时通知各方当事人；不符合再审条件的，予以驳回。

此外，对人民检察院按照审判监督程序提出抗诉的案件，人民法院应当再审。人民法院开庭审理抗诉案件时，应当通知人民检察院派员出庭。

人民法院按照审判监督程序再审的案件，发生法律效力的判决、裁定是由第一审人民法院作出的，按照第一审程序审理，所作的判决、裁定，当事人可以上诉；发生法律效力的判决、裁定是由二审法院作出的，按照第二审程序审理，所作的判决、裁定是发生法律效力的判决、裁定；上级人民法院按照审判监督程序提审的，按照第二审程序审理，所作的判决、裁定是发生法律效力的判决、裁定。

人民法院审理再审案件，应当另行组成合议庭。经过审理，认为原生效判决、裁定确有错误的，在撤销原生效判决或者裁定的同时，可以对生效判决、裁定的内容作出相应裁判，也可以裁定撤销生效判决或者裁定，发回作出生效判决、裁定的人民法院重新审判。

十、判决、裁定和调解书的执行

当事人必须履行人民法院发生法律效力的判决、裁定、调解书。公民、法人或者其他组织拒绝履行判决、裁定、调解书的，征税机关或者第三人可以向第一审人民法院申请强制执行，或者由征税机关依法强制执行。

征税机关拒绝履行判决、裁定、调解书的，第一审人民法院可以采取下列措施：

（1）对应当归还的罚款或者应当给付的款额，通知银行从该征税机关的账户内划拨；

（2）在规定期限内不履行的，从期满之日起，对该征税机关负责人按日处50元至100元的罚款；

（3）将征税机关拒绝履行的情况予以公告；

（4）向监察机关或者该行政机关的上一级征税机关提出司法建议。接受司法建议的机关，根据有关规定进行处理，并将处理情况告知人民法院；

（5）拒不履行判决、裁定、调解书，社会影响恶劣的，可以对该征税机关直接负责的主管人员和其他直接责任人员予以拘留；情节严重，构成犯罪的，依法追究刑事责任。

此外，执行的申请人是公民的，申请执行生效的判决书、裁定书等法律文书的期限为1年，申请人是行政机关、法人或者其他组织的为180日。申请执行的期限从法律文书规定的履行期间最后一日起计算；法律文书中没有规定履行期限的，从该法律文书送达当事人之日起计算。逾期申请的，除有正当理由外，人民法院不予受理。

发生法律效力的判决书、裁定书、行政赔偿判决书和行政赔偿调解书，由第一审人民法院执行。第一审人民法院认为情况特殊需要由二审法院执行的，可以报请第二审人民法院执行；二审法院可以决定由其执行，也可以决定由第一审人民法院执行。

总之，随着依法治国的全面推进，税收诉讼会越来越多，对法院审判提出了越来越高的要求。无论在程序方面还是实体方面，都必须确保司法的公正性。因此，必须不断提升法院审判的专业化水平，确保涉税案件的审判质量，从而更好地推进经济和社会的良性运行和协调发展。

参考书目

1.〔德〕拉伦茨：《法学方法论》，陈爱娥译，商务印书馆 2003 年版。
2.〔加拿大〕R. M. 伯德：《税收政策与经济发展》，萧承龄译，中国财政经济出版社 1996 年版。
3.〔美〕A. A. 泰特：《增值税：国际实践和问题》，国家税务局税收科学研究所译，中国财政经济出版社 1992 年版。
4.〔美〕J. M. 布坎南：《公共财政》，赵锡军等译，中国财政经济出版社 1991 年版。
5.〔美〕K. E. 墨菲等：《美国联邦税制》，解学智等译，东北财经大学出版社 2001 年版。
6.〔美〕R. A. 波斯纳：《法律的经济分析》（第七版），蒋兆康译，法律出版社 2012 年版。
7.〔美〕R. A. 马斯格雷夫：《比较财政分析》，董勤发译，上海三联书店、上海人民出版社 1996 年版。
8.〔日〕北野弘久：《税法学原论》（第四版），陈刚、杨建广等译，中国检察出版社 2001 年版。
9.〔日〕金子宏：《日本税法原理》，刘多田等译，中国财政经济出版社 1989 年版。
10.〔日〕井手文雄：《日本现代财政学》，陈秉良译，中国财政经济出版社 1990 年版。
11.〔英〕F. V. 哈耶克：《自由秩序原理》，邓正来译，生活·读书·新知三联书店 1998 年版。
12.〔英〕P. M. 杰克逊主编：《公共部门经济学前沿问题》，郭庆旺、刘立群、杨越译，中国税务出版社 2000 年版。
13. 陈清秀：《税法总论》，台湾三民书局 1997 年版，亦可参见台湾元照出版有限公司 2010 年版。
14. 董庆铮主编：《外国税制》，中国财政经济出版社 1993 年版。
15. 高培勇：《西方税收：理论与政策》，中国财政经济出版社 1993 年版。
16. 葛克昌：《税法基本问题（财政宪法篇）》，北京大学出版社 2004 年版。
17. 葛惟熹主编：《国际税收学》（第四版），中国财政经济出版社 2007 年版。

18. 国家税务总局编：《中华人民共和国税收基本法规》，中国税务出版社 2006 年版。
19. 国家税务总局税收科学研究所编著：《日本税制与税理士制度》，中国财政经济出版社 1992 年版。
20. 国家税务总局税收科学研究所编著：《西方税收理论》，中国财政经济出版社 1997 年版。
21. 何帆：《为市场经济立宪》，今日中国出版社 1998 年版。
22. 金人庆主编：《领导干部税收知识读本》，中国财政经济出版社 2000 年版。
23. 靳东升：《税收国际化与税制改革》，中国财政经济出版社 1995 年版。
24. 刘剑文主编：《财政税收法》（第五版），法律出版社 2011 年版。
25. 刘隆亨：《中国税法概论》（第四版），北京大学出版社 2003 年版。
26. 刘心一：《税式支出分析》，中国财政经济出版社 1996 年版。
27. 平新乔：《财政原理与比较财政制度》，上海三联书店、上海人民出版社 1995 年版。
28. 唐腾翔、唐向：《税收筹划》，中国财政经济出版社 1994 年版。
29. 朱青编著：《国际税收》（第五版），中国人民大学出版社 2011 年版。
30. 王绍光、胡鞍钢：《中国国家能力报告》，辽宁人民出版社 1993 年版。
31. 王选汇编著：《中国涉外税收实务》，中信出版社 1996 年版。
32. 徐孟洲主编：《税法》（第三版），中国人民大学出版社 2009 年版。
33. 杨仁寿：《法学方法论》，中国政法大学出版社 1999 年版。
34. 杨紫烜主编：《经济法》（第五版），北京大学出版社、高等教育出版社 2014 年版。
35. 张守文、于雷：《市场经济与新经济法》，北京大学出版社 1993 年版。
36. 张守文：《财税法疏议》（第二版），北京大学出版社 2016 年版。
37. 张守文：《税法的困境与挑战》，广州出版社 2000 年版。

第一版后记

在现代市场经济条件下，分配制度的确立与完善是十分重要的。税法作为一种“分配法”，直接关系到国家与国民、国家与企业，以及国家与第三部门的利益，因而平衡各类主体之间的“税收利益”，是税法的重要功能。只有在税法上有效地平衡“税收利益”，才能更好地实现税法的宏观调控和保障稳定的目标，这应是一种共识。

我国的税法学发蒙未久，许多重要的理论问题和现实问题都还有待于深入研究，这与国家的经济与社会发展以及法制建设的需要是不相适应的。因此，税法理论工作者必须要考虑如何进一步提升税法研究的水准，如何更好地解决各类实践中的问题。

《税法原理》一书仅是基于上述考虑所做的一点尝试。本书主要包括税收原理、税法总论和税法制度等几个部分，在体系设置上注意到了税收体制法与税收征管法的密切联系，以及税收征管法的重要价值，因而把具体的税收实体法律制度放在最后，这可能与许多税法著作的通常体例不同。此外，本书还力图在税法理论方面能够有所突破，但其中可能有一些观点未必成熟，因而尚需硕彦宏达多予雅正，也需实践进一步检验。

在本套丛书的出版过程中，原北大出版社副社长张晓秦先生做了大量的组织工作；在本书的出版过程中，责任编辑邹记东先生付出了艰辛的劳动，在此对他们的工作深表感谢！

愿我国有更多的税法学著作问世，以使税制建设和税法研究的水准能够得到更大的提升。

作　　者

1999 年 5 月于北京大学燕东园

全国高等学校法学专业核心课程教材

法理学（第四版）	沈宗灵主编
中国法制史（第四版）	曾宪义主编
宪法（第二版）	张千帆主编
行政法与行政诉讼法（第七版）	姜明安主编
民法（第七版）	魏振瀛主编
经济法（第五版）	杨紫烜主编
民事诉讼法学（第三版）	江　伟主编
刑法学（第九版）	高铭暄、马克昌主编
刑事诉讼法（第六版）	陈光中主编
国际法（第五版）	邵　津主编
国际私法（第五版）	李双元、欧福永主编
国际经济法（第四版）	余劲松、吴志攀主编
知识产权法（第四版）	吴汉东主编
商法（第二版）	王保树主编
环境法学（第四版）	汪　劲著
税法原理（第九版）	张守文著

北大法学·学术专著书目·财税法

财税法治的建设离不开财税法学的研究支撑。从出版第一本有关财税法的教材，北京大学出版社在财税法出版领域精耕细作近二十年。希望可以继续助力中国财税法学的研究发展。仅以此书单向财税法学人致敬！